ACCESO GRATIS *a la Lectura en la Nube*

Para visualizar el libro electrónico en la nube de lectura envíe junto a su nombre y apellidos una fotografía del código de barras situado en la contraportada del libro y otra del ticket de compra a la dirección:

ebooktirant@tirant.com

En un máximo de 72 horas laborables le enviaremos el código de acceso con sus instrucciones.

La visualización del libro en **NUBE DE LECTURA** excluye los usos bibliotecarios y públicos que puedan poner el archivo electrónico a disposición de una comunidad de lectores. Se permite tan solo un uso individual y privado.

CONFIGURACIÓN Y REFORMA DEL PROCESO LABORAL

Una justicia laboral para el Siglo XXI

COMITÉ CIENTÍFICO DE LA EDITORIAL TIRANT LO BLANCH

María José Añón Roig
Catedrática de Filosofía del Derecho de la Universidad de Valencia

Ana Cañizares Laso
Catedrática de Derecho Civil de la Universidad de Málaga

Jorge A. Cerdio Herrán
Catedrático de Teoría y Filosofía de Derecho. Instituto Tecnológico Autónomo de México

José Ramón Cossío Díaz
Ministro en retiro de la Suprema Corte de Justicia de la Nación y miembro de El Colegio Nacional

María Luisa Cuerda Arnau
Catedrática de Derecho Penal de la Universidad Jaume I de Castellón

Manuel Díaz Martínez
Catedrático de Derecho Procesal de la UNED

Carmen Domínguez Hidalgo
Catedrática de Derecho Civil de la Pontificia Universidad Católica de Chile

Eduardo Ferrer Mac-Gregor Poisot
Juez de la Corte Interamericana de Derechos Humanos
Investigador del Instituto de Investigaciones Jurídicas de la UNAM

Owen Fiss
Catedrático emérito de Teoría del Derecho de la Universidad de Yale (EEUU)

José Antonio García-Cruces González
Catedrático de Derecho Mercantil de la UNED

José Luis González Cussac
Catedrático de Derecho Penal de la Universidad de Valencia

Luis López Guerra
Catedrático de Derecho Constitucional de la Universidad Carlos III de Madrid

Ángel M. López y López
Catedrático de Derecho Civil de la Universidad de Sevilla

Marta Lorente Sariñena
Catedrática de Historia del Derecho de la Universidad Autónoma de Madrid

Javier de Lucas Martín
Catedrático de Filosofía del Derecho y Filosofía Política de la Universidad de Valencia

Víctor Moreno Catena
Catedrático de Derecho Procesal de la Universidad Carlos III de Madrid

Francisco Muñoz Conde
Catedrático de Derecho Penal de la Universidad Pablo de Olavide de Sevilla

Angelika Nussberger
Catedrática de Derecho Constitucional e Internacional en la Universidad de Colonia (Alemania). Miembro de la Comisión de Venecia

Héctor Olasolo Alonso
Catedrático de Derecho Internacional de la Universidad del Rosario (Colombia) y Presidente del Instituto Ibero-Americano de La Haya (Holanda)

Luciano Parejo Alfonso
Catedrático de Derecho Administrativo de la Universidad Carlos III de Madrid

Consuelo Ramón Chornet
Catedrática de Derecho Internacional Público y Relaciones Internacionales de la Universidad de Valencia

Tomás Sala Franco
Catedrático de Derecho del Trabajo y de la Seguridad Social de la Universidad de Valencia

Ignacio Sancho Gargallo
Magistrado de la Sala Primera (Civil) del Tribunal Supremo de España

Elisa Speckmann Guerra
Directora del Instituto de Investigaciones Históricas de la UNAM

Ruth Zimmerling
Catedrática de Ciencia Política de la Universidad de Mainz (Alemania)

Fueron miembros de este Comité:
Emilio Beltrán Sánchez, Rosario Valpuesta Fernández y Tomás S. Vives Antón

Procedimiento de selección de originales, ver página web:
www.tirant.net/index.php/editorial/procedimiento-de-seleccion-de-originales

CONFIGURACIÓN Y REFORMA DEL PROCESO LABORAL

Una justicia laboral para el Siglo XXI

LUIS ENRIQUE NORES TORRES
Catedrático de Derecho del Trabajo y la Seguridad Social Universitat de València

tirant lo blanch
Valencia, 2024

Copyright ® 2024

Todos los derechos reservados. Ni la totalidad ni parte de este libro puede reproducirse o transmitirse por ningún procedimiento electrónico o mecánico, incluyendo fotocopia, grabación magnética, o cualquier almacenamiento de información y sistema de recuperación sin permiso escrito del autor y del editor.

En caso de erratas y actualizaciones, la Editorial Tirant lo Blanch publicará la pertinente corrección en la página web www.tirant.com.

Dentro del control de los originales de libros de la colección Teoría de la Editorial Tirant lo Blanch, hemos establecido, además de los protocolos editoriales habituales, el sometimiento de estos a revisión ex ante por parte de dos pares académicos expertos. Este procedimiento redunda en la idoneidad de las obras que finalmente serán publicadas.

© Luis Enrique Nores Torres

© TIRANT LO BLANCH
EDITA: TIRANT LO BLANCH
C/ Artes Gráficas, 14 - 46010 - Valencia
TELFS.: 96/361 00 48 - 50
FAX: 96/369 41 51
Email:tlb@tirant.com
www.tirant.com
Librería virtual: www.tirant.es
DEPÓSITO LEGAL: V-1115-2024
ISBN: 978-84-1056-468-8

Si tiene alguna queja o sugerencia, envíenos un mail a: *atencioncliente@tirant.com*. En caso de no ser atendida su sugerencia, por favor, lea en *www.tirant.net/index.php/empresa/politicas-de-empresa* nuestro procedimiento de quejas.

Responsabilidad Social Corporativa: http://www.tirant.net/Docs/RSCTirant.pdf

«No tengas vergüenza de demandar lo que no sabes, ni de aprender de quien quiera: de lo cual no se corrieron los hombres señalados, antes la tienen de no saber, o de no querer aprender».

Juan Luis Vives (1492-1540).

VIVES, J. L. (1765), *Introducción a la sabiduría*, Valencia, Benito Monfort (Traducción por Diego de Astudillo del original en latín *Introductio ad sapientiam* publicado en 1524), p. 53.

Índice

PARTE SEGUNDA
ALGUNOS RETOS DE FUTURO Y LÍNEAS DE REFORMA EN EL DERECHO PROCESAL LABORAL

ABREVIATURAS MÁS UTILIZADAS

AA.PP.: Administraciones Públicas
ASAC: Acuerdo de Solución Autónoma de Conflictos
ASEC: Acuerdo de Solución Extrajudicial de Conflictos
AN: Audiencia Nacional
Art.: Artículo
BOE: Boletín Oficial del Estado
CC.AA.: Comunidades Autónomas
CCNCC: Comisión Consultiva Nacional de Convenios Colectivos
Cfr.: Confróntese
CDCJ: Cuenta General de Depósitos y Consignaciones Judiciales
CGPJ: Consejo General del Poder Judicial
CIDIP: Conferencia Internacional de Derecho Internacional Privado
Coord.: Coordinador
CRS: Comité de Reformas Sociales
DO: Diario Oficial
Dir.: Director
Ed.: Editor
EJE: Expediente Judicial Electrónico
ET: Estatuto de los Trabajadores
ETT: Empresa de Trabajo Temporal
INSS: Instituto Nacional de la Seguridad Social
IRS: Instituto de Reformas Sociales
LAJ: Letrado de la Administración de Justicia
LAJG: Ley de Asistencia Jurídica Gratuita
LCJI: Ley de Cooperación Jurídica Internacional
LEC: Ley de Enjuiciamiento Civil
LECrim: Ley de Enjuiciamiento Criminal
LGSS: Ley General de Seguridad Social

LJCA: Ley de la Jurisdicción Contencioso-Administrativa

LO: Ley Orgánica

LOPJ: Ley Orgánica del Poder Judicial

LPGE: Presupuestos Generales del Estado

LPL: Ley de Procedimiento Laboral

LPRL: Ley de Prevención de Riesgos Laborales

LRJS: Ley Reguladora de la Jurisdicción Social

LUTICAJ: Ley reguladora del uso de las tecnologías de la información y comunicación en la administración de justicia

MEYSS: Ministerio de Empleo y Seguridad Social

MTAS: Ministerio de Trabajo y Asuntos Sociales

MTSS: Ministerio de Trabajo y Seguridad Social

OIT: Organización Internacional del Trabajo

ONU: Organización de Naciones Unidas

***Op. cit.*:** Obra citada

p.: página

pp.: páginas

PRTR: Plan de Recuperación, Transformación y Resiliencia

RD: Real Decreto

RDL: Real Decreto Ley

RDLRT: Real Decreto Ley de Relaciones de Trabajo

TC: Tribunal Constitucional

TEDH: Tribunal Europeo de Derechos Humanos

TGSS: Tesorería General de la Seguridad Social

TIC: Tecnologías de la Información y Comunicación

TJUE: Tribunal de Justicia de la Unión Europea

TS: Tribunal Supremo

TSJ: Tribunal Superior de Justicia

SAN: Sentencia de la Audiencia Nacional

ss.: siguientes

STC: Sentencia del Tribunal Constitucional

STEDH: Sentencia del Tribunal Europeo de Derechos Humanos
STJUE: Sentencia del Tribunal de Justicia de la Unión Europea
STS: Sentencia del Tribunal Supremo
STSJ: Sentencia del Tribunal Superior de Justicia
UE: Unión Europea
***Vid.*:** Véase

PARTE PRIMERA

ORIGEN Y EVOLUCIÓN DEL DERECHO PROCESAL LABORAL

«Ni los tallos de las flores. Ni las tacitas de porcelana. Ni los negativos de las fotografías. Ni siquiera esas mariposas de colores que a veces aletean arbitrariamente entre los coches y el asfalto. De verdad: No hay nada tan frágil como un comienzo».

Ignacio Almenar Gosálbez.

ALMENAR GOSÁLBEZ, I. (30/10/2013), *Ni los tallos de las flores. Ni las tacitas de porcelana. Ni los negativos de las fotografías. Ni siquiera esas mariposas*, Facebook. https://www.facebook.com/nacho.almenar.

I. EL DERECHO PROCESAL LABORAL

1. *Una aproximación conceptual*

1.– Parece habitual iniciar el estudio de una disciplina con un intento por ofrecer una definición o noción de lo que la misma sea. En el caso de las disciplinas jurídicas, tales intentos, en su estructura, no difieren mucho unos de otros. Así, por ejemplo, no resultan extrañas las definiciones del Derecho Civil, Mercantil, Administrativo, Eclesiástico, Penal, Laboral o Financiero que parten de un inicio común, como el sector del ordenamiento jurídico encargado de regular… diferenciándose, posteriormente, en el objeto de la regulación. Pues bien, algo similar se podría realizar con el Derecho Procesal y configurarlo como el sector del ordenamiento jurídico encargado de regular el proceso, la ciencia jurídica que lo estudia[1]; si, posteriormente, calificamos la expresión «genérica» con el adjetivo «laboral» podríamos decir sin dificultad que se trataría de ese sector del ordenamiento jurídico encargado de regular el proceso en el que se dilucidan los conflictos laborales o, mejor dicho, las pretensiones laborales[2].

2.– Esta aproximación, al margen de resultar incompleta, no dice gran cosa. Y es que el derecho procesal constituye una disciplina mucho más amplia, pues, superadas las etapas de la «práctica forense» y del «procedimentalismo», esta parcela del ordenamiento jurídico no se limita a la descripción de la actuación de los tribunales y de los procedimientos, sino que también integra en su contenido la regulación del acceso al proceso y de los órganos ante los cuales aquél se desarrolla. En otras palabras, como ha destacado la doctrina, la materia cuenta con tres núcleos básicos de atención como son la jurisdicción, la acción y el proceso[3].

---

1 En esta línea, por ejemplo, MONTERO AROCA, J. (1991), *Derecho Jurisdiccional. Parte General*, 2ª edición, Barcelona, José M.ª Bosch, p. 21.

2 Al respecto *vid*. GUASP DELGADO, J. (1949), "Significación del proceso de trabajo en la teoría general del derecho procesal", *Revista de la Universidad de Oviedo. Facultad de Derecho*, X (55-56), p. 146 y ss., quien, tras exponer las distintas teorías sobre la significación del proceso en general, así como del proceso del trabajo en particular, como instrumento restaurador del ordenamiento jurídico —laboral— (teorías de la actuación jurídica) o como instrumento de composición de los conflictos —laborales— (teorías de la resolución jurídica), aboga por su entendimiento como una herramienta destinada a la satisfacción de pretensiones de carácter laboral; en esa línea se mueven también, entre otros, GONZÁLEZ PÉREZ, J. (1954), "El derecho laboral y la jurisdicción contencioso-administrativa", *Cuadernos de Política Social*, nº 23, p. 93 o CABRERA BAZÁN, J. (1969), "La prueba en el proceso de trabajo", *Revista de Política Social*, nº 82, p. 43.

3 MONTERO AROCA, J. (1991), *op. cit.*, pp. 25 y ss. Asimismo, hay quien considera que el concepto fundamental es el de jurisdicción, siendo el proceso un mero instrumento para su ejercicio. Así, CORTEZ MATCOVITCH, G. (2021), "Cuestiones preliminares", en CORTEZ MATCOVICH, G.; DELGADO CASTRO, J.; PALOMO VÉLEZ, D. (2021), *Proceso laboral*, Santiago de Chile, Thomson-Reuters, p. 3.

3.– Por lo que respecta a la jurisdicción, ésta constituye uno de los tres brazos del poder de conformidad con la división clásica de Montesquieu —legislativo, ejecutivo y judicial—. La Constitución Española (en adelante, CE) destina su título VI a la regulación del poder judicial en los arts. 117 y ss. Al respecto, nuestro texto fundamental ha atribuido la potestad jurisdiccional de juzgar y hacer ejecutar lo juzgado exclusivamente a los Juzgados y Tribunales, según dispone el art. 117.3 CE, predicando de la misma, además, el principio de unidad jurisdiccional. Este conjunto de previsiones comporta una serie de consecuencias relevantes, como se ha encargado de recordar la doctrina[4].

De entrada, la declaración constitucional implica que nos encontramos ante un poder del Estado, emanado, como todos los restantes, del pueblo español, en quien reside la soberanía nacional (art. 1.2 CE), que no puede ser mediatizado, influido o revisado por cualquier otro[5] y que, como tal, presenta un carácter monopolístico[6]. Así pues, el Estado se encarga de conformar el ámbito en el que despliega su potestad frente a los particulares y frente a otros Estados, por lo que no caben interferencias de eventuales «jurisdicciones privadas», ni de las jurisdicciones de otros Estados dentro del territorio nacional[7].

Asimismo, el art. 117 CE atribuye el ejercicio de la función jurisdiccional a juzgados y tribunales acompañándolos del adverbio

---

4 El tratamiento en GIL PLANA, J. (2005), *La autonomía del proceso laboral y de la prueba*, Madrid, Fundación Sagardoy, pp. 34 y ss.

5 Así lo indicaba MARTÍNEZ EMPERADOR, R. (1979), "Los órganos jurisdiccionales y la Constitución", *Revista de Política Social*, nº 121, p. 257; en la misma línea, GIL PLANA, J. (2005), *op. cit.*, p. 34.

6 GIL PLANA, J. (2005), *op. cit.*, p. 34.

7 Así, por ejemplo, MONTERO AROCA, J. (1991), *op. cit.*, pp. 113 y ss.; DÍEZ PICAZO GIMÉNEZ, I. (2004), "Principios constitucionales relativos a la potestad jurisdiccional", en DE LA OLIVA, A.; DÍEZ-PICAZO, I.; VEGAS TORRES, J., *Derecho Procesal. Introducción*, tercera edición, Madrid, Editorial Universitaria Ramón Areces, pp. 164-165; en la misma línea, GIL PLANA, J. (2005), *op. cit.*, p. 34.

«exclusivamente». Pues bien, esta exclusividad presenta un doble significado, ya que, por un lado, se relaciona en positivo con el denominado principio de reserva de jurisdicción (hasta el punto que hay quien lo considera su anverso), de conformidad con el cual la potestad jurisdiccional no puede atribuirse a órganos ni sujetos distintos; por otro lado, ya en negativo, la exclusividad implica que los titulares del poder judicial no pueden ejercer otro tipo de funciones, algo que, por lo demás, reitera el art. 117.4 CE[8].

En fin, la potestad jurisdiccional es única, pues única es también la soberanía de la que emana[9]. Por ello, no resulta correcto hablar de la jurisdicción social, sino de los órganos pertenecientes al orden social de la jurisdicción[10], ya que, como certeramente precisa la mejor doctrina, la jurisdicción es una, o se tiene o no se tiene[11]. Ahora bien, en la medida en que resultaría imposible que se realizase por un único órgano, se atribuye a los distintos juzgados y tribunales entre quienes se distribuye la actividad, esto es, las competencias[12]. En definitiva, la unidad jurisdiccional no impide la existencia de tribunales especializados por razón de la materia, sino que apunta a la prohibición de los «tribunales especiales» y los «tribunales de excepción»[13].

---

8 Al respecto, *vid.*, DÍEZ-PICAZO GIMÉNEZ, I. (2004), *op. cit.*, pp. 165-167.

9 MONTERO AROCA, J. (1977), "El proceso laboral. Conceptos generales", *Revista de Política Social*, nº 113, p. 12; MARTÍNEZ EMPERADOR, R. (1979), *op. cit.*, p. 266. Por lo demás, para el acercamiento a la cuestión de la unidad jurisdiccional con una mayor profundidad, MONTERO AROCA, J. (1984), "La unidad jurisdiccional. Su consideración como garantía de la independencia judicial", en AGUIRRE GODOY, M. *et altri*, *Libro homenaje a Jaime Guasp*, Granada, Comares, pp. 427 y ss.

10 Al respecto, GIL PLANA, J. (2005), *op. cit.*, p. 34 y bibliografía allí citada.

11 MONTERO AROCA, J. (1991), *op. cit.*, p. 63.

12 MONTERO AROCA, J. (1977) y (1984), *op. cit.*, pp. 12 y 437-438, respectivamente.

13 Al respecto, entre otros, MARTÍNEZ EMPERADOR, R. (1979), *op. cit.*, pp. 266-267; GIL PLANA, J. (2005), *op. cit.*, p. 35. Por otro lado, en cuando a las diferencias entre tribunales ordinarios, tribunales especiales, tribunales especializados y tribunales de excepción, me remito a MONTERO AROCA, J.

4.– Los sujetos que entienden vulnerados sus derechos deben tener abierta la posibilidad de acudir a estos órganos dotados de potestad jurisdiccional para que, ejercitando las acciones correspondientes, aquéllos sean restablecidos. En este sentido, la CE consagra el derecho de todas las personas a la tutela judicial efectiva, esto es, el derecho de acceso a los tribunales, elevándolo a la categoría de fundamental en su art. 24, en línea con lo previsto en los principales textos sobre derechos fundamentales[14]. Ello implica que va a estar dotado de una especial protección, no solo en el ámbito interno, sino también en el internacional. Precisamente, la labor desarrollada por las más altas instancias judiciales en la materia, dentro y fuera de nuestras fronteras, ha ayudado a perfilar el alcance de este derecho, el cual resulta ciertamente complejo ya que integra múltiples contenidos[15].

Así, de entrada, el significado primigenio del derecho a la tutela judicial efectiva se relaciona con el derecho a acudir a los órganos jurisdiccionales solicitando su actuación en defensa de los derechos que se estiman vulnerados. Este reconocimiento no impide que el legislador pueda establecer ciertos requisitos de acceso, siempre

---

(1977) pp. 15 y ss.; con mayor detalle aún, MONTERO AROCA, J. (1984), *op, cit.*, pp. 438 y ss.

14 Así, por lo que respecta a los textos previos a la CE, cabe mencionar la Declaración universal de derechos humanos de 1948 (arts. 8 y 10), la Declaración americana de los derechos y deberes del hombre de 1948 (art. 18), el Convenio europeo de derechos humanos de 1950 (arts. 6 y 13), el Pacto internacional de derechos civiles y políticos de 1966 (art. 14) o la Convención americana de derechos humanos de 1969 (arts. 8 y 25); en cuanto a los posteriores, la Carta africana sobre derechos humanos y de los pueblos de 1981 (art. 7) o la Carta de derechos fundamentales de la Unión Europea de 2010 (art. 47).

15 Al respecto, con carácter general, *vid.* MARTÍNEZ EMPERADOR, R. (1979), *op. cit.*, pp. 298 y ss.; MONTERO AROCA, J. (1991), *op. cit.*, pp. 431 y ss. Asimismo, a partir de la labor desarrollada por el TC, *vid.* BORRAJO INIESTA, I.; DÍEZ-PICAZO GIMÉNEZ, I.; FERNÁNDEZ FARRERES, G. (1995), *El derecho a la tutela judicial efectiva y el recurso de amparo. Una reflexión sobre la jurisprudencia constitucional*, Madrid, Civitas. En fin, desde una óptica específicamente laboral, *vid.* SÁEZ LARA, C. (2004), *La tutela judicial efectiva y el proceso laboral*, Madrid, Thomson-Civitas.

que los mismos sean razonables. El alcance de estos requisitos, así como de su interpretación, no opera del mismo modo en todas las fases del proceso, en concreto, resulta habitual diferenciar entre el acceso (inicial) a la justicia y el acceso a los recursos, no en balde el derecho a los recursos no forma parte del contenido esencial del derecho fundamental (salvo en materia penal para la persona condenada); no obstante, una vez creados, se integran en el mismo como contenido adicional y goza de idéntica protección[16].

En segundo lugar, el derecho fundamental a la tutela judicial no se detiene en ese derecho a impetrar la actuación de los órganos jurisdiccionales en defensa de los derechos que se estiman vulnerados, sino que exige de estos una determinada labor. En este sentido, la tutela judicial efectiva implica el derecho a obtener una resolución fundada en derecho, esto es, una respuesta a la controversia planteada que no sea arbitraria y que esté debidamente justificada. Así entendida, esta faceta del derecho se relaciona con la necesidad de motivar la decisión judicial, así como la exigencia de que la misma sea congruente[17].

En tercer lugar, al justiciable no le basta con la posibilidad de acudir a los órganos jurisdiccionales, ni el reconocimiento de la pretensión ejercitada por los mismos. Y es que, una vez reconocido el derecho, lo que se espera es que la decisión judicial sea cumplida, esto es, que tenga «efectividad», así como una cierta garantía de estabilidad en la situación o derecho reconocido. Por ello, también integra el derecho fundamental consagrado en el art. 24 CE el derecho a la intangibilidad de la resolución firme y a la ejecución

---

16 Ambas perspectivas pueden analizarse con mayor detalle a través de BORRAJO INIESTA, I.; DÍEZ-PICAZO GIMÉNEZ, I.; FERNÁNDEZ FARRERES, G. (1995), *op. cit.*, pp. 30. y ss., para el acceso al proceso, y pp. 43 y ss., para el acceso a los recursos; SÁEZ LARA, C. (2004), *op. cit.*, pp. 90 y ss., para el acceso al proceso, y pp. 251 y ss., para el acceso a los recursos.

17 Para el análisis de ambos aspectos, *vid.*, BORRAJO INIESTA, I.; DÍEZ-PICAZO GIMÉNEZ, I.; FERNÁNDEZ FARRERES, G. (1995), *op. cit.*, pp. 62 y ss.; SÁEZ LARA, C. (2004), *op. cit.*, pp. 43 y ss.

del fallo, entendido esto último como el derecho del sujeto que ha logrado una decisión favorable a ver realmente cumplido el derecho que se le ha reconocido[18].

En fin, obviamente forma parte del derecho en cuestión la necesidad de que las actuaciones que se sigan ante los órganos dotados de potestad jurisdiccional se efectúen respetando una serie de principios, entre los cuales, por ahora interesa destacar el relativo a que no se genere indefensión. Ello va a implicar, entre otras cosas, la necesidad de garantizar que nadie pueda ser condenado sin haberle dado la oportunidad de participar en el pleito, lo que supone el reconocimiento del principio de contradicción o audiencia, así como la igualdad procesal[19].

5.– El objeto de estudio propio del derecho procesal no se circunscribe a los órganos y a las acciones, pues el ejercicio de la tutela judicial efectiva por parte de sus titulares y de la potestad jurisdiccional por los tribunales no se efectúa de cualquier manera, sino que se desarrolla a través de unos cauces específicos. Esos cauces son los del proceso, la tercera de las piezas de la disciplina según se ha señalado anteriormente; de hecho, se trata de la pieza clave a cuyo alrededor se ha ido forjando la totalidad de la disciplina[20]. El significado atribuible al mismo ha sido objeto de múltiples teorías que en un apartado introductorio como este no parece oportuno abordar. A grandes rasgos, la concepción del proceso ha oscilado entre los defensores de las teorías de la «actuación jurídica», quienes ven en el proceso un instrumento restaurador del ordenamiento violado, y los defensores de las teorías de la «resolución jurídica», que consideran el proceso como un instrumento de composición

---

18 Ambas perspectivas, intangibilidad y derecho a la ejecución, entre otros en SÁEZ LARA, C. (2004), *op. cit.*, pp. 56 y ss.

19 Entre otros, *vid.* BORRAJO INIESTA, I.; DÍEZ-PICAZO GIMÉNEZ, I.; FERNÁNDEZ FARRERES, G. (1995), *op. cit.*, pp. 93 y ss., así como SÁEZ LARA, C. (2004), *op. cit.*, pp. 66 y ss.

20 MONTERO AROCA, J. (1977), *op. cit.*, p. 65

de los conflictos —en nuestro caso, laborales—. Al margen de ellas, entre nosotros, se ha abierto paso la postura que aboga por un entendimiento del proceso como una herramienta destinada a la satisfacción de pretensiones, en nuestro caso, de carácter laboral, lo que parece acertado, pues no siempre que se viola el ordenamiento jurídico o surge un conflicto existe un proceso[21].

2. Las razones de su aparición

6.– El derecho procesal laboral es una disciplina relativamente «joven», pues el propio derecho procesal, sin calificativos, lo es[22]. La afirmación resulta fácilmente constatable, pues si «joven» o «nuevo» es el derecho del trabajo[23], la «edad» del derecho procesal laboral aún debe ser inferior. Así, estando ligado el primero a la generalización del trabajo realizado voluntariamente en régimen de dependencia y ajenidad, algo que se produce en un período histórico muy concreto, como consecuencia de la confluencia de una pluralidad de factores —las consecuencias sociales de la revolución industrial, la disfuncionalidad del derecho liberal para regular el fenómeno, el intervencionismo estatal y la aparición del movimiento obrero—[24], la aparición de unos órganos especializados en la

---

21 Las diferentes posturas pueden reconstruirse a través de GUASP DELGADO, J. (1949), *op, cit.*, pp. 137 y ss., a quien, por otra parte, se debe la concepción reseñada. En una línea parecida se mueve MONTERO AROCA, J. (1977), *op. cit.*, p. 65, quien considera que el proceso es el medio puesto por el ordenamiento jurídico para que los órganos jurisdiccionales realicen su función.

22 MONTERO AROCA, J. (1991), *op. cit.*, p. 17.

23 De «nuevo» lo calificaba el maestro BORRAJO DACRUZ, E. (1957), "Presupuestos críticos para el estudio del Derecho del Trabajo (Procedimientos para definir el Derecho del Trabajo)", *Cuadernos de Política Social*, nº 33, p. 17.

24 La bibliografía sobre los orígenes del Derecho del Trabajo es casi inabarcable. Por ello, me remito a la que cito en el trabajo NORES TORRES, L. E. (2007), *op. cit.*, pp. 46 y ss. En todo caso, creo que merece la pena destacar BAYÓN CHACÓN, G.; PÉREZ BOTIJA, E. (1963-a), *Manual de Derecho del Trabajo*, volumen I, 4ª edición, Madrid, Marcial Pons, pp. 51 y ss., en especial, 84 y ss.; SERRANO CARVAJAL, J. (1978), "Notas para una aproximación histórica del Derecho del Trabajo", *Revista de Política social*, nº 119, pp. 87-

solución de los conflictos y/o de unos procedimientos específicos para encauzarlos que, a la postre, determinan el contenido de la disciplina, debe ser necesariamente posterior[25].

7.– En efecto, inicialmente, las reclamaciones judiciales con base en las relaciones de trabajo se resolvían por los tribunales ordinarios y por medio de unos procedimientos que no diferían de los empleados en otro tipo de reclamaciones «civiles», algo que no resultaba extraño teniendo en cuenta que el instrumento jurídico por medio del cual se articulaban tales relaciones era habitualmente el contrato de arrendamiento de servicios y éste se encontraba regulado en la normativa común. Esta solución pronto evidenció su insuficiencia, pues producía unos resultados altamente insatisfactorios.

103; ALONSO OLEA, M. (1981), *Introducción al Derecho del Trabajo*, 4ª edición, Madrid, EDERSA; MARTÍN VALVERDE, A. (1987), "Estudio preliminar. La formación del Derecho del Trabajo en España", en MARTÍN VALVERDE, A. *et altri, La legislación social en la Historia de España. De la revolución liberal a 1936*, Madrid, Congreso de los Diputados, pp. XI y ss.; BORRAJO DACRUZ, E. (1988), *Introducción al Derecho del Trabajo*, 5ª edición, Madrid, Tecnos, pp. 23 y ss.; MONTOYA MELGAR, A. (1992), *Ideología y lenguaje en las leyes laborales de España (1873-1978)*, Madrid, Civitas; GARCÍA BECEDAS, G. (1993), *Introducción al Derecho español del Trabajo. Caracteres y fundamento*, Madrid, Civitas; ROJO TORRECILLA, E. (1997), "Pasado, presente y futuro del Derecho del Trabajo", *Relaciones Laborales-II*, pp. 232-256.

25 En esta línea se mueve HERNAINZ MÁRQUEZ, M. (1964), "Los Tribunales de Trabajo", *Revista de Política Social*, nº 62, p. 17 quien destaca el hecho de que mientras no existió una regulación detallada y compleja de la relación laboral, ni estas eran predominantes, no resultaba necesaria una justicia especializada. Asimismo, una idea similar subyace en el trabajo de ALONSO OLEA, M. (1966), "Sobre la historia de los procesos de trabajo", *Revista de Trabajo*, nº 15, p. 10 cuando afirma que a finales del XIX no existe «ni jurisdicción especial, ni jurisdicción ordinaria con proceso especial en lógica correspondencia con el muy escaso desarrollo de las normas sustantivas específicamente laborales». En fin, el mismo paralelismo traza MONTOYA MELGAR, J. *et altri* (2012), *Curso de Procedimiento Laboral*, 9ª edición, Madrid, Tecnos, p. 31, quien destaca como tan solo se empieza a hablar de órganos dirimentes y procesos de carácter social o laboral, distintos de los comunes, cuando aparecen las primeras normas laborales.

7.1.– Y es que, de entrada, tales procedimientos eran largos, complejos y caros, por lo que resultaban difícilmente asumibles por quienes tenían que resolver asuntos «vitales», afectantes a su propia subsistencia, como una reclamación salarial, un despido o una indemnización derivada de accidente de trabajo, sobre todo si se tiene en cuenta que, además, por lo general carecían de los recursos necesarios[26]. Así pues, la inadecuación del procedimiento civil por lentitud, complejidad y carestía constituye un primer factor determinante de la aparición de la aspiración a contar con unos cauces específicos para resolver las contiendas laborales[27].

---

26 En este sentido, por ejemplo, FERNÁNDEZ GONZÁLEZ, V. (1942), "La jurisdicción laboral y el Ministerio Público", *Revista Universidad de Oviedo. Facultad de Derecho*, III (11-12), p. 80, quien destaca cómo los trabajadores habitualmente no ejercitaban sus acciones por el coste económico que ello representaba, el evitar desplazamientos o el propio enfrentamiento con el patrono. En una línea parecida se movía HERNAINZ MÁRQUEZ, M. (1964), *op. cit.*, pp. 19 y ss., quien aludía que, en estos conflictos, no se discutía un mero interés profesional, sino que el conflicto afectaba a posiciones personales; asimismo, aludía al tono del conflicto, la despersonalización de las partes o existencia de un interés superior o la desigualdad. En fin, más reciente, aluden a estas cuestiones GIL PLANA, J. (2005), *op. cit.*, p. 46 o CORTEZ MATCOVICH, G. (2021), *op. cit.*, p. 12.

27 Entre otros, HINOJOSA FERRER, J. (1933), *El enjuiciamiento en el Derecho del Trabajo*, Madrid, EDERSA, p. 10; FERNÁNDEZ GONZÁLEZ, V. (1945), "Principios fundamentales del proceso del trabajo", *Revista de la Universidad de Oviedo. Facultad de Derecho*, *VI (27-28)*, p. 162; FERNÁNDEZ GONZÁLEZ, V. (1946-a), "Principios fundamentales del proceso del trabajo (continuación)", *Revista de la Universidad de Oviedo. Facultad de Derecho*, *VII (33-34)*, p. 123; BAYÓN CHACÓN, G.; PÉREZ BOTIJA, E. (1963-a), *op. cit.*, p. 87; RODRÍGUEZ-PIÑERO Y BRAVO-FERRER, M. (1969), "Sobre los principios informadores del proceso de trabajo", *Revista de Política Social*, nº 81, p. 22; MONTERO AROCA, J. (1973), "Notas sobre la historia de la jurisdicción de trabajo. Parte primera: los Tribunales industriales", *Revista de Derecho del Trabajo*, nº 43, p. 69 y (1977), *op. cit.*, pp. 16 y 71; MARTÍNEZ EMPERADOR, R. (1979), *op. cit.*, p. 279; MONTOYA MELGAR, A. (1992), *op. cit.*, p. 75; AGUILERA IZQUIERDO, R. (2004), *Proceso Laboral y proceso civil: convergencias y divergencias*, Madrid, Civitas, p. 29-30; GIL PLANA, J. (2005), pp. 44 y ss.; MONTOYA MELGAR, J. *et altri* (2012), *op. cit.*, p. 31.

7.2.– A ello hay que unir razones vinculadas a la «especialización». En este sentido, el desarrollo paulatino de las normas laborales hasta conformar lo que hoy conocemos como derecho del trabajo, inspirado en unos principios específicos, singularmente, el de tutela del contratante débil, aconsejan la existencia de unos órganos especializados que conozcan la materia en profundidad, así como sus principios inspiradores[28], pues no se le puede pedir al juez «que se dedique a conformarse perfecto en la totalidad del Derecho»[29]. Esa especialización, adicionalmente, debe ir acompañada de una labor conducente a extender esos principios específicos desde la normativa sustantiva a la propia lógica procesal[30]. Y es que, al igual que sucede en el plano sustantivo, también se predica de la labor judicial que «no existe desigualdad mayor que aquella que consiste en tratar a los desiguales de un modo igual»[31].

7.3.– En fin, también estaría la propia desconfianza y hostilidad del mundo obrero hacia una justicia «burguesa», manifestación del estado liberal, con una mentalidad y unos valores que no se corresponderían con los presentes en el derecho del trabajo[32], hasta el punto que se llega a afirmar que «el pobre que haya tenido que

---

28 Así, GONZÁLEZ ENCABO, J. (1966), "Independencia de la jurisdicción laboral", *Revista de Política Social*, nº 69, p. 85. En la misma línea, AGUILERA IZQUIERDO, R. (2004), *op. cit.*, p. 39; GIL PLANA, J. (2005), *op. cit.*, pp. 47 y ss.; CORTEZ MATCOVICH, G. (2021), *op. cit.*, p. 4.

29 GONZÁLEZ ENCABO, J. (1966), *op. cit.*, p. 87.

30 En esta línea, entre otros, CABRERA BAZÁN, J. (1969), *op. cit.*, pp. 43-44; VALDÉS DAL-RÉ, F. (2000), "Las jurisdicciones sociales en los países de la Unión Europea: convergencias y divergencias", *Actualidad Laboral*, nº 8, p. 103; RODRÍGUEZ-PIÑERO Y BRAVO-FERRER, M. (2001), "Proceso civil y proceso de trabajo", *Relaciones Laborales-I*, p. 135; GIL PLANA, J. (2005), *op. cit.*, pp. 54-56.

31 MENGER, A. (1998), *El derecho civil y los pobres* (Trad. A. Posada), Granada, Comares (Trabajo original publicado en 1890), p. 147.

32 ALARCÓN Y HORCAS, S. (1929), *Código del Trabajo*, tomo II, Madrid, Ed. Reus, p. 627; MONTERO AROCA, J. (1973), *op. cit.*, p. 79; RODRÍGUEZ-PIÑERO Y BRAVO-FERRER, M. (2001), *op. cit.*, p. 135; GIL PLANA, J. (2005), *op. cit.*, pp. 53-54.

acudir un par de veces a la vía judicial se convierte en un enemigo consciente del Estado y la sociedad»[33]. Esa desconfianza conduce a la defensa de unos órganos en los que estén presentes los representantes de la profesión u oficio de manera paritaria, sea de forma exclusiva, sea de forma combinada con los miembros del poder judicial[34].

8.– Así, como ya señalaban los primeros tratadistas, «lleno de singularidades, el Derecho del Trabajo necesita de procedimientos y de órganos especiales»[35]. Por ello, no es de extrañar que entre las primeras reivindicaciones del movimiento obrero se encontrase la de contar con unos órganos especializados en materia laboral y unos cauces procedimentales específicos que permitiesen resolver los conflictos derivados de las relaciones de trabajo de una manera rápida, sencilla y económica.

8.1.– En este sentido, por lo que respecta a los órganos especializados, ya desde la primera mitad del siglo XIX y, sobre todo, en la segunda, resulta posible detectar en distintos países unos antecedentes claros de lo que posteriormente dará lugar a una jurisdicción especializada en materia laboral o, cuanto menos, algunos proyectos normativos o manifestaciones al margen del Estado.

Así, en Francia, los primeros Consejos de *Prud'hommes* se remontan a 1806, cuando se constituyen en la ciudad de Lyon de la

---

33 MENGER, A. (1998), *op. cit.*, p. 149 (original de 1890).

34 HINOJOSA FERRER, J. (1933), *op. cit.*, p. 10; RODRÍGUEZ-PIÑERO Y BRAVO-FERRER, M. (2001), *op. cit.*, p. 135.

35 HINOJOSA FERRER, J. (1933), *op. cit.*, p. 10. La necesaria intervención en ambos planos (órganos y procedimientos) puede considerarse un punto común en la doctrina: así, entre otros, *vid.* FERNÁNDEZ GONZÁLEZ, V. (1946-a), *op. cit.*, p. 123; DEL PESO Y CALVO, C. (1966), "La jurisdicción laboral. Su competencia y sus órganos, *Revista de Política Social*, nº 69, pp. 206 y ss.; MONTERO AROCA, J. (1973) y (1977), *op. cit.*, p. 72 y 16, respectivamente; RODRÍGUEZ-PIÑERO Y BRAVO-FERRER, M. (2001), *op. cit.*, p. 135; AGUILERA IZQUIERDO, R. (2004), *op. cit.*, p. 36; GIL PLANA, J. (2005), *op. cit.*, p. 47.

mano de los comerciantes de la seda y con un carácter paritario; en Italia, la ley nº 295, de 15 de junio de 1893, institucionaliza los Colegios de hombres buenos (*probiviri*) en ciudades de tipo industrial permitiendo su creación en las fábricas para dirimir conflictos internos; en fin, experiencias similares salpican los distintos países europeos (Alemania, Bélgica, ciertos cantones suizos...), incluido el nuestro. En efecto, durante ese período, son constantes las alusiones a los llamados «jurados mixtos», hasta el punto que una de las reivindicaciones de la huelga general de 1855 en Barcelona, aun centrada en la lucha por el derecho de asociación, fue la de su instauración; y el Proyecto de Ley de Alonso Martínez sobre ejercicio, policía, sociedades, jurisdicción e inspección de la industria manufactura, presentado el 8 de octubre de ese mismo año, preveía la instauración de unos jurados de prohombres en la industria para decidir las cuestiones de hecho[36].

Pues bien, al margen de tales experiencias concretas de nuestro entorno cercano, interesa destacar cómo, en ese contexto, se considera necesario llevar a los litigios del trabajo la voz de la conciencia profesional y la experiencia en la práctica del oficio, de ahí que las primeras manifestaciones se relacionen con organismos de tipo paritario en los que están presentes representantes de los trabajadores

---

36 Al respecto pueden consultarse los datos que proporcionan HINOJOSA FERRER, J. (1933), *op. cit.*, pp. 14 y ss.; PÉREZ SERRANO, J. (1936), *La organización y el funcionamiento de los Tribunales de Trabajo. Legislación comparada y su posible aplicación a España*, Madrid, Imp. y enc. Sobrinos de la Sucesora de M. Vinuesa de los Ríos, pp. 27 y ss.; BAYÓN CHACÓN, G., PÉREZ BOTIJA, E. (1963-b), *Manual de Derecho del Trabajo*, volumen II, 4ª edición, Madrid, Marcial Pons, pp. 353 y ss.; MONTERO AROCA, J. (1973), *op. cit.*, p. 73; QUIRÓS SORO, M. F. (2008), *Los jurados mixtos del trabajo. El jurado mixto de industrias de la construcción de Valencia (1931-1939)*, Valencia, Universitat de València, pp. 23 y ss. Por otro lado, en cuanto al contenido del proyecto de Alonso Martínez de 1855, puede verse ELORZA, A. (1969), "El proyecto de ley Alonso Martínez sobre el trabajo en la industria (1855): derecho de asociación y conflicto social en el Bienio Progresista", *Revista de Trabajo*, nº 27/28, pp. 253-284

y de los patronos; por otra parte, en cuanto a los jueces, se aconseja que «tengan un amplio sentido de la humanidad»[37].

8.2.– Por lo que respecta al procedimiento, las aspiraciones se concretan en un proceso que resultase accesible para los trabajadores, a pesar de sus carestías económicas, y que diese una solución rápida a sus necesidades. Ello se va lograr mediante la gratuidad y la oralidad del mismo, unas notas del proceso laboral que lo han «definido» históricamente, convirtiéndose en una suerte de «compañeras de viaje»[38], y que fueron asistidas por otro tipo de previsiones y/o propuestas[39].

Así, por ejemplo, la gratuidad entendida como inexistencia de costas procesales, se ve ayudada por la dispensa de asistencia letrada y de representante. Y la finalidad perseguida con la misma —esto es, hacer accesible la justicia a las personas carentes de recursos en condiciones de igualdad—, se perfecciona mediante el reconocimiento de una serie de beneficios específicos, como proporcionar la asistencia jurídica necesaria a quien la necesite, llegando, incluso, a propugnarse la instauración de un cuerpo de profesionales dependientes y financiados por el Estado para tales menesteres, a fin de evitar eventuales conflictos de intereses[40]. En esta línea de facilitar el acceso a la justicia con independencia de los recursos, algunos autores defendieron la iniciación de oficio por el ministerio público tan pronto la Inspección de Trabajo diese cuenta de la existencia de

37 HINOJOSA FERRER, J. (1933), *op. cit.*, p. 11; en esa línea, MONTERO AROCA, J. (1973), *op. cit.*, p. 73.

38 La expresión la tomo de PALOMEQUE LÓPEZ, M. C. (1984), "Un compañero de viaje histórico del Derecho del Trabajo: la crisis económica", *Revista de Política Social*, nº 143, p. 15.

39 Al respecto, *vid.* MENGER, A. (1998), *op. cit.*, pp. 149 y ss. (original de 1890); HINOJOSA FERRER, J. (1933), *op. cit.*, p. 10; MONTERO AROCA, J. (1973), *op. cit.*, pp. 69 y ss.

40 MENGER, A. (1998), *op. cit.*, p. 148 (original de 1890), quien desconfía de su ejecución por los letrados comunes, pues «no puede racionalmente extrañarse que las funciones gratuitas se desempeñen mal y perezosamente».

algún tipo de incumplimiento, llegando a existir algunas experiencias en tal sentido[41].

Asimismo, en orden a luchar contra las dificultades del procedimiento, se propugna la reducción de las formas a lo estrictamente necesario para garantizar el ejercicio del derecho[42]. En esta línea también se mueven las propuestas relativas a modular el principio dispositivo o las relacionadas con el papel del juez tratando de compensar la desigualdad de partida, impulsando el procedimiento y permitiéndole suplir las deficiencias en las actuaciones de los litigantes o instruyéndoles en todo momento, «llegando a velar sobre ellos a fin de evitar que caigan en las redes que les tiende el otro»[43].

Igualmente, algunas de estas propuestas inciden de manera adicional en la celeridad esperable del procedimiento. En este sentido, qué duda cabe que el impulso oficial del mismo y, sobre todo, la oralidad coadyuva a su consecución[44]. Y en esta línea se inscriben toda una serie de medidas de «acompañamiento», tanto de carácter técnico (así, por ejemplo, la acumulación de acciones y procesos, la convocatoria única, la instancia única, la limitación en el número de testigos, la irrecurribilidad de ciertas sentencias, etc.), como material y humano (así, por ejemplo, incrementar el número de efectivos y los medios puestos a su disposición)[45].

En fin, todo ello va a ir configurando un conjunto de principios propios del proceso laboral que debieron ser ciertamente revolucionarios en la época, aportando «savia nueva», con unas ideas e insti-

---

41 Al menos en nuestro país. Al respecto, FERNÁNDEZ GONZÁLEZ, V. (1942), *op. cit.*, pp. 80 y ss.; más ampliamente, FERNÁNDEZ GONZÁLEZ, V. (1946-b), "Principios fundamentales del proceso del trabajo (continuación)", *Revista de la Universidad de Oviedo. Facultad de Derecho, VII (41-42)*, pp. 26 y ss.

42 HINOJOSA FERRER, J. (1933), *op. cit.*, p. 10.

43 HINOJOSA FERRER, J. (1933), *op. cit.*, p. 10; en esa línea de que el juez instruya a todo ciudadano, especialmente al pobre, ya se movía MENGER, A. (1998), *op. cit.*, p. 151 (original de 1890).

44 DEL PESO Y CALVO, C. (1966), *op. cit.*, p. 206.

45 MUÑOZ Y NÚÑEZ DE PRADO, J. (1966), "Justicia Laboral", *Revista de Política Social*, nº 69, pp. 165 y ss.

tuciones propias[46]. Estos principios lo irán distanciando paulatinamente del proceso civil y convirtiéndolo en un proceso «pionero», que destaca por su carácter «innovador y perfeccionista»[47].

3. Los modelos «organizativos» y «procedimentales»

9.– La construcción de todo este sistema organizativo y procedimental, así como su articulación, no es algo que se produjera de forma inmediata, lineal y del mismo modo en todos los países, sino que, bien al contrario, conoció y conoce de diferentes formulaciones que se han ido desarrollando a lo largo del tiempo y en las que influye, obviamente, el contexto social, político, económico y cultural del ámbito geográfico de que se trate. No obstante, el análisis del derecho comparado permite constatar la existencia de una serie de líneas de tendencia o, mejor dicho, unos modelos a los que se pueden reconducir las distintas experiencias de forma más o menos pura[48].

---

46 FERNÁNDEZ GONZÁLEZ, V. (1945), *op. cit.*, p. 157.

47 RODRÍGUEZ-PIÑERO Y BRAVO-FERRER, M. (1969), *op. cit.*, p. 22.

48 Al respecto, existen distintas contribuciones tanto recientes, como «históricas» las cuales, tratándose del análisis de los modelos, siguen siendo muy útiles. Así, puede consultarse HINOJOSA FERRER, J. (1933), *op. cit.*, pp. 14 y ss., quien se detiene en el modelo francés, alemán, italiano e inglés. Igualmente, un acercamiento monográfico de enorme valor, sobre todo si se tiene en cuenta las dificultades y limitaciones de la época, efectúa PÉREZ SERRANO, J. (1936) *op. cit.*, pp. 21 y ss., quien, además, se detiene en el análisis de los sistemas de Francia, Italia, Alemania, Rusia, Polonia, Suecia, Dantzig, Checoslovaquia, Rumania, Perú, Chile y Brasil. Asimismo, desde una perspectiva histórica, encomiables son las labores de sistematización que efectuaron BAYÓN CHACÓN, G.; PÉREZ BOTIJA, E. (1963-b), *op. cit.*, pp. 845 y ss., quienes adicionalmente se detienen en perfilar las principales características del sistema alemán, italiano, francés, belga, portugués, británico, estadounidense, argentino, boliviano, brasileño, chileno, colombiano y paraguayo, así como la de HERNAINZ MÁRQUEZ, M. (1964), *op. cit.*, pp. 21 y ss. Más recientes en el tiempo, imprescindibles resultan los acercamientos efectuados por VALDÉS DAL-RÉ, F. (2000), *op. cit.*, pp. 111 y ss.; MARTÍN VALVERDE, A. (2001), "Sistema judicial y jurisdicción laboral (Un ensayo de derecho comparado)", en ALONSO OLEA, M. *et altri*, *El proceso laboral. Estudios en homenaje al profesor*

3.1. Los modelos organizativos

10.– Por lo que respecta a los modelos organizativos, cabe efectuar una primera distinción entre aquellos sistemas en los que la solución del conflicto se atribuye a órganos de naturaleza jurisdiccional y aquellos otros en los que, diversamente, las funciones de resolver los conflictos se atribuyen a órganos que no presentan tal naturaleza a través de procedimientos que pueden consistir bien en una conciliación, bien en una mediación o bien en un arbitraje[49].

10.1.– En este punto, históricamente ha existido una tendencia a remitir los conflictos individuales a órganos del primer tipo, mientras que a los segundos habitualmente se les ha encomendado la solución de los conflictos colectivos[50]. A pesar del interés que tienen tales sistemas en cuanto alternativa a la judicialización de los conflictos, desde la óptica del proceso como instrumento por medio del cual se cumple la función jurisdiccional, la atención debe recaer sobre los primeros. En todo caso, precisamente por la relevancia que han tenido y tienen los procedimientos extrajudiciales de solución de conflictos —hoy rebautizados como medios alternativos o adecuados de solución de controversias— volveré sobre ellos cuando aborde los retos de futuro ante los que se encuentra la disciplina (*infra*, 141 y ss.).

10.2.– Una vez sentado lo anterior, con mayores o menores variantes, los intentos de sistematización coinciden sustancialmente en diferenciar entre aquellos modelos en los que la labor se desarrolla por los órganos jurisdiccionales comunes u ordinarios y aque-

---

Luis Enrique de la Villa Gil, Valladolid, Lex Nova, pp. 566 y ss.; MARTÍNEZ GIRÓN, J.; ARUFE VARELA, A. (2023), *Fundamentos de Derecho comparado del Trabajo y de la Seguridad Social*, 3ª edición, Barcelona, Atelier, pp. 87 y ss., quienes dan cuenta de la situación actual en Alemania, Francia, Italia, Portugal y EE.UU.

49 Así, BAYÓN CHACÓN, G.; PÉREZ BOTIJA, E. (1963-b), *op. cit.*, pp. 845-846.

50 PÉREZ SERRANO, J. (1936), *op. cit.*, p. 13.

llos otros en los que se encomiendan las funciones a unos órganos jurisdiccionales especiales[51]. A su vez, dentro de estos últimos y con diferentes terminologías, se han detectado, de entrada, sistemas en los que tales órganos se componen por jueces integrantes de la carrera judicial, pero especializados en la materia laboral[52]; precisamente, por esa razón, parece conveniente denominarlos «tribunales especializados». En segundo lugar, existen sistemas en los que estos órganos especializados se integran por jueces «profesionales», en el sentido de que proceden de la «profesión» u oficio de los litigantes, es decir, son representantes de los trabajadores y de los empresarios en composición paritaria y por ello se califican como «tribunales profesionales»[53]. Finalmente, no faltan sistemas de corte «mixto», también denominados «transaccionales», donde el tribunal se compone por miembros procedentes de la judicatura y de la profesión, tanto por la parte social como por la patronal[54]. Así las cosas, la nomenclatura que seguiré en su exposición no se va a apartar en demasía de tales directrices y por ello me referiré a modelos de tribunales ordinarios, modelos de tribunales especiali-

---

51 Al respecto, PÉREZ SERRANO, J. (1936), *op. cit.*, pp. 13 y ss.; BAYÓN CHACÓN, G.; PÉREZ BOTIJA, E. (1963-b), *op. cit.*, pp. 846 y ss.; HERNAINZ MÁRQUEZ, M. (1964), *op. cit.*, pp. 24 y ss.

52 En estos casos, HERNAINZ MÁRQUEZ, M. (1964), *op. cit.*, p. 27 habla de «Tribunales especiales estrictamente técnicos», mientras que VALDÉS DAL-RÉ, F. (2000), *op. cit.*, p. 112, alude a ellos como tribunales servidos por «magistrados profesionales».

53 Una terminología de este corte emplea PÉREZ SERRANO, J. (1936), *op. cit.*, p. 17, quien en estos casos habla de «Tribunales especiales constituidos por jurados profesionales o técnicos»; en sentido parecido, HERNAINZ MÁRQUEZ, M. (1964), *op. cit.*, p. 27, habla en estos casos de «Tribunales profesionales». A mi juicio, el uso del término «profesional» puede inducir a error, ya que parece apuntar hacia jueces y magistrados que son los verdaderos «profesionales» en la labor de juzgar; de hecho, en ese sentido la emplean otros autores como, por ejemplo, BAYÓN CHACÓN, G.; PÉREZ BOTIJA, E. (1963-b), *op. cit.*, p. 846, o VALDÉS DAL-RÉ, F. (2000), *op. cit.*, p. 112.

54 La expresión de «Tribunal Mixto», se emplea por HERNAINZ MÁRQUEZ, M. (1964), *op. cit.*, p. 28, o VALDÉS DAL-RÉ, F. (2000), *op. cit.*, p. 112; la de "transaccional" aparece en PÉREZ SERRANO, J. (1936), *op. cit.*, p. 18.

zados, modelos de tribunales «profesionales» y modelos de tribunales mixtos.

3.1.1. Los modelos de tribunales comunes u ordinarios

11.– Un primer tipo de sistemas jurisdiccionales es aquel que engloba todos aquellos modelos que podríamos calificar como de tribunales comunes u ordinarios en el sentido de que es la jurisdicción civil la encargada de resolver los conflictos que enfrentan a trabajadores y empresarios. Históricamente, como ya se ha indicado, la generalidad de los ordenamientos jurídicos carecía de unos órganos judiciales especializados en materia laboral por lo que la solución de los litigios de tal naturaleza se residenciaba en la jurisdicción ordinaria, algo a lo que conducía «un lógico sentido de inercia»[55], no en balde las relaciones laborales se instrumentaban inicialmente a través de un contrato civil —el de arrendamiento de servicios— y, con posterioridad, la aparición del contrato y del derecho del trabajo tiene lugar como una separación del tronco común.

11.1.– Esta atribución a la jurisdicción ordinaria no resulta necesariamente negativa. Al contrario, algunos autores han destacado la existencia de determinadas ventajas derivadas de tal atribución. En este sentido, de entrada, se ha señalado que la jurisdicción ordinaria conoce de asuntos aún más complejos, por lo que ningún problema debería tener en la solución de las controversias laborales[56], pudiendo aprovechar la ciencia y arte de juzgar que ya posee[57]. En segundo lugar, también se ha argumentado sobre la base de un mayor respeto a la unidad jurisdiccional, un logro alcanzado con la Revolución Francesa que podría quebrarse por el reconocimiento

---

55 HERNAINZ MÁRQUEZ, M. (1964), *op. cit.*, p. 24.

56 PÉREZ SERRANO, J. (1936), *op. cit.*, p. 15.

57 BAYÓN CHACÓN, G.; PÉREZ BOTIJA, E. (1963-b), *op. cit.*, pp. 846-847; HERNAINZ MÁRQUEZ, M. (1964), *op. cit.*, p. 24.

de tribunales especiales[58]. Asimismo, en tercer lugar, se ha argüido que la unidad comporta un beneficio mutuo para los sectores implicados: por un lado, a pesar de su especialidad, el Derecho del Trabajo se integra en el sistema jurídico y no debe perder su relación, beneficiándose de la independencia y conocimientos de los jueces ya existentes; por otro lado, la jurisdicción civil al resolver este tipo de conflictos se «revitaliza» al tener que afrontar la comprensión e interpretación de un ordenamiento diverso, que responde a principios diferentes a los comunes[59]. En fin, en cuarto lugar, también se ha aludido a que la intervención del juez impregna de dignidad a la marcha del juicio y al acto de la vista[60]. Tal vez por todo ello se trate de un modelo que sigue existiendo en la actualidad en algunos países como, por ejemplo, en Italia, si bien de una manera un tanto *sui generis*: la competencia corresponde al Tribunal ordinario (que sustituyó por decreto legislativo nº 52, de 19 de febrero de 1998, al *Ufficio del Pretore*), en composición «monocrática», asumiendo función de juez del trabajo[61]; se trata de jueces ordinarios, pero que se han especializado. Las resoluciones emitidas por este órgano se recuren, en su caso, ante la *Corte di Apello* y, ulteriormente, ante la *Corte Suprema di Cassazione, sezione lavoro*.

11.2.– No obstante, no se trata de un modelo exento de críticas, si bien, al haber sido éstas ya mencionadas con anterioridad en otro lugar (*vid.*, *supra* 7), basta ahora recordarlas sucintamente. En este sentido, al proceso civil se le achacaba que era excesivamente formalista, caro y lento, así como que los órganos competentes ca-

---

58 PÉREZ SERRANO, J. (1936), *op. cit.*, p. 15; BAYÓN CHACÓN, G.; PÉREZ BOTIJA, E. (1963-b), *op. cit.*, pp. 846-847; HERNAINZ MÁRQUEZ, M. (1964), *op. cit.*, p. 24.

59 PÉREZ SERRANO, J. (1936), *op. cit.*, p. 15; en sentido parecido, BAYÓN CHACÓN, G.; PÉREZ BOTIJA, E. (1963-b), *op. cit.*, pp. 846-847.

60 BAYÓN CHACÓN, G.; PÉREZ BOTIJA, E. (1963-b), *op. cit.*, p. 846.

61 Al respecto, *vid.* FERLUGA, L. (2016), "Controversie individuali di lavoro", en ROMEO, C. (a cura di), *Processo del Lavoro. Commento sulle norme del codice di rito, delle leggi speciali e analisi tematiche delle tutelle giurisdizionali*, Turín, G. Giappichelli Editore, p. 4.

recían de la preparación técnica necesaria para resolver los litigios derivados del trabajo[62]. En realidad, las críticas relativas al exceso de formalismo, lentitud y coste afectan más al procedimiento que a los órganos encargados de desarrollarlo; aun siendo esto así, no basta contar con un procedimiento rápido y sencillo, sino que se precisa de un juez habituado al mismo, algo que únicamente se logra con la especialización, no solo en lo relativo al derecho sustantivo que debe aplicar, sino también en el procedimiento que, en su caso, se cree[63]. Al margen de lo ya indicado, cabe rechazar algunos de los argumentos barajados en su defensa, en particular, los relacionados con la unidad jurisdiccional. En este sentido, por un lado, ya se ha destacado cómo este principio no impide la existencia de tribunales especializados, sino la creación de tribunales especiales y de excepción; por otro, la alternativa a los tribunales ordinarios no es necesariamente la administración[64], según apuntan algunas construcciones, sino que pueden ser perfectamente unos tribunales especializados que podrán aprovechar tanto como los ordinarios de la ciencia y arte de juzgar, siendo igual de idóneos, competentes e independientes que estos últimos.

3.1.2. Los modelos de tribunales especializados

12.– El segundo tipo de modelos se corresponde con aquellos sistemas, que proceden a la creación de unos tribunales especializados en materia laboral, bien de manera excluyente —como en nuestro país desde 1938 hasta la actualidad—, bien compartiendo competencias con la jurisdicción ordinaria en aquellos lugares en los que no resulta posible o aconsejable su instauración —así, por

---

62 PÉREZ SERRANO, J. (1936), *op. cit.*, p. 16; HERNAINZ MÁRQUEZ, M. (1964), *op. cit.*, pp. 24 25.

63 BAYÓN CHACÓN, G.; PÉREZ BOTIJA, E. (1963-b), *op. cit.*, p. 847; HERNAINZ MÁRQUEZ, M. (1964), *op. cit.*, pp. 24-25.

64 Así aparece en PÉREZ SERRANO, J. (1936), *op. cit.*, p. 15.

ejemplo, el actual modelo chileno[65]—, pero integrados, en todo caso, en el poder judicial, precisamente para superar las críticas que se efectúan a la intervención de los tribunales ordinarios o comunes.

12.1.– Así pues, las ventajas que presentan estos modelos coinciden con las críticas que se efectúan a aquellos otros frente a los cuales se presentan como alternativa[66], esto es, su especialización en la materia laboral, tanto desde la perspectiva sustantiva como desde la estrictamente procesal. Asimismo, se pretende ver en los integrantes de estos tribunales especializados una mayor «afabilidad protectora e inspiración más armónica que jurídica» en su proceder[67]. En fin, todavía hay una serie de ventajas que presentan estos modelos en contraposición a los articulados sobre la base de tribunales «profesionales» a los que se aludirá enseguida, a saber, las mayores garantías de equidad e imparcialidad en el funcionamiento dada su composición, así como, por las mismas razones, su indiscutible formación jurídica y el conocimiento de la función de juzgar[68].

12.2.– Entre las críticas que se efectúan a estos modelos destaca la relativa al desconocimiento de la realidad profesional que deben resolver[69]. No obstante, no se trata de un problema irreso-

---

65 En efecto, el modelo chileno conoce en la actualidad de unos Juzgados de Letras del Trabajo y unos Juzgados de Cobranza laboral y Previsional cuyas competencias recogen los arts. 420 y 421 del Código de Trabajo; no obstante, en aquellas plazas donde no se han constituido asumen sus competencias los Tribunales de Letras Civiles. Al respecto, *vid.* CORTEZ MATCOVICH, G. (2021), *op. cit.*, pp. 4 y 15; ALRUIZ VALENZUELA, M. *et altri* (2022), *Tribunales Laborales: nociones básicas de organización y funcionamiento*, Santiago de Chile, DER Ediciones-CJAJ, pp. 11 y ss.

66 BAYÓN CHACÓN, G.; PÉREZ BOTIJA, E. (1963-b), *op. cit.*, p. 847.

67 BAYÓN CHACÓN, G.; PÉREZ BOTIJA, E. (1963-b), *op. cit.*, p. 847.

68 HERNAINZ MÁRQUEZ, M. (1964), *op. cit.*, p. 28.

69 Así lo recogen BAYÓN CHACÓN, G.; PÉREZ BOTIJA, E. (1963-b), *op. cit.*, p. 848, si bien se muestran críticos con la afirmación, especialmente en p. 849;

luble, pues los jueces pueden contar con diferentes instrumentos para sortearlo, como pueden ser sus propios poderes de intervención en la práctica probatoria, el recurso a las pruebas periciales o a las diligencias para mejor proveer. Por otra parte, la crítica es relativa, pues como han destacado algunos autores «es más fácil averiguar el rendimiento normal de un tornero o la realidad de una incapacidad que el grado de responsabilidad mental y volitiva de un homicidio»[70]. Y es que, con arreglo a la teoría de la pura especialidad «profesional», los jueces podrían resolver muy pocos asuntos por su deficiente conocimiento de medicina, arquitectura, ingeniería, etc.[71]

3.1.3. Los modelos de tribunales «profesionales»

13.– La última crítica referida al modelo anterior, a pesar de su relatividad, está en la base, precisamente, de la aparición de los modelos articulados sobre la base de tribunales «profesionales» en los que la potestad resolutiva se atribuye a las asociaciones de trabajadores y empresarios al ser estos los interesados principales en la solución de los conflictos. Y es que a su través se alcanzaría satisfacer la exigencia de contar con un mayor conocimiento técnico[72]. Este sistema funciona, por ejemplo, en Francia donde los *Conseils de Prud'hommes* tienen una composición rigurosamente paritaria en la instancia, si bien sus decisiones se recurren ante la *Cour d'Appel* y, en ciertos casos, ante la *Cour de Cassation*, ya compuestas exclusivamente por jueces de carrera[73].

Las críticas que se pueden formular a estos modelos son evidentes. En este sentido, de entrada, se ha señalado que por mucha

---

HERNAINZ MÁRQUEZ, M. (1964), *op. cit.*, pp. 24-25 y 28

70 BAYÓN CHACÓN, G.; PÉREZ BOTIJA, E. (1963-b), *op. cit.*, p. 849.

71 BAYÓN CHACÓN, G.; PÉREZ BOTIJA, E. (1963-b), *op. cit.*, p. 849.

72 PÉREZ SERRANO, J. (1936), *op. cit.*, p. 17.

73 Al respecto, VILLEBRUNT, J.; QUÉTANT, G. P. (1998), *Traité de la jurisdiction prud'homale*, 3ª edición, París, LGDJ.

especialidad que tengan los conflictos laborales, la resolución de los mismos constituye el ejercicio de una función que compete al Estado en exclusiva[74]. Asimismo, también se ha indicado que este tipo de órganos carecen de autoridad para hacer cumplir el fallo, algo que, en todo caso, no resulta decisivo, pues el Estado podría reconocer a las decisiones adoptadas por estos tribunales fuerza ejecutiva. Igualmente, siquiera sea parcialmente, se afirma que por esta vía se estaría rompiendo con la máxima de que nadie puede ser juez y parte en una causa[75], lo que conduce a su falta de imparcialidad[76]. En fin, no puede pasarse por alto la falta de unos conocimientos jurídicos específicos por parte de sus integrantes[77].

3.1.4. Los modelos de tribunales «mixtos»

14.– Por último, no faltan experiencias mixtas donde se reúnen, en un órgano complejo, la dualidad de conocimientos a los que se ha aludido, esto es, los técnicos y los profesionales, pues los tribunales se integran tanto de miembros de la jurisdicción, como de representantes de las asociaciones de trabajadores y empresarios. Por ello, se le ha calificado como el modelo «más adecuado desde un punto de vista teórico»[78], ya que aúnan las ventajas de unos y otros[79] y seguramente esa sea la razón de que nos encontremos ante el modelo más extendido[80].

14.1.– La realidad de tal aserto no implica que estos modelos estén exentos de crítica, pues también pueden presentar defectos. En este sentido, de entrada, se ha señalado que los representantes

---

74 HERNAINZ MÁRQUEZ, M. (1964), *op. cit.*, p. 27.
75 HERNAINZ MÁRQUEZ, M. (1964), *op. cit.*, p. 27.
76 DEL PESO Y CALVO, C. (1966), *op. cit.*, p. 206.
77 HERNAINZ MÁRQUEZ, M. (1964), *op. cit.*, p. 27.
78 HERNAINZ MÁRQUEZ, M. (1964), *op. cit.*, p. 28.
79 PÉREZ SERRANO, J. (1936), *op. cit.*, p. 18.
80 HERNAINZ MÁRQUEZ, M. (1964), *op. cit.*, p. 28, algo que, al parecer, sigue siendo así, según refiere VALDÉS DAL-RÉ, F. (2000), *op. cit.*, p. 106.

profesionales a menudo actúan por inercia, siguiendo su «espíritu de clase», lo que conduce que, a la larga, sea el juez quien haya de resolver; asimismo, también se ha indicado que la claridad del juez puede verse enturbiada, precisamente, por esa lucha latente o abierta; en fin, por último se ha destacado que los representantes de los dos polos presentes, en realidad, no están en igualdad de condiciones, si bien, seguramente, hoy en día esta crítica se haya difuminado[81].

14.2.– Tal vez por estas razones, el género conozca de diferentes especies. Así, en primer lugar, puede suceder que los miembros profesionales actúen como adjuntos y resuelvan junto al juez, conformando lo que se conoce como escabinado o jurado de escabinos[82]. El ejemplo lo brinda Alemania con los «tribunales de trabajo» (*Arbeitsgerichte*), los «tribunales de trabajo de los estados federados» (*Landerarbeitsgerichte*) y el «tribunal federal de trabajo» (*Bunderarbeitsgerichte*), todos ellos con una composición tripartita, con la peculiaridad de que en los dos primeros los «jurados» están en mayoría[83]. Igualmente, en segundo lugar, cabe pensar que actúen como jurados de forma restringida, limitándose a la fijación de los hechos (así, por ejemplo, nuestras experiencias históricas a

81 HERNAINZ MÁRQUEZ, M. (1964), *op. cit.*, pp. 29-30.

82 La expresión no es del todo clara. Aunque según la RAE el escabinado es un «tipo de tribunal de jurado, compuesto por jueces profesionales y por ciudadanos legos designados por sorteo», DE LA OLIVA SANTOS, A. (2004-a), "La función jurisdiccional", en DE LA OLIVA SANTOS, A.; DÍEZ-PICAZO GIMÉNEZ, I.; VEGAS TORRES, J., *Derecho Procesal. Introducción*, Madrid, Editorial Universitaria Ramón Areces, p. 33 indica que los escabinos son «las personas que, junto a los jueces juristas, son llamadas, de forma permanente u ocasional, a juzgar de ciertas materias en razón de sus particulares conocimientos y experiencias profesionales», pero añadiendo que «hay quien reserva el nombre de "escabino" para el juez no jurista que integra un tribunal junto al juez jurista. Y se suele hablar también de *escabinado* o *jurado de escabinos* para referirse al jurado "mixto" (de legos en Derecho y jueces profesionales) o no puro».

83 MARTÍNEZ GIRÓN, J.; ARUFE VARELA, A. (2023), *op. cit.*, p. 87.

las que luego aludiré). Finalmente, resulta posible que actúen como meros expertos que pueden asesorar al órgano jurisdiccional en aquellos aspectos y temas en los que éste necesite de ayuda para forjar su criterio.

3.2. Los modelos procedimentales

15.– La especialidad que presentan los conflictos derivados de las relaciones laborales no solo aconseja la existencia de unos órganos especializados para su solución, sino también la de un procedimiento específico que supere los inconvenientes que plantea la normativa procesal común. Al igual que sucede con los órganos, las respuestas arbitradas por los distintos ordenamientos jurídicos a esta cuestión han sido variadas. No obstante, cabe agruparlas en diferentes modelos susceptibles de ser sistematizados del siguiente modo[84]: por un lado, aquellos sistemas en los que existe un procedimiento idéntico al común; por otro, aquellos en los que existe un procedimiento especial, bien sobre la base del común u ordinario levemente modificado, bien un procedimiento especial «auténtico». La opción por un extremo u otro se ha querido ver en una suerte de «regla de compensación» de conformidad con la cual la adaptación en los aspectos orgánicos hace que no sea tan necesaria la adaptación en los aspectos «funcionales» y viceversa[85].

16.– Al margen de lo anterior, el análisis del derecho comparado ha permitido a la doctrina científica[86] apreciar la existencia de una serie de líneas generales o predominantes en las regulaciones de los distintos sistemas con una línea de tendencia muy clara relacionada con el intento por facilitar a los justiciables la accesibilidad a la pres-

---

84 Así se ordenan, por ejemplo, en BAYÓN CHACÓN, G.; PÉREZ BOTIJA, E. (1963-b), *op. cit.*, p. 846.

85 MARTÍN VALVERDE, A. (2001), *op. cit.*, p. 586.

86 BAYÓN CHACÓN, G.; PÉREZ BOTIJA, E. (1963-b), *op. cit.*, pp. 859 y ss.; HERNAINZ MÁRQUEZ, M. (1964), *op. cit.*, pp. 30 y ss.; VALDÉS DAL-RÉ, F. (2000), *op. cit.*, pp. 109 y ss.

tación jurisdiccional y, con ella, la consecución de la tutela judicial efectiva que se requiera[87].

16.1.– La accesibilidad, de entrada, se procura conseguir mediante una simplificación en la realización de los actos procesales, así como por medio del impulso a los poderes que se atribuyen o reconocen al juez. En este sentido, con independencia de cómo se resuelva la tensión justicia «inquisitiva» o «justicia rogada» —la primera justificada en la eventual concurrencia de intereses «sociales» o generales y la segunda por la herencia de los procesos civiles, así como por la existencia de un conflicto «privado»—, la generalidad de los ordenamientos dota al juez de unas amplias facultades a fin de que pueda alcanzar el conocimiento de la verdad[88]. Ello le permite superar la condición de mero espectador del juicio y convertirse en su verdadero impulsor y todo ello con el objetivo señalado: la averiguación de la realidad[89].

16.2.– Una segunda vía explorada por la mayoría de los ordenamientos en aras de favorecer la accesibilidad a la prestación jurisdiccional ha sido la de la asunción de aquellos principios del procedimiento que puedan ser más compatibles con la misma. Ello conduce a una apuesta decidida por el predominio de la oralidad en el procedimiento, no en balde se dice que proporciona una justicia de «más económica, simple y rápida»[90], así como de sus principios consecuencia, esto es, la inmediación —entendida como el contacto directo entre el órgano y el objeto litigioso—, la concentración —tanto de la actividad procedimental como del contenido del pro-

87 VALDÉS DAL-RÉ, F. (2000), *op. cit.*, p. 109.

88 HERNAINZ MÁRQUEZ, M. (1964), *op. cit.*, p. 32.

89 BAYÓN CHACÓN, G.; PÉREZ BOTIJA, E. (1963-b), *op. cit.*, p. 859.

90 CHIOVENDA, G. (1923), *Principii di Diritto Processuale Civile. Il proceso di cognizione*, 3ª edición, Napoles, N. Jovene N. C. (1ª edición: 1906), p. 677.

ceso— y la celeridad —mediante la regulación de los plazos, los términos, el carácter urgente, las suspensiones, etc.–[91].

16.3.– En fin, la tercera pieza clave reconocida ampliamente en los distintos ordenamientos jurídicos para favorecer el acceso a la justicia laboral es la gratuidad del procedimiento, excluyendo la ejecución[92]. Una gratuidad entendida en el sentido de dispensar al justiciable del pago de derechos o tasas judiciales[93]. Ello puede ir acompañado con una serie de beneficios adicionales, más o menos extensos, para aquellos litigantes que acrediten una carencia de recursos, algo que puede estar reconocido de modo automático —habitualmente en el caso de los trabajadores— o necesitar de un acto de concesión, previa prueba de la insuficiencia de recursos. En otro orden de cosas, la innecesariedad de representación y defensa letrada, una previsión muy extendida en los ordenamientos de nuestro entorno, encuentra una clara relación con el principio de gratuidad, pero también con el objetivo de lograr la simplificación del debate procesal y del procedimiento. No obstante, para garantizar la igualdad real de las partes, no resulta extraño que entre las prestaciones que acompañan al beneficio de justicia gratuita se encuentre la de los servicios profesionales[94].

4. La cuestión de la autonomía del derecho procesal laboral y del proceso laboral

17.– Una vez abordados los aspectos relacionados con la aproximación conceptual al derecho procesal laboral y a sus orígenes, vinculados a la aparición de unos órganos especializados en la solu-

---

91 BAYÓN CHACÓN, G.; PÉREZ BOTIJA, E. (1963-b), *op. cit.*, p. 859; HERNAINZ MÁRQUEZ, M. (1964), *op. cit.*, p. 33; VALDÉS DAL-RÉ, F. (2000), *op. cit.*, pp. 109 y ss.

92 BAYÓN CHACÓN, G.; PÉREZ BOTIJA, E. (1963-b), *op. cit.*, p. 859; HERNAINZ MÁRQUEZ, M. (1964), *op. cit.*, p. 33.

93 VALDÉS DAL-RÉ, F. (2000), *op. cit.*, p. 111.

94 VALDÉS DAL-RÉ, F. (2000), *op. cit.*, p. 111.

ción de las pretensiones que tienen tal naturaleza a través de unos procedimientos diferenciados, parece algo inevitable plantearse la cuestión de su autonomía, algo que puede realizarse desde una doble perspectiva: por un lado, la de la propia disciplina jurídica; por otro, la del proceso laboral en sí.

4.1. La discutida autonomía del Derecho Procesal Laboral

18.– Por lo que respecta a la primera perspectiva, el punto de partida debería ser el de tratar de determinar en qué consiste la autonomía científica de una disciplina. Y en este punto, la doctrina tiene señalado que, en el caso de las ramas jurídicas, tal consideración deriva de la concurrencia de, por lo menos, dos condiciones: por un lado, que el objeto o materia social sobre los que recae la regulación de esa rama sea un objeto con un contenido peculiar bien definido y tenga relevancia; por otro, que esa materia social esté regulada por un «verdadero sistema normativo» que cuente con unos principios e instituciones especialmente adaptados al objeto normado y que ninguna otra rama del Derecho pueda aportar[95].

18.1.– La autonomía del Derecho Procesal como ciencia jurídica y su separación del derecho sustantivo, hoy en día, no ofrece dudas. En efecto, la consideración del proceso civil o penal como un «capítulo adicional y último» del derecho privado o del derecho penal respectivamente es algo ya superado[96]. Y esa consideración se ha alcanzado por medio de un estudio más profundo de las instituciones procesales tradicionales, de la incorporación de otros temas abandonados en el pasado, como el poder judicial, la jurisdicción, la organización judicial, el estatuto de los jueces, etc., así como a través de la conquista de terrenos inicialmente ajenos —piénsese,

---

95 MONTOYA MELGAR, A. (2014), *Derecho del Trabajo*, trigésima quinta edición, Madrid, Tecnos, pp. 42-43. En esta línea, ya JAEGER, N. (1932), "Autonomia del diritto processuale del lavoro", en AA.VV., *Atti del secondo convegno di studi sindicali e corporativi*, vol. I, Roma, Tipografia del Senato, pp. 62-63.

96 MONTERO AROCA, J. (1991), *op. cit.*, p. 28.

por ejemplo, en la prueba, la cosa juzgada o la acción—, rompiendo con una «dependencia insostenible» del derecho material[97].

18.2.– Tampoco la autonomía del Derecho del Trabajo puede ponerse en entredicho, ya que en él concurren de forma evidente las condiciones antes reseñadas para la defensa de tal carácter. Así, por un lado, qué duda cabe que el trabajo realizado en régimen de dependencia y ajenidad constituye un objeto definido y relevante para exigir una regulación específica. Por otro lado, tampoco se puede cuestionar que ese objeto aparezca normado por un verdadero sistema, con principios e instituciones propios adaptados a su objeto de atención[98].

19.– Pues bien, por lo que respecta al Derecho Procesal del Trabajo, ya algunos exponentes de la doctrina laboral «histórica» se cuestionaban si era derecho del trabajo o derecho procesal[99]. Y al respecto, estos autores entendieron que no resultaba posible desintegrar el derecho procesal por razón de la materia debatida, pues no habría más que un derecho procesal, estando el del trabajo comprendido en él. En este sentido, argumentaban sobre la base de que las modificaciones introducidas en la normativa procesal común para el proceso laboral no autorizarían a hablar de un Derecho Procesal del Trabajo autónomo cuyo fundamento, adicionalmente, se encontraría en la existencia de unos órganos especializados, algo que podría ser una mera contingencia histórica[100]. Una posición que, por otra parte, entroncaba con la sostenida con anterioridad por los grandes maestros procesalistas, cuando afirmaban que no había diferencias sustanciales entre la teoría general del proceso y

---

97 MONTERO AROCA, J. (1991), *op. cit.*, pp. 28-29, de donde proceden las expresiones entrecomilladas.

98 Al respecto, entre otro, MONTOYA MELGAR, A. (2014), *op. cit.*, pp. 43-44.

99 BAYÓN CHACÓN, G.; PÉREZ BOTIJA, E. (1963-b), *op. cit.*, p. 844.

100 BAYÓN CHACÓN, G.; PÉREZ BOTIJA, E. (1963-b), *op. cit.*, p. 844.

la teoría particular del proceso de trabajo, pues sus divergencias no son de naturaleza, sino de estricta ordenación jurídico-positiva[101].

19.1.– A mi juicio, el problema que aquí se plantea es común a todas las disciplinas fronterizas: son tierra de todos y tierra de nadie. No obstante, con cautelas, yo defendería la autonomía de la materia. Por un lado, por mucho que el derecho sustantivo y el derecho adjetivo sean realidades conexas y necesitadas la una de la otra, comparto la idea de que el Derecho Procesal no es un mero apéndice o capítulo del derecho sustantivo, por lo que el Derecho Procesal del Trabajo no puede ser tampoco una simple extensión del Derecho del Trabajo. Ahora bien, tampoco creo que estemos ante una mera parcela del Derecho Procesal. Y es que, si la autonomía de una disciplina pivota sobre la existencia de un objeto peculiar y diferenciado dotado de una normación propia, con sus instituciones y principios específicos, todo ello concurre en el Derecho Procesal del Trabajo. Así, al delimitar el contenido de la materia procesal en general, se aludía a la jurisdicción, la acción y el proceso como materias integrantes del mismo; y son tales elementos, precisamente, los que le dotan de autonomía como se ha visto hace un momento. Pues bien, en el caso del Derecho Procesal del Trabajo, los epígrafes precedentes han permitido constatar como su origen es una huida de la organización de la justicia ordinaria y de sus procedimientos, algo que determina la aparición de una organización específica, con una tramitación diferenciada ante la cual se ventilan unas pretensiones igualmente diversas. Y este objeto «peculiar» y «relevante» cuenta con una normación específica. Así las cosas, podría sostenerse la autonomía de la disciplina[102].

---

101 GUASP DELGADO, J. (1949), *op. cit.*, p. 158.

102 En este sentido, ya se movía JAEGER, N. (1932), *op. cit.*, pp. 63-64; entre nosotros, FERNÁNDEZ GONZÁLEZ, V. (1945), *op. cit.*, p. 157; GONZÁLEZ ENCABO, J. (1966), *op. cit.*, p. 85.

19.2.– A partir de ahí, también he de confesar que no creo que esta eventual autonomía tenga una trascendencia «científica» decisiva, ni especialmente relevante, en el estudio de la materia analizada. Y me explico. La defensa del carácter autónomo de una determinada rama del saber suele invocarse para aislar la actividad científica sobre esa materia de cualquier injerencia por parte de otras disciplinas, bien por razones de preservar el uso de un determinado método en su análisis, bien por razones de corte «político-universitario». En definitiva, la cuestión de fondo no es otra que la de atraer el objeto de estudio hacia un determinado lugar, sea otra disciplina, sea un departamento. Y desde esa perspectiva, me parece que lo relevante no debería ser si el Derecho Procesal del Trabajo debe ser estudiado e impartido por los procesalistas o por los laboralistas, sino que quien se encargue de ello tenga un claro conocimiento de ambas ramas y de sus peculiaridades: no se puede explicar el proceso laboral sin tener un dominio de la teoría general y del proceso civil, pero tampoco sin un dominio de las instituciones jurídico sustantivas a las que el proceso sirve.

4.2. La indubitada autonomía del proceso laboral

20.– Una mayor enjundia presenta, en cambio, la cuestión de la autonomía del proceso laboral, algo que considero debe estar fuera de toda duda, dada la clara especialidad que presentan los órganos encargados de resolver las pretensiones laborales y los procedimientos que siguen para ello, inspirados en unos principios propios o matizados.

20.1.– La doctrina ha aportado razones más que suficientes en defensa de esta consideración[103]. En efecto, ya la doctrina proce-

[103] Esta consideración está presente en diferentes estudios «clásicos» como los de GUASP DELGADO, J. (1949), *op. cit.*, p. 158, GONZÁLEZ ENCABO, J. (1966), *op. cit.*, p. 85, RODRÍGUEZ-PIÑERO Y BRAVO-FERRER, M. (1969), *op. cit.*, pp. 75 y ss. o CABRERA BAZÁN, J. (1969), *op. cit.*, p. 44. Asimismo, puede verse en otros más modernos como el de RODRÍGUEZ-

sal más clásica entendió que la autonomía del proceso laboral era un reflejo de la autonomía del derecho material[104]. Y es que, en el proceso de trabajo se actúan unas pretensiones fundadas en un derecho sustantivo autónomo cuyo principio informador esencial, la tutela del contratante débil, trasciende a la propia estructura del proceso[105] hasta el punto de convertirse en su diferencia sustancial[106]. Por lo demás, esa especialidad inicialmente derivada de la inadecuación de los tribunales ordinarios y del proceso civil para dar respuesta a los conflictos laborales, tiene una justificación adicional que enlaza con la naturaleza de las pretensiones dirimidas en su seno, unas pretensiones que trascienden el mero interés privado y alcanzan el interés social, pues las normas laborales, sustantivas y procesales, constituyen una vía importante para la consecución de la igualdad sustancial entre los ciudadanos. En este sentido, se ha destacado que la función del proceso de trabajo se separa ideológicamente de la función genérica de la justicia ordinaria para incardinarse en criterios y principios que responden a un planteamiento evidentemente socializado[107].

20.2.– Esta especialidad se deja sentir, de entrada, en los sujetos que intervienen en el proceso, singularmente, los órganos encargados de administrar justicia, así como en la ordenación de los actos que ante ellos se realizan, los cuales responden a unos principios específicos. La conjunción de ambos elementos debería permitir dispensar una justicia rápida, eficaz y al alcance de todos los ciudadanos. Pues bien, siendo esta una aspiración global, tal vez en el futuro asistamos a un desvanecimiento de las líneas de separación

---

PIÑERO Y BRAVO-FERRER, M. (2001), *op. cit.*, pp. 136 y 138, el de AGUILERA IZQUIERDO, R. (2004), *op. cit.*, pp. 48 y ss. y, con gran profusión, el de GIL PLANA, J. (2005), *op. cit.*, pp. 56 y ss.

104 GUASP DELGADO, J. (1949), *op. cit.*, p. 158.

105 CABRERA BAZÁN, J. (1969), *op. cit.*, p. 44; RODRÍGUEZ-PIÑERO Y BRAVO-FERRER, M. (1969), *op. cit.*, p. 75.

106 RODRÍGUEZ-PIÑERO Y BRAVO-FERRER, M. (2001), *op. cit.*, p. 136.

107 RODRÍGUEZ-PIÑERO Y BRAVO-FERRER, M. (1969), *op. cit.*, p. 75.

entre los diferentes órdenes, ya bastante difuminados con la reforma de la LEC en el año 2000. Al tratamiento de estas cuestiones destino los apartados siguientes.

II. LA CONSTRUCCIÓN DEL ORDEN SOCIAL EN ESPAÑA

21.– La aparición y consolidación de unos órganos especializados en materia «social» responde en nuestro país a unas causas que son comunes a las de otros países. Tales causas, como ya he indicado (*vid. supra* 7 y 8), se relacionan esencialmente con la inadecuación de la justicia ordinaria —tanto sus órganos, como los procedimientos— para dar respuesta a los conflictos derivados del contrato de trabajo, al resultar lenta, compleja y costosa. La configuración de este «revolucionario» orden jurisdiccional se lleva a cabo, entre nosotros, de una manera paulatina y es fruto de una lenta evolución[108], a lo largo de la cual hemos experimentado los distintos «modelos organizativos» anteriormente apuntados (*vid. supra* 10 y ss.). Ello ha permitido ir depurando el sistema hasta llegar a la ordenación que hoy en día conocemos.

---

[108] El proceso de nacimiento y consolidación del orden social en nuestro país se puede reconstruir por medio de diferentes obras entre las que ocupan un lugar sobresaliente el estudio de ALONSO OLEA, M. (1966), *op. cit.*, pp. 9 y ss., y los distintos trabajos de MONTERO AROCA, J. (1973), *op. cit.*, pp. 69 y ss., (1974), "Notas sobre la historia de la jurisdicción de trabajo. Parte segunda", *Revista de Derecho del Trabajo*, nº 44-45, pp. 97 y ss., (1976), *Los tribunales de trabajo (1908-1938). Jurisdicciones especiales y movimiento obrero*, Valencia, Universitat de València o (1977), *op. cit.*, pp. 16 y ss. En todo caso, no son las únicas referencias de interés. Así, entre otros, también pueden consultarse ALARCÓN Y HORCAS, S. (1927), *op. cit.*, pp. 613 y ss.; HINOJOSA FERRER, J. (1933), *op. cit.*, pp. 19 y ss.; MARTINEZ EMPERADOR, R. (1979), *op. cit.*, pp. 285 y ss.; AGUILERA IZQUIERDO, R. (2004), *op. cit.*, pp. 43 y ss.; GIL PLANA, J. (2005), *op. cit.*, pp. 59 y ss.

1. *Algunos antecedentes históricos*

22.– Aunque la aparición de los primeros órganos especializados en materia laboral data en nuestro país de principios del siglo XX, con la promulgación de la Ley de Tribunales Industriales de 1908, lo cierto es que a lo largo de la segunda mitad del siglo XIX ya resulta posible detectar algunas reivindicaciones aisladas dirigidas a la instauración de unos «jurados mixtos», en cuyo seno obreros y patronos deberían resolver los conflictos que les separasen, así como algunos proyectos de ley en los que se aludía a tales organismos[109].

22.1.– En este sentido, tal y como ya he avanzado en líneas anteriores (*vid. supra* 8), la huelga general de Barcelona en 1855 planteó entre sus reivindicaciones la relativa a que se constituyesen unos jurados mixtos; y ese mismo año, el 8 de octubre, se presenta el proyecto de ley de Alonso Martínez, sobre ejercicio, policía, sociedades, jurisdicción e inspección de la industria manufactura, en el que se preveía la creación de unos «jurados especiales»[110]. Asimismo, en 1883 se encarga a la recién creada Comisión de Reformas Sociales el estudio de un proyecto sobre organización de jurados mixtos con el triple carácter de asumir funciones de arbitraje, conciliación y judiciales[111].

22.2.– En todo caso, se trata de experiencias aisladas y de meros proyectos, hasta el punto que se ha llegado a afirmar que «la situa-

---

109 Al respecto, *vid.*, BAYÓN CHACÓN, G.; PÉREZ BOTIJA, E. (1963-b), *op. cit.*, pp. 862 y ss.; GONZÁLEZ ENCABO, J. (1966), *op. cit.*, p. 79; MONTERO AROCA, J. (1973), *op. cit.*, pp. 73 y ss.

110 DEL PESO Y CALVO, C. (1966), *op. cit.*, pp. 195-196; MONTERO AROCA, J. (1973), *op. cit.*, p. 74. El contenido y relevancia del proyecto de Alonso Martínez puede estudiarse con mayor detalle en ELORZA, A. (1969), *op. cit.*, pp. 253 y ss.

111 BAYÓN CHACÓN, G.; PÉREZ BOTIJA, E. (1963-b), *op. cit.*, p. 862. La labor de la Comisión de Reformas Sociales en este punto puede analizarse con detalle en MONTERO AROCA, J. (1973), *op. cit.*, pp. 78 y ss.; QUIRÓS SORO, M. F. (2008), *op. cit.*, pp. 31 y ss.

ción procesal-laboral a fines del siglo XIX es de muy sencilla descripción: no existía»[112]. Así lo corrobora el hecho de que la Ley de Accidentes de Trabajo de 30 de enero de 1900, una de las primeras normas laborales de carácter sistemático, atribuyera los conflictos que surgieran en su aplicación a los Jueces de Primera Instancia «con arreglo a los procedimientos establecidos para los juicios verbales y con los mismos recursos que determina la Ley de Enjuiciamiento Civil». No obstante, interesa destacar que estas previsiones aparecían con una clara nota de provisionalidad, pues el art. 14 de la Ley limitaba el alcance de esta atribución competencial al tiempo que se tardasen en dictar «... las disposiciones relativas a los Tribunales o Jurados especiales que han de resolver los conflictos que surjan en aplicación de la ley», lo que, por lo demás, anunciaba la aparición futura de unos órganos especializados[113].

2. *Las primeras manifestaciones: la aparición de los Tribunales Industriales*

23.– Estos órganos son los Tribunales Industriales que se crean por la Ley de 19 de mayo de 1908, los cuales constituyen la primera pieza en la construcción del orden social de la jurisdicción en España[114]. Las previsiones contenidas en la Ley de Tribunales Industriales tuvieron un carácter ciertamente «efímero»[115], pues a los cuatro años de su aprobación fueron profundamente modificadas por la Ley de 22 de julio de 1912, lo que ya presagiaba que la vida de estos tribunales iba a ser «sumamente accidentada y confusa»,

---

112 ALONSO OLEA, M. (1966), *op. cit.*, p. 10.

113 Las implicaciones de la Ley de Accidentes de Trabajo y su reglamento pueden analizarse a través de MONTERO AROCA, J. (1973), *op. cit.*, pp. 82 y ss.

114 Los avatares de su tramitación parlamentaria pueden reconstruirse por medio de MONTERO AROCA, J. (1973), *op. cit.*, pp. 91 y ss.; QUIRÓS SORO, M. F. (2008), *op. cit.*, pp. 45 y ss.

115 La expresión en BAYÓN CHACÓN, G.; PÉREZ BOTIJA, E. (1963-b), *op. cit.*, p. 863.

particularmente, en cuanto al alcance de sus competencias[116], sobre todo, a partir de la creación de los Comités Paritarios, primero, y los Jurados Mixtos, después, órganos con los que van a compartir funciones. El contenido de estas leyes, con posterioridad, pasó al Código del Trabajo de 1926, cuyo libro IV se destinó a la regulación de estos órganos. En fin, los Tribunales Industriales teóricamente desaparecieron con la Ley de Bases de reforma de los jurados mixtos de 16 de julio de 1935 y ulterior texto refundido de 29 de agosto, si bien esta norma fue derogada por la Ley de 30 de mayo de 1936. Así las cosas, la supresión definitiva tiene lugar con el Decreto de 13 de mayo de 1938 por el que se crea la Magistratura de Trabajo.

2.1. La configuración y funcionamiento de los Tribunales Industriales

24.– El establecimiento de los Tribunales Industriales, de conformidad con el art. 1 de la Ley de 1908, quedaba sujeta a una decisión del Gobierno adoptada de *motu* propio o a petición de patronos y obreros. Esta ley preveía su constitución en cada partido judicial con sede en la capital del mismo; si no existiese, las competencias serían asumidas por el Juzgado de Primera Instancia[117]. El Código de Trabajo de 1926, en su art. 428, los reservó más adelante para las capitales de provincia y ciertas cabezas de partido que relacionaba en su anexo tercero.

24.1.– La composición de estos órganos tenía un carácter mixto, pues se integraba por miembros procedentes de la carrera judicial y por representantes de los asociaciones obreras y patronales. Así se establecía en el art. 3 de la Ley de 1908. En este sentido, la presidencia quedaba atribuida a un funcionario procedente de la carrera

---

116 ALONSO OLEA, M. (1966), *op. cit.*, p. 12, a quien se debe la expresión entrecomillada.

117 La configuración inicial puede verse en ALONSO OLEA, M. (1966), *op. cit.*, pp. 13 y ss.

judicial, en concreto, a un juez de primera instancia, nombrado por el gobierno. Por otro lado, había seis jurados titulares y dos suplentes elegidos por las partes en conflicto: el litigante obrero elegía la mitad de entre la lista de entre 15 y 30 jurados conformada por la representación patronal y el patrono hacía lo propio entre los elegidos por las asociaciones obreras en número idéntico. La reforma de 1912 redujo a cuatro los jurados titulares —dos por cada parte—, elevó el número de jurados que integraba la lista situándolo entre 20 y 35, y modificó el sistema selectivo que pasó a efectuarse por sorteo, algo en lo que también incidiría el Código de Trabajo de 1926[118].

24.2.– La actuación de los Tribunales Industriales experimentó un gran cambio con la reforma introducida en el año 1912, tanto en lo relativo al desarrollo del proceso, como en cuanto al régimen de recursos. Y es que, originariamente, la vista se celebraba ante todo el tribunal (presidente y jurados) y todos sus miembros deliberaban a puerta cerrada, redactaban y publicaban la sentencia, según disponía el art. 24 de la Ley. Así pues, como ha destacado la doctrina, se trataba de un verdadero escabinado[119]. A partir de la reforma de 1912, la actuación fue un tanto diversa. En este sentido, según los arts. 36 y ss. de la nueva ley, tras la vista, el juez formulaba por escrito las preguntas sobre los hechos al jurado y este deliberaba a puerta cerrada sin el juez obteniendo un veredicto por mayoría sobre la base fáctica; en caso de empate decidía el juez que, en ciertos casos, podía devolverles el asunto o someterlo a otro jurado. Una

---

118 El número de jurados de la lista se establecía, de conformidad con el art. 12 de la Ley de 1908, en función del número de patronos y obreros del territorio, partiendo de un mínimo de 15, a los que se iban agregando jurados por fracciones hasta alcanzar el máximo de 30. El sistema electivo, regulado en los arts. 7 y ss. de la Ley de 1908 y en los arts. 9 y ss. de la de 1912, puede analizarse en HINOJOSA FERRER, J. (1933), *op. cit.*, pp. 22 y ss.

119 MONTERO AROCA, J. (1973), *op. cit.*, p. 100.

vez fijados los hechos por el jurado, le correspondía al juez resolver en derecho[120].

25.– Las competencias atribuidas a los Tribunales Industriales tenían un alcance limitado y no comprendían toda la materia «social», como en algún momento se ha aspirado[121], ni en todas las instancias.

25.1.– En este sentido, por lo pronto, de conformidad con el apartado primero del art. 5 de la Ley de 1908, la competencia genérica alcanzaba a las reclamaciones entre patronos y obreros, o entre obreros del mismo patrono, sobre incumplimiento o rescisión de los contratos de arrendamiento de servicios, de trabajo o de aprendizaje. Por otra parte, según el apartado segundo, también eran competentes para conocer de las reclamaciones que surgieran en aplicación de la Ley de Accidentes de Trabajo. La ley de 1912 en su art. 7 confirmó tales extremos y, con posterioridad, el Código de Trabajo de 1926 introdujo una previsión extensiva de conformidad con la cual alcanzaba a las «reclamaciones por un incumplimiento de la normativa social».

25.2.– Por otro lado, en cuanto a las competencias funcionales, las sentencias dictadas por un Tribunal Industrial, originariamente, se podían recurrir en apelación ante el propio Tribunal Industrial en pleno. Asimismo, se preveía el recurso de nulidad ante las Au-

---

120 En profundidad, *vid.* HINOJOSA FERRER, J. (1933), *op. cit.*, pp. 122 y ss. Asimismo, también abordan la cuestión con cierto grado de detalle ALONSO OLEA, M. (1966), *op. cit.*, 17 y ss.; MONTERO AROCA, J. (1973), *op. cit.*, pp. 98 y ss., 104 y ss. y 109 y ss.

121 En este sentido, resulta de interés el trabajo de MENÉNDEZ PIDAL Y DE MONTÉS, J. (1966), "La jurisdicción laboral. Su competencia y sus órganos", *Revista de Política Social*, nº 69, pp. 160-161, quien abogaba por una jurisdicción verdaderamente «social» y no solo «laboral», de manera que comprendiese también, por ejemplo, los problemas de propiedad privada relacionados con el inquilinato o urbano-sociales, así como los problemas de contenido agrario-social.

diencias Territoriales. La Ley de 1912 introdujo la posibilidad de recurso limitado ante el Tribunal Supremo por vía de la casación por infracción de ley o por quebrantamiento de forma. Al principio, ante la sala de lo civil, hasta la creación por decreto-ley de 6 de mayo de 1931 de la sala de casaciones de derecho social —la sala quinta entonces que pasaría, posteriormente, a ser la sala sexta; en la actualidad es la cuarta—. Por otra parte, para aquellos casos en los que no procedía la casación, cabía el recurso de «revisión» ante las salas de lo civil de las audiencias territoriales, más próximo a la casación que a la apelación, pues tan solo se podía revisar el derecho[122].

2.2. La valoración de los Tribunales Industriales y su contribución al objetivo

26.– La aparición de los Tribunales Industriales y su regulación supuso un importante hito histórico en la configuración de lo que más adelante llegaría a ser el orden social de la jurisdicción. La valoración que merece su normativa creadora ha sido muy bien resumida por la doctrina clásica: «favorable en la orientación; desfavorable en la realización»[123].

26.1.– En efecto, por lo que respecta a la orientación, su creación supuso colocar la primera piedra para la construcción de un orden jurisdiccional especializado, si bien se hizo de una manera bien tímida, pues la preponderancia de la jurisdicción ordinaria seguía siendo notoria. Así, nótese que la composición de los órganos creados se integra con jueces pertenecientes a la jurisdicción civil, en concreto, los jueces de primera instancia quienes no estaban especializados en la materia[124]; además, en segundo lugar, la atribu-

---

122 El sistema de recursos puede estudiarse a través de HINOJOSA FERRER, J. (1933) *op. cit.*, pp. 155 y ss.; ALONSO OLEA, M. (1966), *op. cit.*, p. 20; MONTERO AROCA, J. (1973), *op. cit*, pp. 100 y 110.

123 HINOJOSA FERRER, J. (1933), *op. cit.*, p. 24.

124 MARTÍNEZ EMPERADOR, R. (1979), *op. cit.*, p. 286.

ción de competencias presentaba un carácter limitado; por último, tanto el sistema de recursos, como la ejecución de las resoluciones, reintroducía la materia, al menos al principio, en el ámbito jurisdiccional civil.

26.2.– Unos mayores problemas presentaban su articulación y puesta en marcha, ya que, en un principio, los integrantes del órgano no percibían una retribución específica por su participación y, adicionalmente, su incomparecencia era determinante de la imposición de una multa en cuantía relevante, algo especialmente gravoso para los jurados obreros[125]; además, para el juez, implicaba un desdoblamiento de funciones no compensadas, lo que implicaba un incumplimiento de plazos y la realización de los señalamientos con retraso[126]. La reforma operada en el año 1912 procuró solventar este tipo de cuestiones, en particular, se preveía la retribución de los miembros. En todo caso, como ha señalado la doctrina, lo normal fue que no llegasen a constituirse, que cuando lo hicieron no actuasen y que cuando actuaron se inspirasen más en el espíritu de clase que en la justicia[127].

26.3.– Una mejor valoración merece el procedimiento[128]. Y es que, como ha destacado la doctrina, los principios que hoy en día inspiran el proceso laboral estaban ya implícitos en la ley de 1908[129]; y las especialidades procedimentales introducidas en el año 1912 han perdurado hasta nuestros días, de manera que las dis-

---

125 BAYÓN CHACÓN, G.; PÉREZ BOTIJA, E. (1963), *op. cit.*, p. 863; MONTERO AROCA, J. (1973), *op. cit.*, p. 101.

126 Así, MONTERO AROCA, J. (1973), *op. cit.*, p. 101; MARTÍNEZ EMPERADOR, R. (1979), *op. cit.*, p. 286.

127 En este sentido, MONTERO AROCA, J. (1973), *op. cit.*, p. 101.

128 Esta disparidad de valoraciones es muy evidente en MONTERO AROCA, J. (1977), *op. cit.*, p. 17.

129 MONTERO AROCA, J. (1973), *op. cit.*, p. 98.

tintas leyes de procedimiento no pasan de ser «meras adaptaciones» de estas previsiones como veremos más adelante[130].

3. La etapa corporativa: los Comités Paritarios y las Comisiones Mixtas

27.– La década de los años veinte supuso la irrupción, en paralelo a los Tribunales Industriales ya existentes, de unos órganos no jurisdiccionales a los que se les atribuyeron funciones de tal naturaleza, complicando un sistema ya de por sí complejo[131]. En este sentido, en la época indicada y, en gran medida, de la mano del corporativismo instituido con la Dictadura de Primo de Rivera, surgen los Comités Paritarios y las Comisiones Mixtas, unos organismos que inicialmente tenían asignadas funciones normativas y apaciguadoras de los conflictos laborales, pero que fueron aumentando de manera paulatina su campo de actuación hasta que, finalmente, asumieron también funciones jurisdiccionales y llegaron a suplantar «cuantitativamente» a los Tribunales Industriales[132]. En realidad, su origen se remonta a momentos anteriores, en concreto, al primer cuarto de siglo[133].

27.1.– De entrada, ya en la primera década y en un par de años (1908-1909), se aprobaron en nuestro país distintas disposiciones de enorme relevancia laboral cuyo objetivo era resolver los conflictos sociales: por un lado, la Ley de Tribunales Industriales de 19 de mayo de 1908, a la que ya se ha hecho referencia; por otro, la Ley de Consejos de Conciliación y Arbitraje Industrial de idéntica fecha; por último, la Ley de huelga y coligaciones, de 27 de abril de 1909. Pues bien, precisamente, se ha señalado que el origen de los

---

130 MONTERO AROCA, J. (1973), *op. cit.*, p. 105.

131 ALONSO OLEA, M. (1966), *op. cit.*, p. 21; MONTERO AROCA, J. (1974), *op. cit.*, p. 97.

132 MONTERO AROCA, J. (1974), *op. cit.*, p. 97 de quien se extrae la expresión entrecomillada.

133 BAYÓN CHACÓN, G.; PÉREZ BOTIJA, E. (1963-b), *op. cit.*, p. 864.

Comités Paritarios se encontraría en el fracaso de la Ley de Consejos de Conciliación y Arbitraje Industrial aportándose como dato que entre 1908 y 1914 de 986 huelgas tan solo lograron solucionar 22[134].

27.2.– Por otra parte, durante los años siguientes, son diversas las disposiciones que mencionan la creación de unos comités de esta índole —por ejemplo, en el RD de 15 de marzo de 1919 sobre la jornada máxima en la construcción y el de 3 de abril de 1919 sobre jornada máxima en todos los trabajos, si bien no llegaron a constituirse[135]. Asimismo, están presentes en importantes proyectos de ley de ese mismo año, como el de trabajo a domicilio y, específicamente, el de constitución y funcionamiento de comités paritarios profesionales, ambos de 14 de noviembre de 1919[136]. En fin, incluso, existieron distintas experiencias concretas, como la de la Comisión Mixta del Trabajo en el Comercio de Barcelona, a la que el RD de 24 de abril de 1920 dio carta de naturaleza, o la de distintos comités circunstanciales constituidos para solucionar huelgas concretas, hasta que el RD de 5 de septiembre de 1922 autorizó su creación para resolver, de modo circunstancial o permanente, los conflictos entre obreros y patronos de determinadas industrias o ramas de producción[137].

3.1. La configuración y funcionamiento de los Comités y Comisiones

28.– No obstante, el desarrollo más significativo se produce tras la aprobación del Decreto Ley de 26 de noviembre de 1926 sobre la Organización Corporativa Nacional. Y es que, dicha norma crea un conjunto de organismos, conformando una estructura un tanto

---

134 MONTERO AROCA, J. (1974), *op. cit.*, p. 98.
135 MONTERO AROCA, J. (1974), *op. cit.*, p. 100.
136 MONTERO AROCA, J. (1974), *op. cit.*, pp. 101-102.
137 BAYÓN CHACÓN, G.; PÉREZ BOTIJA, E. (1963-b), *op. cit.*, p. 864; MONTERO AROCA, J. (1974), *op. cit.*, pp. 103 y ss.

alambicada, acompañada de un desarrollo legislativo «extremadamente complejo y tumultuoso»[138]. En este sentido, al art. 1 aludía a que los elementos que integran la vida profesional española se organizarían sobre la base de Cuerpos especializados y clasificados mediante la designación de Comités Paritarios de «jurisdicción graduada», a los que el art. 5 definía como *«instituciones de derecho público con el fin primordial de regular la vida de la profesión o grupo de profesiones que corresponda»*. Por su parte, el art. 8 señalaba que la «jurisdicción graduada» comprendería una pluralidad de organismos: Comités paritarios locales o interlocales, Comisiones Mixtas de Trabajo, Consejos de Corporación y Comisión delegada de los Consejos, a los que se unirían posteriormente las Comisiones Paritarias locales menores según se aprecia ya en el texto refundido aprobado por RD de 6 de marzo de 1929[139]. A los efectos aquí perseguidos, interesa detenerse en los Comités Paritarios y en las Comisiones Mixtas, al ser los únicos organismos de esta estructura enrevesada que asumieron funciones jurisdiccionales a pesar de carecer de tal condición.

28.1.– Por lo que respecta a los Comités Paritarios, según se acaba de avanzar, se trataba de instituciones de derecho público integradas por representantes de patronos y obreros presididos por un representante del Gobierno cuyo fin era regular la vida de la profesión o grupo de profesiones de que se tratase en el territorio en el que se hubiesen constituido[140]. Y es que, téngase en cuenta, que los Comités Paritarios, en principio, tenían una base local o

---

138 ALONSO OLEA, M. (1966), *op. cit.*, p. 21.

139 El RD aparece publicado en la Gaceta de Madrid de 10 de marzo de 1929. A partir de estas previsiones, la doctrina ha tratado de sistematizar los distintos organismos diferenciando entre los órganos fundamentales y necesarios —Comités paritarios locales o interlocales de profesión, Consejos de Corporación y Comisión delegada de los Consejos— y los circunstanciales o potestativos —Comisiones paritarias locales menores, Comisiones Mixtas del Trabajo y Comisiones Mixtas provinciales—. Así, por ejemplo, MONTERO AROCA, J. (1974), *op. cit.*, p. 114.

140 Así los define HINOJOSA FERRER, J. (1933), *op. cit.*, p. 30.

interlocal e, incluso, con posterioridad, se recogió la posibilidad de constituirlos en aquellas poblaciones donde existieran establecimientos industriales relevantes (más de 400 obreros) y se hubiesen creado Comités Paritarios interlocales, dando lugar a las Comisiones paritarias locales menores.

Pues bien, con independencia de su alcance territorial, el art. 9 del Decreto Ley ordenaba clasificar las industrias, trabajos, oficios y profesiones en veintisiete grupos corporativos diversos[141], estando cada unidad corporativa representada dentro de su localidad —o en un conjunto de localidades en el caso de los interlocales— por tantos Comités Paritarios como oficios o especialidades comprendiera. A partir de ahí, el art. 11 indicaba que el Comité Paritario local de cada industria se integraría por cinco vocales obreros y cinco vocales patronos, con igual número de suplentes, todos ellos elegidos por las asociaciones profesionales respectivas, así como por un presidente y vicepresidente designados por el Ministerio de Tra-

---

141 En concreto, originariamente, se trataba de los siguientes: minería; pesca; electricidad, gas y agua; siderurgia, metalurgia y derivados; materiales de construcción; oficios de construcción; industria del mueble; industrias textiles; industrias del vestido y del tocado; industrias de lujo; industrias del material eléctrico y científico; artes gráficas; industrias químicas; artes blancas; industrias conserveras; industrias de la alimentación; azúcares y alcoholes; prensa y edición; transportes terrestres; transportes marítimos, fluviales y aéreos; comunicaciones; espectáculos públicos; industria hotelera; servicios de higiene; comercio; despachos; industrias y profesiones varias. El listado es un tanto diverso en el texto refundido de 1929 donde además de reducirse a veintiséis y alterar algunas referencias, aparecen sistematizados en tres grupos: por un lado, el de industrias primarias y de transformación (minería; industrias del mar; electricidad, gas y agua; siderurgia, metalurgia y derivados; industrias de la construcción; industrias químicas; industrias conserveras; azúcares y alcoholes); por otro, las industrias manufactureras (construcciones eléctricas y material científico; industrias del mueble; industrias del lujo y artes decorativas; industrias del vestido y del tocado; artes gráficas; artes blancas; industrias de la alimentación; finalmente, las industrias de servicios (trasportes y comunicaciones; transportes marítimos, fluviales y aéreos, espectáculos públicos; hostelería; comercio; despachos, oficinas y seguros; banca y bolsa; profesiones intelectuales; prensa; servicios de higiene.

bajo. El número de vocales por cada parte se elevaba a siete en el caso de Comités Paritarios interlocales según preveía el art. 13 y se reducía a 2 o 3 en el de las Comisiones Paritarias locales menores, según el art. 18.

Las funciones que tenían atribuidas los Comités Paritarios eran muy variadas. Así, de conformidad con el art. 17, incluían las de determinar las condiciones de reglamentación del trabajo y las que pudieran servir de base a los contratos, en cada profesión u oficio, así como la imposición de sanciones a los incumplidores; prevenir conflictos industriales y procurar solucionarlos; resolver diferencias individuales o colectivas entre patronos y obreros que les puedan someter las partes; organizar bolsas de trabajo; cualquier otra que redundase en beneficio de la profesión. Así pues, originariamente no tuvieron funciones jurisdiccionales, sino a lo sumo arbitrales. Ahora bien, tales funciones les fueron atribuidas más adelante en cuestiones relacionadas con el despido, en concreto, mediante ciertas reformas operadas en 1928[142]. En este sentido, el texto refundido aprobado por RD de 6 de marzo de 1929 asume estas funciones y destina el capítulo XI (arts. 63 a 77) a la regulación de un procedimiento en materia de despidos a realizar ante los Comités Paritarios donde el plazo de ejercicio era de tres días[143].

---

142 En este sentido, MONTERO AROCA, J. (1974), *op. cit.*, p. 120, alude, por un lado, a la Real Orden de 9 de enero de 1928 que atribuyó a los Comités el conocimiento de los despidos que hubieran sufrido los miembros de las asociaciones obreras que tuviesen interés en el funcionamiento de los mismos, siempre que se hubiese producido entre el tiempo de la iniciativa constitutiva y la elección y en la medida en que la causa respondiese al hecho de haber participado el obrero en la organización y constitución del Comité; por otro, al RD de 30 de julio de 1928 que habría modificado el art. 17 del Decreto sobre la Organización Corporativa Nacional para incluir en el listado de funciones el conocimiento de las reclamaciones por despido injustificado antes del término del contrato.

143 La regulación del procedimiento puede reconstruirse por medio del trabajo de RODRÍGUEZ-PIÑERO Y BRAVO-FERRER, M. (1967), "El régimen jurídico del despido y el Real Decreto de 22 de julio de 1928", *Revista de Política Social*, nº 74, pp. 23-77, en especial, pp. 35 y ss.

28.2.– Por su parte, las Comisiones Mixtas del Trabajo se definían por el art. 19 como «*agrupaciones voluntarias de Comités Paritarios enlazados en la vida del trabajo y de la economía por la homogeneidad de las funciones industriales similares o de la misma naturaleza, por su coordinación en un conjunto económico, perteneciendo a oficios y trabajos que realicen una serie de operaciones materiales dependientes y conexas dentro de la organización industrial o por la relación directa de su actividad profesional, mediante una acción simultánea y concurrente en la obra de la producción*».

Las Comisiones Mixtas se componían por tres representantes de los patronos y tres de los obreros de cada uno de los Comités Paritarios, elegidos por ellos mismos; por otro lado, el ministro de trabajo se encargaba de designar presidente y vicepresidente entre personas ajenas a la profesión.

A diferencia de los Comités Paritarios, las Comisiones Mixtas tuvieron asignadas desde un primer momento funciones de naturaleza jurisdiccional, al margen de otras diversas. En este sentido, el art. 21.I aludía a que estas Comisiones entenderían «*a los efectos de su aprobación y eficacia, en todos los acuerdos de los Comités Paritarios de su grupo respecto la reglamentación del trabajo, horario, descanso, regulación del despido y demás condiciones que sirvan de norma a los contratos de trabajo, teniendo en este punto las facultades que hoy están atribuidas a los Tribunales Industriales y sin perjuicio del recurso de casación que establecen los artículos 486 y siguientes del Código de Trabajo*». Ello implica que, junto a la relevante función de aprobar las bases de trabajo elaboradas en el seno de los Comités Paritarios, asumieron funciones jurisdiccionales.

3.2. La valoración de los Comités Paritarios y de las Comisiones Mixtas y su contribución al objetivo

29.– La valoración que merece la labor desarrollada por los Comités Paritarios y las Comisiones Mixtas resulta dispar según se trate de evaluar sus funciones normativas o sus tareas jurisdiccionales. Asimismo, una mención aparte merece la calificación de su contribución a la construcción de un orden jurisdiccional especializado.

29.1.– En efecto, en primer lugar, por lo que respecta a las funciones normativas, sus actuaciones han sido consideradas muy importantes, especialmente, en la elaboración de las llamadas «bases de trabajo»[144].

29.2.– En cambio, en segundo lugar, por lo que respecta a las funciones de naturaleza jurisdiccional, se ha destacado que no resultaron exitosas, seguramente por encomendárselas a órganos carentes de tal naturaleza[145]. Asimismo, otra crítica habitual derivada de la composición «paritaria» de las Comisiones y Comités versa sobre el hecho de que la misma conducía a que se perpetuase en su seno el conflicto social por las posiciones contrapuestas de los jurados. En fin, por lo demás, también se ha destacado la poca efectividad real de las mismas ya que se constituyeron muy pocas[146].

29.3.– En fin, una última cuestión interesa destacar en este apartado valorativo y es la relativa a la incidencia que estos organismos tuvieron en la construcción del orden social, así como si supusieron algún avance. Y la respuesta no es muy positiva. De entrada, en este sentido, la doctrina ha puesto de relieve cómo la normativa era «confusa en grado superlativo»[147], convergiendo las competencias de tres órganos distintos que no tenían la misma naturaleza y con una delimitación de funciones para nada clara: los Comités Paritarios, las Comisiones Mixtas y los Tribunales Industriales, pues estos últimos mantenían competencias singularmente, en las reclamaciones derivadas de accidentes de trabajo. Por otro lado, el sistema de recursos seguía residenciado fuera del orden social y, adicionalmente, con una regulación compleja: las decisiones de los

144 HINOJOSA FERRER, J. (1933), *op. cit.*, p. 32.
145 MARTÍNEZ EMPERADOR, R. (1979), *op. cit.*, p. 286.
146 MONTERO AROCA, J. (1974), *op. cit.*, p. 116.
147 ALONSO OLEA, M. (1966), *op. cit.*, p. 21.

Comités Paritarios se impugnaban ante los Consejos de Corporación respectivos y, en tanto no se constituyesen éstos, ante el Ministerio de Trabajo; las de las Comisiones Mixtas eran susceptibles de ser recurridas en casación ante el Tribunal Supremo, si bien no existía aún una sala de lo social; finalmente, todavía seguía operativa la actuación de los Tribunales Industriales los cuales contaban con un sistema de recursos diverso, según ya se ha destacado (*vid. supra* 25 y 26). En fin, a todo ello hay que añadir que ni Comités Paritarios ni Comisiones Mixtas contaban con competencias ejecutivas: en el primer caso, ante el incumplimiento de la decisión, había que acudir al Juzgado de primera instancia y se resolvía en una ejecución dineraria; en el segundo, el condenado debía entregar la suma de la condena a la Comisión y ésta, a su vez, se la hacía llegar al demandante; en caso de incumplimiento, el presidente se dirigía al Juez de primera instancia del domicilio para que procediese a la ejecución[148].

4. La etapa republicana: los Jurados Mixtos

30.– La década de los años treinta en este terreno se caracteriza por una relativa continuidad con el período anterior en el sentido de que siguen conviviendo unos órganos de naturaleza jurisdiccional, como eran los Tribunales Industriales ya existentes, con otros órganos no jurisdiccionales a los que se les atribuyeron funciones de tal naturaleza. Así pues, tal y como ha subrayado la doctrina científica, persistía la complejidad del organigrama[149].

30.1.– Y es que, en su labor revisora de la obra desarrollada por la Dictadura, el gobierno republicano no consideró procedente derogar sin más la Organización Corporativa Nacional y acometió la sustitución de los Comités Paritarios por unos nuevos órganos, los

---

148 MONTERO AROCA, J. (1974), *op. cit.*, pp. 125 y 130 respectivamente.

149 ALONSO OLEA, M. (1966), *op. cit.*, p. 21; MONTERO AROCA, J. (1974), *op. cit.*, p. 97.

Jurados Mixtos, a través de la Ley de 27 de noviembre de 1931[150], donde éstos aparecen como claros «causahabientes» de aquéllos[151], según evidencia la disposición adicional segunda de la Ley de 1931 al establecer que *«todos los Comités paritarios y Comisiones mixtas del Trabajo que actualmente se hallan constituidas acomodarán su funcionamiento a lo que se prescribe en esta Ley»*.

30.2.– Los Jurados Mixtos estuvieron en funcionamiento hasta que desaparecieron en la etapa franquista. En efecto, partiendo de la idea de que la potestad jurisdiccional corresponde al Estado en exclusiva, el Fuero del Trabajo de 9 de marzo de 1938 anunciaba la constitución de una «Magistratura de Trabajo», algo que se haría realidad con el Decreto de 13 de mayo de 1938, lo que, a la postre, supuso la desaparición de otros órganos como los Tribunales Industriales y los Jurados Mixtos.

4.1. La configuración y funcionamiento de los Jurados Mixtos

31.– Tal y como se acaba de indicar, la II República no consideró procedente acometer el desmantelamiento de los Comités Paritarios y Comisiones Mixtas, sino que prefirió llevar a cabo una sustitución de la organización profesional. Ésta, de conformidad con el art. 1 de la Ley de 1931, comprendía los Jurados Mixtos del trabajo industrial y rural, los Jurados Mixtos de la propiedad rústica y los Jurados Mixtos de la producción y las industrias agrarias. A partir de ahí, si nos centramos en los primeros, el art. 2 definía tales órganos como *«instituciones de derecho público encargadas de regular la vida de la profesión o profesiones y de ejercer funciones de conciliación y arbitraje»* en los diferentes grupos que proporcionaba la Ley. En

---

150 El proceso y las motivaciones aparecen explicadas en MONTERO AROCA, J. (1976), *op. cit.*, pp. 129 y ss.; QUIRÓS SORO, M. F. (2008), *op. cit.*, pp. 81 y ss.

151 ALONSO OLEA, M. (1966), *op. cit.*, p. 26. En esa línea ya estaban BAYÓN CHACÓN, G.; PÉREZ BOTIJA, E. (1963-b), *op. cit.*, p. 864.

este sentido, en clara continuidad con lo que estableciera en su día el art. 9 del Decreto Ley de 1926, el art. 4 de la Ley de 1931 organizaba los Jurados Mixtos en un total de veinticuatro grupos diversos[152]. A cada uno de esos grupos, en principio, correspondería un Jurado Mixto provincial según indicaba el art. 5. Así pues, la referencia geográfica que se tomaba como referencia era la provincia[153], si bien, de acuerdo con el art. 6, cabía adoptar una circunscripción territorial diversa en la medida que lo avalasen razones de eficacia.

31.1. La composición de estos órganos no supuso una gran novedad respecto de lo que ya se conocía hasta el momento. Así, por un lado, los Jurados Mixtos se integrarían, en principio, por seis vocales patronos y seis vocales obreros, con igual número de suplentes —art. 9—, si bien cabía su aumento o disminución en ciertas circunstancias. La elección correspondía a las asociaciones patronales y obreras de acuerdo con un procedimiento disciplinado en los arts. 11 y siguientes de la Ley. Por otro lado, junto a los vocales, estaban el presidente, el vicepresidente y los secretarios, a los que aludía el art. 18 de la Ley: los presidentes y vicepresidentes eran designados por el Ministerio de Trabajo y Previsión, previa propuesta unánime de los vocales patronos y obreros y, si éstos no alcanzaban un acuerdo, eligiendo de entre los propuestos en una terna elaborada por los mismos; los secretarios, por su parte, eran nombrados por el Ministro de Trabajo y Previsión previo concurso en el que se exigía

---

152 La clasificación se componía de los siguientes grupos: industrias del mar; industrias agrícolas y forestales; industrias de la alimentación; industrias extractivas; siderurgia y metalurgia; pequeña metalurgia; material eléctrico y científico; industrias químicas; industrias de la construcción; industria de la madera; industrias textiles; industrias de la confección; artes gráficas y prensa; transportes ferroviarios; otros transportes terrestres; transportes marítimos y aéreos; agua, gas y electricidad; comunicaciones; comercio en general; hostelería; servicios de higiene; banca, seguros y oficinas; espectáculos púbicos; otras industrias y profesiones.

153 ALONSO OLEA, M. (1966), *op. cit.*, p. 27; MONTERO AROCA, J. (1976), *op. cit.*, p. 139.

tener conocimientos de la vida industrial y agraria, así como de la legislación social[154].

31.2.– Las funciones encomendadas y asumidas por los Jurados Mixtos tampoco eran muy diversas de las que en su momento tuvieron los Comités Paritarios. Así, junto a las de carácter normativo y arbitral, se mantuvieron ciertas funciones de naturaleza jurisdiccional, según se aprecia claramente en los arts. 19 y 20 de la Ley[155].

En efecto, estos preceptos reproducían, en buena medida, las competencias que ya fijara en su momento el art. 17 del Decreto de 1926 para los Comités Paritarios —así, las de determinar las condiciones de reglamentación del trabajo y las que pudieran servir de base a los contratos individuales o colectivos, las de prevenir conflictos «entre el capital y el trabajo» y procurar solucionarlos o las de resolver diferencias individuales o colectivas entre patronos y obreros que les puedan someter las partes—, a las que unían otras igualmente relevantes como las inspectoras, las de formación de censos y las de proponer al Gobierno las mejoras técnicas y profesionales que se considerasen necesarias para la vida y desarrollo de la profesión.

En todo caso, al margen de lo anterior, la atribución de funciones jurisdiccionales era evidente. Y no solo en el art. 19, donde se aludía a que los jurados mixtos conocerían de todas las cuestiones que sobre pago de horas extraordinarias, diferencias de jornales u otras análogas derivadas de incumplimientos de las obligaciones contractuales les sometieran a su conocimiento, siempre que excedieran de 2.500 pesetas, sino también por las previsiones contenidas en el art. 39 —donde se aludía a unos procedimientos

154 El estudio con un mayor grado de detalle de estas previsiones puede efectuarse a través de HINOJOSA FERRER, J. (1933), *op. cit.*, pp. 41 y ss.; MONTERO AROCA, J. (1976), *op. cit.*, pp. 139 y ss.

155 HINOJOSA FERRER, J. (1933), *op. cit.*, pp. 78 y ss.; MONTERO AROCA, J. (1976), *op. cit.*, pp. 148 y ss. Igualmente, de una manera mucho más sintética, ALONSO OLEA, M. (1966), *op. cit.*, pp. 28 y ss.

especiales entre los que se incluían los de despido y los relativos al pago de horas extraordinarias, diferencia de jornales y análogas—, en los arts. 45 y ss. —regulación de los juicios por despido— y en los arts. 65 y ss. —procedimiento para reclamación de salarios y horas extraordinarias—[156]. No solo eso, sino que, adicionalmente, el art. 72 se preocupaba de indicar que los Tribunales Industriales no podrían intervenir en la sustanciación de las reclamaciones atribuidas a los Jurados Mixtos. En todos estos casos, por lo demás, el funcionamiento del Jurado Mixto era de corte similar al que se ha analizado en otros organismos de este cariz[157]: el jurado proporcionaba un veredicto sobre los hechos; el presidente, actuando como Magistratura de trabajo, dictaba la sentencia.

4.2. La valoración de los Jurados Mixtos y su contribución al objetivo

32.– El claro paralelismo existente entre los Jurados Mixtos y sus antecesores inmediatos —los Comités Paritarios y Comisiones Mixtas— determina que el juicio que se pueda emitir sobre la labor desarrollada por aquéllos no sea muy dispar de la emitida respecto la realizada por éstos. Así, de entrada, no ofrece duda la relevancia que debieron tener al tiempo de impulsar el desarrollo de la normativa laboral por medio de la fijación de bases de trabajo por sectores. Por otra parte, en lo relativo a su labor estrictamente jurisdiccional y su contribución a la construcción de un orden jurisdiccional especializado en materia laboral, la valoración no es tan positiva, como ya sucediera con sus antecesores.

32.1.– En efecto, desde la primera perspectiva, la composición de estos órganos y el modo de intervenir de sus integrantes se en-

---

156 El estudio detallado de estas previsiones procedimentales puede efectuarse por medio de HINOJOSA FERRER, J. (1933), *op. cit.*, pp. 179 y ss., o MONTERO AROCA, J. (1976), *op. cit.*, pp. 151 y ss.

157 En este sentido, ALONSO OLEA, M. (1966), *op. cit.*, p. 29.

cuentran en la base de las principales críticas vertidas en cuanto a su actuación. En este sentido, se ha señalado que «la pasión de los vocales o jurados representantes de la profesión desbordaba los límites imaginables y quitaba todo espíritu de serenidad objetividad e independencia»[158]; incluso, se llega a afirmar que esta composición está en la base de su fracaso[159]. Y es que, en el fondo, los Jurados Mixtos venían a reproducir el conflicto latente en la sociedad. Por otro lado, la propia figura del presidente era cuestionada, ya que aparecía designado directamente por el Ministerio, lo que ponía en tela de juicio su imparcialidad[160]. En definitiva, el juicio desde esta vertiente resulta ser necesariamente negativo[161].

32.2.– En cuanto a su eventual contribución en la construcción de un orden jurisdiccional especializado en materia laboral, las aportaciones son muy exiguas, algo que se puede predicar no solo desde el prisma de lo que supusieron estos órganos en dicha empresa, sino, en general, desde la óptica de la actuación gubernamental durante toda esta etapa, salvo alguna excepción.

En este sentido, por lo pronto, continuamos asistiendo a la concurrencia de distintos órganos con competencias jurisdiccionales en la materia laboral, pues junto a los Jurados Mixtos seguían funcionando los Tribunales Industriales con un reparto de competencias no siempre del todo claro; es más, en aquellos casos en los que los Jurados no se hubiesen constituido, las funciones jurisdiccionales a ellos atribuidos se asumían por los Tribunales Industriales, según se deduce del art. 72 de la Ley. Esta «dualidad jurisdiccional», calificada por la doctrina como uno de los defectos más graves del sistema[162], era especialmente negativa a los efectos aquí analiza-

158 BAYÓN CHACÓN, G.; PÉREZ BOTIJA, E. (1963-b), *op. cit.*, p. 865.

159 MARTÍNEZ EMPERADOR, R. (1979), *op. cit.*, p. 287.

160 Esta cuestión aparece ampliamente analizada en MONTERO AROCA, J. (1976), *op. cit.*, p. 142; QUIRÓS SORO, M. F. (2008), *op. cit.*, pp. 113 y ss.

161 En este sentido, MONTERO AROCA, J. (1976), *op. cit.*, p. 201, quien se hace eco de distintas valoraciones de autores de la época en la misma línea.

162 MONTERO AROCA, J. (1976), *op. cit.*, p. 199.

dos, sobre todo si se tiene en cuenta la diversa naturaleza de unos órganos y otros, en particular, la de los Jurados Mixtos, ya que no eran órganos jurisdiccionales, sino que se trataba de órganos con un claro componente administrativo a los que se les atribuía funciones de naturaleza jurisdiccional.

Pero es que, además, el régimen de recursos tampoco ayudaba en la construcción de un orden jurisdiccional diferenciado. Así, junto a los problemas que se arrastraban relacionados con la remisión de los recursos interpuestos contra las resoluciones de los Tribunales Industriales a la jurisdicción ordinaria, los que surgían al hilo de la actuación de los Jurados Mixtos, aún eran más graves, ya que ni siquiera se recurrían en sede judicial: en materia de despido, el art. 61 de la Ley de 1931 preveía que el fallo era susceptible de ser recurrido ante el Ministerio de Trabajo y Previsión Social; en el caso de los procedimientos en reclamación de salarios y horas extraordinarias, el art. 71 de la Ley preveía una solución análoga. En todo caso, la creación de la sala de lo social por medio del DL de 6 de mayo de 1931 constituyó un paso de gran importancia, si bien tan solo desplegaría sus competencias respecto las actuaciones de los Tribunales Industriales.

En fin, por último, las consecuencias derivadas de la falta de un cumplimiento voluntario a lo establecido en el fallo por parte del condenado seguían siendo una de las grandes carencias del sistema, ya que, en tales casos, necesariamente había que acudir a la jurisdicción ordinaria para instar la ejecución del mismo, según se derivaba de una interpretación conjunta de los arts. 71 y 33 de la Ley.

5. *La etapa franquista: la Magistratura de Trabajo*

33.– Algunas de las críticas y carencias reseñadas en líneas anteriores, singularmente las relacionadas con la dualidad jurisdiccional, la atribución de funciones jurisdiccionales a órganos faltos de tal naturaleza y la perpetuación de los conflictos en el seno de algunos de los órganos creados se encuentran en la base del «completo viraje»[163] organizativo que se va a producir en el modelo instaurado durante la etapa franquista.

33.1.– El cambio de rumbo ya aparece anunciado en la Declaración VII del Fuero del Trabajo de 9 de marzo de 1936, cuando expresamente se alude a que «*se creará una nueva Magistratura de Trabajo con sujeción al principio de que esta función de justicia corresponde al Estado*» y se materializa con el Decreto del Ministerio de Organización y Acción Sindical, fechado el 13 de mayo de 1938, por el que se suprimen los Jurados Mixtos y los Tribunales Industriales, asumiendo sus funciones las Magistraturas de Trabajo que el propio Decreto creaba. La configuración definitiva se produce con la aprobación de la Ley Orgánica de la Magistratura de Trabajo de 17 de octubre de 1940 en la que se contemplan como órganos competentes para resolver los conflictos laborales, por un lado, las Magistraturas de Trabajo y, por otro, el Tribunal Central de Trabajo.

33.2.– Las razones de este cambio tan profundo ya las he apuntado más arriba. El propio Decreto de 1938, en sus primeros párrafos, las enuncia, mencionando el «*funcionamiento anormal de la jurisdicción del trabajo*» y su atribución mayoritaria «*a organismos de composición paritaria, cuya competencia no se circunscribe a la materia contenciosa, sino que se extiende a otras materias de las que no debiera entender*». Así, tales deficiencias unidas al dato de que resultarían contrarias a los principios del régimen se invocan como causas que exigen la «inmediata reforma». Algunos autores de la época se pronunciaron en el mismo sentido haciendo un especial hincapié en que la función de juzgar es «incumbencia de los jueces»[164].

---

[163] La expresión en DEL PESO Y CALVO, C. (1966), *op. cit.*, p. 220.

[164] Al respecto, *vid.* BAYÓN CHACÓN, G.; PÉREZ BOTIJA, E. (1963-b), *op. cit.*, p. 866.

5.1. La aparición de un verdadero orden jurisdiccional especializado

34.– A pesar de que el Decreto de 13 de mayo de 1938 por el que se suprimen los Jurados Mixtos y los Tribunales Industriales tan solo aludía a su sustitución por las Magistraturas de Trabajo que el propio Decreto creaba, bien pronto el panorama se completaría con la aprobación de la Ley Orgánica de la Magistratura de Trabajo de 17 de octubre de 1940 en la que, junto las Magistraturas, se da carta de naturaleza al Tribunal Central de Trabajo. A estos órganos había que añadir la sala de lo social del Tribunal Supremo que había sido creada en el año 1931. Así pues, los órganos con competencia en materia laboral pasaban a ser tres, todos ellos de naturaleza jurisdiccional; con su creación puede hablarse ya de la existencia de un verdadero orden especializado en materia laboral.

5.1.1. *Las Magistraturas de Trabajo*

35.– El suelo del sistema estaba conformado por las Magistraturas de Trabajo, unos órganos de carácter unipersonal que se instituyen en todas las provincias, con sede, en principio, en su capital, si bien siguiendo la tradición de los órganos precedentes, se permitía su constitución en otras localidades distintas a la capital en atención a su población o la presencia de centros fabriles de relevancia. Asimismo, el número de Magistraturas en todas las localidades no era coincidente, admitiéndose que fuese más de una cuando el número de asuntos así lo aconsejase[165].

---

165 La organización y funcionamiento de las Magistraturas de Trabajo puede verse con mayor detalle en BAYÓN CHACÓN, G.; PÉREZ BOTIJA, E. (1963-b), *op. cit.*, pp. 869 y ss.; GONZÁLEZ ENCABO, J. (1966), *op. cit.*, p. 80; MONTERO AROCA, J. (1977), *op. cit.*, pp. 21 y ss.

35.1.– Al frente de las Magistraturas de Trabajo, se situaba un magistrado de trabajo. Estos magistrados originariamente tenían la consideración de funcionarios especializados integrantes del poder judicial, pues necesariamente procedían de las carreras judicial o fiscal con cinco años de servicios efectivos en la carrera de origen. Una vez integraban la magistratura pasaban a depender del Ministerio de Trabajo del cual percibían sus haberes y al cual estaban vinculados administrativa y disciplinariamente.

35.2.– Por lo que respecta a sus competencias, en las sucesivas leyes de procedimiento se aprecia una tendencia al conocimiento global de la materia laboral, con una expresa alusión a que es la única competente para conocer, resolver y ejecutar los conflictos que se promuevan en la rama social del derecho. En este sentido se pronunciaba ya el art. 1 de la Ley de Procedimiento Laboral de 1958[166].

A partir de ahí, la atribución genérica se concretaba en el art. 2 de dicha norma y, originariamente, alcanzaba a los conflictos entre empresarios y trabajadores o entre trabajadores del mismo o distinto empresario como consecuencia del contrato de trabajo; a los pleitos sobre accidentes de trabajo, seguros sociales y prestaciones del Mutualismo Laboral; a las cuestiones contenciosas que surgieran entre asociados y sus mutualidades; y a todas aquéllas que les atribuyesen las leyes, así como las reclamaciones por incumplimiento de las leyes y disposiciones de carácter social que afectasen particularmente al demandante y no tuviesen señalado otro procedimiento especial.

El tiempo atrajo hacia los órganos integrantes del orden social una serie de competencias adicionales, singularmente las relacionadas con los conflictos colectivos jurídicos —inicial-

166 Se trata del texto refundido aprobado por Decreto de 4 de julio de 1958 por encargo de la Ley de 24 de abril de ese mismo año.

mente sólo conocía de los conflictos individuales, siendo los colectivos competencia de la Organización Sindical— y con la materia de Seguridad Social una vez se crea el sistema. Así se puede comprobar en los textos de 1963 y de 1966 que expresamente aluden a estas materias[167].

5.1.2. El Tribunal Central de Trabajo

36.– Un escalón jerárquicamente superior ocupaba el Tribunal Central de Trabajo, un órgano cuya constitución se introduce con la Ley Orgánica de 1940. En realidad, ya el Decreto de 29 de agosto de 1935 había instituido un Tribunal Central de Trabajo para conocer de los recursos que se interpusieran contra los Jurados Mixtos, si bien tan solo presentaba en común con el que ahora aparece el nombre, pues el creado en 1935 carecía del carácter judicial y técnico del creado en 1940, ya que era un órgano del Ministerio de Trabajo[168]. La profunda reestructuración de la organización judicial tras la Constitución de 1978 anunciada, primero, por la Ley Orgánica 6/1985, de 1 de julio, del Poder Judicial, y materializada, después, con la Ley 38/1988, de 28 de diciembre, de Planta y Demarcación Judicial supuso su desaparición, siendo sus competencias asumidas en parte por las salas de lo social de los Tribunales Superiores de Justicia y en parte por la sala de lo social de la Audiencia Nacional, lo que acarreó complejos problemas de transitoriedad[169].

---

167 Se trata, por un lado, del Texto Refundido de Ley de Procedimiento Laboral de 1963, aprobado por el Decreto 149/1963, de 17 de enero que incorpora la referencia a los conflictos colectivos, y, por otro, el aprobado por Decreto 909/1966, de 21 de abril, donde aparece la alusión a la Seguridad Social.

168 BAYÓN CHACÓN, G.; PÉREZ BOTIJA, E. (1963-b), *op. cit.*, p. 876; DEL PESO Y CALVO, C. (1966), *op. cit.*, p. 198.

169 El análisis de las cuestiones de transitoriedad aparece abordado en CONDE MARTÍN DE HIJAS, (1989), “Comentario urgente sobre la LPDJ en relación con los órganos jurisdiccionales del orden social”, *Actualidad Laboral*, 113 y 133 y ss.; ALONSO OLEA, M. (1989), “Notas sobre el orden jurisdiccional social en la transición entre plantas”, *Revista Española de Derecho del Trabajo*, nº

36.1.– El Tribunal Central de Trabajo era un órgano colegiado, con sede en Madrid y jurisdicción en todo el territorio nacional, según indicaba el art. 14 de la Ley Orgánica de 1940. Ese mismo precepto señalaba que se integraría por un presidente y cuatro magistrados, si bien, con el tiempo su composición fue creciendo hasta alcanzar los 26 magistrados, además del presidente y los presidentes de sala. Y es que, el Tribunal llegó a contar con tres salas —general, despidos y seguridad social— así como una especial de conflictos colectivos[170].

36.2. Por lo que respecta a las competencias, en principio, la Ley Orgánica de 1940 le había atribuido competencia para conocer de los «recursos de apelación» contra las resoluciones dictadas por las Magistraturas de Trabajo. No obstante, bien pronto del Decreto de 11 julio de 1941 alteraría la previsión, pasando a referirse su artículo primero a los recursos de suplicación, los cuales tendrían por objeto el examen del derecho aplicado por la resolución recurrida a fin de ratificarla o dictar otra que se estimase más ajustada a derecho. Asimismo, con el objeto de aligerar la carga de trabajo del Tribunal Supremo, la Ley de 22 de diciembre de 1949, sobre reformas en la Jurisdicción Laboral, amplió el alcance del recurso, modificando las cuantías de frontera con el de casación y su objeto, dando entrada a la revisión fáctica por error documental y pericial, así como a los quebrantamientos de forma. Todo ello originaba un sistema calificado de «dualismo en la cúspide»[171], por la importante labor unificadora atribuida a dos órganos distintos.

37, pp. 37 y ss.; MARTÍNEZ EMPERADOR, R. (1989), "Los nuevos órganos jurisdiccionales del orden social", *Actualidad Laboral*, nº 15, pp. 189-190.

170 BAYÓN CHACÓN, G.; PÉREZ BOTIJA, E. (1963-b), *op. cit.*, p. 877; MONTERO AROCA, J. (1977), *op. cit.*, pp. 23 y ss.

171 La expresión en VALDÉS DAL-RÉ, F. (1988), "Competencia funcional de los órganos de la nueva planta del orden jurisdiccional social", *Actualidad Laboral*, nº 29, p. 1651.

5.1.3. La sala de lo social del Tribunal Supremo

37.– Por último, hay que referirse a la sala de lo social del Tribunal Supremo, si bien la misma ya había sido creada por el Decreto-Ley de 6 de mayo de 1931, entonces como sala quinta, pero reconvertida en sala sexta cuando el Decreto de 14 de junio de 1957 instituyó una sala adicional de lo contencioso-administrativo. Por lo demás, en la medida en que tenía competencias en ciertas materias «extralaborales», como el recurso especial contra sentencias de las Audiencias territoriales en arrendamientos rústicos y el de revisión contra acuerdos en materia de colonización interior sobre justiprecio y posesión de fincas expropiadas, hasta 1976 tuvo dos secciones diferenciadas, la de trabajo y la de arrendamientos rústicos.

37.1.– La sala de lo social del TS se configura también como un órgano colegiado, con sede en Madrid, y jurisdicción en todo el territorio nacional. La composición en esta época integraba un presidente y diez magistrados designados por el Gobierno a propuesta del ministro de Justicia, entre quienes figurasen en una terna elaborada por el Consejo Judicial entre una serie de personas que reuniesen determinados requisitos[172].

37.2.– Por lo que respecta a sus competencias, la más relevante era la de conocer de los recursos de casación en interés de ley o por quebrantamiento de forma que pudieran interponerse contra las resoluciones emanadas de las Magistraturas de Trabajo, si bien no era la única, pues también conocía del de revisión contras las sentencias firmes dictadas por los tribunales de trabajo[173].

---

172 BAYÓN CHACÓN, G.; PÉREZ BOTIJA, E. (1963-b), *op. cit.*, p. 878 y ss.; MONTERO AROCA, J. (1977), *op. cit.*, pp. 25 y ss.

173 BAYÓN CHACÓN, G.; PÉREZ BOTIJA, E. (1963-b), *op. cit.*, p. 879; MONTERO AROCA, J. (1977), *op. cit.*, pp. 58-59.

5.2. La valoración de la Magistratura de Trabajo y su contribución al objetivo

38.– La valoración de esta etapa debe efectuarse, nuevamente, desde dos perspectivas distintas: por un lado, la relacionada con el funcionamiento del sistema; por otro, la de su contribución a la aparición una estructura jurisdiccional especializada en materia laboral.

38.1.– Por lo que respecta a la primera perspectiva, la doctrina científica ha destacado fundamentalmente en sentido positivo la composición de los órganos instituidos con magistrados especializados en materia laboral. Así, frente a los problemas que habían generado experiencias pasadas, en las que representantes de la profesión y oficio se integraban en los órganos encargados de enjuiciar la materia laboral, la atribución a jueces profesionales, especializados y con adscripción permanente se considera altamente positiva, hasta el punto de calificarse como «clave del éxito»[174], ya que garantizarían la consecución de un doble objetivo: una mayor aptitud en el ejercicio de la función jurisdiccional y un conocimiento profundo de la materia objeto de enjuiciamiento[175].

38.2.– La contribución a la construcción de un orden jurisdiccional especializado, desde el segundo punto de vista, resulta evidente. En este sentido, la instauración del sistema de Magistraturas de Trabajo en 1938 y su desarrollo ulterior fue atrayendo hacia la esfera de competencias de estos órganos gran parte de la materia laboral, y no solo en la instancia, sino también los recursos, así como la ejecución, superando las limitaciones que los antecedentes previos habían tenido. Así, la competencia de sus órganos no se restringe a la fase declarativa de los conflictos individuales, sino que alcanza a los colectivos y a la Seguridad Social. En segundo lugar,

---

174 MARTÍNEZ EMPERADOR, R. (1979), *op. cit.*, p. 291.

175 DEL PESO Y CALVO, C. (1966), *op. cit.*, p. 206; MARTÍNEZ EMPERADOR, R. (1979), *op. cit.*, p. 288.

el régimen de recursos —suplicación y casación— se desarrolla ante órganos que pertenecen a la misma estructura especializada. Finalmente, la ejecución de las sentencias firmes se podía instar ante los órganos referidos. Así pues, la consolidación de un orden especializado en materia laboral toma carta de naturaleza durante este período.

39.– Todo ello no implica que el sistema pergeñado no tuviera aspectos deficitarios o mejorables. No obstante, la mayor parte de las críticas detectadas a pesar de relacionarse con aspectos relevantes, a los efectos aquí analizados, no dejan de resultar hasta cierto punto accesorios.

39.1.– En efecto, los principales problemas evidenciados en sede doctrinal versaban sobre cuestiones vinculadas a los medios materiales y humanos. Así, se ha destacado la insuficiencia de las dotaciones de personal, la carencia de medios instrumentales adecuados que impedía aligerar y facilitar las tareas administrativas auxiliares o el desfase en las demarcaciones judiciales existentes, ya que todo ello iría en detrimento de la celeridad y eficacia del proceso, aspectos estos que están en la base de la aparición del orden social[176]. Ahora bien, lo que es la estructura del sistema, los órganos que lo componían y sus integrantes, merecieron «juicios valorativos favorables de diferentes campos de la doctrina»[177], con alguna excepción relacionada con el Tribunal Central de Trabajo, seguramente, por su vinculación orgánica con el Ministerio de Trabajo, lo que llevaba a hablar de unos tribunales más «especiales» que «especializados»[178].

---

176 MARTÍNEZ EMPERADOR, R. (1979), *op. cit.*, p. 280.

177 MARTÍNEZ EMPERADOR, R. (1979), *op. cit.*, p. 288 quien destaca y reproduce las afirmaciones vertidas en tal sentido por Guasp o Torres Gallego durante los coloquios organizados por el Círculo de Estudios Jurídicos de Madrid los días 12 y 13 de febrero de 1979.

178 Así, MONTERO AROCA, J. (1977), *op. cit.*, p. 24, quien indica que «pocos órganos han sido tan criticados como el Tribunal Central de Trabajo».

39.2.– Por otra parte, existía otro tipo de defectos, pero que no eran de carácter orgánico o estructural, sino que derivaban de la falta de adaptación de la normativa procesal a las necesidades del tráfico jurídico moderno, así como a su carácter anticuado[179]. Con todo, se trata de aspectos cuyo tratamiento se abordará más adelante, al analizar la construcción del proceso laboral en España (*infra*, 47 y ss.).

6. La etapa constitucional: el orden jurisdiccional social hoy en día

40.– El organigrama apenas descrito es el que se encontraba vigente en el momento de aprobarse en 1978 la Constitución. La repercusión que la misma tuvo tanto en el terreno procesal general como en el específicamente laboral resulta evidente.

40.1.– En efecto, desde la primera perspectiva, la afirmación resulta fácilmente constatable si se toma en consideración la atención que prestó el constituyente a la tutela jurisdiccional de los derechos, y no solo mediante el reconocimiento expreso de la tutela judicial efectiva como derecho fundamental en el art. 24 CE, sino a través de otras previsiones. Así, de entrada, la misma declaración de la justicia como valor superior de nuestro ordenamiento jurídico; asimismo, la regulación del poder judicial en el título VI, en los arts. 117 y ss.; en fin, las propias previsiones del título IX sobre el Tribunal Constitucional merecen ser destacadas. Ello ha llevado a la constitucionalización de múltiples derechos y principios procesales que sería demasiado prolijo analizar ahora[180].

40.2.– Por otra parte, si descendemos al terreno específico del Derecho Procesal Laboral, la constatación sigue siendo igual de cla-

---

179 MARTÍNEZ EMPERADOR, R. (1979), *op. cit.*, p. 280.

180 Al respecto, entre otros, puede verse DÍEZ-PICAZO GIMÉNEZ, I. (2004), *op. cit.*, pp. 163 y ss.

ra. Así, muchos de los principios del proceso y del procedimiento traen causa directa del texto constitucional o, cuando menos, vienen condicionados por el mismo. Y lo mismo puede decirse de la organización jurisdiccional. Ambas facetas son de enorme interés, si bien, de momento, voy a detenerme en la segunda, pues la primera será objeto de tratamiento en el apartado relativo a la construcción del proceso laboral[181]. Pues bien, por lo que respecta a la estructura organizativa, a mi juicio, deben ser destacadas especialmente dos cuestiones.

La primera de ellas es la relativa a la pervivencia de unos órganos especializados en materia social, algo que podría haberse puesto en tela de juicio desde el momento en que la CE proclama en su artículo 117.5 el principio de unidad jurisdiccional. No obstante, como ya se argumentó en otro lugar (*vid. supra*, 2), este principio no implica que no puedan existir tribunales especializados por razón de la materia, sino que, de forma bien diversa, lo que impide es la existencia de distintos fueros, de tribunales «especiales» y los atentados contra la independencia judicial[182]. Aún cabe añadir algo más: no se trata ya de que la CE no vede la existencia de un orden jurisdiccional social, sino que, incluso, podría entenderse que fuerza a su creación o mantenimiento. En este sentido, se ha argumentado

---

181 Ambas cuestiones han sido objeto de tratamiento monográfico por parte de la doctrina. Así, por un lado, es muy destacable la aportación de MARTÍNEZ EMPERADOR, R. (1979), *op. cit.*, pp. 255 y ss.; por otro lado, de enorme interés también, resulta la obra de CRUZ VILLALÓN, J. (1989), "Constitución y proceso de trabajo", *Revista Española Derecho del Trabajo*, nº 38, pp. 209 y ss., quien desgrana las implicaciones que se derivan para el proceso laboral del reconocimiento constitucional de un Estado «social», «democrático» y «de Derecho» en el marco de la «libre iniciativa económica».

182 Al respecto, entre otros, MONTERO AROCA, J. (1977) pp. 15 y ss.; MARTÍNEZ EMPERADOR, R. (1979), *op. cit.*, pp. 266-267; BAYLOS GRAU, A.; CRUZ VILLALÓN, J.; FERNÁNDEZ LÓPEZ, M.ª F. (1995), *Instituciones de Derecho Procesal*, 2ª edición, Madrid, Trotta, p. 15; GIL PLANA, J. (2005), *op. cit.*, p. 35. Por otro lado, en cuando a las diferencias entre tribunales ordinarios, tribunales especiales, tribunales especializados y tribunales de excepción, me remito a MONTERO AROCA, J. (1984), *op, cit.*, pp. 438 y ss.

sobre la base de las implicaciones derivadas de la cláusula del Estado Social contenida en nuestra Carta Magna, pues si dicha cláusula se presenta como un instrumento para exigir de los poderes públicos una actuación política dirigida a eliminar o contrapesar las desigualdades sociales, protegiendo y promoviendo a los individuos y colectivos más desfavorecidos, qué duda cabe que la actuación normativa en lo social, tanto en los aspectos sustantivos como en los procesales, incluyendo los órganos que deben aplicar tales normas, se inserta decididamente en tales objetivos[183].

La segunda cuestión en la que quiero incidir se relaciona con los sujetos que deben integrar este orden especializado y a los que se va a encargar la tarea de impartir justicia en materia laboral. Y es que en líneas anteriores se ha podido comprobar cómo en nuestra tradición histórica hemos conocido algunas experiencias en las que los órganos encargados de resolver los conflictos laborales no han estado compuestos exclusivamente por personas procedentes de la carrera judicial, sino que en algunos órganos se preveía la participación de representantes de los trabajadores y empresarios en su seno. Pues bien, el hecho de que la CE haya calificado al Estado como «democrático» podría conducir a pensar que los ciudadanos deberían poder participar en la administración de justicia, incluida la laboral. Sin embargo, el análisis sistemático de la CE lleva a una conclusión opuesta. Así, tanto desde la perspectiva del reconocimiento de principio de exclusividad jurisdiccional, a cuyo significado ya me he referido en otro lugar y del que cabe recordar que impide el ejercicio de estas potestades a sujetos distintos de los jueces y magistrados (*vid. supra* 2)[184], como del hecho de que la intervención del jurado está prevista en el texto constitucional de manera limitada a concretos procesos penales, la conclusión inevitable a la que se lle-

---

183 En este sentido, entre otros, CRUZ VILLALÓN, J. (1989), *op. cit.*, pp. 244 y ss.; VALDÉS DAL-RÉ, F. (2000), *op. cit.*, p. 117; RODRÍGUEZ-PIÑERO Y BRAVO-FERRER, M. (2001), *op. cit.*, p. 138.

184 DÍEZ-PICAZO GIMÉNEZ, I. (2004), *op. cit.*, pp. 165-167.

ga es la de que los órganos jurisdiccionales del orden social han de estar integrados necesariamente por jueces y magistrados[185].

6.1. Los órganos del orden jurisdiccional social tras la CE

41.– A partir de ahí, lo cierto es que la existencia de unos órganos jurisdiccionales especializados en materia laboral se ha mantenido tras la aprobación de la CE, si bien ha experimentado importantes cambios estructurales. Estos cambios se introducen de forma gradual por medio de dos actuaciones sucesivas: por un lado, la Ley Orgánica 6/1985, de 11 de julio, Orgánica del Poder Judicial (en adelante, LOPJ); por otro, la Ley 38/1988, de 28 de diciembre de Planta y Demarcación Judicial (en adelante, LPDJ).

41.1.– En efecto, de entrada, el art. 9 LOPJ al hacer referencia a los distintos órdenes jurisdiccionales alude al orden social, junto al civil, al penal y al contencioso-administrativo. Por otra parte, la LOPJ no se limitó a mantener la existencia de un orden social de la jurisdicción, sino que transformó la estructura del mismo de una forma importante y con innovaciones profundas[186], si bien es posible detectar «mayores dosis de continuidad que de ruptura»[187]. En fin, el perfil delineado por la LOPJ se concretó ulteriormente con la LPDJ de 1988[188].

---

[185] MARTÍNEZ EMPERADOR, R. 81979), *op. cit.*, p. 277; CRUZ VILLALÓN, J. (1989), *op. cit.*, 253-254.

[186] Esta valoración en DE LA RÚA, J. L. (1992), "La competencia funcional en el orden jurisdiccional social", *Tribuna Social*, nº 14, p. 23. La repercusión de la LOPJ puede analizarse en RODRÍGUEZ-PIÑERO Y BRAVO-FERRER, M. (1985), "Una nueva fase en la jurisdicción de trabajo", *Relaciones Laborales*, Tomo II, pp. 16 y ss.; MARTÍNEZ EMPERADOR, R. (1985), "El orden social de la jurisdicción en el proyecto de Ley Orgánica del Poder Judicial", *Actualidad Laboral*, nº 26, pp. 1313 y ss.

[187] RODRÍGUEZ-PIÑERO Y BRAVO-FERRER, M. (1985), *op. cit.*, p. 17.

[188] El análisis más detallado sobre la repercusión e incidencia de la LPDJ, especialmente en cuanto los problemas de transitoriedad, se efectúa por VALDÉS

41.2.– El resultado de este proceso es el organigrama que hoy en día conocemos, integrado por los Juzgados de lo social, las salas de lo social de los Tribunales Superiores de Justicia, la sala de lo social de la Audiencia Nacional y la sala de lo social del Tribunal Supremo. Así pues, los cambios más significativos consisten en la sustitución de las Magistraturas de Trabajo por los Juzgados de lo social[189] y la desaparición del Tribunal Central de Trabajo cuyas competencias se reparten entre las salas de lo social de los Tribunales Superiores de Justicia y de la Audiencia Nacional[190]. Aunque la desaparición del Tribunal Central de Trabajo está íntimamente relacionada con la creación de los Tribunales Superiores de Justicia, algo que resultaba obligado por imperativo del art. 152 CE, lo cierto es que el mandato constitucional no conducía necesariamente a su final. Y es que, el precepto constitucional exige que las instancias procesales se agoten ante órganos radicados donde esté el competente en la instancia. Sin embargo, los recursos ante el Tribunal Central de Trabajo no constituían una segunda instancia, sino que se trataba de recursos extraordinarios, por lo que hubiese sido posible su subsistencia[191].

6.1.1. *Los Juzgados de lo social*

42.– Los Juzgados de lo social aparecen como verdaderos herederos de las antiguas Magistraturas de Trabajo[192], si bien, como ya se ha avanzado (*vid. supra* 35 y 41), las competencias de éstas se dis-

---

DAL-RÉ. F. (1988), *op. cit.*, pp. 1649 y ss.; MARTÍNEZ EMPERADOR, R. (1989), *op. cit.*, pp. 183 y ss.; CONDE MARTÍN DE HIJAS, V. (1989), *op. cit.*, pp. 109 y ss.; ALONSO OLEA, M. (1989), *op. cit.*, pp. 37 y ss.

189 En realidad, las competencias de las Magistraturas de Trabajo se distribuyen entre los juzgados de lo social, las salas de lo social de los Tribunales Superiores de Justicia y sala de lo social de la Audiencia Nacional, pues todos ellos asumieron competencias en la instancia.

190 Así, por ejemplo, RODRÍGUEZ-PIÑERO Y BRAVO-FERRER, M. (1985), *op. cit.*, p. 19; VALDÉS DAL-RÉ. F. (1988), *op. cit.*, p. 1652.

191 MARTÍNEZ EMPERADOR, R. (1985), *op. cit.*, p. 1318.

192 VALDÉS DAL-RÉ. F. (1988), *op. cit.*, p. 1652.

tribuyeron entre los Juzgados, las salas de lo social de los Tribunales Superiores de Justicia y la sala de lo social de la Audiencia Nacional, ya que todos ellos van a asumir competencias en la instancia como se tendrá ocasión de comprobar. Con todo, la mayor parte de las atribuciones en la instancia va a corresponder a los juzgados de lo social, de ahí que se haya señalado que se trata de los «órganos de acceso a la prestación jurisdiccional por excelencia»[193].

42.1.– Por lo que respecta a sus características, se trata de unos órganos de tipo unipersonal que aparecen regulados en los arts. 92 y 93 de la LOPJ, cuyas previsiones deben completarse con lo establecido en el art. 6 de la Ley Reguladora de la Jurisdicción Social (en adelante, LRJS). En principio, la regla general es que exista uno o más en cada capital de provincia, atendiendo al grado de conflictividad existente en la misma. Esta regla general puede presentar dos tipos de excepciones. Así, por un lado, resulta posible su creación en núcleos de población distintos a la capital de provincia cuando las necesidades del servicio o la proximidad de determinados núcleos de trabajo así lo aconsejen. El listado de las poblaciones en que ello sucede aparece en el anexo IX de la LPDJ. Por otro lado, excepcionalmente, también cabría que uno o más juzgados de lo social extendieran su ámbito de actuación a dos o más provincias siempre que perteneciesen a la misma Comunidad Autónoma. Esta posibilidad no ha sido empleada hasta la fecha.

42.2.– Las competencias objetivas y funcionales de los Juzgados de lo social aparecen fijadas en el art. 93 LOPJ, el cual debe ser completado con las previsiones contenidas en el art. 6 LRJS. La competencia objetiva de los mismos presenta un carácter residual, pues les corresponden todas aquellas cuestiones que no estén atribuidas a otros órganos. La lectura del art. 6 LRJS, puesto en conexión con los arts. 7, 8 y 9 LRJS, permite afirmar que, en principio, todos los conflictos relacionados con la materia de Seguridad

---

193 VALDÉS DAL-RÉ. F. (1988), *op. cit.*, p. 1652.

Social corresponden en la instancia a los Juzgados. Asimismo, la mayor parte de los litigios relativos a los aspectos individuales del Derecho del Trabajo también, salvo dos pequeñas excepciones al hilo de ciertos conflictos en el ámbito de los arts. 47 y 51 ET. En fin, las mayores dificultades se plantean en el terreno de los pleitos en materia de derecho colectivo y de derecho administrativo laboral: en los primeros la competencia se comparte con las salas de los Tribunales Superiores de Justicia y la Audiencia Nacional, siendo el criterio de atribución empleado el relacionado con el ámbito de extensión del conflicto; en los segundos, la competencia se comparte con los órganos indicados y con la propia sala de lo social del Tribunal Supremo, empleándose en este caso como criterio de atribución el del órgano de quien emana la resolución impugnada. Al margen del conocimiento en la instancia de los asuntos que tengan atribuidos objetivamente, al Juzgado de lo social, en segundo lugar, le corresponde también la ejecución de las sentencias firmes que hayan dictado (art. 237 LRJS). Por lo demás, el Juzgado de lo social puede ser competente para conocer de ciertos recursos de audiencia al demandado rebelde (art. 185 LRJS)

6.1.2. Las salas de lo social de los Tribunales Superiores de Justicia

43.– El origen de estas salas se encuentra en la CE, cuando su art. 152 indica que un Tribunal Superior de Justicia culminará la organización judicial en el ámbito territorial de las Comunidades Autónomas, así como que las sucesivas instancias procesales se agotarán ante órganos radicados en el mismo territorio de la Comunidad Autónoma en que esté el órgano competente en la primera instancia. A partir de ahí, la LOPJ ordenó su establecimiento en todas las CCAA, algo que se fue haciendo de modo gradual. Ello no comporta la existencia de un poder judicial autónomo[194], como el propio texto constitucional se encarga de remarcar.

---

[194] VALDÉS DAL-RÉ, F. (1988), *op. cit.*, p. 1654.

43.1.– Las salas de lo social de los Tribunales Superiores de Justicia se configuran como órganos colegiados, jerárquicamente superiores a los Juzgados de lo social. La regulación de las mismas aparece en los arts. 70 y ss. LOPJ, así como en el art. 7 LRJS. Aunque la LOPJ preveía su creación en todas las CCAA y de que sólo existen diecisiete CCAA, hay veintiuna salas de lo social. Y es que, en algunas CCAA, el Tribunal Superior de Justicia cuenta con más de una sala. Así sucede en Andalucía, donde hay sala en Sevilla, en Granada y en Málaga; en Castilla-León, donde la hay en Burgos y en Valladolid; y en Canarias, donde hay sala en Las Palmas y en Santa Cruz de Tenerife.

43.2.– Las competencias objetivas y funcionales de estas salas aparecen determinadas en los arts. 75 LOPJ y 7 LRJS. De entrada, les corresponde el conocimiento en primera y única instancia de aquellas materias que tengan atribuidas objetivamente (art. 7 LRJS). Esas materias, en línea con lo ya señalado, se relacionan con ciertos aspectos de derecho colectivo, en la medida en que el conflicto rebase la circunscripción de un juzgado, pero no la de la Comunidad Autónoma, y de derecho administrativo laboral, así como determinados conflictos que se suscitan en el terreno de los arts. 47 y 51 ET. Asimismo, en segundo lugar, también se encargan de la ejecución de las sentencias firmes que hayan conocido en la instancia (237 LRJS). Igualmente, en tercer lugar, conocerán de los recursos que establezcan las leyes contra las resoluciones de los Juzgados de lo social —es decir, del recurso de suplicación (arts. 7 y 190 LRJS) y, en su caso, del recurso de queja (art. 189 LRJS)—. En fin, por último, también conocerán de un conjunto de asuntos variados como pueden ser las cuestiones de competencia que se susciten entre los Juzgados de lo social pertenecientes a su circunscripción (art. 7 LRJS), la recusación de sus miembros —excepto la del presidente—, así como de las recusaciones de los jueces pertenecientes a los Juzgados de lo social de su circunscripción (arts. 224 LOPJ y 15 LRJS) o el conocimiento de algunas solicitudes de audiencia al demandado rebelde (art. 185 LRJS). A la luz de las competencias reseñadas, en particular la competencia para resolver el recurso de suplicación, la doctrina alertó de manera inmediata de los riesgos de dispersión interpretativa subyacentes, lo que condujo a la creación de un recurso específico para la unificación de doctrina[195].

6.1.3. La sala de lo social de la Audiencia Nacional

44.– Aunque se ha indicado que la desaparición del Tribunal Central de Trabajo y la instauración de las salas de lo social de los Tribunales Superiores de Justicia se encuentran en la base de la aparición de la sala de lo social de la Audiencia Nacional[196], a mi juicio su creación se relaciona más con lo segundo que con lo primero, en particular, con el reparto de las antiguas competencias en la instancia atribuidas a las Magistraturas de Trabajo

44.1.– Al igual que las salas de lo social de los Tribunales Superiores de Justicia, la sala de lo social de la Audiencia Nacional se configura también como un órgano colegiado, si bien en este caso es solo una, con jurisdicción en todo el Estado y sede en Madrid. La regulación de este órgano aparece en los arts. 62 y ss. LOPJ, complementado con el art. 8 LRJS. A pesar de que su actividad tenga un carácter nacional, no puede decirse que sea superior jerárquicamente a los Juzgados de lo social o a los Tribunales Superiores de Justicia, es decir, no existe relación de jerarquía entre los mismos

44.2.– Las competencias objetivas y funcionales más relevantes de este órgano aparecen reguladas en los arts. 67 LOPJ y 8 LRJS. Así, de conformidad con tales previsiones, le corresponde el conocimiento en primera y única instancia de aquellas materias que ten-

---

195 VALDÉS DAL-RÉ, F. (1988), *op. cit.*, p. 1657; MARTÍNEZ EMPRESADOR, R. (1989), *op. cit.*, p. 196. Asimismo, de gran interés las aportaciones de CRUZ VILLALÓN, J. (1989), *op. cit.*, pp. 228 y ss. sobre el apoyo constitucional de la unificación doctrinal.

196 VALDÉS DAL-RÉ, F. (1988), *op. cit.*, p. 1657

ga atribuidas objetivamente (art. 8 LRJS). Esas materias, en línea con lo ya señalado, se relacionan con ciertos aspectos de derecho colectivo, en la medida en que el conflicto rebase la circunscripción de una Comunidad Autónoma, y de derecho administrativo laboral, así como determinados conflictos que se suscitan en el terreno de los arts. 47 y 51 ET. Asimismo, en segundo lugar, se encarga de la ejecución de las sentencias firmes que haya dictado (art. 237 LRJS). En fin, por último, conocerá de un conjunto de cuestiones variadas como pueden ser las recusaciones planteadas contra sus miembros, a excepción de que se trate del presidente o afecte a más de dos magistrados (arts. 224 LOPJ y 15 LRJS) o la tramitación de algunas solicitudes de audiencia al demandado rebelde (art. 185 LRJS). Por lo demás, debe destacarse que no resuelve recursos frente a resoluciones de otros jueces o tribunales, ni cuestiones de competencia, pues no ostenta un nivel jerárquico superior a otros órganos

6.1.4. La sala de lo social del Tribunal Supremo

45.– La organización jurisdiccional social se cierra en la cúspide con la sala de lo social del Tribunal Supremo cuyas funciones se han visto fortalecidas tras la CE respecto al pasado[197]. Aunque, como ya se ha indicado, su origen se remonta al año 1931, cuando se crea por el Decreto-Ley de 6 de mayo de 1931, ha ido cambiando la numeración asignada. Así, si en un principio se trataba de la sala quinta, posteriormente, con el Decreto de 14 de junio de 1957, se convirtió en sexta y, con la LOPJ, se renumeraron las salas y pasó a ser la cuarta.

45.1.– La sala de lo social del Tribunal Supremo también se configura como un órgano colegiado, con jurisdicción en todo el territorio nacional y sede en Madrid. Se trata del órgano jurisdiccional superior en todos los órdenes, salvo lo dispuesto en materia de ga-

---

197 VALDÉS DAL-RÉ, F. (1988), *op. cit.*, p. 1651.

rantías constitucionales Su regulación se encuentra en los arts. 53 y ss. LOPJ, en especial, el art. 59 LOPJ, así como en el art. 9 LRJS.

45.2.– Las competencias en la instancia son muy limitadas, pues tan solo alcanzan a los procesos en materia de derecho administrativo laboral cuando el acto administrativo impugnado haya emanado del Consejo de ministros. Por otro lado, en segundo lugar, se encarga de la ejecución de las sentencias firmes que haya dictado (art. 237 LRJS). Asimismo, en tercer lugar, le corresponde resolver una pluralidad de recursos (los recursos de casación, ordinaria y unificadora; el recurso de revisión; el recurso de queja por inadmisión del recurso de casación). Por último, tiene atribuido el conocimiento de una pluralidad de cuestiones, como las de competencia que se susciten entre juzgados y tribunales pertenecientes al orden social que no tengan otro superior común (art. 9 LRJS), la recusación de sus magistrados, excepto la del presidente o cuando afecte a dos o más magistrados, en cuyo caso conoce una sala especial (arts. 224 LOPJ y 15 LRJS) o algunas solicitudes de audiencia al demandado rebelde (art. 185 LRJS).

6.2. La valoración del modelo y su contribución al objetivo

46.– Al igual que he realizado con las etapas anteriores, la valoración del modelo para resolver los conflictos en materia laboral instaurado tras la CE debe efectuarse nuevamente, desde dos perspectivas distintas: por un lado, la relacionada con el funcionamiento del sistema; por otro, la de su contribución a la aparición una estructura jurisdiccional especializada en materia laboral.

46.1.– Por lo que respecta a la primera perspectiva, el alto continuismo existente con el modelo anterior permite reiterar aquí los aspectos positivos que en su momento se efectuaron respecto la etapa de las Magistraturas de Trabajo. En este sentido, la opción por atribuir la solución de los conflictos laborales a unos órganos compuestos por jueces y magistrados integrantes del Poder Judicial, al margen de ser un imperativo constitucional según se ha visto, parece adecuado, pues se evitarán los problemas que habían generado experiencias pasadas, en las que representantes de la profesión y oficio se integraban en los órganos encargados de enjuiciar la materia laboral[198].

Ahora bien, la integración de sus componentes en el cuerpo único y el sistema de acceso, con la quiebra de la adscripción permanente, ha sido valorado de forma negativa, por lo que supone, a juicio de algunos, una merma de la especialización[199]. Con todo, no creo que la merma en la especialización se produzca necesariamente, pues al margen de la existencia de especialistas, la experiencia y conocimientos que se adquieren en otros órdenes jurisdiccionales enriquecen enormemente los conocimientos de quienes pasan a integrarse en el orden social, algo muy importante hoy en día, sobre todo si se tiene en cuenta la expansión del ámbito competencial atribuido a estos órganos en el que se incluyen muchas materias fronterizas con otros sectores del ordenamiento jurídico.

En fin, por lo demás, los problemas y deficiencias vinculadas a los medios materiales y humanos siguen estando presentes. En este sentido, cabe citar la insuficiencia de las dotaciones de personal, la carencia de medios instrumentales adecuados o el desfase de algunas demarcaciones judiciales[200], a las que se unen las relacionadas con la propia constitución de las salas de los Tribunales Superiores de Justicia y la descompensación en el número de miembros que las integran[201]. Todo ello exige de una intervención clara, pues se trata de cuestiones que afectan a la celeridad y eficacia del proceso, siendo aspectos que están en la base de la aparición del orden social; con todo, como se constatará más adelante, los avances habidos en

---

198 MARTÍNEZ EMPERADOR, R. (1979), *op. cit.*, p. 291.

199 MARTÍNEZ EMPERADOR, R. (1985), *op. cit.*, pp. 1326-1327; RODRÍGUEZ-PIÑERO Y BRAVO-FERRER, M. (1985), *op. cit.*, p. 18.

200 MARTÍNEZ EMPERADOR, R. (1979), *op. cit.*, p. 280.

201 CONDE MARTÍN DE HIJAS, V. (1989), *op. cit.*, p. 125.

los medios materiales para la consecución de una justicia moderna son más que notables (*infra*, 202 y ss.).

46.2.– Por otra parte, en cuanto a la contribución a la construcción de una organización jurisdiccional especializada en la materia laboral, el modelo instaurado tras la CE supone el espaldarazo definitivo a la existencia de un orden jurisdiccional social en nuestro país.

De entrada, el ámbito de competencias atribuidas a estos órganos ha seguido extendiéndose, siendo una de las últimas ampliaciones la relacionada con la expansión hacia el control de los actos administrativos en materia laboral, sindical y de seguridad social, alcanzado los órganos que integran este orden una competencia casi omnicomprensiva en las cuestiones laborales. Por otra parte, el régimen de recursos se desarrolla por entero en el propio orden, ante órganos que integran el mismo. Finalmente, la ejecución también sigue desarrollándose ante los órganos que lo integran, sin necesidad de acudir a la jurisdicción civil como en experiencias pasadas.

A todo ello hay que añadir que la integración de los jueces y magistrados que lo componen ha hecho que se dé cumplimiento a las aspiraciones doctrinales relativas a contar con una «jurisdicción especializada» en la materia mejor que una «jurisdicción especial»[202].

III. LA CONSTRUCCIÓN DEL PROCESO SOCIAL EN ESPAÑA

47.– La inadecuación de la justicia ordinaria para dar respuesta a los conflictos derivados del contrato de trabajo no se relacionaba únicamente con los órganos encargados de impartirla, sino también con los cauces existentes para administrarla, los cuales, según se ha

---

202 Al respecto, *vid.* MONTERO AROCA, J. (1992), *Derecho Jurisdiccional. II. Proceso Civil 2*, Barcelona, José M.ª Bosch, p. 559.

indicado en otro lugar, eran lentos, complejos y costosos (*vid. supra* 7 y 8). Por ello, las reivindicaciones obreras no se circunscribieron a reclamar la creación de unos órganos especializados en la materia laboral para resolver los conflictos que pudieran surgir en este ámbito de las relaciones jurídicas, sino que también pusieron sus vistas en la necesidad de arbitrar un proceso rápido, sencillo y asequible. Y del mismo modo que los primeros aparecieron, entre nosotros, como «el resultado de un lento y continuado acarreo de hechos y de ideas de muy variada índole»[203], se ha dicho que la historia del segundo, como la de otras instituciones jurídicas, constituye «la crónica de una permanente e interminable reforma»[204].

47.1.– En efecto, el origen del proceso laboral en España se encuentra en la Ley de Tribunales Industriales de 1908, reformada ya en el año 1912 para subsanar las deficiencias detectadas en la misma y cuyas previsiones pasarían al Código de Trabajo de 1926, donde el libro IV regulaba esta materia. A partir de la promulgación del Decreto de 13 de mayo de 1938, por el que se suprimen los Tribunales Industriales y los Jurados Mixtos, asumiendo sus funciones las Magistraturas de Trabajo que el propio Decreto creaba, así como la aprobación de la Ley Orgánica de la Magistratura de Trabajo de 17 de octubre de 1940, reguladora de dicha magistratura, las leyes de procedimiento se fueron sucediendo en el tiempo. Así, aunque el Decreto de 1938 inicialmente remitía, con alguna modificación relevante, a la regulación del Código de Trabajo de 1926, tal regulación conoció de diferentes reformas de calado en diversos aspectos de forma continua, así como de distintos textos refundidos o articulados, entre ellos, los aprobados por Decreto de 4 de julio de 1958, por Decreto de 17 de enero de 1963, por Decreto de 21 de abril

---

203 VALDÉS DAL-RÉ, F. (2000), *op. cit.*, p. 104.
204 MONTOYA MELGAR, A. (2012), *op. cit.*, p. 31.

de 1966 o por Decreto de 17 de agosto de 1973[205]. Asimismo, la aprobación de la CE en 1978 trajo consigo nuevas reformas[206] y, con ellas distintos textos, refundidos y articulados, como el de 1980[207], el de 1990[208], el de 1995[209] y, más reciente, la actual LRJS[210].

47.2.– A pesar de todos estos avatares, lo cierto es que resulta posible apreciar una cierta «continuidad» en las normas de procedimiento[211]. En este sentido, la estructura esencial del proceso laboral que hoy conocemos, sus piezas fundamentales, ya estaba presente en la Ley de Tribunales Industriales de 1908 y su reforma de 1912. Esta relativa estabilidad procedimental del proceso laboral desde principios del siglo XX hasta nuestros días se ha relacionado con el hecho de que, en realidad, no ha habido unos cambios económico-políticos trascendentales, ya que la ideología liberal capitalista, en el fondo, ha estado presente en todas las situaciones políticas atravesadas[212].

---

205 La evolución normativa puede verse en BAYÓN CHACÓN, G.; PÉREZ BOTIJA, E. (1963-b), *op. cit.*, pp. 866 y 880-881; MONTERO AROCA, J. (1977), *op. cit.*, p. 20; AGUILERA IZQUIERDO, R. (2004), *op. cit.*, pp. 44-46.

206 La incidencia de la Constitución de 1978 en la normativa procesal ha sido analizada con detalle por CRUZ VILLALÓN, J. (1989), *op. cit.*, pp. 209 y ss., quien va desgranando la repercusión que tuvo en la misma la configuración de España en el texto constitucional como un Estado «social», «democrático» y «de derecho», así como el marco de la «libre iniciativa económica», no solo en los aspectos organizativos sino también en los procedimentales.

207 Real Decreto Legislativo 1568/1980, de 13 de junio.

208 Real Decreto Legislativo 521/1990, de 27 de abril.

209 Real Decreto Legislativo 2/1995, de 7 de abril.

210 Ley 36/2011, de 10 de octubre.

211 Así, MONTERO AROCA, J. (1973), *op. cit.*, p. 108; RODRÍGUEZ-PIÑERO Y BRAVO-FERRER, M. (2011), *op. cit.*, p. 135, quien destaca como la historia ha incidido más en las «singularidades orgánicas» que en el procedimiento; SÁNCHEZ PEGO, F. J. (1990), "Los principios del proceso enunciados en el art. 74 de la LPL", *Actualidad Laboral*, nº 44, p. 561; GIL PLANA, J. (2005), *op. cit.*, p. 74.

212 CRUZ VILLALÓN, J. (1989), *op. cit.*, p. 212.

1. *Una opción metodológica: el análisis del proceso laboral a través de sus principios*

48.– Pues bien, la estabilidad referida aconseja abordar el tratamiento de la configuración del proceso laboral alejándose de un análisis pormenorizado de las distintas leyes de procedimiento habidas a lo largo de la historia del proceso laboral en España, dado que las diferencias que se aprecian en el contenido de las mismas, en gran medida, son de matiz. Así las cosas, parece más apropiado, en línea con la metodología aconsejada por la doctrina clásica[213], detenerse en el estudio de los principios fundamentales que de estas previsiones se derivan, ya que constituyen algo así como su estructura esencial.

48.1.– En este sentido, de entrada, a la hora de configurar el proceso existen un conjunto de opciones determinantes de la posición y papel del órgano jurisdiccional y de las partes con sus funciones, facultades, derechos, deberes y cargas. En otras palabras, estas opciones representan el «punto de partida» que se adopta para construir el proceso y de ahí que reciban la denominación de «principios»[214], ya que constituyen las ideas base de un conjunto de normas[215].

Un primer grupo de estos principios, por un lado, reflejan ciertos postulados de la idea universal de justicia que permiten superar la autotutela o justicia privada y por ello se consideran principios «jurídico-naturales»[216] o «inherentes»[217], ya que están presentes en

---

213 FERNÁNDEZ GONZÁLEZ, V. (1945), *op. cit.*, p. 161.

214 DE LA OLIVA SANTOS, A. (2004-b), "Los principios del proceso", en DE LA OLIVA SANTOS, A.; DÍEZ-PICAZO GIMÉNEZ, I.; VEGAS TORRES, J., *Derecho Procesal. Introducción*, Madrid, Editorial Universitaria Ramón Areces, p. 55.

215 MONTERO AROCA, J. (1991), *op. cit.*, p. 490.

216 DE LA OLIVA SANTOS, A. (2004-b), *op. cit.*, p. 55.

217 GIMENO SENDRA, V. (2013), *Introducción al Derecho Procesal*, 8ª edición, Madrid, Colex, p. 273.

todo proceso. Así, desde esta perspectiva, todo proceso se articula sobre la vigencia del principio de contradicción o audiencia y el principio de igualdad[218], al que algunos autores añaden el de dualidad de partes o posiciones[219].

Un segundo grupo de principios, por otro lado, procura ajustar el instrumento para la realización de la justicia que es el proceso de la manera más «eficaz» posible a la parcela del derecho objetivo de que se trate. Este segundo tipo de principios determina que cada proceso se erija de un modo distinto en función del tipo de pretensiones que a su través se encauzan y, por ello, reciben la denominación de principios «jurídico-técnicos»[220]. Sin perjuicio del desarrollo ulterior, los intereses en juego que en el proceso se ventilan determinan la opción entre un proceso marcado por el principio de «oportunidad» o por el principio de «necesidad», a los que acompañan una serie de principios consecuencia como son el principio dispositivo y de aportación de parte en el primer caso o el principio de oficialidad e investigación oficial en el segundo[221].

48.2.– Por otra parte, la sucesión de actuaciones realizadas por o ante los órganos jurisdiccionales se ordenan y exteriorizan de una forma determinada a través de lo que conocemos como procedimiento. A grandes rasgos, esa forma puede ser oral o escrita y de ello se derivan una serie de opciones-consecuencia: inmediación/mediación; concentración/dispersión; celeridad/preclusión. En todo caso, este conjunto de opciones que inciden en la forma de las actuaciones da lugar a otros principios que ya no son del proceso, sino que en realidad afectan al «procedimiento»[222].

---

218 DE LA OLIVA SANTOS, A. (2004-b), *op. cit.*, pp. 56 y ss.

219 MONTERO AROCA, J. (1991), *op. cit.*, p. 496.

220 DE LA OLIVA SANTOS, A. (2004-b), *op. cit.*, p. 56.

221 MONTERO AROCA, J. (1977), *op. cit.*, pp. 67-68.

222 Así, por ejemplo, MONTERO AROCA, J. (1977), *op. cit.*, p. 74; DESDENTADO BONETE, A. (2001), "Artículo 74", en MONEREO PÉREZ, J. L.; MORENO VIDA, M.ª N.; GALLEGO NORALES, A. J. (Dirs.), *Comentario a la Ley de Procedimiento Laboral*, Granada, Comares, pp. 490 y ss.; GIL PLANA,

49.– Pues bien, tal y como se ha avanzado, la aproximación al proceso laboral puede efectuarse por medio del estudio de los principios que convergen en él. Así las cosas, parece conveniente empezar por el modo en que se manifiestan los principios jurídico naturales del proceso en el proceso laboral. A partir de ahí, en segundo lugar, resulta lógico continuar por el análisis de las opciones adoptadas en este ámbito respecto los principios jurídico-técnicos. Por último, procede detenerse en el estudio de los principios del procedimiento, pues son los que, a decir de la doctrina[223], diferencian o singularizan al proceso laboral del resto[224].

2. *Los principios «jurídico-naturales», «inherentes», genéricos o comunes*

50.– Los principios «jurídico-naturales», «inherentes», genéricos o comunes a todo proceso son aquéllos que derivan de su propia naturaleza y constituyen un reflejo del ideal universal de justicia que estaría presente en el imaginario colectivo.

50.1.– Así, como se ha avanzado, todo proceso se articula sobre la base del principio de contradicción o audiencia y del principio de

---

J. (2005), *op. cit.*, p. 74; LÓPEZ BALAGUER, M. (2021), "Actos procesales y principios inspiradores del proceso laboral", en BLASCO PELLICER, A.; ALEGRE BUENO, M. (Dirs.), *El proceso laboral. Ley 36/2011, de 10 de octubre, reguladora de la Jurisdicción Social*, 2ª edición, Valencia, Tirant lo Blanch, pp. 146-147.

223 MONTERO AROCA, J.; IGLESIAS CABERO, M.; MARÍN CORREA, J. M.ª; SAMPEDRO CORRAL, M. (1993), *Comentarios a la Ley de Procedimiento Laboral*, Tomo I, Madrid, Civitas, p. 493.

224 Esta sistemática en, por ejemplo, MONTERO AROCA, J. (1977) y (1991), *op. cit.*, pp. 67 y ss. y 495 y ss., respectivamente; DESDENTADO BONETE, A. (2001), *op. cit.*, pp. 490 y ss., GIL PLANA, J. (2005), *op. cit.*, pp. 75 y ss.; LUELMO MILLÁN, M. A.; RABANAL CARBAJO, P. (1999), *Los principios inspiradores del proceso laboral*, Madrid, Mc Graw Hill, pp. 5-6.

igualdad[225], al que algunos autores añaden el principio de dualidad de partes o, mejor dicho, de posiciones. Este principio implica que para la existencia de un verdadero proceso resulta necesario, por lo menos, la presencia de dos partes que aparecerán en posiciones contrapuestas[226].

50.2.– Algunos autores también integran en este terreno el principio de «imparcialidad» y el de «buena fe»[227]. Sin embargo, a mi juicio, tales principios o notas afectan más bien a la labor del órgano de impartir justicia o, en su caso, al modo de actuar las partes en el proceso.

2.1. El principio de contradicción o audiencia

51.– El denominado principio de contradicción o audiencia implica, en su formulación más clásica, que nadie puede ser condenado sin haber sido previamente oído y vencido en juicio, lo que se traduce, básicamente, en la necesidad de brindar a las partes la oportunidad de alegar y probar sus derechos[228]. Aunque el texto constitucional no alude de forma expresa al mismo, se puede derivar directamente y de manera sencilla del art. 24.1 CE en cuanto prohíbe la indefensión, así como del art. 24.2 CE cuando reconoce

---

225 En este sentido, DE LA OLIVA SANTOS, A. (2004-b), *op. cit.*, pp. 57 y ss. Asimismo, en el terreno específicamente laboral, *vid.*, LUELMO MILLÁN, M. A.; RABANAL CARBAJO, P. (1999), *op. cit.*, pp. 22 y ss.; DESDENTADO BONETE, A. (2001), *op. cit.*, 492 y ss.; GIL PLANA, J. (2005), *op. cit.*, pp. 74 y ss.; ALEMAÑ CANO, J. (2008), *Estructura del proceso laboral*, Valencia, Tirant lo Blanch, pp. 52 y ss.; LÓPEZ BALAGUER, M. (2021), *op. cit.*, pp. 152-156.

226 MONTERO AROCA, J. (1991), *op. cit.*, pp. 496-497.

227 LUELMO MILLÁN, M. A.; RABANAL CARBAJO, P. (1999), *op. cit.*, pp. 7 y ss.

228 Así lo señalan, entre otros, MONTERO AROCA, J. (1991), *op. cit.*, p. 498; DE LA OLIVA SANTOS, A. (2004-b), *op. cit.*, p. 57. Igualmente, en la doctrina laboral, *vid.* RODRÍGUEZ-PIÑERO Y BRAVO-FERRER, M. (1969), *op. cit.*, p. 24; LUELMO MILLÁN, M. A.; RABANAL CARBAJO, P. (1999), *op. cit.*, pp. 12 y ss.; DESDENTADO BONETE, A. (2001), *op. cit.*, p. 491.

el derecho a un proceso «con todas las garantías»[229]. La jurisprudencia constitucional se mueve en esta línea. En este sentido, el Alto Tribunal tiene señalado que «*el derecho de acceder al proceso y ser oído en juicio en el que se es demandado es, a su vez, consecuencia del derecho a la tutela judicial efectiva reconocido en el art. 24 CE*»[230].

51.1.– La determinación de su significado y alcance general exige, ante todo, efectuar dos importantes matizaciones. La primera de ellas se relaciona con la del alcance subjetivo del principio, pues su formulación apunta hacia el sujeto pasivo frente al cual se insta el proceso, cuando, en realidad, se trata de un principio que alcanza a ambas partes, a todos aquellos que puedan verse afectados por la decisión[231]. La segunda está vinculada al ámbito objetivo, al contenido del principio[232]. Pues bien, desde esta perspectiva, resulta importante destacar que el principio de contradicción o audiencia se traduce, básicamente, en la necesidad de conceder a sus titulares la posibilidad de formular alegaciones y desplegar actividad probatoria sobre las mismas, si bien resulta posible, por supuesto, que las partes no hagan uso de tal derecho. Por ello, precisamente, se permite seguir el procedimiento incluso cuando el demandado no comparece y, por derivación de este mismo principio, cuando tal inasistencia esté justificada, se reconoce a este sujeto la posibilidad de instar la audiencia al demandado rebelde. Igualmente, el principio también se relaciona con la adecuada realización de los actos de comunicación con las partes y entre las mismas, pues la

229 MONTERO AROCA, J. (1991), *op. cit.*, p. 498; DE LA OLIVA SANTOS, A. (2004-b), *op. cit.*, p. 59; LUELMO MILLÁN, M. A.; RABANAL CARBAJO, P. (1999), *op. cit.*, p. 14; DESDENTADO BONETE, A. (2001), *op. cit.*, p. 491 ALEMAÑ CANO, J. (2008), *op. cit.*, p. 18; LÓPEZ BALAGUER, M. (2021), *op. cit.*, p. 148.

230 STC 92/1994, de 21 de marzo.

231 MONTERO AROCA, J. (1991), *op. cit.*, p. 499; DE LA OLIVA SANTOS, A. (2004-b), *op. cit.*, p. 58.

232 MONTERO AROCA, J. (1991), *op. cit.*, p. 499; DE LA OLIVA SANTOS, A. (2004-b), *op. cit.*, pp. 7 y ss.

corrección de dichos actos constituye un presupuesto esencial de todo lo anterior.

Por otra parte, también resulta conveniente resaltar que el reconocimiento de este principio justifica que el ordenamiento jurídico permita la interposición de los recursos correspondientes a través de la vía de las infracciones procedimentales en aquellos casos en los que eventualmente aquél se hubiese vulnerado en cualquiera de los aspectos reseñados; en tales casos, la consecuencia será la de retrotraer las actuaciones al momento en que se produjo la falta.

En fin, por lo demás, tal vez pudiera dudarse de su respeto en los procesos ejecutivos, pues los mismos se despachan *inaudita parte debitoris*. No obstante, como ha destacado la doctrina procesal, en estos casos, en realidad, el principio aparece meramente «atenuado», pero no suprimido[233]. Y es que, piénsese que en la ejecución se parte de la existencia de un título ejecutivo el cual proporciona certeza sobre la existencia del derecho y que, en todo caso, el ejecutado puede oponerse a aquélla por medio del incidente ejecutivo[234].

51.2.– A partir de estas consideraciones generales, si descendemos a la regulación del proceso laboral, la concurrencia de todas estas implicaciones que integran el principio comentado resulta clara, como no podía ser de otra manera[235].

Así se aprecia, de entrada, en los arts. 82 y ss. LRJS, pues el conjunto de estas previsiones se dirige a dar efectividad a la posibilidad de que las partes puedan realizar sus alegaciones y proceder a la práctica de la prueba, según se aprecia en la regulación de la admi-

233 MONTERO AROCA, J. (1991), *op. cit.*, pp. 499-500.

234 MONTERO AROCA, J. (1991), *op. cit.*, p. 499; DE LA OLIVA SANTOS, A. (2004-b), *op. cit.*, p. 59.

235 Las derivaciones del principio en el proceso laboral pueden verse RODRÍGUEZ-PIÑERO Y BRAVO-FERRER, M. (1969), *op. cit.*, pp. 25 y ss; LUELMO MILLÁN, M. A.; RABANAL CARBAJO, P. (1999), *op. cit.*, pp. 17 y ss.; DESDENTADO BONETE, A. (2001), *op. cit.*, pp. 491 y ss.; LÓPEZ BALAGUER, M. (2021), *op. cit.*, pp. 149 y ss.

sión de la demanda a trámite, la fijación de la vista, las citaciones o el propio desarrollo del juicio oral en el art. 85 LRJS. Igualmente, está presente en los arts. 83.3 y 185 LRJS, al permitir continuar con el procedimiento, incluso, en aquellos casos en los que el demandado no comparece y, si la inasistencia se encuentra justificada, admitir la posibilidad de instar la audiencia al demandado rebelde. Asimismo, se constata en los arts. 193 y 207 LRJS cuando prevén la posibilidad de interponer los recursos de suplicación o de casación, respectivamente, en aquellos casos en los que se haya incurrido en infracciones procedimentales que hayan podido generar indefensión a alguna de las partes y entre las que se encontrarían las que implican una vulneración del principio de contradicción o audiencia.

Por otra parte, las mismas tensiones a las que antes he aludido, relacionadas con el proceso ejecutivo, se producen en el terreno laboral, según se evidencia en los arts. 237 y 239 LRJS, siendo también en este ámbito salvables por las razones que ya se han indicado[236]. A ellas habría que añadir los fenómenos de *ficta confessio* presentes en los arts. 90.7, 91.2 y 94.2 LRJS, especialmente, en el relacionado con la inasistencia de la parte al interrogatorio propuesto por la otra[237]. Pues bien, a mi juicio tampoco en estos casos se está vulnerando el derecho en cuestión, ya que, al margen de que se trata de una mera posibilidad y no de una consecuencia necesaria, la parte está advertida de ello en la propia citación. Y si tal citación fuese defectuosa, el sujeto afectado cuenta con los mecanismos necesarios para hacer valer su derecho mediante la interposición del recurso oportuno para ello.

2.2. El principio de igualdad

52.– El otro principio «jurídico-natural» o «inherente» al proceso al que debe aludirse es el de igualdad cuyo significado pri-

---

236 DESDENTADO BONETE, A. (2001), *op. cit.*, p. 491.
237 RODRÍGUEZ-PIÑERO Y BRAVO-FERRER, M. (1969), *op. cit.*, p. 27.

migenio se traduce en conceder a las partes los mismos derechos, cargas y posibilidades, de manera que no haya privilegios hacia ninguna de ellas[238] y que ambas cuenten con parejas posibilidades para sostener y fundamentar lo que estimen conveniente[239]. A partir de tal significación, resulta evidente su derivación directa de la CE, en concreto, de la proclamación genérica de la igualdad ante la ley contenida en el art. 14 CE[240].

52.1.– Ahora bien, dicha igualdad no siempre ha de manifestarse en una regulación en la que se contengan «continuas actuaciones paralelas y equivalentes», pues las partes se encuentran expuestas a desigualdades sociales, culturales y económicas de partida, que exigen una intervención normativa que trate de resituarlas por medio de la introducción de «asimetrías, incluso prolongadas», y así coadyuvar a la consecución de una igualdad real, tal y como proclama el art. 9 CE[241].

Al respecto, resulta obvio que no cabe introducir desigualdades de sentido contrario, ni por medio de la pérdida de la debida imparcialidad del órgano jurisdiccional, sino que las medidas que se arbitren han de estar relacionadas con la remoción de los obstáculos o limitaciones al ejercicio del derecho a la tutela judicial efectiva, sobre todo, aquellos que provoquen una dificultad en la tramitación, demoras en el tiempo y sobrecoste económico, pues alejan del acceso a la justicia a los ciudadanos más desfavorecidos, ya que siempre tendrán mayores dificultades a la hora de afrontar un pro-

---

238 MONTERO AROCA, J., (1991), *op. cit.*, p. 502.

239 DE LA OLIVA SANTOS, J. (2004-b), *op. cit.*, p. 60.

240 En este sentido, por ejemplo, MONTERO AROCA, J., (1991), *op. cit.*, p. 502; LUELMO MILLÁN, M. A.; RABANAL CARBAJO, P. (1999), *op. cit.*, p. 25; DESDENTADO BONETE, A. (2001), *op. cit.*, p. 492; ALEMAÑ CANO, J. (2008), *op. cit.*, p. 56; LÓPEZ BALAGUER, M. (2021), *op. cit.*, p. 152.

241 Entre otros, MONTERO AROCA, J., (1991), *op. cit.*, p. 502 y DE LA OLIVA SANTOS, J. (2004-b), *op. cit.*, p. 62 de quien tomo las expresiones entrecomilladas.

ceso, poder esperar a la solución y asumir el coste económico que el mismo va a representar[242].

Ello resulta especialmente evidente en el ámbito del proceso laboral[243]. En este sentido, no hay que olvidar la distinta posición en que se encuentran empresario y trabajador, así como que el ordenamiento laboral, desde sus orígenes, ha tratado de ser un instrumento compensador de esa desigualdad de partida. Pues bien, ese intento compensador que existe en el terreno sustantivo se traslada también al plano adjetivo, esto es, a la regulación del proceso, estando la medida plenamente justificada, pues, según se ha indicado, la propia CE exige remover todos los obstáculos existentes a la consecución de una igualdad no meramente formal sino real. Así lo ha puesto de manifiesto la jurisprudencia constitucional desde sus sentencias más tempranas[244]; y así lo ha considerado también la doctrina científica, como una derivación de la cláusula del Estado social presente en la CE[245].

52.2.– Las manifestaciones de este principio y de sus matices en el proceso laboral son muy variadas, tal y como la doctrina ha tratado de sistematizar[246]. Así, de entrada, cabe mencionar el distinto tratamiento dispensado a trabajadores y empresarios en materia de asistencia jurídica gratuita, según se aprecia en los arts. 2 y ss. de la Ley 1/1996, de 1 de enero, de Asistencia

---

242 En esta línea, MONTERO AROCA, J., (1991), *op. cit.*, pp. 504 y ss.

243 BAYÓN CHACÓN, G.; PÉREZ BOTIJA, E. (1963-b), *op. cit.*, p. 883; MAIRAL JIMÉNEZ, M. (1995), *op. cit.*, p. 60; GIL PLANA, J. (2005), *op. cit.*, p. 76; LÓPEZ HORMEÑO, M.ª C. (2021), "Principio de igualdad y tutela judicial efectiva sin indefensión en el proceso social, en especial, en el acto del juicio: puntos críticos y propuestas de reforma", *Cuadernos Digitales de Formación*, nº 38, p. 3.

244 Así, por ejemplo, la STC 3/1983, de 25 de enero.

245 CRUZ VILLALÓN, J. (1989), *op. cit.*, pp. 244 y ss.

246 MAIRAL JIMÉNEZ, M. (1995), *op. cit.*, pp. 60 y ss.; LUELMO MILLÁN, M. A.; RABANAL CARBAJO, P. (1999), *op. cit.*, pp. 27 y ss.; DESDENTADO BONETE, A. (2001), *op. cit.*, pp. 494-496; ALEMAÑ CANO, J. (2008), *op. cit.*, pp. 57-72; LÓPEZ BALAGUER, M. (2021), *op. cit.*, pp. 153-156.

Jurídica Gratuita, (en adelante, LAJG). En segundo lugar, en el régimen diferenciado brindado a empresarios y trabajadores en materia de depósitos y consignaciones (arts. 229 y 230 LRJS). En tercer lugar, las previsiones relativas a la posibilidad de condenar al empresario, no así al trabajador, al pago de los honorarios de los abogados o graduados sociales de la otra parte (art. 97.3 LRJS) también responden a esta idea. En cuarto lugar, los propios deberes de información que pesan sobre el órgano jurisdiccional, sea el Letrado de la Administración de Justicia o el juez, en aspectos tales como los defectos u omisiones en los que incurre la demanda (art. 81.1 LRJS), el ilustrar en conciliación de los derechos y obligaciones que pudieran corresponderles (art. 84.1.I LRJS) o la necesidad de indicar en la sentencia si la misma es firme o no, así como, en su caso, los recursos que procedan, el órgano ante el que deben interponerse y el plazo o requisitos para ello (art. 97.3 LRJS) admiten una lectura en dicha clave[247]. En fin, idéntico propósito subyace en otras previsiones que encontramos a lo largo del articulado de la LRJS: así, por ejemplo, la propia existencia de procesos de oficio en los arts. 148 y ss. LRJS; las limitaciones o restricciones existentes en ciertos casos para acceder a los recursos o medios de impugnación, como sucede en materia de impugnación de sanciones impuestas por el empresario al trabajador, donde sólo se permite que puedan ser recurridas —se entiende que por éste— las confirmatorias de sanciones muy graves (art. 115.3 LRJS), lo que evidencia un trato de favor hacia dicho sujeto[248]; la regulación que ofrece la norma rituaria sobre la ejecución provisional (arts. 289.1, 294.1 y 295 LRJS); etc.

---

247 MARTÍNEZ EMPERADOR, R. (1979), *op. cit.*, p. 274.

248 Esta previsión determinó el planteamiento de una cuestión de inconstitucionalidad que fue resulta en sentido negativo por la STC 125/2003, de 24 de julio, con unos razonamientos muy contestados por DESDENTADO BONETE, A. (2001), *op. cit.*, p. 493.

3. *Los principios «jurídico-técnicos» o específicos*

53.– El segundo grupo de principios del proceso al que anteriormente he aludido, bautizados por la doctrina como «jurídico-técnicos»[249], parte de la idea de que los intereses en juego de las pretensiones ejercitadas por las partes pueden ser muy diversos. Así, en función de cuáles sean esos intereses, resulta conveniente ajustar el proceso a los mismos para dar una mejor respuesta a lo que en cada caso se plantee en su seno.

3.1. La tensión entre los principios de oportunidad y de necesidad

54.– En efecto, la distinta naturaleza de los intereses en juego de las múltiples pretensiones que pueden suscitarse ante los tribunales genera una tensión entre dos principios fundamentales, el «principio de oportunidad» y el «principio de necesidad,» que funcionan como guías reguladoras de los procesos por medio de los cuales han de encontrar solución las diferentes controversias que puedan surgir, ya que la elección por una u otra opción provoca, a su vez, que prevalezcan o no una serie de principios consecuencia.

54.1.– Así, en los casos en que el objeto litigioso afecta a la esfera jurídica de los sujetos individuales o, en otras palabras, a intereses de alcance o naturaleza privada, parece sensato que la protección jurisdiccional actúe tan solo por voluntad de alguno de los sujetos implicados y que se nutra de las actuaciones que tales sujetos realicen. Esto se conoce como «principio de oportunidad», pues son los titulares de los derechos e intereses en juego quienes deciden poner en marcha la maquinaria procesal y el modo de hacerlo[250]. Las consecuencias del principio de oportunidad en su formulación pura serían el principio dispositivo —las partes inician el proceso,

---

[249] DE LA OLIVA SANTOS, V. (2004-b), *op. cit.*, p. 56.

[250] Al respecto, MONTERO AROCA, J. (1977), *op. cit.*, p. 67; DE LA OLIVA SANTOS, J. (2004-b), *op. cit.*, p. 66; GIL PLANA, J. (2005), *op. cit.*, p. 77.

fijan su objeto y pueden darlo por finalizado, siendo obligación del órgano jurisdiccional la de ser congruente con lo que se le haya planteado— y de aportación de parte —la aportación del material fáctico necesario para adoptar una decisión recae sobre las partes, a quienes corresponde formular las alegaciones y aportar las pruebas—, el impulso de parte —es decir, el proceso avanza en la medida en que las partes lo vayan solicitando expresamente y eviten que precluya— y el sistema de prueba legal —es decir, las pruebas aparecen tasadas y con un valor predeterminado legalmente—[251].

54.2.– Por otra parte, en aquellos supuestos en los que esté en juego la protección jurisdiccional de bienes jurídicos generales, comunes o públicos, la puesta en marcha de la maquinaria procesal y el modo de articularla no puede quedar en manos de decisiones individuales, sino que ha de configurarse como una decisión en manos de órganos del Estado que serán los encargados de decidir si ello resulta necesario[252]. Así surge el «principio de necesidad», cuyas consecuencias son la vigencia del principio de oficialidad —el inicio del proceso, la delimitación de su objeto o, incluso, su finalización no entra en el poder de disposición de las partes— e investigación oficial —la aportación del material fáctico no corresponde tan solo a las partes—, el impulso oficial —es decir, el proceso avanza con independencia de que las partes lo insten— y el sistema de prueba libre —los titulares del órgano jurisdiccional forman su convicción sobre lo sucedido y valoran la prueba sin sujeción a unas reglas predeterminadas más allá de las de la sana crítica[253].

---

251 MONTERO AROCA, J. (1977) y (1991), *op. cit.*, pp. 67-68 y pp. 510 y ss., respectivamente.

252 En este sentido, por ejemplo, MONTERO AROCA, J. (1977), *op. cit.*, p. 67; DE LA OLIVA SANTOS, J. (2004-b), *op. cit.*, p. 66; GIL PLANA, J. (2005), *op. cit.*, p. 77.

253 MONTERO AROCA, J. (1977) y (1991), *op. cit.*, pp. 67-68 y pp. 510 y ss., respectivamente.

55.– El proceso laboral se decanta por el principio de oportunidad y con él por sus principios consecuencia, y resulta lógico que así sea dada la prevalencia que en el terreno de las relaciones laborales tienen los intereses privados y la autonomía privada, sea individual o colectiva[254]. Ahora bien, no es menos cierto que dicho proceso conoce de ciertas manifestaciones del principio de oficialidad, algo normal si se tiene en cuenta la trascendencia social o colectiva que, en ocasiones, tienen los conflictos laborales[255], lo que ha llevado a que, en algún momento histórico, se propugnase la conveniencia de que dicho principio rigiese con carácter general en este ámbito de las relaciones humanas[256].

3.2. El principio dispositivo y sus corolarios en el proceso laboral

56.– La vigencia del principio de oportunidad en el proceso laboral conduce, adicionalmente, a que rijan también el principio dispositivo y el principio de aportación de parte, aunque con ciertos matices e, incluso, con determinadas excepciones. Por el contrario, no encuentran acogida en su regulación los principios de impulso de parte y la valoración legal de la prueba, sin que nada de ello resulte extraño, pues los principios consecuencia reseñados que derivan del principio de oportunidad rara vez aparecen en forma pura dada la existencia de numerosas «zonas grises» o «inter-

---

254 MONTERO AROCA, J. (1977), *op. cit.*, p. 72; MONTERO AROCA, J.; IGLESIAS CABERO, M.; MARÍN CORREA, J. M.ª; SAMPEDRO CORRAL, M. (1993), *op. cit.*, p. 491.

255 MARTÍNEZ EMPERADOR, R. (1979), *op. cit.*, p. 273.

256 En este sentido, según se ha referido anteriormente, FERNÁNDEZ GONZÁLEZ, V. (1942) y (1946-b), *op. cit.*, pp. 79-83 y 25-61, respectivamente; asimismo, también resultan muy interesantes las reflexiones sobre el papel a desarrollar por el Ministerio Fiscal en el proceso de trabajo que realiza CEREZO ABAD, M. (1966), "La jurisdicción laboral. Su competencia y sus órganos. El Ministerio Fiscal", *Revista de Política Social*, nº 69, pp. 61-67.

medias» entre las que se encontraría la laboral[257] en la que, como he avanzado, concurren ciertas dosis de oficialidad. En todo caso, parece conveniente detenerse en un análisis algo más detallado de este conjunto de cuestiones.

57.– De entrada, por lo que respecta al principio dispositivo, algunos autores han destacado que tiene un entronque constitucional, en concreto, en la proclamación por la norma fundamental de la libre iniciativa económica en el marco de una economía de mercado y la repercusión que ello tendría en el terreno procesal, pues implica un amplio reconocimiento de la autonomía privada de la voluntad y con ella una marcada separación entre las reglas que disciplinan el funcionamiento de la sociedad civil y las que marcan la actuación de los poderes públicos[258].

57.1.– Al margen de lo anterior, el significado del principio apunta, ante todo, al inicio del proceso de manera que éste no tenga lugar sino a iniciativa de parte, siendo dichos sujetos quienes ostentan el «monopolio» de la incoación[259]. Asimismo, en segundo lugar, también implica que corresponde a las partes la determinación del objeto litigioso por medio de las peticiones que se formulen, esto es, a través, del ejercicio de la pretensión y la correspondiente resistencia. Igualmente, en tercer lugar, del mismo modo que son las partes quienes deciden poner en marcha el proceso, queda en su poder de decisión darlo por finalizado si así lo estiman conveniente. En fin, en la medida en que son las partes quienes deciden iniciar el proceso y fijan el objeto del litigio, el órgano jurisdiccional debe limitarse a resolver aquello que se le haya planteado y no otra cosa,

---

257 MONTERO AROCA, J. (1977) y (1991), *op. cit.*, pp. 68-69 y p. 477, respectivamente; GIL PLANA, J. (2005), *op. cit.*, p. 78.

258 Así CRUZ VILLALÓN, J. (1989), *op. cit.*, p. 237.

259 La expresión en RODRÍGUEZ-PIÑERO Y BRAVO-FERRER, M. (1969), *op. cit.*, p. 28.

de manera que sea «congruente» con las peticiones formuladas[260]. La demostración de su vigencia en el proceso laboral se puede efectuar de una manera relativamente sencilla, ya que sus manifestaciones son muy numerosas[261].

Así, en primer lugar, cabe mencionar la propia regulación de la demanda, las alegaciones y las conclusiones contenida en los arts. 80, 85 y 87.4 LRJS, o de la legitimación para recurrir, pues tales preceptos evidencian que el inicio del proceso y la determinación del objeto litigioso corresponde a las partes.

Asimismo, en segundo lugar, también se aprecia en la regulación de la conciliación o en las previsiones sobre desistimiento, allanamiento, renuncia o transacción contenidas en los arts. 83.2, 84, 85.7 y 246 LRJS, ya que dejan patente el poder de disposición que tienen las partes sobre el proceso o sobre el objeto litigioso. Igualmente, la regulación de las causas de suspensión contenidas en el art. 82 LRJS viene marcada por este principio.

En fin, incluso, y de manera más criticable, las dificultades que en nuestro ordenamiento encuentra la ejecución *in natura* se han relacionado con este principio o, más exactamente, con el amplio reconocimiento de la autonomía privada y el desarrollo de una economía de mercado, lo cual conduciría a la existencia de trabas a la hora de imponer una conducta de hacer[262]. No obstante, a mi juicio, la consecución de una ejecución *in natura* no debería verse impedida

---

260 Este significado le asignan, entre otros, FERNÁNDEZ GONZÁLEZ, V. (1946-b), *op. cit.*, p. 98; RODRÍGUEZ-PIÑERO Y BRAVO-FERRER, M. (1969), *op. cit.*, pp. 31 y ss.; MONTERO AROCA, J. (1977) y (1991), pp. 67 y 512 y ss., respectivamente; DE LA OLIVA SANTOS, A. (2004-b), *op. cit.*, pp. 66-68; CRUZ VILLALÓN, J. (1989), *op. cit.*, pp. 237/238; LUELMO MILLÁN, M. A.; RABANAL CARBAJO, P. (1999), *op. cit.*, pp. 39 y ss; DESDENTADO BONETE, A. (2001), *op. cit.*, pp. 494-496; ALEMAÑ CANO, J. (2008), *op. cit.*, pp. 72 y ss.

261 En este sentido, entre otros, FERNÁNDEZ GONZÁLEZ, V. (1946-b), *op. cit.*, p. 99; CRUZ VILLALÓN, J. (1989), *op. cit.*, p. 238, a quienes sigo en la exposición siguiente.

262 CRUZ VILLALÓN, J. (1989), *op. cit.*, pp. 242 y 243.

por estas dificultades, como evidencia el tratamiento dispensado a la ejecución del despido nulo o de los representantes que optan por la readmisión contenido en los arts. 282 y ss. LRJS.

57.2.– La vigencia indubitada del principio dispositivo en el terreno laboral no impide que se puedan encontrar quiebras del mismo o fenómenos de huida a lo largo del articulado de la LRJS por medio de las cuales se procura ajustar mejor el instrumento a ciertas necesidades que suscitan los conflictos laborales, algo que se procura bien con la imposición de restricciones específicas, bien con la apuesta por el principio de oficialidad.

En el primer sentido, ya de antiguo se denunció en sede doctrinal la «perplejidad» que causaba la existencia de una cierta antinomia entre la irrenunciabilidad de los derechos laborales del trabajador y su libre disposición judicial[263]. Algunos autores han tratado de sortear el problema sobre la base de que aquélla, hoy consagrada en el art. 3.5 ET, no impide que el principio dispositivo despliegue sus efectos[264], pues, como sostuvo en su día la doctrina clásica, la irrenunciabilidad de un derecho no impone su exigencia en sede judicial[265]. El argumento es cuestionable, pues tan solo tiene en cuenta una de las manifestaciones del principio dispositivo, en concreto, el carácter rogado de la jurisdicción, pero no las restantes derivaciones, dejando sin solventar otras restricciones presentes en la norma procesal como son el control que efectúa el órgano jurisdiccional en la conciliación judicial de acuerdo con el art. 84.2 LRJS o las presentes en el art. 246 LRJS cuando prohíbe la renuncia de los

263 RODRÍGUEZ-PIÑERO Y BRAVO-FERRER, M. (1969), *op. cit.*, p. 36. La cuestión de la irrenunciabilidad de los derechos laborales puede abordarse a través de BLASCO PELLICER, A. (1995), *La individualización de las relaciones laborales*, Madrid, CES, y bibliografía por él citada.

264 MONTERO AROCA, J. (1977), *op. cit.*, p. 72; CRUZ VILLALÓN, J. (1989), *op. cit.*, p. 238; MONTERO AROCA, J.; IGLESIAS CABERO, M.; MARÍN CORREA, J. M.ª; SAMPEDRO CORRAL, M. (1993), *op. cit.*, p. 491.

265 ALONSO OLEA, M. (1962), "Derechos irrenunciables y principio de congruencia", *Anuario de Derecho Civil*, p. 322.

derechos reconocidos en sentencia[266]. En todo caso, la existencia de estas quiebras al principio dispositivo, a mi juicio, no desdicen su vigencia en el proceso laboral, ya que operan como excepciones que vienen justificadas por el carácter tuitivo del ordenamiento laboral en sus vertientes sustantiva y procesal

Por lo que respecta al segundo sentido, la LRJS parece conocer de distintas manifestaciones del principio de oficialidad en las que se afirma que el proceso se inicia de oficio. En este sentido, tradicionalmente los estudios en la materia aluden al proceso de oficio, hoy regulado en los arts. 148 y ss. LRJS, el de impugnación de convenios colectivos instado por la autoridad laboral de acuerdo con el art. 163 LRJS o el de impugnación de los estatutos sindicales o su modificación, recogido en los arts. 173 y ss. LRJS[267], a los que cabría añadir la previsión del art. 147 LRJS de conformidad con la cual la entidad gestora de las prestaciones por desempleo puede interponer demanda ante la jurisdicción social cuando aprecie la existencia de actuaciones fraudulentas en la contratación temporal dirigidas a una obtención indebida de prestaciones por desempleo. No obstante, como ha matizado acertadamente la doctrina más atenta, en realidad, estos supuestos no constituyen una manifestación del principio de oficialidad, sino que estamos ante un proceso iniciado por la administración en el que ésta defiende un interés público, pero el proceso no lo incoa el órgano jurisdiccional[268].

58.– Una vez determinado quién inicia el proceso, fija su objeto y puede ponerle fin, la correcta configuración de aquél debe preci-

---

266 MARTÍNEZ EMPERADOR, R. (1979), *op. cit.*, p. 275; DESDENTADO BONETE, A. (2001), *op. cit.*, p. 495.

267 Así lo han destacado, entre otros, MONTERO AROCA, J. (1977), *op. cit.*, p. 72; MARTÍNEZ EMPERADOR, R. (1979), *op. cit.*, p. 275; CRUZ VILLALÓN, J. (1989), *op. cit.*, pp. 240-241; MONTERO AROCA, J.; IGLESIAS CABERO, M.; MARÍN CORREA, J. M.ª; SAMPEDRO CORRAL, M. (1993), *op. cit.*, p. 492; LUELMO MILLÁN, M. A.; RABANAL CARBAJO, P. (1999), *op. cit.*, pp. 52 y ss.

268 DESDENTADO BONETE, A. (2001), *op. cit.*, p. 495.

sar también a quién le corresponde la aportación de los hechos y las pruebas que conformarán el sustrato fáctico de lo que haya de decidir el órgano jurisdiccional. Pues bien, el principio de oportunidad determina que el principio dispositivo vaya habitualmente acompañado del «principio de aportación de parte», de manera que a éstas les corresponde la tarea de introducir en el proceso los hechos y su prueba, algo que efectuarán por medio de las correspondientes alegaciones y proposiciones de prueba[269].

58.1.– La regulación contenida en la LRJS da buena muestra de la opción legislativa por configurar el proceso laboral de acuerdo con las implicaciones que se derivan de este principio. En efecto, a ello responde las previsiones contenidas en los arts. 80, 81, 85, 87 y 90 LRJS de los cuales se derivan que son las partes las que aportan la base fáctica al juzgador por medio de la demanda, las alegaciones y las conclusiones, siendo ellas también las que solicitan el recibimiento a prueba y la proposición de los concretos medios probatorios[270].

58.2.– La búsqueda de la verdad material a la que aspira el proceso laboral justifica la existencia de ciertos matices o alteraciones en el principio de aportación de parte que afectan a la prueba. En este sentido, al margen de las facultades de dirección material a las que se aludirá de inmediato (*infra* 59), cabe destacar la posibilidad de que el órgano jurisdiccional pueda requerir la intervención de un médico forense cuando lo estime necesario según el art. 93.2 LRJS o recabar los diferentes informes de expertos a los que se refiere el art. 95 LRJS, en el que junto a la previsión genérica del apartado

269 RODRÍGUEZ-PIÑERO Y BRAVO-FERRER, M. (1969), *op. cit.*, pp. 39 y ss.; MONTERO AROCA, J. (1977) y (1991), *op. cit.*, pp. 67-68 y 518, respectivamente; DE LA OLIVA SANTOS, A. (2004-b), *op. cit.*, p. 68; DESDENTADO BONETE, A. (2001), *op. cit.*, pp. 496-497; LUELMO MILLÁN, M. A.; RABANAL CARBAJO, P. (1999), *op. cit.*, pp. 39 y ss.

270 RODRÍGUEZ-PIÑERO Y BRAVO-FERRER, M. (1969), *op. cit.*, pp. 39-40; DESDENTADO BONETE, A. (2001), *op. cit.*, pp. 496-497.

primero, se menciona el de la Comisión Paritaria cuando se discute sobre la interpretación de un convenio, el de los organismos públicos competentes en materia de discriminación o el de la ITSS o de los organismos competentes en materia preventiva cuando se trate de cuestiones relacionadas con accidentes de trabajo o enfermedades profesionales. Asimismo, el amplio reconocimiento de la admisibilidad de las diligencias finales en el art. 88 LRJS, verdadera facultad del órgano jurisdiccional, se inscribe en esta línea de ruptura del principio de aportación de parte[271].

59.– A pesar de que el principio de oportunidad en su forma pura conduce a la vigencia del principio dispositivo y de aportación de parte y, con ellos, al de impulso de parte, nuestro ordenamiento procesal ha optado con carácter general desde el Decreto Ley de 2 de abril de 1924 por el impulso oficial, para evitar los inconvenientes que aquél puede tener en los justiciables[272]. Esta opción legislativa se mantiene hoy en día, pues el art. 237 LOPJ señala que, salvo que se disponga otra cosa, se dará de oficio al proceso el curso que corresponda. Así pues, una vez interpuesta la demanda y admitida a trámite, será el órgano jurisdiccional el que vaya impulsando el avance del proceso y ello tanto en fase declarativa como ejecutiva[273].

59.1.– El impulso oficial se aprecia también en ciertas facultades de dirección formal que acompañan al órgano jurisdiccional, como pueden ser el control de la competencia o de la concurrencia de

---

271 RODRÍGUEZ-PIÑERO Y BRAVO-FERRER, M. (1969), *op. cit.*, pp. 40-41; MONTERO AROCA, J. (1977), *op. cit.*, p. 72; CRUZ VILLALÓN, J. (1989), *op. cit.*, p. 241; MONTERO AROCA, J.; IGLESIAS CABERO, M.; MARÍN CORREA, J. M.ª; SAMPEDRO CORRAL, M. (1993), *op. cit.*, p. 492.

272 FERNÁNDEZ GONZÁLEZ, V. (1946-b), *op. cit.*, pp. 101-102; MONTERO AROCA, J. (1977), *op. cit.*, p. 73.

273 FERNÁNDEZ GONZÁLEZ, V. (1946-b), *op. cit.*, pp. 101; MONTERO AROCA, J. (1977), *op. cit.*, p. 73; MARTÍNEZ EMPERADOR, R. (1979), *op. cit.*, p. 277.

los requisitos y presupuestos procesales, la posibilidad de ordenar la subsanación según se aprecia en los arts. 5 y 81 LRJS, así como la regulación misma de la admisión de la demanda, de la citación de las partes, de la acumulación, de la discrecionalidad en la suspensión o de las consecuencias de la incomparecencia de las partes, donde el propio órgano ordena bien el archivo —si es el demandante—, bien la continuación —si es el demandado—[274].

59.2. Al margen de lo anterior, una vez iniciado el proceso y fijado el objeto litigioso por las partes, el órgano jurisdiccional cuenta no solo con la dirección formal del proceso, sino que su titular tiene reconocidas también amplias facultades relativas a la dirección material del mismo. Aquí se inscriben los amplios poderes con los que dispone para dirigir el juicio e intervenir en la práctica de la prueba. En este sentido, cabe mencionar la facultad de continuar con la práctica de una prueba propuesta por la parte y a la que después se haya renunciado, según se aprecia en el art. 87.2 LRJS o la relativa a intervenir en los interrogatorios de parte, de testigos o en las pruebas periciales formulando las preguntas que considere necesarias, de acuerdo con el art. 87.3 LRJS[275].

60.– En fin, el principio de oportunidad también conduce a un sistema de valoración legal de la prueba de conformidad con la cual esta tiene un valor asignado por el legislador del que el juzgador no podría apartarse. Pues bien, por lo que respecta al proceso laboral, un sector de la doctrina ha defendido que la vigencia del principio de oralidad e inmediación permitiría «un amplio juego» de la libre valoración de la prueba en su seno, especialmente, la testifical[276].

---

274 FERNÁNDEZ GONZÁLEZ, V. (1946-b), *op. cit.*, pp. 103; MONTERO AROCA, J.; IGLESIAS CABERO, M.; MARÍN CORREA, J. M.ª; SAMPEDRO CORRAL, M. (1993), *op. cit.*, p. 492.

275 RODRÍGUEZ-PIÑERO Y BRAVO-FERRER, M. (1969), *op. cit.*, pp. 47-48; MONTERO AROCA, J. (1977), *op. cit.*, p. 72; MARTÍNEZ EMPERADOR, R. (1979), *op. cit.*, p. 275.

276 RODRÍGUEZ-PIÑERO Y BRAVO-FERRER, M. (1969), *op. cit.*, p. 71.

Sin embargo, sobre la base de la supletoriedad de la LEC, la doctrina mayoritaria suele decantarse por la vigencia de un sistema mixto en el que convivirían las reglas de la sana crítica en las pruebas pericial o testificales, con las propias del sistema de valoración legal que desplegarían sus efectos respecto las pruebas documentales y el interrogatorio de parte[277]. A mi juicio, sin embargo, la supletoriedad de la LEC no conduce necesariamente a dicho resultado en este terreno. En este sentido, las previsiones de la misma apuntan hacia un sistema en el que, de modo general, prima la libre valoración de la prueba o, mejor dicho, la valoración de acuerdo con las reglas de la sana crítica (arts. 348, 376 y 384.3 LEC). Tan solo se apartaría de ello el interrogatorio de parte y la prueba documental a las cuales se asignaría un valor determinado (arts. 316, 319, 320 y 326 LEC). Con todo, el recurso a la LEC solo procede si la LRJS no proporciona una solución distinta. Pues bien, aunque de una manera tímida, la norma laboral de ritos la proporciona. Así, en el caso del interrogatorio de parte, el art. 91.2 LRJS contempla la *ficta confessio* como una mera posibilidad en manos del juez, no como una consecuencia obligada; en cuanto a la prueba documental, la existencia de un margen de apreciación en manos del juzgador hoy día subyace en el art. 97.2 LRJS al exigir que en los fundamentos de derecho se expliciten los razonamientos que le han llevado a la convicción respecto los hechos probados, especialmente, «*cuando no recoja entre los mismos las afirmaciones de hechos consignados en documentos públicos...*».

4. *Los principios del procedimiento*

61.– La sucesión de actuaciones que se realizan por los órganos jurisdiccionales o ante los mismos se ordenan y exteriorizan de una manera determinada a través de lo que conocemos como procedimiento. Este modo de exteriorización, según se ha antici-

---

277 MONTERO AROCA, J. (1977), *op. cit.*, p. 73; ALEMAÑ CANO, J. (2008), *op. cit.*, pp. 101 y ss.

pado (*supra*, 48) puede ser oral o escrito y de ello van a derivarse una serie de opciones-consecuencia que inciden en la forma de las actuaciones, lo que da lugar a otros principios que se conocen como «principios del procedimiento», pues afectan a éste y no al proceso[278]. Estos principios, en el ámbito laboral, aparecen enunciados en la actualidad en el art. 74 LRJS y son los principios de oralidad, inmediación, concentración y celeridad, los cuales son su verdadera seña de identidad o, al decir de la doctrina, diferencian o singularizan al proceso laboral del resto[279].

4.1. El principio de oralidad

62.– El principio básico es el principio de oralidad, del cual derivan todos los demás[280]. En efecto, este principio implica que la mayor parte de las actuaciones procesales se realicen oralmente, lo que no impide la existencia de algunos actos escritos[281]. Así las

---

278 Así, por ejemplo, MONTERO AROCA, J. (1977), *op. cit.*, p. 74; DESDENTADO BONETE, A. (2001), *op. cit.*, p. 490; GIL PLANA, J. (2005), *op. cit.*, p. 74, LÓPEZ BALAGUER, M. (2021), *op. cit.*, p. 146.

279 MONTERO AROCA, J.; IGLESIAS CABERO, M.; MARÍN CORREA, J. M.ª; SAMPEDRO CORRAL, M. (1993), *op. cit.*, p. 493.

280 En esta línea, por ejemplo, FERNÁNDEZ GONZÁLEZ, V. (1946-b), *op. cit.*, pp. 108 y ss.; RODRÍGUEZ-PIÑERO Y BRAVO-FERRER, M. (1969), *op. cit.*, p. 57; MONTERO AROCA, J. (1977) y (1991), *op. cit.*, pp. 75 y 537, respectivamente; LUELMO MILLÁN, M. A.; RABANAL CARBAJO, P. (1999), *op. cit.*, pp. 82 y ss.; DESDENTADO BONETE, A. (2001), *op. cit.*, p. 498; DE LA OLIVA SANTOS, A. (2004-c), "Estructura y formas básicas del proceso", en DE LA OLIVA SANTOS, I.; DÍEZ-PICAZO GIMÉNEZ, I.; VEGAS TORRES, J., *Derecho Procesal. Introducción*, Madrid, Editorial Universitaria Ramón Areces, pp. 81 y ss.; PICÓ I JUNOY, J. (2008), "El principio de oralidad en el proceso civil español", en CARPI, F.; ORTELLS RAMOS, M. (Eds.), *Oralidad y escritura en un proceso civil eficiente, Vol. I. Ponencias generales e informes nacionales*, Valencia, Universitat de València, pp. 361 y ss.; LÓPEZ BALAGUER, M. (2021), *op. cit.*, p. 160.

281 El significado del principio puede reconstruirse a través de CHIOVENDA, G. (1923), *op. cit.*, pp. 680 y ss.; CARNELUTTI, F. (1926), *Lezioni di Diritto Processuale Civile. Volume terzo. La funzione del processo di cognizione. Parte seconda*, ristampa, Padua, La Litotipo Casa Editrice, pp. 185 y ss.; RODRÍGUEZ-

cosas, no es de extrañar que la oralidad vaya ligada de manera «insoslayable» a la inmediación del juez o tribunal respecto las alegaciones y la prueba, siendo su «corolario»[282]. Igualmente, en segundo lugar, la vigencia de los principios anteriores no casa bien con el orden espaciado y sucesivo de las actuaciones, sino que, antes bien, exige una concentración de las mismas, pues, de lo contrario, la percepción que se ha tenido correría el riesgo de perderse[283]. En fin, la oralidad confiere una mayor rapidez al procedimiento coadyuvando, por tanto, a la consecución de otro de los principios propios del proceso laboral como es la celeridad[284].

62.1.– Al margen de lo anterior, no cabe duda de que la oralidad simplifica el procedimiento, facilitando, con ello, que los ciudada-

---

PIÑERO Y BRAVO-FERRER, M. (1969), *op. cit.*, pp. 55 y ss.; MONTERO AROCA, J. (1977), *op. cit.*, p. 75; SÁNCHEZ PEGO, F. J. (1990), *op. cit.*, p. 562; MONTERO AROCA, J.; IGLESIAS CABERO, M.; MARÍN CORREA, J. M.ª; SAMPEDRO CORRAL, M. (1993), *op. cit.*, p. 495; LUELMO MILLÁN, M. A.; RABANAL CARBAJO, P. (1999), *op. cit.*, pp. 69 y ss.; VALLE MUÑOZ, F. A. (1999), "Los principios rectores del proceso laboral: manifestaciones de la LPL y tratamiento jurisprudencial", *Aranzadi Social*, tomo V, 508; DESDENTADO BONETE, A. (2001), *op. cit.*, p. 497; GIL PLANA, J. (2005), *op. cit.*, p. 84; ALEMAÑ CANO, J. (2008), *op. cit.*, p. 117; MARTÍN DIZ, F. (2008), "Oralidad y eficiencia del proceso civil: Ayer, hoy y mañana", en CARPI, F.; ORTELLS RAMOS, M. (Eds.), *Oralidad y escritura en un proceso civil eficiente, Vol. II. Comunicaciones*, Valencia, Universitat de València, pp. 26 y ss.; STORME, M. (2008), "Más voz y menos letra: en defensa de la oralidad en los procesos judiciales", en CARPI, F.; ORTELLS RAMOS, M. (Eds.), *Oralidad y escritura en un proceso civil eficiente, Vol. I. Ponencias generales e informes nacionales*, Valencia, Universitat de València, pp. 49 y ss.; LÓPEZ BALAGUER, M. (2021), *op. cit.*, p. 160.

282 Las expresiones entrecomilladas en DE LA OLIVA SANTOS, A. (2004-c), *op. cit.*, p. 82 y CARNELUTTI, F. (1926), *op. cit.*, p. 193, respectivamente; esta última también en FERNÁNDEZ GONZÁLEZ, V. (1946-b), *op. cit.*, p. 110.

283 En este sentido, CHIOVENDA, G. (1923), *op. cit.*, p. 684; CARNELUTTI, F. (1926), *op. cit.*, pp. 193-194; TARUFFO, M. (2008), "Oralidad y escritura como factores de eficiencia en el proceso civil", en CARPI, F.; ORTELLS RAMOS, M. (Eds.), *Oralidad y escritura en un proceso civil eficiente, Vol. I. Ponencias generales e informes nacionales*, Valencia, Universitat de València, p. 215.

284 CHIOVENDA, G. (1923), *op. cit.*, p. 677.

nos puedan acceder a la justicia, y favorece la búsqueda de la verdad material por parte del titular del órgano jurisdiccional[285]. Por ello, no resulta extraño que el art. 120 CE haya apostado claramente por ella, exigiendo que el procedimiento sea *«predominante oral, sobre todo en materia criminal»*[286], algo que recoge el 229 LOPJ en unos términos muy similares con carácter general para todos los órdenes jurisdiccionales y encuentra su reflejo en el art. 74 LRJS para el orden social.

62.2.– Por lo que respecta a sus manifestaciones más evidentes[287], la más clara es, sin duda alguna, la existencia de un juicio oral que regulan los arts. 85 y ss. LRJS, donde todas las alegaciones, pruebas y conclusiones se efectúan oralmente, así como la posibilidad de dictar sentencia oral a la que alude el art. 50 LRJS. Asimismo, en esta línea se inscriben las previsiones del art. 49 LRJS sobre la posibilidad de dictar resoluciones orales durante la celebración del juicio, las del art. 51 LRJS sobre la admisibilidad de los

---

285 Así, entre otros, FERNÁNDEZ GONZÁLEZ, V. (1946-b), *op. cit.*, p. 108; BAYÓN CHACÇON, G.; PÉREZ BOTIJA, E. (1963-b), *op. cit.*, pp. 887-888; RODRÍGUEZ-PIÑERO Y BRAVO-FERRER, M. (1969), *op. cit.*, p. 54; MARTÍNEZ EMPERADOR, R. (1979), *op. cit.*, p. 278; LUELMO MILLÁN, M. A.; RABANAL CARBAJO, P. (1999), *op. cit.*, p. 70; GIL PLANA, J. (2005), *op. cit.*, p. 85.

286 Las implicaciones del art. 120 CE en MARTÍNEZ EMPERADOR, R. (1979), *op. cit.*, p. 278. Asimismo, la referencia al art. 120 CE en LUELMO MILLÁN, M. A.; RABANAL CARBAJO, P. (1999), *op. cit.*, pp. 70; VALLE MUÑOZ, F. A. (1999), *op. cit.*, pp. 508; DESDENTADO BONETE, A. (2001), *op. cit.*, p. 497.

287 Las manifestaciones pueden reconstruirse por medio de SÁNCHEZ PEGO, F. J. (1990), *op. cit.*, pp. 563 y ss.; MONTERO AROCA, J.; IGLESIAS CABERO, M.; MARÍN CORREA, J. M.ª; SAMPEDRO CORRAL, M. (1993), *op. cit.*, p. 495; LUELMO MILLÁN, M. A.; RABANAL CARBAJO, P. (1999), *op. cit.*, pp. 71 y ss.; VALLE MUÑOZ, F. A. (1999), *op. cit.*, pp. 509 y ss.; GARCÍA BECEDAS, G. (2001), "Los principios informadores del proceso laboral", en ALONSO OLEA, M. *et altri*, *El proceso laboral. Estudios en homenaje al profesor Luis Enrique de la Villa Gil*, Valladolid, Lex Nova, pp. 205 y ss.; GIL PLANA, J. (2005), *op. cit.*, pp. 85-86; ALEMAÑ CANO, J. (2008), *op. cit.*, pp. 121 y ss.; LÓPEZ BALAGUER, M. (2021), *op. cit.*, pp. 161 y ss.

autos orales al término de la comparecencia celebrada en cualquier incidente suscitado durante el proceso o la prohibición de presentar escritos de preguntas y repreguntas contenida en el art. 92 LRJS. En contraposición, y como excepción, la demanda tiene un carácter escrito, según se deriva del art. 80 LRJS, lo cual no cuestiona la vigencia de la oralidad, ya que, según se ha indicado (*supra*, 62), el principio no exige el carácter oral de todos los actos sino tan solo su predominio; es más, como recuerda habitualmente la doctrina procesal, el principio rara vez se presenta en forma pura[288].

63.– Una cuestión muy debatida al hilo de la vigencia del principio de oralidad ha sido la relativa a la presentación por las partes de las conocidas como *instructa*, así como la posibilidad y conveniencia de establecer la obligatoriedad de una contestación escrita a la demanda.

63.1.– La práctica de presentar el día de la vista una suerte de contestación escrita a la demanda no es algo novedoso, habiéndose ya declarado como viciosa por el Tribunal Supremo desde antiguo, según relata la doctrina clásica, pues resulta contraria al principio de oralidad[289]. En este sentido, a pesar de reconocer el ahorro de tiempo a la labor «amanuense», se ha criticado este proceder por lo que supone en términos de desnaturalización del procedimiento[290]. A mi juicio, su valoración exige diferenciar en función del contenido de lo aportado. Así, por ejemplo, no encuentro mayores dificultades en permitir que se aporte un esquema de lo alegado por cualquiera de las partes o copias de las sentencias que se invoquen, pues puede facilitar la labor judicial. Por el contrario, a pesar de

---

288 Entre otros, CHIOVENDA, G. (1923), *op. cit.*, p. 679; STORME, M. (2008), *op. cit.*, p. 49; TARUFFO, M. (2008), *op. cit.*, p. 218; PICÓ I JUNOY, J. (2008), *op. cit.*, p. 361.

289 FERNÁNDEZ GONZÁLEZ, V. (1946-b), *op. cit.*, p. 110.

290 Así, FERNÁNDEZ GONZÁLEZ, V. (1946-b), *op. cit.*, p. 110, a quien pertenece la expresión entrecomillada, o LUELMO MILLÁN, M. A.; RABANAL CARBAJO, P. (1999), *op. cit.*, pp. 78 y ss.

su conveniencia, no considero admisible articular las alegaciones de ninguna de las partes por medio de la *instructa*, la cual no podrá contener nada que no se haya expuesto oralmente en la vista[291], ni, por supuesto, tendrá valor de documento a los efectos de un eventual recurso. Por lo demás, el ahorro de tiempo al simplificar las tareas amanuenses desaparece a partir del momento en que se introduce la grabación de las vistas y la grabación tiene el valor del acta del juicio.

63.2.– No obstante, si nos separamos del terreno de la *lege data* y nos introducimos en el de la *lege ferenda*, suscribo la opinión de quienes han defendido la conveniencia de introducir una contestación escrita de la demanda, pues, a mi juicio, permite ganar en términos de justicia y seguridad jurídica[292]. La propuesta ha sido rechazada por algunos autores que, si bien comparten la concurrencia de los aspectos positivos reseñados, cuestionan su admisibilidad por lo que supone de quiebra de la oralidad y la inmediación[293]. Aun así, considero que su introducción por vía normativa sería conveniente, pues los beneficios son superiores a las contrapartidas que genera, ya que el escrito ofrece los cimientos sobre los que se desarrollará el debate oral[294] (*infra*, 171). En este sentido, no hay que olvidar que «los clásicos» asignaron un doble papel a la escritura en el proceso oral: por un lado, la documentación de la causa; pero, por otro lado, también su preparación, por medio de la demanda y su contestación[295]. Y es que, como se ha destacado en líneas anteriores, la oralidad implica un predominio de las formas orales sobre las escritas y ese predominio seguiría estando presente en la

---

291 LUELMO MILLÁN, M. A.; RABANAL CARBAJO, P. (1999), *op. cit.*, pp.78 y ss.

292 En este sentido, entre otros, GARCÍA BECEDAS, G. (2001), *op. cit.*, p. 207; AGUILERA IZQUIERDO, R. (2004), *op. cit.*, p. 262; ALEMAÑ CANO, J. (2008), *op. cit.*, pp. 123 y 124.

293 Así, por ejemplo, SÁNCHEZ PEGO, F. J. (1990), *op. cit.*, p. 563.

294 STORME, M. (2008), *op. cit.*, p. 49.

295 Por todos, CHIOVENDA, G. (1923), *op. cit.*, pp. 682-683.

celebración de la vista. Por lo demás, la LRJS ya ha abierto brechas en esta línea. En este sentido, piénsese en el contenido del art. 87.6 LRJS cuando habilita al juez a que permita la presentación de conclusiones complementarias por escrito en aquellos casos en los que el volumen de la prueba documental o pericial así lo aconseje.

4.2. El principio de inmediación

64.– Un segundo principio del procedimiento laboral es el de inmediación, que determina la necesidad de que el juzgador esté presente de manera directa, sin elementos interpuestos, en las actuaciones procesales, de manera especial, en las alegaciones y pruebas[296]. Así pues, a diferencia de la oralidad de la cual aparece como «corolario»[297], no se refiere tanto a la forma de exteriorizarse las actuaciones procesales indicadas, sino ante quien tienen lugar[298].

65.– Una de las manifestaciones más evidentes de este principio es la relativa a que la persona que pronuncia la sentencia debe ser

---

296 En este sentido, entre otros, CHIOVENDA, G. (1923), *op. cit.*, pp. 684 y 720 y ss.; CARNELUTTI, F. (1926), *op. cit.*, pp. 180 y ss.; FERNÁNDEZ GONZÁLEZ, V. (1946-b), *op. cit.*, p. 110; RODRÍGUEZ-PIÑERO Y BRAVO-FERRER, M. (1969), *op. cit.*, p. 58; SÁNCHEZ PEGO, F. J. (1990), *op. cit.*, p. 564; MONTERO AROCA, J. (1991), *op. cit.*, p. 538; MONTERO AROCA, J.; IGLESIAS CABERO, M.; MARÍN CORREA, J. M.ª; SAMPEDRO CORRAL, M. (1993), *op. cit.*, p. 495; LUELMO MILLÁN, M. A.; RABANAL CARBAJO, P. (1999), *op. cit.*, p. 101; VALLE MUÑOZ, F. A. (1999), *op. cit.*, p. 504; DESDENTADO BONETE, A. (2001), *op. cit.*, p. 498; DE LA OLIVA SANTOS, A. (2004-c), *op. cit.*, p. 83; GIL PLANA, J. (2005), *op. cit.*, p. 86; ALEMAÑ CANO, J. (2008), *op. cit.*, pp. 127-128; CABEZUDO RODRÍGUEZ, N. (2008), "Aproximación a la teoría general sobre el principio de inmediación procesal. De la comprensión de su trascendencia a la expansión del concepto", en CARPI, F.; ORTELLS RAMOS, M. (Eds.), *Oralidad y escritura en un proceso civil eficiente, Vol. II. Comunicaciones*, Valencia, Universitat de València, pp. 317 y ss.

297 FERNÁNDEZ GONZÁLEZ, V. (1946-b), *op. cit.*, p. 110, si bien algunos autores lo perciben a la inversa, esto es, la oralidad como una consecuencia de la inmediación. En esta línea, *vid.*, CARNELUTTI, F. (1926), *op. cit.*, p. 186.

298 Así se manifiesta RODRÍGUEZ-PIÑERO Y BRAVO-FERRER, M. (1969), *op. cit.*, p. 58; en la misma línea, LÓPEZ BALAGUER, M. (2021), *op. cit.*, p. 167.

la misma persona física o grupo de personas que ha recogido los elementos de convicción aportados al proceso[299], algo que ha estado presente en nuestra normativa histórica en las distintas leyes de procedimiento y que se mantiene hoy en día en la LRJS vigente, en concreto, en el art. 98 LRJS, de conformidad con el cual, si el juez que presidió el acto del juicio no pudiese dictar sentencia, deberá celebrarse éste de nuevo; en el caso de las salas, la repetición tendrá lugar cuando se vea afectada la mayoría; y en ambos casos, incluso en relación con una eventual aclaración o complemento de sentencia y, por supuesto, a salvo las excepciones derivadas de los arts. 194 y 200 LEC. Asimismo, en segundo lugar, esta exigencia explica el límite temporal impuesto por el art. 34 LRJS para llevar a cabo la acumulación de procesos[300]. Igualmente, en tercer lugar, la inmediación justifica que en las cédulas de citación se indique a las partes que deben comparecer al acto de conciliación y juicio con todos los medios de prueba de que quieran valerse[301]. En fin, también justifica que en sede de recursos la revisión fáctica tenga unos perímetros tan limitados como los trazados en los arts. 193 y 207 LRJS para la suplicación y la casación respectivamente[302].

66.– La relevancia y trascendencia otorgada a la inmediación no impide que se puedan detectar ciertas líneas de ruptura o, mejor dicho, algunas excepciones matizadas del principio, ciertamente

---

299 Al respecto, *vid.* FERNÁNDEZ GONZÁLEZ, V. (1946-b), *op. cit.*, pp. 110-111; MONTERO AROCA, J. (1977) y (1991), *op. cit.*, pp. 75 y 539, respectivamente; MONTERO AROCA, J.; IGLESIAS CABERO, M.; MARÍN CORREA, J. M.ª; SAMPEDRO CORRAL, M. (1993), *op. cit.*, p. 495; LUELMO MILLÁN, M. A.; RABANAL CARBAJO, P. (1999), *op. cit.*, p. 100; VALLE MUÑOZ, F. A. (1999), *op. cit.*, p. 504; DESDENTADO BONETE, A. (2001), *op. cit.*, p. 498; DE LA OLIVA SANTOS, A. (2004-c), *op. cit.*, p. 83; GIL PLANA, J. (2005), *op. cit.*, p. 86.

300 En esta línea parece pronunciarse ALEMAÑ CANO, J. (2008), *op. cit.*, pp. 134-135.

301 FERNÁNDEZ GONZÁLEZ, V. (1946-b), *op. cit.*, p. 111.

302 DESDENTADO BONETE, A. (2001), *op. cit.*, p. 498; GIL PLANA, J. (2005), *op. cit.*, p. 86.

escasas. En efecto, una vez desaparecida la posibilidad de delegar en el «juez municipal» la celebración de los actos de conciliación y juicio en los asuntos de cuantías inferiores, reservándose el juzgador la decisión del pleito, algo que se permitió hasta la Ley de 1990[303], hoy tan sólo quedan como ejemplos los supuestos en los que se debe recurrir al auxilio judicial, tanto interno como internacional, para la práctica de la prueba[304], donde el recurso a las videoconferencias se presenta como un método idóneo para preservar el principio de inmediación según se tendrá la oportunidad de comprobar más adelante (*infra*, 221 y ss.). Por el contrario, no creo que el principio se ponga en entredicho ni con las diligencias preliminares de los arts. 76 y 77 LRJS, ni con la práctica anticipada de la prueba prevista en el art. 78 LRJS: en el primer caso, porque la finalidad de las mismas es preparar mejor la demanda por la parte actora o la defensa por el demandado, pero no proporcionan unos elementos de juicio al juzgador, ni inciden directamente en el proceso de convicción; en el segundo, porque el ordenamiento cuenta con mecanismos para garantizar que el conocimiento de la causa recaiga en quien ha sido competente para la práctica de la prueba anticipada.

4.3. El principio de concentración

67.– El tercer principio que menciona el art. 74 LRJS es el principio de concentración a través del cual se aspira a que las distintas actuaciones procesales estén lo más agrupadas posibles, a poder ser, que tengan lugar en una sola sesión o en un número limitado de

---

303 En este sentido, pueden consultarse las aportaciones de FERNÁNDEZ GONZÁLEZ, V. (1946-b), *op. cit.*, p. 111; RODRÍGUEZ-PIÑERO Y BRAVO-FERRER, M. (1969), *op. cit.*, p. 59; VALLE MUÑOZ, F. A. (1999), *op. cit.*, p. 506, con referencias a las distintas leyes de procedimiento que hemos tenido, donde la previsión tan solo se modifica en lo atinente a la cuantía.

304 FERNÁNDEZ GONZÁLEZ, V. (1946-b), *op. cit.*, p. 111; ALEMAÑ CANO, J. (2008), *op. cit.*, pp. 136 y ss.

audiencias[305], lo cual va a incidir en la rapidez del procedimiento[306], pero también en su sencillez y en facilitar un conocimiento más exacto del asunto objeto del litigio[307]. Y es que la naturaleza de los intereses en juego, así como la incidencia de la oralidad y la inmediación, exige la mayor concurrencia temporal posible de los actos en el tiempo, a pesar de que ello pueda limitar el debate procesal[308].

68.– Entre las manifestaciones más evidentes de este principio se puede mencionar la propia regulación del juicio oral, donde los arts. 85 y 87 LRJS procuran que la celebración de todas las actuaciones necesarias —alegaciones, prueba y conclusiones— tengan lugar en unidad de acto. Ahora bien, siendo importante, no es esta la única manifestación. Así, en segundo lugar, cabe mencionar la admisión restringida de la posibilidad de suspender el juicio según deriva del art. 83.3 LRJS. En fin, igualmente, también se relaciona con la concentración la posibilidad abierta por el art. 86 LRJS de resolver casi todas las cuestiones previas, incidentales y prejudiciales en la sentencia final, sin necesidad de abrir un procedimiento

---

305 En estos términos o parecidos se pronuncian, entre otros, CHIOVENDA, G. (1923), *op. cit.*, p. 684; CARNELUTTI, F. (1926), *op. cit.*, pp. 193 y ss.; FERNÁNDEZ GONZÁLEZ, V. (1946-b), *op. cit.*, p. 113; MONTERO AROCA, J. (1977) y (1991), *op. cit.*, pp. 76 y 540, respectivamente; SÁNCHEZ PEGO, F. J. (1990), *op. cit.*, p. 564; MONTERO AROCA, J.; IGLESIAS CABERO, M.; MARÍN CORREA, J. M.ª; SAMPEDRO CORRAL, M. (1993), *op. cit.*, p. 496; LUELMO MILLÁN, M. A.; RABANAL CARBAJO, P. (1999), *op. cit.*, p. 85; VALLE MUÑOZ, F. A. (1999), *op. cit.*, p. 512; DESDENTADO BONETE, A. (2001), *op. cit.*, p. 498; GARCÍA BECEDAS, G. (2001), *op. cit.*, p. 208; GIL PLANA, J. (2005), *op. cit.*, p. 87; ALEMAÑ CANO, J. (2008), *op. cit.*, p. 139; LÓPEZ BALAGUER, M. (2021), *op. cit.*, p. 170.

306 Entre otros, FERNÁNDEZ GONZÁLEZ, V. (1946-b), *op. cit.*, p. 113; en la misma línea, VALLE MUÑOZ, F. A. (1999), *op. cit.*, p. 513.

307 RODRÍGUEZ-PIÑERO Y BRAVO-FERRER, M. (1969), *op. cit.*, p. 62; VALLE MUÑOZ, F. A. (1999), *op. cit.*, p. 512.

308 RODRÍGUEZ-PIÑERO Y BRAVO-FERRER, M. (1969), *op. cit.*, p. 62.

independiente y sin que su planteamiento determine la suspensión del proceso[309].

69.– En todo caso, al igual que sucede con la oralidad, la concentración también presenta excepciones o, mejor dicho, existen determinadas previsiones que no responden a dicho principio. Así sucede, por lo pronto, cuando se susciten los incidentes de abstención o recusación recogidos en el art. 15 LRJS[310]. Al margen de lo anterior, la doctrina científica suele destacar la regulación de la anticipación de la prueba a la que alude el art. 78 LRJS, la suspensión «excepcional» por existencia de una prejudicialidad penal basada en falsedad documental de documento absolutamente decisivo en los términos de los arts. 4 y 86 LRJS, la posibilidad restringida para suspender el proceso cuando haya que practicar pruebas fuera de la sede del órgano jurisdiccional de acuerdo con el art. 88 LRJS o la admisibilidad de las diligencias finales previstas también en el art. 88 LRJS[311]. Con todo, nótese que se trata de supuestos, todos ellos, con un marcado carácter excepcional que no eliminan la vigencia del principio general de concentración en el proceso.

4.4. El principio de celeridad

70.– El último de los principios mencionados por el art. 74 LRJS es el principio de celeridad el cual persigue que el conflicto

---

309 Así, entre otros, lo recogen RODRÍGUEZ-PIÑERO Y BRAVO-FERRER, M. (1969), *op. cit.*, pp. 63-64; MONTERO AROCA, J. (1977), *op. cit.*, p. 76; SÁNCHEZ PEGO, F. J. (1990), *op. cit.*, pp. 565 y ss; MONTERO AROCA, J.; IGLESIAS CABERO, M.; MARÍN CORREA, J. M.ª; SAMPEDRO CORRAL, M. (1993), *op. cit.*, p. 496; LUELMO MILLÁN, M. A.; RABANAL CARBAJO, P. (1999), *op. cit.*, pp. 86 y ss.; VALLE MUÑOZ, F. A. (1999), *op. cit.*, pp. 513 y ss.; GIL PLANA, J. (2005), *op. cit.*, pp. 87 y ss.

310 ALEMAÑ CANO, J. (2008), *op. cit.*, p. 148.

311 RODRÍGUEZ-PIÑERO Y BRAVO-FERRER, M. (1969), *op. cit.*, pp. 64-65; LUELMO MILLÁN, M. A.; RABANAL CARBAJO, P. (1999), *op. cit.*, pp. 90 y ss; GARCÍA BECEDAS, G. (2001), *op. cit.*, p. 208; GIL PLANA, J. (2005), *op. cit.*, p. 87; LÓPEZ BALAGUER, M. (2021), *op. cit.*, p. 172.

se resuelva rápidamente. A partir de tal significado, resulta evidente el entronque constitucional de la celeridad con el art. 24 CE, en su vertiente de derecho a obtener una resolución sin dilaciones indebidas, a pesar de que no se mencione expresamente por el mismo[312]. Esta solución célere de los conflictos constituye una necesidad especialmente importante en el caso de los litigios laborales hasta el punto que ha llegado a señalarse que resulta «esencial para el prestigio» de la jurisdicción social[313]. En este sentido, como ya se indicó más arriba (*supra* 7.1), no puede olvidarse la relevancia de estos pleitos no sólo por el número de personas afectadas, sino también por el tipo de materias implicadas[314], ya que afectan a los propios medios de vida y subsistencia del trabajador y su familia, todo lo cual requiere de una respuesta rápida[315].

70.1.– Por lo que respecta a las manifestaciones de la celeridad, éstas son muy variadas, tal y como ha recogido la doctrina científica[316]. Así, de entrada, cabe indicar el establecimiento de unos plazos breves para realizar las actuaciones procesales que, en general, tienen un carácter perentorio e improrrogable, según indica el art. 43.3 LRJS. Igualmente, se puede mencionar en este sentido la habilitación del mes de agosto —y en la actualidad el período que me-

[312] Así, entre otros, MARTÍNEZ EMPERADOR, R. (1979), *op. cit.*, p. 279; LUELMO MILLÁN, M. A.; RABANAL CARBAJO, P. (1999), *op. cit.*, p. 95; VALLE MUÑOZ, F. A. (1999), *op. cit.*, p. 516; DESDENTADO BONETE, A. (2001), *op. cit.*, p. 498; LÓPEZ BALAGUER, M. (2021), *op. cit.*, p. 173.

[313] MUÑOZ Y NÚÑEZ DE PRADO, J. (1966), *op. cit.*, p. 167.

[314] MUÑOZ Y NÚÑEZ DE PRADO, J. (1966), *op. cit.*, p. 167.

[315] Así lo destacan, por ejemplo, FERNÁNDEZ GONZÁLEZ, V. (1942), *op. cit.*, p. 80; BAYÓN CHACÓN, G.; PÉREZ BOTIJA, E. (1963-b), *op. cit.*, p. 887; HERNAINZ MÁRQUEZ, M. (1964), *op. cit.*, p. 19; MARTÍNEZ EMPERADOR, R. (1979), *op. cit.*, p. 275; GIL PLANA, J. (2005), *op. cit.*, p. 91.

[316] Al respecto, *vid.* BAYÓN CHACÓN, G.; PÉREZ BOTIJA, E. (1963-b), *op. cit.*, p 886; SÁNCHEZ PEGO, F. J. (1990), *op. cit.*, p. 566; MONTERO AROCA, J.; IGLESIAS CABERO, M.; MARÍN CORREA, J. M.ª; SAMPEDRO CORRAL, M. (1993), *op. cit.*, pp. 498-499; LUELMO MILLÁN, M. A.; RABANAL CARBAJO, P. (1999), *op. cit.*, pp. 99-100; VALLE MUÑOZ, F. A. (1999), *op. cit.*, pp. 517 y ss.; LÓPEZ BALAGUER, M. (2021), *op. cit.*, pp. 173 y ss.

dia entre el veinticuatro de diciembre y el seis de enero inclusive— para ciertas modalidades procesales. Asimismo, en tercer lugar, la configuración de algunas modalidades procesales como preferentes y/o urgentes —no siempre de manera coherente—, como sucede con las de tutela de los derechos fundamentales, la de conflicto colectivo o la de impugnación colectiva de los despidos colectivos, según los arts. 179, 159 y 124.8 LRJS, respectivamente. En fin, la suspensión limitada de los juicios prevista por el art. 83 LRJS o, incluso, la posible restricción en el número de testigos según el art. 92 LRJS admiten una lectura en esta clave.

70.2.– La celeridad no solo tiene un significado que alumbra las normas del procedimiento y exige de unos medios suficientes para hacerla posible[317], sino que también está configurada como un derecho[318]. Por ello, su contravención puede fundamentar la reclamación de una indemnización al Estado por funcionamiento anormal de la justicia en los términos del art. 121 CE[319]. En esta línea, existen numerosas sentencias del Tribunal Europeo de Derechos Humanos en las que se ha condenado a diversos países por la tardanza en la dispensación de justicia. En tales supuestos, a la hora de valorar los incumplimientos se toma en consideración además del tiempo transcurrido, la complejidad del asunto, la conducta procesal de las partes y el número de instancias recorridas[320].

---

317 Así, MONTERO AROCA, J.; IGLESIAS CABERO, M.; MARÍN CORREA, J. M.ª; SAMPEDRO CORRAL, M. (1993), *op. cit.*, p. 499. La necesidad de unos efectivos y unos medios suficientes también en SÁNCHEZ PEGO, F. J. (1990), *op. cit.*, p. 566 o VALLE MUÑOZ, F. A. (1999), *op. cit.*, p. 516.

318 En este sentido, MONTERO AROCA, J.; IGLESIAS CABERO, M.; MARÍN CORREA, J. M.ª; SAMPEDRO CORRAL, M. (1993), *op. cit.*, p. 1993 499; en esta línea, LUELMO MILLÁN, M. A.; RABANAL CARBAJO, P. (1999), *op. cit.*, p. 96 y VALLE MUÑOZ, F. A. (1999), *op. cit.*, p. 517.

319 DESDENTADO BONETE, A. (2001), *op. cit.*, p. 499.

320 Al respecto, *vid.* DELGADO DEL RINCÓN, L. E. (2018), "EL TEDH y las condenas a España por la vulneración del derecho a ser juzgado en un plazo razonable: las dificultades para alcanzar una duración óptima de los procesos judiciales", *Teoría y realidad constitucional*, nº 42, pp. 572 y ss.

5. *La (limitada) gratuidad del proceso laboral*

71.– En todo caso, tal y como destaca la doctrina, la sencillez y rapidez no lo son todo, pues otro de los grandes escollos de acceso a la justicia, con carácter general, es la onerosidad[321]. En este sentido, según se indicó más arriba (*supra*, 7.1 y 8.2), entre las aspiraciones laborales básicas del movimiento obrero se encontraba la de poder contar a su disposición con un mecanismo rápido, pero además accesible, que facilitase la tramitación de las eventuales reclamaciones que los trabajadores pudiesen entablar contra la empresa y así poder hacer efectivos sus derechos. La consecución del primer objetivo se puede lograr por diferentes vías, entre ellas, por medio de los principios inspiradores del procedimiento laboral antes referidos, singularmente los de concentración y celeridad, aunque también la oralidad coadyuva a ello. En cuanto a la accesibilidad del procedimiento, no cabe duda que una de las medidas más importantes que facilita alcanzarla consiste en establecer la gratuidad o «economicidad» del procedimiento a seguir[322]. Tal objetivo se puede alcanzar por diferentes caminos, singularmente, suprimiendo gastos y con la declaración de gratuidad, algo que hoy en día tiene un anclaje constitucional: por un lado, el art. 119 CE establece que la justicia será gratuita en los casos en que lo disponga la ley y, en todo caso, respecto quienes acrediten insuficiencia de recursos[323]; por otro lado, también parece clara su conexión con el art. 24 CE[324].

71.1.– Pues bien, como regla general, el proceso laboral es de carácter gratuito en el sentido de que las actuaciones judiciales no corren de cuenta de los litigantes, con las excepciones, en la actua-

---

321 MONTERO AROCA, J. (1977), *op. cit.*, p. 77.

322 La expresión en BAYÓN CHACÓN, G.; PÉREZ BOTIJA, E. (1963-b), *op. cit.*, p. 888.

323 MARTÍNEZ EMPERADOR, R. (1979), *op. cit.*, p. 277; LUELMO MILLÁN, M. A.; RABANAL CARBAJO, P. (1999), *op. cit.*, p. 105; LÓPEZ BALAGUER, M. (2021), *op. cit.*, p. 177.

324 LUELMO MILLÁN, M. A.; RABANAL CARBAJO, P. (1999), *op. cit.*, p. 105.

lidad, de los trámites ejecutivos y la eventual condena por temeridad y/o en costas, que puede caber tanto en instancia como en fase de recurso. A pesar de que la gratuidad del procedimiento es un aderezo histórico del proceso laboral, sus perfiles han ido mejorando desde sus orígenes hasta nuestros días. Así, por ejemplo, la Ley de Tribunales Industriales de 1912 extendió la gratuidad a la ejecución de la sentencia respecto la regulación de 1908, lo que resultó contraproducente, pues conducía a que el patrono condenado no cumpliese voluntariamente con aquélla y forzase que se instara la ejecución, alargando el proceso todo lo posible con el objetivo de alcanzar una transacción ventajosa[325]. Esta disfuncionalidad se corrigió en el Código del Trabajo de 1926 y, desde entonces, la limitación de la gratuidad al proceso declarativo se ha mantenido hasta nuestros días[326]. Asimismo, en esta tendencia al perfeccionamiento del sistema, es de destacar lo que supuso que el Estado asumiese las indemnizaciones a abonar a los testigos cuyo abono, originariamente, correspondía a quien los hubiese propuesto, lo que determinaba que el trabajador habitualmente, no pudiese hacer uso de esta prueba al no poder sufragar su coste.

71.2.– No obstante, cada parte debe afrontar los gastos que eventualmente genere, de manera particular, los relacionados con el apartado de asistencia técnica, esto es, el recurso a letrado o a graduado social colegiado. Por ello, la utilización de sus servicios es potestativa e, incluso, en algún momento histórico ha estado vetada. En todo caso, a fin de evitar que ello suponga un obstáculo en el acceso a la tutela judicial efectiva de trabajadores o beneficiarios de la Seguridad Social y en aras de la consecución de la igualdad real, la normativa aplicable extiende en el terreno del proceso laboral el llamado beneficio de justicia gratuita del cual gozan de manera

325 MONTERO AROCA, J. (1973), *op. cit.*, p. 109.

326 HINOJOSA FERRER, J. (1933), *op. cit.*, p. 97; BAYÓN CHACÓN, G.; PÉREZ BOTIJA, E. (1963-b), *op. cit.*, p. 888; MONTERO AROCA, J. (1973), *op. cit.*, pp. 109 y 136; MARTÍNEZ EMPERADOR, R. (1979), *op. cit.*, p. 273.

automática los trabajadores, así como los empresarios que acrediten la insuficiencia de recursos[327]. Un beneficio que también ha ido mejorando en sus perfiles. En este sentido, por ejemplo, en sus albores no incluía la prueba pericial, algo muy criticado por los autores[328] y que, en la actualidad, la LAJG sí que integra. No obstante, todavía queda camino por recorrer, en especial, por lo que respecta a la asistencia jurídica gratuita, pues el régimen vigente sigue generando desigualdades[329].

5.1. La asistencia jurídica gratuita: la LAJG de 1996

72.– La previsión contenida en el art. 119 CE, así como su reflejo en el art. 20 LOPJ, encuentra su desarrollo en la LAJG de 1996, donde se dota de contenido al derecho de asistencia gratuita. Los aspectos más relevantes de esta norma giran en torno a tres aspectos fundamentales: los beneficiarios, la tramitación de la solicitud y el contenido del derecho.

73.– Por lo que respecta a los beneficiarios, de entrada, cabe destacar que algunos sujetos lo tienen reconocido directamente, mientras que otros pueden obtenerlo si acreditan que sus rentas no alcanzan un determinado umbral[330].

73.1.– En el primer sentido, tienen reconocido el derecho de asistencia jurídica gratuita de forma directa, es decir, sin necesidad de acreditar insuficiencia de recursos, los sujetos siguientes.

327 HINOJOSA FERRER, J. (1933), *op. cit.*, p. 98; BAYÓN CHACÓN, G.; PÉREZ BOTIJA, E. (1963-b), *op. cit.*, p. 888; DEL PESO Y CALVO, C. (1966), *op. cit.*, p. 207.

328 HINOJOSA FERRER, J. (1933), *op. cit.*, p. 99; MONTERO AROCA, J. (1973), *op. cit.*, p. 136.

329 MONTERO AROCA, J. (1973), *op. cit.*, p. 136.

330 Al respecto, *vid.* LÓPEZ BALAGUER, M. (2021), *op, cit.*, pp. 178-181; GOERLICH PESET, J. M.ª; NORES TORRES, L. E.; ESTEVE SEGARRA, A. (2022), *Curso de Derecho Procesal Laboral*, 2ª edición, Valencia, Tirant lo Blanch, pp. 109-110.

En primer lugar, según el art. 2.d) LAJG, los trabajadores y los beneficiarios de la Seguridad Social cuando litiguen en el orden social; asimismo, también se les reconoce cuando litiguen sobre esta materia en el orden contencioso, no así si se trata de funcionarios públicos. En segundo lugar, de acuerdo con el art. 2.b) LAJG, las Entidades Gestoras de la Seguridad Social, incluido el Servicio Público de Empleo Estatal. En tercer lugar, el art. 21.5 LRJS extiende el beneficio a los funcionarios —en este caso sí— y al personal estatutario cuando actúen ante el orden social como empleados. En cuarto lugar, de acuerdo con el art. 20.4 LRJS, también se le reconoce a los sindicatos cuando actúen en defensa de los intereses colectivos de los trabajadores. En fin, por lo demás, nótese que los organismos públicos que no tienen la consideración de entidades gestoras carecen del beneficio de justicia gratuita. No obstante, tales sujetos cuentan con una exención a la hora de efectuar depósitos y consignaciones según se aprecia en el art. 229.4 LRJS.

73.2.– En el segundo sentido, otros sujetos que intervienen en el proceso laboral no tienen reconocido de manera directa el derecho de asistencia jurídica gratuita, pero pueden obtenerlo. Ahora bien, para ello, deben acreditar que sus rentas no alcanzan un determinado umbral. Así, en el caso de las personas físicas, la frontera se fija entre el doble y el triple del indicador público de rentas de efectos múltiples, teniendo en cuenta las circunstancias personales y familiares y los ingresos del conjunto de la unidad familiar, según dispone el art. 3 LAJG). Ese límite, de acuerdo con el art. 5 LAJG, puede alcanzar incluso el quíntuplo del referido indicador en función de determinadas circunstancias especiales. Por otra parte, también determinadas personas jurídicas podrían acceder al mismo —en concreto, las asociaciones de utilidad pública y fundaciones inscritas en el registro correspondiente—, cuando careciendo de patrimonio suficiente el resultado contable de la entidad en cómputo anual fuese inferior a la cantidad equivalente al triple del indicador público de renta de efectos múltiples. A ello se refiere el art. 3.5 LAJG.

74.– El efectivo disfrute del derecho requiere que se inste el correspondiente reconocimiento mediante la oportuna solicitud que seguirá el procedimiento o tramitación que regula la propia LAJG[331].

74.1.– De entrada, la solicitud, que debe reunir los requisitos del art. 13 LAJG, ha de realizarse antes de formular la demanda —o de contestarla—. En este sentido, no se admiten solicitudes posteriores, salvo en caso de que quepa acreditar dificultades económicas sobrevenidas o se solicite, por ser preceptiva o por interés de la justicia, la designación de un abogado de oficio, supuesto este último en que el órgano judicial de oficio o a instancia de parte, puede suspender el curso del proceso.

74.2.– Esa solicitud, de conformidad con el art. 12 LAJG, debe presentarse ante el Colegio de Abogados correspondiente al territorio donde deba tramitarse el pleito principal o en el Juzgado del domicilio del solicitante que daría traslado al primero. A partir de la presentación, en su caso, el art. 16.2 LAJG señala que se produce la suspensión de los plazos de caducidad y la interrupción de los de prescripción. Por su parte, el art. 21.4 LRJS reitera, en relación con la solicitud de designación de abogado de oficio, que la petición suspende automáticamente el plazo de caducidad o interrumpe el de prescripción cuando quien la presente sea un trabajador o beneficiario de la Seguridad Social, reanudándose los plazos cuando se notifique a los interesados la designación.

74.3.– En fin, según el art. 9 LAJG, el reconocimiento se efectúa por las llamadas Comisiones de Asistencia Jurídica Gratuita, cuya composición y funcionamiento regulan los arts. 10 y 11 LAJG.

---

331 En este punto, sigo lo expuesto en GOERLICH PESET, J. M.ª; NORES TORRES, L. E.; ESTEVE SEGARRA, A. (2022), *op. cit.*, p. 110.

75.– Por lo que respecta al contenido de la asistencia jurídica gratuita, ésta comprende distintas prestaciones, debiendo concretar el solicitante en su petición cuáles pretende, según previene el art. 12 LAJG[332]. En este sentido, de conformidad con lo establecido en el art. 6 LAJG, el beneficio podría incluir, entre otros, cualquiera de los contenidos siguientes. En primer lugar, la defensa y representación gratuitas por abogado y procurador en el procedimiento judicial, cuando la intervención de estos profesionales sea legalmente preceptiva o cuando, no siéndolo, su intervención sea expresamente requerida por el juzgado o tribunal para garantizar la igualdad de las partes. En segundo lugar, la inserción gratuita de anuncios o edictos, en el curso del proceso, que preceptivamente deban publicarse en periódicos oficiales. En tercer lugar, la exención del pago de tasas judiciales, así como de efectuar los depósitos y consignaciones necesarios para la interposición de recursos. En cuarto lugar, la asistencia pericial gratuita en el proceso a cargo del personal técnico adscrito a los órganos jurisdiccionales, o, en su defecto, a cargo de funcionarios, organismos o servicios técnicos dependientes de las Administraciones públicas. Por lo demás, la imposición de costas a la parte vencida en los recursos de suplicación y casación encuentra como excepción, entre otros, a los beneficiarios de la justicia gratuita, según establece el art. 235 LRJS.

5.2. Las tasas

76.– La Ley 10/2012, de 20 de noviembre, introdujo el pago de determinadas tasas judiciales por el ejercicio de la potestad jurisdiccional en los distintos órdenes jurisdiccionales. Así, en el caso del orden social, se fijó una cuantía de 500 euros para los recursos de suplicación y de 750 euros para los de casación, a la

332 LÓPEZ BALAGUER, M. (2021), *op. cit.*, pp. 181-184; en todo caso, en la exposición sigo lo expuesto en GOERLICH PESET, J. M.ª; NORES TORRES, L. E.; ESTEVE SEGARRA, A. (2022), *op. cit.*, pp. 110 y 111.

que se añadía una tasa variable del 0'5% de la cuantía reclamada, en el caso de reclamaciones de hasta un millón de euros, y del 0'25%, para las de cuantía superior a dicha cantidad, hasta un tope máximo de diez mil euros. No obstante, esta ley fue objeto de una gran contestación en el ámbito social y judicial[333] y su aplicación, por lo menos en el orden social, resultó a la postre muy restringida, por mor de ciertas resoluciones dictadas por el TS y por el TC.

76.1.– En cuanto al primero, el acuerdo no jurisdiccional del Pleno de la Sala de lo Social de 5 de junio de 2013 dispuso que dichas tasas no eran exigibles a los trabajadores y beneficiarios de la Seguridad Social, personal estatutario y funcionarios y organizaciones sindicales, así como tampoco se aplicaban a ninguna de las partes en los procesos sobre tutela de derechos fundamentales. La Ley 25/2015, de 28 de julio, incorporó esta interpretación declarando la exención de las personas físicas del pago de tasas en el proceso social.

76.2.– Posteriormente, el Tribunal Constitucional en su sentencia 140/2016, de 21 de julio, declararía inconstitucionales, por desproporcionadas, las mencionadas tasas en los órdenes contencioso-administrativo y social, así como algunas correspondientes a procesos en el orden civil. Así pues, el resultado de todo ello es que dichas tasas ya no estarían vigentes en el orden social.

---

[333] Al respecto, *vid.* MORENO PÉREZ, J. M.ª (2013), "Las tasas judiciales en el ámbito social y su reinterpretación a la luz de la Ley de Asistencia Jurídica Gratuita: las distorsiones de la aplicación práctica de la Ley de Tasas", *Temas Laborales*, nº 119, pp. 235 y ss.

IV. A MODO DE EPÍLOGO: LA PERVIVENCIA FUTURA DEL ORDEN SOCIAL Y DEL PROCESO LABORAL

77.– La existencia de un orden jurisdiccional y de un proceso específico para resolver los eventuales conflictos que puedan surgir en el terreno de las relaciones laborales se vincula históricamente a la inadecuación de la justicia ordinaria, tanto sus órganos como sus procedimientos, para resolverlos al resultar lenta, compleja y costosa. A lo largo de este capítulo, he tratado de poner de relieve la lenta construcción de ese organigrama especializado que es el orden social de la jurisdicción, así como los principios que inspiran el proceso y que procuran dotar al trabajador de un cauce rápido, sencillo y económico.

77.1.– Pues bien, en realidad, tales aspiraciones son un lugar común en la consecución de un ideal de justicia, perseguible más allá del terreno estrictamente laboral y predicable de cualquier ámbito de las relaciones jurídicas, tal y como puso de relieve la doctrina más clásica hace ya unos cuantos años[334], por lo que cabría cuestionarse si en el futuro asistiremos a una absorción del orden social y del proceso laboral por los órganos y procedimientos comunes u ordinarios. Algunos autores ya se manifestaron en su día por la conveniencia de ello y apostaron por el retorno al «tronco común» y la unificación, eso sí, una vez se superasen las causas que determinaron la aparición de la «justicia especializada»[335].

77.2.– Asimismo, el hecho de que el proceso laboral introdujera en su momento «savia nueva» en los estudios y soluciones «comunes»[336] hasta que, finalmente, se produjera la reforma de las mismas en el año 2000, con la aprobación de la nueva LEC, en

---

334 GUASP DELGADO, J. (1949), *op. cit.*, pp. 158-159.

335 BAYÓN CHACÓN, G.; PÉREZ BOTIJA, E. (1963-b), *op. cit.*, p. 850; GONZÁLEZ ENCABO, J. (1966), *op. cit.*, p. 89.

336 FERNÁNDEZ GONZÁLEZ, V. (1945), *op. cit.*, pp. 157 y 163.

un sentido que aproxima el proceso civil al social, haciéndolo más rápido y sencillo[337], reaviva el debate sobre la eventual pervivencia futura de éste.

78.– A mi juicio, en el fondo, la discusión corre en paralelo a la que se suscita en el terreno del derecho sustantivo sobre una hipotética absorción del Derecho del Trabajo por el Derecho Civil propugnada desde distintos sectores, no solo doctrinales, de una manera más o menos interesada[338]. Y, al igual que sucede en el caso del derecho sustantivo, donde no parece previsible ni oportuna su desaparición, la misma conclusión se puede alcanzar respecto el proceso laboral: no creo que la pervivencia futura tanto de unos órganos especializados como de un procedimiento diferenciado pueda ser cuestionada.

78.1.– En este sentido, la vinculación de la jurisdicción social y del proceso laboral a la inadecuación de la justicia ordinaria es una idea que debería estar actualmente superada[339]. Y es que, como ya destacó en su momento la doctrina, la función de la justicia del trabajo se separa ideológicamente de la función de la justicia ordinaria, pues se incardina en unos criterios y principios que responden a un «planteamiento evidentemente socializado», que exige de una especialidad orgánica y una especialidad en la estructura procedi-

---

337 Al respecto, *vid.* AGUILERA IZQUIERDO, R. (2004), *op. cit.*, pp. 51 y ss., quien aborda en profundidad este proceso de convergencia.

338 Una síntesis de las diferentes posturas existentes sobre el particular y su crítica pueden reconstruirse por medio de DURÁN LÓPEZ, F. (1996), "El futuro del Derecho del Trabajo", *Revista Española de Derecho del Trabajo*, nº 78, pp. 606 y ss.; ORTIZ LALLANA, Mª. C. (1999), "La supervivencia del Derecho del Trabajo", *Actualidad Laboral*, *42*, pp. 816 y ss.; MONEREO PÉREZ, J. L. (2001), "Evolución y futuro del Derecho del Trabajo: el proceso de racionalización jurídica de la «cuestión social»", *Relaciones Laborales-II*, pp. 237 y ss.; RODRÍGUEZ-PIÑERO Y BRAVO-FERRER, M. (2002), "La nueva dimensión del Derecho del Trabajo", *Relaciones Laborales*, nº 7, p. 2.

339 CRUZ VILLALÓN, J. (1989), *op. cit.*, p. 244; VALDÉS DAL-RÉ, F. (2000), *op. cit.*, p. 117; GIL PLANA, J. (2005), *op. cit.*, p. 99.

mental[340], ya que las normas procesales no son unas reglas técnicas de carácter neutro, sino que responden a unos planteamientos de fines y valores que influyen en el rol que deben desempeñar el órgano y las partes en el seno de proceso[341]. Y esos planteamientos siguen estando vigentes hoy en día, pues el orden social y el proceso laboral «giran ideológicamente» alrededor del principio tutitivo del contratante débil, el cual encuentra un nítido acomodo en la cláusula social presente en la CE, según ha sostenido doctrina muy solvente[342].

78.2.– Por tales razones, considero que mientras existan relaciones laborales, deberá seguir existiendo un orden jurisdiccional especializado en la materia y un cauce procedimental igualmente diferenciado, ya que la naturaleza de los conflictos a resolver, la singularidad de los protagonistas de las relaciones laborales, así como la diversidad de normas que deben ser aplicadas y de los principios en los que se inspiran exigen de una respuesta diferenciada en manos de unos órganos especializados. Ello no quita a que el modelo haya sufrido un cierto «envejecimiento» y esté necesitado de una intervención[343], pues las líneas procedimentales, en lo sustancial, son las mismas que las delineadas en el año 1908. Con todo, al igual que se ha afirmado respecto el derecho sustantivo, el futuro del Derecho Procesal del Trabajo «no está en su destrucción, sino en su reconstrucción»[344]. Al análisis de ese proceso de reconstrucción se destina la siguiente parte de este trabajo.

---

340 RODRÍGUEZ-PIÑERO Y BRAVO-FERRER, M. (1969), *op. cit.*, p. 76.

341 RODRÍGUEZ-PIÑERO Y BRAVO-FERRER, M. (1969), *op. cit.*, p 80; en esta línea, también, MARTÍNEZ EMPERADOR, R. (1979), *op. cit.*, pp. 272-273.

342 CRUZ VILLALÓN, J. (1989), *op. cit.*, p. 244; VALDÉS DAL-RÉ, F. (2000), *op. cit.*, p. 117; AGUILERA IZQUIERDO, R. (2004), IOP. CIT.I, PP. 258-259; GIL PLANA, J. (2005), *op. cit.*, pp. 99-100.

343 RODRÍGUEZ-PIÑERO Y BRAVO-FERRER, M. (2001), *op. cit.*, p. 140.

344 ORTIZ LALLANA, M.ª C. (1999), *op. cit.*, p. 816.

PARTE SEGUNDA

ALGUNOS RETOS DE FUTURO Y LÍNEAS DE REFORMA EN EL DERECHO PROCESAL LABORAL

«Ante los ojos, mientras, el futuro se me adelgaza delicadamente, más difícil, más frágil, más escaso» Jorge Guillén (1893-1984).

GUILLÉN ÁLVAREZ, J. (1957), "Del Transcurso", en *Clamor. Maremágnum*, Buenos Aires, Editorial Sudamericana.

I. PLANTEAMIENTO

79.– En realidad, esa reconstrucción a la que acabo de aludir no es un fenómeno nuevo, pues se trata de una cuestión que se ha planteado en esta disciplina de manera constante a lo largo de su corta historia. Y es que, al igual que el Derecho del Trabajo es un derecho en permanente cambio y evolución, «con un ritmo dinámico más acentuado que el de otras ramas jurídicas»[345], la historia del Derecho Procesal Laboral también está jalonada de múltiples giros y reformas, tanto en lo relativo a sus órganos, como en la vertiente estrictamente procedimental. En efecto, según he recordado anteriormente (*supra*, 47), la doctrina científica ha resaltado el dato de que los primeros aparecieron, entre nosotros, como «el resultado de un lento y continuado acarreo de hechos y de ideas de muy variada índole»[346], mientras que la historia del procedimiento constitu-

---

345 GIUGNI, G. (1987), "Derecho del Trabajo (voz para una enciclopedia)", *Temas Laborales*, nº 13, p. 51.

346 VALDÉS DAL-RÉ, F. (2000), *op. cit.*, p. 104.

ye «la crónica de una permanente e interminable reforma»[347], por mucho que sus piezas esenciales hayan sido enormemente fieles a la estructura diseñada en 1912[348].

79.1.– Tal vez pudiera pensarse que esa estabilidad de un procedimiento que, en su día, debió resultar revolucionario en contraste con los procesos civiles, seguramente, sea la causa de su «envejecimiento»[349] y uno de los motores que impulsan su reforma para adaptarlo a las necesidades que impone el siglo XXI a efectos de «volver a subirse al tren de la modernidad»[350]. No obstante, a mi juicio, las razones del cambio no se encuentran solamente ahí, ya que las reformas se aprecian también en los restantes órdenes jurisdiccionales, a juzgar por los diferentes proyectos de reforma que estaban en marcha antes de la disolución de las cámaras en mayo de 2023.

79.2.– El parcial abandono de las iniciativas apuntadas no debe impedir reflexionar sobre los retos de futuro y las eventuales líneas de reforma que deberá afrontar la disciplina en los años venideros, algunas de los cuales se apuntan en los proyectos reformistas que estaban en marcha y están presentes en la reforma aprobada por el RDL 6/2023, si bien existen otras adicionales en las que considero conveniente detenerse.

---

347 MONTOYA MELGAR, A. (2012), *op. cit.*, p. 31.

348 Así, MONTERO AROCA, J. (1973), *op. cit.*, pp. 108 y 122. La idea de «continuidad» puede verse también en RODRÍGUEZ-PIÑERO Y BRAVO-FERRER, M. (2011), *op. cit.*, p. 135, SÁNCHEZ PEGO, F. J. (1990), *op. cit.*, p. 561 o GIL PLANA, J. (2005), *op. cit.*, p. 74. Por su parte, la evolución normativa puede efectuarse por medio de BAYÓN CHACÓN, G.; PÉREZ BOTIJA, E. (1963-b), *op. cit.*, pp. 866 y 880-881, MONTERO AROCA, J. (1977), *op. cit.*, p. 20 o AGUILERA IZQUIERDO, R. (2004), *op. cit.*, pp. 44-46.

349 RODRÍGUEZ-PIÑERO Y BRAVO-FERRER, M. (2001), *op. cit.*, p. 140; en esta línea vid., TASCÓN LÓPEZ, R. (2023), *Hacia la eficiencia procesal en el orden social de la jurisdicción*, Cizur Menor, Aranzadi, pp. 33 y 56.

350 MOLINA NAVARRETE, C. (2023), "¿«Nueva modernidad» para una jurisdicción estancada?: retos en los entornos de una «sociedad digital del trabajo» y justicia «multinivel»", *Revista de Trabajo y Seguridad Social. CEF*, nº 474, p. 9.

1. Las reformas que se avecinaban... y las que han llegado

80.– Por lo que respecta a las primeras, el proceso reformista ya se anunció en los inicios de la crisis sanitaria derivada de la COVID-19 y la legislación de urgencia. En este sentido, la DA 19ª del RDL 11/2020, de 31 de marzo, por el que se adoptan medidas urgentes complementarias en el ámbito social y económico para hacer frente al COVID-19, preveía que el Gobierno aprobase un plan para agilizar la actividad judicial.

80.1.– La Comisión Permanente del Consejo General del Poder Judicial (en adelante, CGPJ), en su reunión de 2 de abril de 2020, acordó, por su parte, el documento denominado «*Directrices para la elaboración de un plan de choque en la Administración de Justicia tras el estado de alarma*»[351], un plan que estaría inspirado en los principios de eficacia, especificidad y globalidad, y cuya elaboración debían efectuar de una manera coordinada con otras instancias tanto internas como externas al poder judicial: entre las primeras, estaban los grupos de trabajo en el seno del CGPJ, así como en los Tribunales Superiores de Justicia; entre las segundas, se aludía al Ministerio, a los órganos de las Comunidades Autónomas que tengan competencias transferidas en la materia, así como al conjunto de operadores jurídicos. Unos días más tarde, el primero de los cinco bloques de dicho plan[352], relativo a las medidas organizativas y procesales, vio

351 Consejo General del Poder Judicial (2020), El CGPJ inicia la elaboración de un plan de choque de cara a la reanudación de la actividad judicial tras el levantamiento del estado de alarma, recuperado de http://www.poderjudicial.es/cgpj/es/Poder-Judicial/En-Portada/-El-CGPJ-inicia-la-elaboracion-de-un-plan-de-choque-de-cara-a-la-reanudacion-de-la-actividad-judicial-tras-el-levantamiento-del-estado-de-alarma, consulta efectuada el 4 de abril de 2020.

352 Consejo General del Poder Judicial (2020), El CGPJ reúne un centenar de medidas en un documento base preparatorio del plan de choque para evitar el colapso de la Justicia tras el fin del estado de alarma, recuperado de http://www.poderjudicial.es/cgpj/es/Poder-Judicial/Sala-de-Prensa/Notas-de-prensa/El-CGPJ-reune-un-centenar-de-medidas-en-un-documento-base-preparatorio-del-plan-de-choque-para-evitar-el-colapso-de-la-Justicia-tras-el-fin-del-estado-de-alarma, consulta realizada el 12 de abril de 2020.

la luz, procediéndose a recabar la opinión de los diferentes decanatos y colegios profesionales implicados a efectos de que formulasen sus consideraciones al respecto, siendo algunas de las propuestas formuladas bastante contestadas según se aprecia en la prensa publicada en las fechas aledañas a la aparición del plan. En fin, esa «primera entrega» incluía un conjunto de medidas que podríamos calificar como de corte «general», pues estaban dirigidas a todos los órdenes jurisdiccionales, así como otras diversificadas por jurisdicciones; y, en ambos casos, tanto de carácter estrictamente «organizativo», con un claro objetivo de racionalizar los recursos existentes, como de índole «normativo», esto es, encaminadas a propiciar una reforma, de manera particular, en el terreno procesal. Por lo demás, incluía un conjunto de propuestas no solo de carácter temporal, vinculadas a la situación de crisis sanitaria existente en el momento, sino también otras muchas con unos visos de permanencia que afrontaban aspectos independientes de los efectos de la pandemia[353].

80.2.– Pues bien, en este contexto someramente descrito, el Gobierno aprobó un primer bloque de medidas calificables como «procesales», recogidas en el RDL 16/2020, de 28 de abril, sobre medidas procesales y organizativas para hacer frente al COVID-19 en el ámbito de la Administración de Justicia, que se articulaban sobre tres grandes cuestiones: de entrada, facilitar una salida ágil a la acumulación de trabajo derivado de la suspensión de actividades decretado durante la pandemia; por otra parte, proporcionar soluciones al inevitable incremento de la litigiosidad; por último, adoptar medidas tendentes a garantizar la salud de los personas en

353 Un acercamiento sistematizado a su contenido en NORES TORRES, L. E. (2020, 16 de abril), "Las reformas procesales que se avecinan: algunas notas para el debate del futuro plan de choque en la Administración de Justicia", en *El Foro de Labos* [blog], recuperado de https://forodelabos.blogspot.com/2020/04/las-reformas-procesales-que-se-avecinan.html, consulta realizada el 12 de agosto de 2023; asimismo, TASCÓN LÓPEZ, R. (2023), *op. cit.*, pp. 68 y ss.

el ámbito de la administración de justicia. Con posterioridad, se promulgó la Ley 3/2020, de 18 de septiembre de 2020, de título idéntico y con un contenido similar[354].

81.– La senda reformista derivada de la pandemia no iba a acabar ahí. Así, en el marco del Plan de Recuperación, Transformación y Resiliencia (en adelante, PRTR) y el instrumento de la Unión Europa *Next Generation EU*, presentado a la Comisión el 30 de abril de 2021, se adoptó el Plan Justicia 2030 en cuyo seno se desarrollaron tres proyectos de ley, todos vinculados al hito CID 152, medida C11 R2 (reforma para el impulso del Estado de Derecho y eficiencia del servicio público de justicia), como eran el de eficiencia organizativa, el de eficiencia procesal y el de eficiencia digital[355]. Los tres proyectos presentaban una gran relevancia, tanto general, como en el terreno específico del proceso laboral[356].

81.1.– El primero de los proyectos mencionado era el de eficiencia organizativa del servicio público de Justicia, por el que se modi-

---

354 Al hilo de ambos tuve la ocasión de ordenar sus contenidos y publicar mis impresiones. Así, en relación con el primero, en NORES TORRES, L. E. (2020), "Pandemia y reformas procesales: la incidencia del COVID-19 en el proceso laboral, *Quaderns de Ciències Socials*, nº 44, pp. 18 y ss.; en cuanto al segundo, NORES TORRES, L. E. (2021-a), "La justicia laboral ante la COVID-19: reformas procesales en tiempos de pandemia", *Revista de Dereito do Trabalho e Seguridade Social*, nº 218, pp. 179 y ss.

355 La contextualización en NUEZ RIVERA, S. (2021), "Reformas legislativas e incidencia en las leyes orgánicas y en las leyes procesales sociales. Propuestas de reforma", *Cuadernos Digitales de Formación*, nº 38, pp. 2 y ss./20; GARCÍA MURCIA, J. (2023), "Las leyes de eficiencia del servicio público de justicia: visión general y posible incidencia en la jurisdicción social", *Revista de Trabajo y Seguridad Social. CEF*, nº 474, p. 63.

356 Un acercamiento global a su contenido puede efectuarse por medio de GARCÍA MURCIA, J. (2023), *op. cit.*, pp. 55 y ss.; MOYA AMADOR, R. (2023), "El proyecto de ley de eficiencia procesal y las reformas previstas en el proceso laboral", *Trabajo y Derecho*, nº 102, 30 pp.; SALINAS MOLINA, F. (2023), "Una visión general de los desafíos de la jurisdicción social: propuestas de reforma legislativa a partir de una experiencia práctica crítica", *Revista de Trabajo y Seguridad Social. CEF*, nº 474, pp. 27-28.

ficaba la LOPJ y se instauraban los Tribunales de Instancia, así como las Oficinas de Justicia en los municipios[357]. Los Tribunales de Instancia se configuraban como órganos colegiados desde un punto de vista organizativo y su existencia se preveía en cada partido judicial, bien con una sección única -civil e instrucción- bien con estas secciones separadas. Asimismo, la nueva redacción sugerida del art. 84 LOPJ permitía que se pudieran crear otras secciones especializadas, (familia, mercantil, violencia sobre la mujer, enjuiciamiento penal, menores, vigilancia penitenciaria, contencioso-administrativo y social), si bien la lectura del art. 94 LOPJ en la propuesta apuntaba hacia que la instauración de la sección social era forzosa, al menos una en la capital de provincia. Al margen de la repercusión organizativa y una hipotética mejora en la eficiencia, no me parece que la modificación alterase sustancialmente la existencia y configuración del orden social[358]. De entrada, por lo que respecta a su existencia, el orden social sobrevivía a la reforma, ya que, junto a estas indicadas secciones «laborales», seguían existiendo salas de lo social en los TSJ, AN y TS, según se apreciaba en el articulado de la LOPJ. Por otro lado, ni siquiera esas secciones suponen una modificación revolucionaria en el *statu quo*, más allá de su integración en un Tribunal, un poco al modo del sistema italiano, donde en la instancia conoce una sección laboral del Tribunal ordinario, actuando un magistrado en función «monocrática» (*supra*, 11.1). Así pues, no comparto la idea de que se pudiese hablar en puridad de un tránsito desde una justicia unipersonal en la instancia hacia otra colegiada[359], si bien el texto normativo no era muy claro en este extremo.

---

357 BOCG 22 de abril de 2022.

358 Un análisis más detallado en de GARCÍA MURCIA, J. (2023), *op. cit.*, pp. 67 y ss.

359 Esta alteración parece estar en GARCÍA MURCIA, J. (2023), *op. cit.*, p. 67; MOLINA NAVARRETE, C. (2023), *op. cit.*, pp. 7-8, sobre la base de lo que se indica expresamente en la Exposición de Motivos.

81.2.– El segundo de los proyectos en marcha era el de eficiencia procesal[360], el cual presentaba tres ejes de actuación fundamentales[361]. Por un lado, de entrada, estaría el impulso a los procedimientos extrajudiciales de solución de conflictos, rebautizados en algún momento como medios adecuados o alternativos de solución de controversias. Por otro, cabe mencionar la agilización de los procedimientos judiciales, mediante una pluralidad de reformas en los distintos textos procesales, entre ellos, la LRSJ, en cuyo seno, de manera especial, destacaba la introducción del procedimiento testigo y el régimen de la extensión de efectos, la modificación del instituto de la acumulación y del proceso monitorio, así como la separación temporal entre la conciliación intraprocesal y el acto de juicio[362]. Por último, el relacionado con la transformación digital, con el objetivo de evitar desplazamientos innecesarios a las sedes judiciales, lo que permitiría una tramitación más ágil, y adaptarse a la legislación europea, en especial, en lo relativo a los sistemas de

---

360 BOCG 22 de abril de 2022.

361 Al respecto, DE LAMO RUBIO, J. (2021), "La conciliación intraprocesal social en el Anteproyecto de Ley de Eficiencia Procesal", *Diario La Ley*, nº 9767, 15 pp. 2-3/15; ESCOURIDO PÉREZ-SINDÍN, J. M. (2021), "El Anteproyecto de Ley de Medidas de Eficiencia Procesal del Servicio Público de Justicia: reforma de la Ley de Enjuiciamiento Civil y su impacto en la Ley Reguladora de la Jurisdicción Social", *Cuadernos Digitales de Formación*, nº 38, pp. 1 y ss./15; LAFUENTE SEVILLA, R. (2021), "El papel del letrado de la Administración de Justicia en el proceso social: puntos críticos y propuestas de reforma", *Cuadernos Digitales de Formación*, nº 38, 2 y ss./13; GARCIA MURCIA, J. (2023), *op. cit.*, pp. 68 y ss.; MOYA AMADOR, R. (2023), *op. cit.*, pp. 3 y ss./30. Asimismo, resulta de gran interés el trabajo de MARTÍNEZ MOYA, J. (2021), "La posición del Consejo General del Poder Judicial ante las reformas normativas que afectan al orden jurisdiccional social", *Cuadernos Digitales de Formación*, nº 38, 71 pp., por cuanto, como indica su título, recoge la posición del CGPJ en la reforma.

362 Al respecto, *vid.* ESCOURIDO PÉREZ-SINDÍN, J. M. (2021), *op. cit.*, pp. 5 y ss.; LAFUENTE SEVILLA, R. (2021), *op. cit.*, pp. 3-4; MARTÍNEZ MOYA, J. (2021), *op. cit.*, pp. 5 y ss.; GARCIA MURCIA, J. (2023), *op. cit.*, pp. 76 y ss.; MOYA AMADOR, R. (2023), *op. cit.*, pp. 5 y ss.; TASCÓN LÓPEZ, R. (2023), *op. cit.*, pp. 73 y ss.

identificación y autentificación, generalizando el posible recurso a las videoconferencias.

81.3.– Finalmente, hay que aludir al proyecto de ley de eficiencia digital[363] que, al margen de ciertas modificaciones en la LRJS, presentaba como objetivo adaptar la realidad judicial española del siglo XXI al marco tecnológico contemporáneo, favoreciendo una relación digital entre los ciudadanos y los órganos jurisdiccionales y aprovechando las ventajas de la tecnología para fortalecer el Estado social y democrático de Derecho mediante la disposición de las medidas orientadas a la transparencia, eficiencia y la rendición de cuentas de los poderes públicos.

81.4.- Sin embargo, la disolución de las Cortes en mayo de 2023 y la convocatoria anticipada de elecciones dejaron estos proyectos sin culminar y abrieron un período de incertidumbre al respecto. La constitución del nuevo gobierno y la reanudación de la actividad normativa han traído consigo la aprobación del ya mencionado RDL 6/2023, de 19 de diciembre, que, otros contenidos aparte, destina su libro primero a regular las «Medidas de Eficiencia Digital y Procesal del Servicio Público de Justicia» y supone una suerte de «fusión» de los proyectos de ley de Eficiencia Procesal y de Eficiencia Digital que antes he mencionado, si bien aspectos muy notables de los mismos se han quedado por el camino, especialmente, en el caso de los presentes en el primero de los proyectos indicados. Así ha sucedido, claramente con todo lo relacionado con el impulso a los «medios adecuados para la solución de controversias» (MASC), pero también con modificaciones sustanciales en el terreno de la ejecución civil, aplicable supletoriamente en la social; o, por ejemplo, ya en el terreno estrictamente laboral, las propuestas relacionadas con la ruptura parcial de la audiencia única y la separación de la conciliación procesal de la vista. Otros contenidos, como la reforma de la casación, ya vieron la luz con la reforma operada

---

363 BOCG 12 de septiembre de 2022.

por el RDL 5/2023, de 28 de junio. En este sentido, recuérdese la modificación del art. 225 LRJS y la incorporación de un nuevo art. 225 bis LRJS. En fin, por lo demás, cuestiones tan relevantes relacionadas con la agilización y descongestión de la justicia, como la reforma de la acumulación, la del proceso monitorio, la introducción del pleito testigo, la extensión de efectos de sentencias firmes o el impulso a la digitalización de la administración de justicia, han visto ahora la luz.

2. *Algunos retos de futuro y líneas de reforma*

82.– En todo caso, con independencia de los avatares que han tenido los proyectos referenciados, sus contenidos nos ponen sobre la pista de cuáles son algunos de los puntos clave que penden sobre la disciplina. Al margen de los que se explicitan y de los que se intuyen, existen otros que también exigen de una atención inmediata, con independencia de que se encuentren o no en el centro del debate normativo o doctrinal. Tales aspectos, en los que quiero detenerme en esta parte, son los siguientes.

82.1.– De entrada, resulta evidente la relevancia cada vez mayor que están adquiriendo la movilidad laboral internacional y las relaciones laborales transnacionales, así como la problemática específica que suscitan los conflictos que en este específico ámbito pueden surgir. En este sentido, hay una serie de dificultades inmediatas que se relacionan con la determinación de la jurisdicción competente para resolver el conflicto y la legislación que debe ser aplicada, que la labor normativa más «tradicional» ha tratado de resolver a través de distintos instrumentos jurídicos. Al hilo de lo anterior, aparecen también una serie de dificultades derivadas, mucho menos tratadas, pero de indudable interés y trascendencia práctica. Y es que, partiendo de la posibilidad de que conflictos surgidos en otros países, puedan ser entablados en España, o, a la inversa, que una jurisdicción extranjera deba resolver un conflicto originado en España, las partes y los órganos jurisdiccionales van a encontrarse con un conjunto de obstáculos añadidos relacionados con las comunicaciones y notificaciones, así como con la obtención y prácticas de la prueba. Pues bien, qué duda cabe que este tipo de problemas relacionados con la internacionalización de las relaciones laborales va a estar muy presente en los próximos años, ya que exige de unas respuestas claras.

82.2.– En segundo lugar, la existencia de un orden jurisdiccional especializado y un procedimiento igualmente diverso en materia social se relaciona con la existencia de un conjunto de pretensiones que requiere de una respuesta diferenciada. El alcance de cuáles sean esas pretensiones o, en otras palabras, la extensión de la competencia del orden social, ha tenido históricamente unas fronteras difusas y en continua expansión. Con todo, subsisten determinados conflictos que, por diferentes razones, permanecen hoy en día extramuros del orden social o están escapando de él. Así pues, a mi juicio, otro de los aspectos clave para la reflexión debe ser el relativo a las fronteras del orden social y sus movimientos de expansión y contracción.

82.3.– Un tercer punto de interés permanente desde hace ya años es el relacionado con la solución extrajudicial de solución de conflictos, como vía que ha de permitir, entre otras cosas, superar la excesiva judicialización de nuestro sistema de relaciones laborales y favorecer una descongestión de los órganos judiciales, algo positivo en términos de agilidad y celeridad. A pesar del notable empeño del legislador y de los interlocutores sociales, lo cierto es que parece existir una cierta desconfianza hacia los mismos, por lo que merece la pena indagar en estas cuestiones, así como en eventuales medidas que, en su caso, pudieran favorecer su extensión.

82.4. En cuarto lugar, también cabe reflexionar sobre si la estructura del proceso laboral y sus piezas clave han perdido con el tiempo su razón de ser o han quedado obsoletas, de manera que su objetivo inicial —lograr una justicia rápida y sencilla— esté quedando desatendido. En este sentido, tal y como se ha ido indicado en páginas anteriores (*supra*, 47 y 79), las principales piezas del modelo proceden del año 1912, y aunque entonces, como ya he dicho, debieron parecer revolucionarias, hoy en día puede ser que estén perdiendo su prestancia. Y en este punto, los eventuales puntos de debate son innumerables, pero por razones de espacio me circunscribiré a algunos de los que me parecen más relevantes, entre ellos, la unidad de acto y ciertos revulsivos, las modalidades procesales o la instancia única y el modelo de recursos.

82.5. En fin, el tránsito del siglo XX al XXI ha venido acompañado de una pluralidad de modificaciones tecnológicas que han tenido una enorme repercusión en el modelo de administrar justicia. La modernización de la justicia y de los procedimientos judiciales, uno de los grandes retos actuales en los modelos procesales, representa un gran aliado para lograr un proceso público sin dilaciones indebidas y con todas las garantías, y qué duda cabe que su digitalización constituye una vía aparentemente adecuada para la consecución de tales objetivos. Pues bien, al tratamiento de esta digitalización destinaré el final de esta parte.

II. LA INTERNACIONALIZACIÓN DE LAS RELACIONES LABORALES

83.– Uno de los efectos derivados de la globalización económica ha sido el incremento de la movilidad laboral internacional, así como la expansión de las relaciones laborales transnacionales. Ello ha determinado que, entre otras cosas, el paradigma clásico de trabajador de un país que presta servicios en el mismo para una empresa de dicho país ceda espacio hacia otras realidades en las que los tres elementos reseñados (trabajador, empresa y lugar de prestación de servicios) no presentan necesariamente una coincidencia; y, en ese contexto, los eventuales conflictos que puedan surgir suscitan una problemática específica.

1. Un problema «clásico»: la extensión y límites de la jurisdicción española

84.– Así, de entrada, hay una serie de dificultades inmediatas que se relacionan con la determinación de la jurisdicción competente para resolver el conflicto y la legislación que debe ser aplicada. Al respecto, la labor normativa más «tradicional» ha tratado de resolver este tipo de problemas a través de distintos instrumentos jurídicos.

1.1. El punto de partida: el art. 21 LOPJ

85.– La solución a este tipo de interrogantes debe tomar como punto de partida, entre nosotros, las previsiones contenidas en el artículo 21 LOPJ, donde se señala que «*Los Tribunales civiles españoles conocerán de las pretensiones que se susciten en territorio español con arreglo a lo establecido en los tratados y convenios internacionales en los que España sea parte, en las normas de la Unión Europea y en las leyes españolas*».

85.1.– Ello obliga, por tanto, a rastrear la posible existencia de previsiones más específicas, tanto en las normas supranacionales como en la propia LOPJ. Pues bien, esas normas existen: por un lado, hay toda una serie de normas supranacionales en esta materia; por otra parte, para lo no resuelto, se debe tener en cuenta el artículo 25 LOPJ, que especifica el alcance la jurisdicción española en lo social, un precepto que tendría un carácter subsidiario o residual respecto las primeras, como ha destacado la doctrina[364] y asumido los tribunales[365].

---

364 RIVAS VALLEJO, M.ª P. (1995-a), "La competencia judicial internacional en materia de contratos de trabajo (I)", *Revista Española de Derecho del Trabajo*, nº 71, p. 429; MOLINA NAVARRETE, C.; ESTEBAN DE LA ROSA, G. (2003), "La regulación del proceso laboral internacional: una asignatura pendiente de los tribunales", *Revista de Trabajo y Seguridad Social. CEF*, nº 239, p. 99.

365 STSJ de Canarias, Las Palmas, de 7 de marzo de 2005, rec. sup. 239/2004.

85.2.– Antes de adentrarnos en ellas, en todo caso, resulta evidente que no conoce la jurisdicción española de los supuestos clásicos o más tradicionales de exclusión, basados en las relaciones internacionales entre los diferentes estados[366]. La propia LOPJ reconoce esta limitación en el apartado segundo del artículo mencionado, cuando exceptúa del alcance de la jurisdicción española «*los supuestos de inmunidad de jurisdicción y ejecución establecidos por las normas del Derecho Internacional Público*». Las normas de Derecho Internacional Público invocadas por la LOPJ son tanto las consuetudinarias, como las recogidas en los Convenios de Viena de 1961 y 1963. Estas normas extienden la inmunidad a los Estados extranjeros, al Jefe de Estado extranjero, a sus agentes diplomáticos y a los funcionarios y empleados consulares. Con todo, la doctrina destaca la necesidad de recoger la jurisprudencia comparada en cuanto diferencia, a estos efectos, entre los actos de soberanía y los actos de gestión, restringiendo la inmunidad a los primeros y reconduciendo el contrato de trabajo a los segundos[367].

1.1.1. Las normas supranacionales

86.– La cuestión relativa a la determinación de la jurisdicción nacional competente ha sido afrontada en diferentes instrumentos internacionales. Estos instrumentos no entran en juego siempre, sino que su aplicación requiere de la existencia de un elemento de extranjería en la relación que da origen al conflicto, afectando dicho elemento, bien al domicilio de alguna de las partes, bien al lugar

---

366 FERNÁNDEZ DOMÍNGUEZ, J. J. (1991), "Competencia judicial internacional y ley aplicable al contrato de trabajo en las relaciones internacionales (I y II)", *Actualidad Laboral-III*, p. 518.

367 Así, ALONSO OLEA, M.; MIÑAMBRES PUIG, C.; ALONSO GARCÍA, R. M.ª (2001), *Derecho Procesal del Trabajo*, Madrid, Civitas, p. 90; FERNÁNDEZ DOMÍNGUEZ, J. J. (1991), *op. cit.*, pp. 518-519. Sobre el tema *in extenso* LÓPEZ TERRADA, E. (2020), *El régimen jurídico del personal laboral al servicio de la administración española en el exterior: especial referencia a las cuestiones relativas a la competencia judicial y determinación de la ley aplicable*, Cizur Menor, Thomson Reuters Aranzadi.

de prestación de servicios. Por el contrario, no resulta relevante la nacionalidad de los sujetos intervinientes[368]. Entre los instrumentos existentes, por su importancia, cabe destacar, de un lado, el Convenio de Bruselas de 27 de septiembre de 1968, suscrito en el ámbito de la Unión Europea y relativo a la competencia judicial y la ejecución de resoluciones judiciales; de otro, el Convenio de Lugano de 16 de septiembre de 1988, suscrito en el ámbito de la EFTA, es decir, de la Asociación Europea de Libre Cambio, y de contenido similar al anterior. Ambos convenios han sido ratificados por España. El Convenio de Bruselas, por otra parte, ha sido sustituido por el Reglamento Comunitario 1215/2012, de 12 de diciembre de 2012, relativo a la *competencia judicial, el reconocimiento y la ejecución de resoluciones judiciales en materia civil y mercantil*, si bien su aplicación se encuentra limitada en el caso de Dinamarca, país para el que pervive la vigencia del Convenio de Bruselas.

87.– Así pues, parece conveniente hacer referencia, en primer lugar, al Reglamento 1215/2012, de 12 de diciembre de 2012, que sustituyó al Reglamento 44/2001, aprobado el 22 de diciembre de 2000 y cuya entrada en vigor se había producido el 1 de marzo de 2002[369].

---

368 RIVAS VALLEJO, M.ª P. (1995-b), "La competencia judicial internacional en materia de contratos de trabajo (II)", *Revista Española de Derecho del Trabajo*, nº 72, p. 563; IRIARTE ÁNGEL, J. L. (1996), "El Convenio de Bruselas de 27 de septiembre de 1968 y la competencia judicial internacional respecto de los litigios derivados del contrato individual de trabajo", *Relaciones Laborales-I*, p. 1322; JUÁREZ PÉREZ, P. (2002), "Un paso adelante en materia de competencia judicial internacional: la STS (Sala 4ª) de 12 de junio de 2003", *Revista de Derecho Social*, nº 23, p. 182.

369 En este punto, con detalle, *vid.* FOTINOPOULOU BASURKO, O. (2008), *El proceso laboral internacional en el Derecho Comunitario*, Sevilla, CES Andalucía, pp. 67 y ss.; REIG FABADO, I. (2017), "La competencia judicial internacional en materia de contrato de trabajo en el Reglamento Bruselas I Bis", en LÓPEZ TERRADA, E. (Dir.), *La internacionalización de las relaciones laborales*, Valencia, Tirant lo Blanch, pp. 15 y ss.; LÓPEZ TERRADA, E. (2020), *op. cit.*, pp. 76 y ss.

87.1.– Ante todo, hay que destacar que el título del Reglamento en cuestión pudiera hacer dudar sobre su eventual aplicación en la materia laboral. Las dudas se despejan desde el momento en que se comprueba que el Reglamento contiene una sección, en concreto, la quinta, titulada «*competencia en materia de contratos de trabajo individuales*». Aun así, el Reglamento no agota la materia social. De hecho, el propio artículo primero excluye de su ámbito de aplicación, entre otras y por lo que aquí interesa, la materia de Seguridad Social. Por otra parte, aun no siendo mencionados por el Reglamento de forma expresa, los aspectos «colectivos» de las relaciones laborales tampoco se encuentran sujetos al mismo[370].

87.2.– Una vez despejadas las dudas sobre la repercusión en el ámbito laboral del Reglamento 1215/2012, debe señalarse que el mismo permite diferenciar dos grandes situaciones, en función de que el demandado tenga su domicilio o no en un Estado miembro —arts. 5 y 6—, siendo la regulación más detallada obviamente en el primer caso. Y es que, en el segundo, esto es, cuando el demandado no se encuentra domiciliado en un Estado miembro, habrá que estar a las normas de cada Estado miembro, a no ser que entrase en juego la previsión del art. 20.2 del Reglamento. Pero si nos situamos en el primer supuesto, la respuesta resulta más compleja. Así, en estos casos en los que el demandado está domiciliado en territorio UE, la regla general —aplicable a cualquiera de las materias reguladas en el Reglamento, no sólo a la social— consiste en que se demande ante los órganos de dicho Estado. Ahora bien, ello no deja de ser una regla general y, como tal, conoce de excepciones, como el propio art. 5 anuncia. De entre esas excepciones, a los efectos aquí analizados, presentan una especial relevancia, las contenidas en la sección quinta —arts. del 20 al 23—, pues son las

---

370 RIVAS VALLEJO, M.ª P. (1995-a), *op. cit.*, p. 452, en relación con los convenios de Bruselas y Lugano y FOTINOPOULOU BASURKO, O. (2008), *op. cit.*, p. 79, en relación con el Reglamento 44/2001. Una afirmación predicable, a mi juicio, del Reglamento comunitario 1215/2012.

encargadas de fijar el cuadro específico para los conflictos derivados del contrato de trabajo. Tales reglas proporcionan una solución diversa según interponga la demanda el trabajador o el empresario; asimismo regulan la cuestión relativa a los pactos de sumisión.

De entrada, por lo que respecta a los casos en que demande el trabajador, según se deduce de la lectura conjunta de los arts. 20 y 21, éste podrá optar entre los órganos judiciales del lugar donde esté domiciliada la empresa o del lugar de ejecución del contrato —el habitual o el último—, concepto este último que ha originado una rica jurisprudencia, especialmente, al hilo de los conflictos surgidos en aerolíneas[371]. La segunda posibilidad se matiza para el supuesto en que el trabajo no se realice habitualmente en un único lugar, en cuyo caso se da paso, como alternativa al domicilio del demandado, al tribunal del lugar en que estuviese o hubiese estado situado el establecimiento que hubiese empleado al trabajador. Esta relevancia que adquiere el *locus labori* presenta unas aristas especialmente complejas en el caso de los litigios que se suscitan al hilo de relaciones de servicios prestadas en ámbitos o dominios sustraídos a la soberanía de algún país. Así, a las dificultades añadidas que ya plantean los supuestos más clásicos relacionados con los servicios realizados en alta mar y/o en el espacio aéreo, habrá que sumar en el futuro los que surjan en el marco de relaciones ejecutadas en remoto, sea en un entorno digital o en el ciberespacio, así como los que pueden aparecer en el caso de las relaciones que eventualmente se puedan llevar a cabo en instalaciones artificiales marítimas o en el espacio ultraterrestre[372].

Por otra parte, en el caso de que el sujeto demandante sea el empresario, el art. 22 elimina las posibilidades de elección, al señalar

---

371 STS de 24 de enero de 2019, rec. 3450/2015, y la jurisprudencia comunitaria que cita al respecto.

372 La cuestión ha sido tratada con profundidad y maestría por FOTINOPOULOU BASURKO, O. (2023), "El trabajo «transnacional». Retos presentes y futuros de la ejecución de servicios extraterritoriales", *Labos*, Vol. 4, nº 1, pp. 21 y ss.

que este sujeto tan sólo podrá hacer servir como fuero el correspondiente al Estado donde se encuentre domiciliado el trabajador, salvo que formulase reconvención, en cuyo caso, puede presentar la demanda allí donde se siga la demanda principal.

En fin, en cuanto a las posibilidades de modificar por acuerdo estas atribuciones, a diferencia de lo que sucede con otras materias reguladas en el Reglamento, resultan algo restringidas. En este sentido, el art. 23 únicamente las acepta en dos casos: de un lado, cuando tales pactos sean posteriores al litigio; de otro, cuando permitan al trabajador formular demandas ante tribunales distintos de los indicados en los preceptos anteriores. Además, se deben tener en cuenta las exigencias formales derivadas de los arts. 25 y ss., encargados de regular con carácter general los pactos de sumisión, en particular, la necesidad de que se efectúen por escrito o verbalmente con confirmación escrita.

87.3.– El cumplimiento de todas estas reglas debe ser controlado de oficio por parte del órgano jurisdiccional. Así se deduce del tenor de los arts. 27 y 28 del Reglamento. En el caso de los tribunales españoles, ello se producirá teniendo en cuenta las disposiciones contenidas en el art. 5.1 LRJS, donde se impone un control de oficio por parte de los órganos jurisdiccionales que alcanza al control de la mal llamada «competencia internacional», sin perjuicio de que pueda ser puesto de manifiesto por las partes de conformidad con lo previsto el art. 14 LRJS, el cual remite a la LEC con ciertos matices, entre ellos, que se efectúe a través de la oportuna excepción declinatoria que, como tal, se alegará el día del juicio en la fase de alegaciones y se resolverá en sentencia.

88.– El segundo instrumento internacional al que debe aludirse es el Convenio de Bruselas. El efecto sustitutivo que el Reglamento 44/2001 (hoy, Reglamento 1215/2012) tuvo sobre el mismo podría hacer innecesaria la referencia a aquél. Con todo, téngase en cuenta que el Reglamento no despliega efectos en el caso de Dinamarca, país en relación con el cual, por tanto, siguen rigiendo las previsiones del Convenio mencionado, y de ahí la conveniencia de hacer una mínima incursión en él. No obstante, dadas las similitudes entre ambos instrumentos, tan sólo destacaré las diferencias que en relación con el primero el Convenio de Bruselas presenta, si bien, lo anticipo ya, tales diferencias no son demasiadas, al menos en la materia laboral.

88.1.– Y es que, con carácter general, el Reglamento comunitario reproduce las previsiones del Convenio de Bruselas, limitándose en gran medida a modificar la redacción de ciertas previsiones con objeto de despejar las dudas interpretativas que con éste se suscitaban[373]. Así sucede, por ejemplo, en relación con la identificación del lugar en que deban cumplirse las obligaciones derivadas del contrato con el lugar de ejecución del mismo, pues en el texto del Convenio de Bruselas, originariamente, no resultaba tan evidente, dando a pensar que ese lugar, por ejemplo, también podía ser aquél donde el empresario cumpliese sus obligaciones. Estas dudas, en todo caso, se atajaron pronto y el TJUE aclaró que el lugar del cumplimiento de las obligaciones se identificaba con el lugar donde se trabajaba, algo que después se recogería en 1989, con las modificaciones introducidas por el Convenio de San Sebastián[374]. Algo similar ha ocurrido en relación con las posibilidades electivas, pues el texto de Bruselas no es del todo claro en el momento de restringirlas al supuesto en que sea el trabajador el sujeto demandante. En este último sentido, la doctrina se encuentra dividida: mientras algunos autores, con base en la literalidad del precepto, entienden que en el caso de que el empresario sea el sujeto demandante la

---

373 GARCÍA MURCIA, J.; MENÉNDEZ SEBASTIÁN, P. (2002), "La nueva regulación de la competencia judicial en materia contractual en el ámbito comunitario", *Aranzadi Social-V*, p. 702.

374 FERNÁNDEZ DOMÍNGUEZ, J. J. (1991), *op. cit.*, pp. 526 y ss.; IRIARTE ÁNGEL, J. L. (1996), *op. cit.*, pp. 1326-1327; RAMÍREZ MARTÍNEZ, J. M. (1999), "Libre circulación de trabajadores y conflicto de competencia ante el Tribunal de Justicia de las Comunidades Europeas", *Actualidad Laboral*, n° 40, p. 789.

exclusión de las posibilidades de opción sólo afectan al supuesto de prestaciones de servicios en diferentes lugares[375], otros autores parecen entender que el empresario demandante siempre estaría sometido al fuero del demandado y, en consecuencia, en ningún caso podría utilizar el fuero alternativo reconocido a los trabajadores[376].

88.2.– Al margen de lo anterior, la diferencia más evidente se produce cuando se menciona como posible fuero el relativo al lugar de ejecución del contrato, pues el Convenio de Bruselas identifica dicho lugar con el que presenta un carácter «habitual», sin hacer referencia a la posibilidad de que sea el «último», como en cambio aparece previsto en el Reglamento.

88.3.– El régimen de los pactos de sumisión, en cambio, resulta similar, siendo admitidos, por tanto, únicamente cuando sean posteriores al litigio. En cuanto a los pactos previos, sólo se admiten cuando los invoque el trabajador como alternativa a los otros fueros previstos en el convenio. Por ello, cuando no concurren tales circunstancias —por ejemplo, debido a que figuran en el contrato de trabajo y no resultan invocados por el trabajador—, son rechazados por los tribunales, precisamente, en atención a tales circunstancias[377].

89.– En fin, unas previsiones similares a las contenidas en el Convenio de Bruselas aparecen en el tercer instrumento internacional al que debe aludirse, el Convenio de Lugano suscrito en 1988 en el ámbito de los países de la EFTA. Tales similitudes aconsejan,

---

375 FERNÁNDEZ DOMÍNGUEZ, J. J. (1991), *op. cit.*, p. 547; RIVAS VALLEJO, M.ª P. (1995-b), *op. cit.*, p. 545; PÉREZ BEVIÁ, J. A. (1995), "Competencia judicial y ley aplicable al contrato individual de trabajo en los convenios comunitarios europeos de Derecho Internacional Privado", *Relaciones Laborales-II*, p. 1400; IRIARTE ÁNGEL, J. L. (1996), *op. cit.*, p. 1330.

376 RAMÍREZ MARTÍNEZ, J. M. (1999), *op. cit.*, p. 789.

377 SsTS de 24 de abril de 2000, rec. 3341/1999 y de 12 de junio de 2003, rec. 4231/2002.

nuevamente, limitarse a destacar las peculiaridades que esto texto presenta en contraste con los anteriores[378].

89.1.– Así, de un lado, cabe mencionar que las facultades electivas entre el domicilio del demandado y el lugar de prestación de servicios, presentes en los instrumentos anteriores, en el ámbito del Convenio de Lugano son utilizables tanto en el caso de que demande el trabajador como si lo hace la empresa[379].

89.2.– De otro, y en relación con los pactos de sumisión expresa, en el Convenio de Lugano sólo se prevé la admisibilidad de los mismos cuando tengan lugar con posterioridad al litigio[380].

1.1.2. El artículo 25 LOPJ

90.– Los litigios con elementos de extranjería no resueltos por los instrumentos anteriores quedan sometidos al régimen del art. 25 LOPJ. Estas previsiones, a diferencia de las anteriores, no determinan la jurisdicción de qué país resulta competente para conocer del conflicto. Y es que, siendo unas normas nacionales, se limitan a señalar cuándo la jurisdicción española puede entrar a conocer de un asunto[381], es decir, se trata de unas normas de carácter unilateral[382]. A tal efecto, el precepto reseñado establece una serie de puntos de conexión o referencia que el juez español debe encontrar para poder extender su jurisdicción a la solución del conflicto la-

378 Al respecto, *vid.* PALAO MORENO, G. (2019), "La competencia judicial internacional en materia de contratos individuales de trabajo en el Convenio de Lugano", *Revista de Trabajo y Seguridad Social. CEF*, nº 439, pp. 115 y ss.

379 FERNÁNDEZ DOMÍNGUEZ, J. J. (1991), *op. cit.*, p. 547; RIVAS VALLEJO, M.ª P. (1995-b), *op. cit.*, pp. 550-551.

380 FERNÁNDEZ DOMÍNGUEZ, J. J. (1991), *op. cit.*, p. 539; RIVAS VALLEJO, M.ª P. (1995-b), *op. cit.*, p. 551.

381 MONTERO AROCA, J. (2000), *Introducción al proceso laboral*, 5ª edición, Madrid, Marcial Pons, p. 46.

382 FERNÁNDEZ DOMÍNGUEZ, J. J. (1991), *op. cit.*, p. 532; RIVAS VALLEJO, M.ª P. (1995-a), *op. cit.*, p. 434.

boral con elemento de extranjería que se le someta. Estos puntos de conexión aparecen diferenciados en función de cuál sea el objeto del litigio.

90.1.– Así, en primer lugar, tratándose de conflictos derivados del contrato de trabajo, el artículo 25.1° LOPJ fija diferentes criterios, permitiendo la concurrencia de cualquiera de ellos afirmar la aptitud de la jurisdicción española para conocer del asunto[383].

El primero de los puntos de conexión señalados para el caso de conflictos derivados del contrato de trabajo hace referencia al lugar de prestación de los servicios o al lugar de celebración del contrato. Así, tanto en el supuesto de que los servicios se presten en España, como en el de que la celebración del contrato se haya efectuado en nuestro país, los órganos de la jurisdicción social española podrán conocer del pleito que se les plantee. El precepto, en cambio, no da respuesta al supuesto en que los servicios se presten habitualmente en diferentes lugares[384]. En el caso de prestaciones de servicios realizadas en España, fruto de desplazamientos transnacionales temporales de trabajadores, el artículo 16 de la Ley 45/1999, de 29 de noviembre, que transpone al ordenamiento interno la Directiva 96/71, de 16 de diciembre, recoge el fuero del lugar temporal de prestación de servicios, sin perjuicio de lo dispuesto en la LOPJ y en los Convenios de Bruselas y Lugano.

El segundo de los puntos de conexión mencionados —realmente tercero, pues el anterior es doble— remite al fuero del domicilio del demandado. En este sentido, cuando el demandado tenga su domicilio en España, los órganos jurisdiccionales españoles podrán extender su jurisdicción al litigio en cuestión. Ello ha permitido a los tribunales españoles actuar, por ejemplo, para resolver conflictos entre empleados extranjeros y representaciones diplomáticas españolas, cuando aquéllos fueron contratados por éstas en su país

---

383 RIVAS VALLEJO, M.ª P. (1995-b), *op. cit.*, p. 552.
384 RIVAS VALLEJO, M.ª P. (1995-b), *op. cit.*, p. 553.

para desarrollar los servicios en dicho lugar[385]; o cuando se trata de litigios de ciudadanos españoles contratados por instituciones españolas para prestar servicios en el extranjero[386]. En todos estos casos, nótese que la solución a la que se llega debería haberse producido, no por lo establecido en la LOPJ, sino por lo dispuesto en el Convenio de Bruselas[387] cuya aplicación resulta preferente sobre la LOPJ, como al final ha reconocido el TS[388]. Por otra parte, cuando el demandado no tenga domicilio en España, también resulta posible que los órganos españoles afirmen su jurisdicción si dicho sujeto tuviese una agencia, sucursal o cualquier otra representación en España.

Un tercer punto de conexión en esta materia es el relacionado con la nacionalidad. En este sentido, cuando ambas partes, demandante y demandado, tengan nacionalidad española, el art. 25.1° LOPJ afirma también la posibilidad de que los órganos judiciales españoles desarrollen la actividad jurisdiccional en los litigios derivados de la relación laboral que les vincula, y ello con independencia del lugar de prestación de servicios o el de celebración del contrato.

Por último, el precepto analizado introduce un punto de conexión adicional, pero sólo aplicable al contrato de embarque. En este caso, además de los puntos anteriores, el juez español podrá fundamentar el alcance de su jurisdicción en la existencia de una oferta recibida en España por trabajador español.

---

385 SsTS, en u. d., de 29 de septiembre de 1998, rec. 4796/1997; de 20 de noviembre de 1998, rec. 940/1998; y de 22 de mayo de 2001, rec. 2507/2000.

386 STS de 17 de julio de 1998, rec. 3223/1997.

387 PALAO MORENO, G. (2000), "Luces y sombras en la aplicación práctica de los convenios de Bruselas de 1968 y de Roma de 1980 al contrato individual de trabajo (A propósito del personal laboral al servicio de organismos públicos españoles que prestan sus servicios en el extranjero)", *Relaciones Laborales-I*, p. 219; JUÁREZ PÉREZ, P. (2003), *op. cit.*, p. 186. Por lo demás, el tema ha sido analizado con profundidad por LÓPEZ TERRADA, E. (2020), *op. cit.*, pp. 134 y ss.

388 STS de 12 de junio de 2003, rec. 4231/2002.

90.2.– Un segundo bloque de materias a las que se refiere el art. 25 LOPJ, es el relativo a los conflictos colectivos y a la impugnación de convenios colectivos. En estos casos, tratándose de conflictos colectivos, el punto de conexión elegido consiste en que los mismos se hayan promovido en territorio español, Así pues, según una interpretación literal, bastaría con que el conflicto se promoviese en España, para que los jueces y tribunales españoles pudiesen resolverlo. Con todo el TS ha matizado esta exégesis literal e introducido un factor de corrección, pues «...*esta interpretación, por excesiva, conduciría al absurdo. Para que los conflictos colectivos se sometan a los tribunales españoles tienen que tener un elemento de conexión con el territorio español*»[389]. Por otra parte, en el caso de la impugnación de convenios, se requiere que los mismos se hayan celebrado en España.

90.3.– Finalmente, para el caso de las pretensiones en materia de Seguridad Social, el punto de conexión requerido consiste en que la demanda se presente frente a entidades españolas que tengan su domicilio, agencia, delegación o cualquier otra representación en España.

90.4.– Las reglas relativas a la extensión y límites de la jurisdicción española en materia social establecidas en el artículo 25 LOPJ no admiten pacto en contrario. A diferencia de los instrumentos supranacionales anteriormente analizados, aquí no se admiten pactos de sumisión, expresos o tácitos. Así lo ha entendido la doctrina de suplicación, sede donde se ha afirmado de manera expresa que «*la atribución de la jurisdicción española no es materia disponible por las partes*»[390], careciendo de validez, en consecuencia, las cláusulas de sumisión puestas en el contrato, ya que dicha posibilidad no se contempla en la LOPJ.

---

389 STS de 20 de julio de 2007, rec. 76/2006.

390 STSJ de Madrid de 15 de abril de 1999, rec. sup. 5273/1998.

91.– Las consecuencias derivadas de las actuaciones realizadas por un órgano carente de jurisdicción aparecen previstas en la propia LOPJ. En este sentido, el art. 238 LOPJ establece que los actos judiciales serán nulos de pleno derecho, entre otras razones, cuando se produzcan con manifiesta falta de jurisdicción. Se trata de una cuestión que debería ser controlada de oficio por parte del órgano jurisdiccional, sin perjuicio de que las partes puedan ponerla de manifiesto a través de las oportunas excepciones. La posibilidad de un control de oficio se deduce del artículo 5.1 LRJS, precepto en el que, hoy en día, se alude expresamente a ello bajo la denominación «competencia internacional», en línea con lo que había defendido la doctrina científica en el pasado con base en diferentes argumentos[391]. El régimen relativo al momento de plantear esta cuestión y la forma de efectuarlo es el que se deriva de los arts. 5.1 y 14 LRJS a los que ya he aludido (*supra*, 87.3).

1.2. Un breve apunte sobre un problema derivado: la ley aplicable por el juez español

92.– Las normas anteriores únicamente ayudan a determinar los litigios en los que, a pesar de concurrir un elemento de extranjería, la jurisdicción española resulta competente para su solución. Ahora bien, ello no resuelve qué legislación va aplicar la jurisdicción española cuando actúe para resolver el conflicto planteado.

92.1.– La cuestión de la ley aplicable es una cuestión autónoma de la relativa a la jurisdicción, aunque a veces, como denuncia la doctrina científica[392] se confundan. Algo similar ha señalado la jurisprudencia[393]. Así, una vez afirmada la capacidad de la jurisdic-

391 MOLINA NAVARRETE, C.; ESTEBAN DE LA ROSA, G. (2003), *op. cit.*, pp. 106-107); RIVAS VALLEJO, M.ª P. (1995), *op. cit.*, pp. 441-442.

392 ALONSO OLEA, M.; MIÑAMBRES PUIG, C.; ALONSO GARCÍA, R. M.ª (2001), *op. cit.*, p. 93; PALAO MORENO, G. (2000), *op. cit.*, p. 221; MOLINA NAVARRETE, C.; ESTEBAN DE LA ROSA, G. (2003), *op. cit.*, p. 100.

393 STS de 24 de abril de 2000, rec. 3341/1999.

ción española para conocer de un determinado asunto, puede que el juez nacional deba aplicar el derecho nacional o el derecho extranjero. La solución a este tipo de cuestiones, entre nosotros, exigía acudir al Convenio de Roma sobre Ley aplicable de 19 de junio de 1980, que se vio sustituido en el ámbito de los países miembros de la Unión Europea por el Reglamento 593/2008, de 17 de junio, en los términos que establece el art. 24 del propio Reglamento, así como por otras normas de derecho interno, como el artículo 1.4 ET[394].

92.2.– Un problema específico que se plantea en tales casos es la necesidad de acreditar su contenido y vigencia, la determinación de a quién corresponde dicha carga, así como las consecuencias derivadas de incumplir la carga en cuestión[395]. La parca regulación contenida en el art. 281 LEC debe ser completada con las previsiones presentes en la Ley 29/2015, de 30 de julio, de cooperación jurídica internacional en materia civil (en adelante, LCJI), en concreto, los arts. 33 y ss[396].

---

394 Sobre el tema, LAPIEDRA ALCAMÍ, R. (2017), "Problemas que plantea la determinación de la ley aplicable al contrato individual de trabajo", en LÓPEZ TERRADA, E. (Dir.), *La internacionalización de las relaciones laborales*, Valencia, Tirant lo Blanch, pp. 99 y ss. y bibliografía por ella citada. Asimismo, de gran interés el reciente trabajo de MARTÍN-POZUELO LÓPEZ, A. (2022), *El teletrabajo transnacional en la Unión Europea: competencia internacional y ley aplicable*, Valencia, Tirant lo Blanch.

395 STS de 22 de mayo de 2001, rec. 2507/2000.

396 Al respecto, *vid.* PALAO MORENO, G. (2017-a) y (2017-b), "Artículo 33. De la prueba del derecho extranjero" y "Artículo 34. De la información jurídica", en MÉNDEZ GONZÁLEZ, F. P.; PALAO MORENO, G. (Dirs.), *Comentarios a la Ley de Cooperación Jurídica Internacional en materia civil*, Valencia, Tirant lo Blanch, pp. 390-401 y pp. 402-406; TOURIÑÁN MORANDEIRA, M.ª T. (2017), "Art. 35. De las solicitudes de información de derecho extranjero", en MÉNDEZ GONZÁLEZ, F. P.; PALAO MORENO, G. (Dirs.), *op. cit.*, pp. 407 y ss.; BENEYTO, K. (2019), "Prueba e información del derecho extranjero", en JIMÉNEZ FORTEA, F. J. (Coord.), *La cooperación jurídica internacional civil y mercantil española más allá de la Unión Europea*, Valencia, Tirant lo Blanch, pp. 157-185.

2. *Otros problemas menos tratados, en especial, la «prueba internacional»*

93.– Al margen de lo anterior, aparecen también una serie de dificultades derivadas, mucho menos tratadas, pero de indudable interés y trascendencia práctica. En este sentido, partiendo de la posibilidad de que los conflictos surgidos en otros países puedan ser entablados en España, o, a la inversa, que una jurisdicción extranjera deba resolver un conflicto originado en España, las partes y los órganos jurisdiccionales van a encontrarse con un conjunto de obstáculos añadidos. Así, por lo pronto, piénsese en todo lo relacionado con las comunicaciones y notificaciones entre los distintos sujetos procesales. Igualmente, cabe imaginar los problemas que pueden surgir en relación con la obtención y práctica de la prueba cuando el material probatorio radique en país distinto de aquél en el que se está tramitando el litigio.

94.– Así planteada, la relevancia de estas materias tanto desde una perspectiva cuantitativa como cualitativa resulta evidente. En el primer sentido, ya he aludido a la expansión que han experimentado las relaciones laborales internacionales; pero es que, además, incluso al margen de este tipo de relaciones, la necesidad de efectuar notificaciones fuera de las fronteras y la posibilidad de que la prueba obre en el extranjero se puede producir también en el marco de un litigio laboral «ordinario». Por lo que respecta a la segunda perspectiva, no puede olvidarse que el derecho de contradicción o audiencia (en el que se integra como presupuesto la realización adecuada de los actos de comunicación) y el «derecho a la prueba» se configuran como piezas esenciales del contenido a la tutela judicial efectiva y ésta tiene un reconocimiento al más alto nivel como derecho fundamental en el plano internacional y en el interno (*supra*, 2.2). La singular consideración que tienen estas cuestiones no puede quedar empañada por la presencia de elementos de extranjería, de manera que, en estos casos, el derecho fundamental consagrado por el art. 24 CE también se entenderá vulnerado cuando haya habido una denegación arbitraria de la prueba «internacional» solicitada o una práctica defectuosa de ésta o de los actos de comunicación, eso sí, en la medida en que haya generado indefensión a la parte; y ello, con las consecuencias correspondientes, singularmente, una eventual nulidad de actuaciones o, al límite, la posibilidad de recurrir en amparo[397].

94.1.– Al respecto, debe indicarse la existencia de una rica jurisprudencia constitucional sobre los actos de comunicación y la actividad probatoria y su conexión con una eventual vulneración del art. 24 CE que ha ido perfilando el significando del derecho mencionado[398]; e, incluso, algunos pronunciamientos emanados del Alto Tribunal abordan expresamente estas cuestiones desde la perspectiva «internacional». En efecto, en este sentido, merecen ser citadas la STC 10/2000, de 17 de enero, dictada en relación

---

397 Al respecto, *vid.*, entre otros, ELVIRA BENAYAS, M.ª J. (1997), *La obtención de pruebas en el extranjero. Estudio sobre la el Convenio de la Haya de 1970 y su aplicación en el ordenamiento español*, (Tesis doctoral), Universidad Autónoma, Madrid, pp. 46 y ss.; VILLAMARÍN LÓPEZ, M.ª L. (2005), *La obtención de pruebas en el proceso civil en Europa. Estudio del Reglamento 1206/2001, de 28 de mayo*, Madrid, Colex, pp. 19 y ss.; DIAGO DIAGO, Mª. P. (2013), "Reglamento 1206/2001 relativo a la cooperación entre los órganos jurisdiccionales de los Estados miembros en el ámbito de obtención de pruebas en materia civil y mercantil: estudio sobre su obligatoriedad, imperatividad y exclusividad", *Revista Electrónica de Estudios Internacionales*, nº 25, p. 3; FONT I SEGURA, A. (2017), "Título Preliminar. Disposiciones Generales", en MÉNDEZ GONZÁLEZ, F.; PALAO MORENO, G. (Dirs.), *Comentarios a la Ley de Cooperación Jurídica Internacional en materia civil*, Valencia, Tirant lo Blanch, pp. 77 y ss.; en esa línea también, PASCUAL SERRATS, R. (2019), "De la práctica y obtención de pruebas", en JIMÉNEZ FORTEA, F. J. (Coord.), *La cooperación jurídica internacional civil y mercantil española más allá de la UE*, Valencia, Tirant lo Blanch, pp. 122-123.

398 Entre otras, SsTC 30/1986, de 20 de febrero, 40/1986, de 1 de abril, 89/1986, de 1 de julio, 149/1987, de 30 de septiembre, 45/1990, de 15 de marzo, 212/1990, de 20 de diciembre, 87/1992, de 8 de junio, 94/1992, de 11 de junio, 233/1992, de 14 de diciembre, 131/1995, de 11 de septiembre, 197/1995, de 21 de diciembre, 1/1996, de 15 de enero, 170/1998, de 21 de julio, 183/1999, de 11 de octubre, 37/2000, de 14 de febrero, 246/2000, de 16 de octubre o 136/2007, de 4 de junio.

con un proceso de separación entre ciudadanos armenios en cuyo seno se había instado una Comisión Rogatoria sobre la legislación civil de su país, y la STC 208/2007, de 24 de septiembre, que trae causa de un proceso penal seguido contra ciudadano británico por falsedad documental y una Comisión Rogatoria relacionada con el procedimiento de matriculación de vehículos en el Reino Unido: en la primera, se llega a conceder el amparo por la defectuosa tramitación de la Comisión Rogatoria y no esperar a los resultados de la misma; en la segunda, si bien se deniega porque la parte no pone de manifiesto la relevancia de la prueba frustrada en la solución del fondo del asunto, se recoge la relevancia de la materia en términos de defensa del derecho a la tutela judicial efectiva. El hecho de que las consideraciones anteriores se formulen al hilo de procedimientos ajenos a las relaciones de trabajo (civil y penal respectivamente) no impide que sean extrapolables al proceso laboral.

94.2.- En todo caso, el análisis de los pronunciamientos dictados específicamente en el orden social puede proporcionar ejemplos similares sobre esta relevancia. Así, alguna sentencia dictada en suplicación nos pone sobre la pista de la trascendencia de este tipo de cuestiones y declara la nulidad de actuaciones en un proceso seguido en materia de Seguridad Social por haberse desatendido los requerimientos derivados de la normativa internacional, en concreto, al hilo de unas notificaciones de alcance «internacional», las cuales se habían efectuado por edictos tras agotar las otras vías de practicar las comunicaciones previstas en la legislación procesal laboral, pero sin emplear las previsiones que constan en los instrumentos normativos internacionales[399].

---

[399] Así, STSJ Madrid de 29 de noviembre de 2004, rec. 5395/2004, en relación con el Convenio de La Haya de 1965 sobre notificación y traslado al extranjero de documentos.

2.1. El marco normativo de la obtención de pruebas en el extranjero

95.– Con todo, a pesar de la señalada importancia, se trata de una materia cuyo tratamiento normativo interno ha sido habitualmente insuficiente. Así, en general, la legislación española en la materia ha adoptado casi siempre una perspectiva clásica, centrada en la regulación de las comunicaciones y de la prueba obtenida y empleada en el interior del país, pero desatendiendo los problemas que pueden surgir en los casos de «internacionalización» de los conflictos. En este sentido, las previsiones normativas al respecto hasta fechas relativamente próximas eran muy parcas y de escasa entidad: básicamente, los arts. 273 a 278 LOPJ y art. 77 LEC. Curiosamente, ello contrastaba con la prontitud que en el plano internacional se regularon este tipo de cuestiones, las cuales fueron objeto de una temprana atención normativa en el seno de la Conferencia de La Haya. En fin, el notable aumento de las relaciones privadas transnacionales, entre ellas, las laborales, en gran medida de la mano de la globalización económica[400], ha ido situando la materia en un primer plano, lo que ha ocasionado que se hayan ido dictando distintos instrumentos normativos desde diversas instancias, como la Conferencia Interamericana de Derecho Internacional Privado (en adelante, la CIDIP) y la Unión Europea, lo que ha revitalizado el interés por la materia, hasta que, finalmente, la propia normativa interna se ha hecho eco de la misma. En efecto, la LCJI, trató de colmar las insuficiencias y vacíos que en el pasado existían en la materia y lo hizo asumiendo la influencia de las previsiones existentes en el plano supranacional.

---

400 Entre otros, ELVIRA BENAYAS, M.ª J. (1997), *op. cit.*, p. 12; DIAGO DIAGO, M.ª P. (2003), *La obtención de pruebas en la Unión Europea*, Cizur Menor, Aranzadi, p. 37; BARREIRO CARRIL, B. (2008), "La cooperación judicial civil en el ámbito iberoamericano y las aportaciones de Iber-red. El caso de la cooperación hispano-argentina", *Revista Electrónica iberoamericana*, vol. 2., nº 2, p. 60; GOICOECHEA, I. (2016), "Nuevos desarrollos en la cooperación jurídica internacional en materia civil y comercial", *Revista de la Secretaría del Tribunal Permanente de Revisión*, nº 7, p. 128.

2.1.1. *Los instrumentos internacionales*

96.– El interés de la comunidad internacional por solventar los eventuales problemas procesales que se pueden suscitar en el ámbito de las relaciones transnacionales es bien antiguo. Y es lógico que así sea, pues el régimen convencional fruto del acuerdo entre diferentes países aparece como la sede natural en la que regular este tipo de cuestiones, dados los poderes estatales que entran en juego y los riesgos de injerencia en su soberanía[401]. Y es que, en estos litigios, la realización de ciertas actuaciones procesales, entre ellas las relacionadas con la prueba, exige que se lleven a cabo en lugares sujetos a jurisdicciones distintas, lo que requerirá normalmente de la autorización y/o colaboración de las autoridades de otro país, siendo lo más sencillo para ello el acuerdo previo entre los diferentes Estados[402].

97.– Este interés resultaba ya apreciable desde las primeras sesiones de la Conferencia de La Haya y, sobre todo, en uno de sus frutos, el Convenio de 14 de noviembre de 1896 sobre procedimiento civil[403]. A partir de ahí, se ha mantenido y la atención en la materia no ha ido sino en aumento, como evidencia la aprobación de un nuevo convenio sobre procedimiento civil en 1905 (el de 17 de julio), posteriormente sustituido por el de 1 de marzo de 1954. En fin, hay dos materias cuyo germen estaba en este convenio y que con posterioridad han tenido una regulación específica en sendos convenios. Por un lado, todo lo relacionado con la notificación y traslado al extranjero de documentos judiciales y extrajudiciales

---

401 ELVIRA BENAYAS, M.ª J. (1997), *op. cit.*, p. 22.

402 Al respecto, *vid.* DIAGO DIAGO, M.ª P. (2003), *op. cit.*, p. 38; en la misma línea, VILLAMARÍN, LÓPEZ, M.ª L. (2005), *op. cit.*, p. 22.

403 La reconstrucción histórica puede efectuarse a través de TOMÁS ORTIZ DE LA TORRE, J. A. (1993), *Conferencia de la Haya de Derecho Internacional Privado. Evolución histórica y convenciones adoptadas*, Madrid, EDERSA. Igualmente, *vid.* ELVIRA BENAYAS, M.ª J. (1997), *op. cit.*, pp. 104 y ss.; DIAGO DIAGO, M.ª P. (2003), *op. cit.*, pp. 37 y ss.; VILLAMARÍN LÓPEZ, M.ª L. (2005), *op. cit.*, pp. 29 y ss.

en materia civil o comercial, que ha encontrado tratamiento en el Convenio de 15 de noviembre de 1965. Por otro lado, lo relativo a la obtención de pruebas en el extranjero en materia civil o comercial, regulado en el Convenio de 18 de marzo de 1970, que será en el que me centraré[404].

97.1.– El ámbito objetivo de aplicación de éste queda limitado a las causas civiles y mercantiles o, en la terminología del Convenio, a la materia «civil o comercial». No obstante, a pesar de la literalidad de su título y articulado, no debe ofrecer dudas la aplicación de las previsiones convencionales a las causas laborales. Y es que la expresión entrecomillada se emplea en un sentido amplio[405], según ha confirmado la propia Conferencia al abogar por esta interpretación no restrictiva de los términos «civil o comercial» presentes en el texto convencional[406]. Ello enlaza con la cuestión del ámbito de aplicación territorial del Convenio. Pues bien, en la actualidad, han ratificado o se han adherido al convenio un total de 63 países, entre ellos, España[407].

97.2.– El sistema para la obtención de pruebas en el extranjero presente en el Convenio de La Haya de 1970 se articula a través de tres mecanismos o vías diversas, tratando de salvar así las diferen-

---

404 Al respecto, me remito con mayor detalle a NORES TORRES, L. E. (2021-b), "La actividad probatoria en los conflictos derivados de relaciones laborales transnacionales", *Trabajo y Derecho*, nº 84, pp. 1 y ss.

405 En este sentido, ELVIRA BENAYAS, M.ª J. (1997), *op. cit.*, p. 119; DIAGO DIAGO, M.ª P. (2003), *op. cit.*, p. 67, nota 171; VILLAMARÍN LÓPEZ, M.ª L. (2005), *op. cit.*, pp. 33 y 34.

406 Al respect, *vid.* el Informe de la Conferencia de abril de 1989 (*Report on the work of the special commission of april 1989 on the operation of The Hague conventions of 15 november 1965 on the service abroad of judicial and extrajudicial documents in civil or commercial matters and of 18 march 1970 on the taking of evidence abroad in civil or commercial matters*), en concreto, p. 7. El informe está disponible en: https://assets.hcch.net/docs/e8456534-1ba4-4bc9-ade8-bcf3a7b85c5d.pdf, última consulta realizada el 14 de agosto de 2023.

407 Los datos aparecen en https://www.hcch.net/es/instruments/conventions/status-table/?cid=82, última consulta realizada el 14 de agosto de 2023.

cias entre los países con sistemas jurídicos románico-germánicos y los del *common law*[408]. De entrada, el de las comisiones rogatorias a través de las cuales se solicita colaboración a otros estados para la obtención o práctica de prueba. Por otra parte, mediante el recurso a funcionarios diplomáticos o consulares que se encuentran en el extranjero. Finalmente, como variante del sistema anterior, por medio de comisarios designados al efecto y cuya actuación queda sujeta al mismo régimen que la de los funcionarios diplomáticos o consulares. Al margen de los mecanismos expresamente regulados, el art. 27 Convenio admite que los Estados contratantes puedan emplear otros métodos de obtención de prueba distintos o introducir ciertas especialidades en los previstos en cuanto a la remisión de cartas rogatorias por vías diversas a la autoridad central o la ejecución de los actos regulados, eso sí, siempre que se haga en condiciones menos restrictivas[409].

98.– Al margen de la labor desarrollada en este ámbito, el interés por las cuestiones relacionadas con la obtención internacional de pruebas también se puede constatar en otros espacios geográficos de ámbito más reducido. En este sentido, resulta obligada la referencia a la labor desarrollada por la CIDIP, en cuyo ámbito se han aprobado importantes instrumentos normativos relacionados con la cooperación jurídica internacional y, entre ellos, alguno relativo específicamente con la obtención de pruebas en el extranjero. En efecto, entre los instrumentos aprobados en espacio, presentan un singular interés un par de ellos que son fruto de la Conferencia celebrada en Panamá en 1975: por un lado, la Convención Interamericana sobre exhortos o cartas rogatorias, de 30 de enero de 1975; por otro, la Convención Interamericana sobre recepción de pruebas en el extranjero, firmado en idéntica fecha[410].

---

408 VILLAMARÍN LÓPEZ, M.ª L. (2005), *op. cit.*, p. 32.

409 Un análisis más detallado en NORES TORRES, L. E. (2022-a), *La prueba «internacional» en el proceso laboral*, Valencia, Tirant lo Blanch, pp. 20 y ss.

410 El acercamiento a este sistema puede efectuarse a través de los estudios de ELVIRA BENAYAS, M.ª J. (1997), *op. cit.*, pp. 122 y ss., BARREIRO CARRIL,

98.1.– La Convención Interamericana sobre exhortos y cartas rogatorias se suscribió el 30 de enero de 1975, en el seno de la Conferencia celebrada en Panamá en dicho año. Esta convención está firmada por diecinueve países, entre ellos España, que se adhirió en 1987. Aunque de conformidad con su art. 2, la Convención resulta aplicable a los exhortos o cartas rogatorias expedidos en actuaciones y procesos en materia civil o comercial por los órganos jurisdiccionales de uno de los Estados Partes de la misma que tengan por objeto, por un lado, la realización de actos procesales de mero trámite, como notificaciones, citaciones o emplazamientos en el extranjero y, por otro, la recepción y obtención de pruebas e informes en el extranjero, lo cierto es que en la misma Conferencia y en idéntica fecha se adoptó otra convención específica sobre este segundo aspecto —la Convención Interamericana sobre recepción de pruebas en el extranjero—, por lo que todo apunta a que el primer instrumento mencionado, seguramente, tenga un alcance más limitado. En todo caso, el interés para nuestra disciplina del mismo resulta limitado, si tenemos en cuenta que su ámbito objetivo resulta restringido, pues, en principio, no alcanzaría a la materia laboral, salvo que los Estados expresamente la incluyan, según se deriva del art. 16 y, de momento, tan sólo Chile ha procedido en este sentido.

98.2.– La Convención Interamericana sobre exhortos y cartas rogatorias, no fue la única suscrita en el marco de la Conferencia de Panamá el 30 de enero de 1975, sino que en dicha Conferencia se adoptaron, como ya he apuntado, otros instrumentos normativos relevantes, entre ellos, la Convención Interamericana sobre recepción de pruebas en el extranjero, la cual no fue suscrita por España. En todo caso, pende sobre este instrumento la misma limitación que se acaba se indicar en relación con la convención sobre exhortos y cartas rogatorias, esto es, no alcanza la materia laboral

---

B. (2008), *op. cit.*, pp. 57-77. Asimismo, NORES TORRES, L. E. (2022-a), *op. cit.* pp. 38 y ss.

sobre que se asuma de manera expresa en tal sentido, algo que, de momento, tan solo ha realizado Chile[411].

99.– Las referencias al derecho internacional quedarían incompletas sin efectuar una mínima mención y efectuar un tratamiento básico de los diferentes convenios bilaterales suscritos por España en la materia estudiada. En este sentido, España tiene suscritos convenios bilaterales sobre cooperación o asistencia judicial internacional, incluyendo la obtención y práctica de pruebas, con una pluralidad de países, en concreto, así sucede con el Reino Unido, Uruguay, Brasil, Rusia, China, Bulgaria, Marruecos, Tailandia, Túnez, República Dominicana, Argelia o Mauritania[412]. Las líneas generales de estos convenios bilaterales son muy similares. No es este lugar para efectuar un tratamiento detallado[413], pero sí me gustaría destacar dos aspectos al hilo de los mismos.

99.1.– Por un lado, normalmente abordan distintas cuestiones relacionadas con la cooperación judicial internacional y no solo con la obtención y práctica de pruebas en el extranjero. Asimismo, la mayoría de los convenios aluden a la materia civil y mercantil, si bien ello no debería ser obstáculo para aplicar estas previsiones al terreno laboral, si adoptamos la interpretación amplia de la expresión «civil», algo que resulta común en algunos de los instrumentos normativos existentes en la materia. No obstante, en algún caso, el ámbito de aplicación resulta más amplio e, incluso, se efectúa una alusión expresa a la materia laboral —así, el Convenio con Uruguay o el suscrito con Brasil—.

---

411 Al respecto, *vid.* https://www.oas.org/juridico/spanish/firmas/b-36.html, última consulta efectuada el 14 de agosto de 2023.

412 La información se puede recuperar de manera sencilla por medio del prontuario elaborado por el Consejo General del Poder Judicial que se encuentra disponible en la web: https://www.poderjudicial.es/cgpj/es/Temas/Relaciones-internacionales/Auxilio-judicial-internacional/Prontuario/, última consulta efectuada el 15 de noviembre de 2021.

413 Al respecto, NORES TORRES, L. E. (2022-a), *op. cit.*, pp. 45 y ss.

99.2.– Por otro, con carácter general, la vía que habitualmente se instrumenta para llevar a cabo la cooperación es la de la comisión rogatoria dirigida a las autoridades del Estado requerido, que se suele tramitar recurriendo a la intervención de las autoridades centrales o, en su caso, a la vía diplomática; asimismo, no resulta extraño que se prevea la práctica de las actuaciones por medio de la intervención de los agentes diplomáticos o consulares que se encuentren en el país requerido.

2.1.2. *Las normas comunitarias*

100.– El interés comunitario por la colaboración judicial ha acompañado a sus instituciones prácticamente desde los orígenes de las mismas hasta nuestros días, seguramente por la relevancia que tiene la materia como instrumento que facilita el correcto funcionamiento del mercado interior[414], pues una de las «barreras invisibles» que dificultan la integración es la existencia de entornos jurídicos diferenciados en distintos ámbitos clave, entre ellos, el procesal[415]. En este sentido, ya el art. 220 del propio tratado constitutivo de 1957 instaba a los Estados miembros a que actuasen para asegurar a sus nacionales la simplificación de las formalidades a que están sometidos el reconocimiento y la ejecución recíprocos de las decisiones judiciales y de los laudos arbitrales, si bien lo hacía desde una perspectiva muy general. Y esa fórmula se ha seguido manteniendo y ampliando, hasta nuestros días[416]. Así, en el art. 81 del Tratado de Funcionamiento de la Unión Europea (versión consolidada) no solo se mantiene el objetivo, sino que se recogen diferentes medidas funcionales al mismo, entre ellas, la cooperación en la obtención de pruebas, lo que no es sino reflejo del «protagonismo

---

414 VILLAMARÍN LÓPEZ, M.ª L. (2005), *op. cit.*, p. 53.

415 MOREIRO GONZÁLEZ, C. J. (2019), "Un marco jurídico más eficiente para la cooperación judicial en la UE", *Revista Española de Relaciones Internacionales*, nº 10, p. 12.

416 VILLAMARÍN LÓPEZ, M.ª L. (2005), *op. cit.*, pp. 53 y ss.

estelar» alcanzado por las cuestiones de cooperación judicial internacional[417].

101.– En este marco apenas descrito se inscribían dos instrumentos comunitarios relevantes como el Reglamento (CE) 1348/2000, de 29 de mayo, sobre notificaciones y traslado de documentos —sustituido por el Reglamento (CE) 1393/2007, de 13 de noviembre, cuyo lugar, a su vez, hoy ocupa el Reglamento (UE) 2020/1784, de 25 de noviembre— y el Reglamento (CE) 1206/2001, de 28 de mayo, relativo a la cooperación entre los órganos jurisdiccionales de los Estados miembros en el ámbito de la obtención de pruebas en materia civil o mercantil, cuyos objetivos se relacionaban con incrementar la eficacia de la cooperación entre los países miembros en este terreno, incidiendo en la celeridad y simplificación de las actuaciones a seguir[418].

101.1.– Estos objetivos se intentaban lograr, de entrada, a través de los sistemas ideados para llevar a cabo la obtención de prueba: por un lado, la solicitud directa entre órganos, aunque admitiendo el recurso a un «órgano central»; por otro, la realización directa de la prueba. Asimismo, también debería ayudar a su consecución, el establecimiento de unos plazos ágiles para la tramitación, los cuales, además, se concretan, superando las limitaciones que en este punto se advierten en el Convenio de La Haya donde, genéricamente, se recoge el carácter «urgente» de las actuaciones, pero sin establecer ulteriores precisiones sobre los plazos exigibles en ningún

---

417 DIAGO DIAGO, M.ª P. (2003), *op. cit.*, p. 42.

418 DIAGO DIAGO, M.ª P. (2003), *op. cit.*, p. 50; HERRERA PETRUS, C. (2005), *La obtención internacional de prueba. Asistencia jurisdiccional en Europa*, Bologna, RCE, pp. 168 y ss.; VILLAMARÍN LÓPEZ, M.ª L. (2005), *op. cit.*, p. 77; YBARRA BORES, A. (2012), "La práctica de la prueba en materia civil y mercantil en la UE en el marco del Reglamento 1206/2001 y su articulación con el derecho español", *Cuadernos de Derecho Transnacional*, vol 4, nº 2, p. 250; NORES TORRES, L. E. (2022-b), "El Reglamento (UE) 202/1783 sobre obtención de pruebas en el extranjero y su traslación al proceso laboral", *Revista Internacional y Comparada de Relaciones Laborales y Derecho del Empleo*, vol. 10, nº 2, pp. 66 y ss.

momento. En fin, el hecho de que el Reglamento proporcionase los diferentes formularios que puedan resultar necesarios para llevar a cabo este tipo de actuaciones también debería facilitar enormemente la tramitación de las solicitudes.

101.2.– Ahora bien, no es menos cierto que el Reglamento presentaba ciertas insuficiencias identificadas por la Comisión en 2017 al evaluar la adecuación de esta normativa. En este sentido, el informe elaborado detectó ciertas prácticas «anacrónicas»[419] y se mostró especialmente crítico con el hecho de que el contacto entre los diferentes órganos implicados se efectuase casi exclusivamente en papel, lo que repercute negativamente en el coste y en la eficacia de las diligencias a practicar, así como con la escasa utilización de las videoconferencias cuando las mismas presentan una enorme utilidad en este terreno[420].

102.– Ello condujo a que se presentase una propuesta modificativa del Reglamento en el año 2018 que ha culminado con la aprobación del Reglamento (UE) 2020/1783, de 25 de noviembre, sobre cooperación en la obtención de pruebas en el ámbito civil y mercantil que refundió el texto originario de 2001 y sus modificaciones e introdujo ciertos aspectos nuevos que afectan, de manera singular, a tres aspectos clave. El primero de ellos sería el relativo a la obligatoriedad de la transmisión electrónica, a cuya implantación responde el art. 7 del texto vigente, así como las previsiones contenidas en los arts. 25 y ss. del actual Reglamento. El segundo aspecto a destacar sería el relacionado con el impulso dado a la obtención directa de pruebas por videoconferencia, materia a la que se destina un precepto en el nuevo Reglamento, en concreto, el art. 20. En fin, el tercer aspecto clave en el que incidió el Reglamento

---

[419] MOREIRO GONZÁLEZ, C. J. (2019), *op. cit.*, p. 13.

[420] Al respecto, *vid.* las referencias incluidas en la Propuesta de modificación del Reglamento presentada por la Comisión en mayo de 2018 COM (2018) 378 final.

de 2020 es el relativo al refuerzo dispensado a las pruebas digitales, especialmente, mediante la previsión contenida en el art. 8 en el que se proscribe que se denieguen efectos jurídicos a los documentos que se transmitan por el sistema informático descentralizado por el mero hecho de constar en formato electrónico.

103.– El objeto del Reglamento no ha variado en las dos versiones (2001 y 2020) y sigue siendo el de regular la cooperación entre órganos jurisdiccionales de los Estados miembros en el terreno de la obtención de pruebas en materia civil o mercantil, resultando, en consecuencia, su ámbito de aplicación limitado.

103.1.– En efecto, de entrada, nótese que el Reglamento trata de dar respuesta a los casos en los que un órgano jurisdiccional de un Estado miembro, de conformidad con su propio ordenamiento, solicita bien que un órgano de otro Estado miembro practique diligencias de obtención de pruebas, bien realizarlas directamente en dicho Estado. Así pues, se trata de un instrumento que presenta un alcance aplicativo meramente «intracomunitario»[421].

103.2.– En segundo lugar, tal y como se extrae de su título y se señala de manera expresa en el art. 1, debe subrayarse que las previsiones del Reglamento sobre cooperación resultan aplicables tan solo en materia civil o comercial, sin que se den mayores precisiones al respecto. Así las cosas, resulta útil recurrir a la jurisprudencia comunitaria dictada al hilo de una expresión análoga presente en el Convenio de Bruselas de 1968[422]. Y, en este terreno, el TJUE tiene señalado que dicha referencia tiene un «carácter autónomo» y que para la interpretación del concepto "*procede referirse, por una parte, a los objetivos y al sistema del Convenio y, por otra parte, a los principios generales que se deducen de todos los sistemas jurídicos nacionales y no*

421 HERRERA PETRUS, C. (2005), *op cit.* p. 175; YBARRA BORES, A. (2012), *op. cit.*, p. 252

422 Así, VILLAMARÍN LÓPEZ, M.ª L. (2005), *op. cit.*, p. 63; en el mismo sentido, YBARRA BORES, A. (2012), *op. cit.*, p. 252.

remitirse al Derecho de uno cualquiera de los Estados interesados"[423]. Con todo, parece claro que las cuestiones laborales derivadas del contrato de trabajo quedarían integradas, atendiendo a una interpretación amplia del Derecho Civil, algo común en el espacio comunitario. Una conclusión diversa habrá que sostener respecto la Seguridad Social por coherencia con otras materias que están excluidas como la fiscal o la administrativa[424].

103.3.– En fin, tal y como he avanzado, el Reglamento contempla dos sistemas o mecanismos diversos para la obtención de la prueba: por un lado, la solicitud que un órgano jurisdiccional de un Estado miembro dirige a otro órgano jurisdiccional de un país también miembro de la Unión Europea; por otro, la realización de las actuaciones oportunas por parte de un órgano jurisdiccional de un Estado miembro en otro Estado miembro[425].

2.1.3. La normativa española sobre cooperación jurídica internacional

104.– La atención dispensada por la normativa española de alcance meramente interno a la cooperación jurídica «internacional», en general, y a la prueba de este tipo, en particular, ha sido tradicionalmente escasa e insuficiente. En este sentido, la doctrina venía tildando el régimen recogido en nuestras normas procesales de «heterogéneo, inadecuado y desfasado»[426], así como «disperso», «anacrónico», «extemporáneo» y «carente de utilidad», lo que re-

---

423 SsTJUE de 14 de octubre de 1976, asunto LTU Lufttransportunternehmen GmbH & Co. KG, C-29/1976, de 22 de febrero de 1979, asunto Gourdain, C-133/1978, de 16 de diciembre de 1980, asunto Rüffer, C-814/1979, de 21 de abril de 1993, asunto Sonntag, C-53/1993 y de 14 de noviembre de 2002, asunto Baten, C-271/2000.

424 VILLAMARÍN LÓPEZ, M.ª L. (2005), *op. cit.*, p. 65.

425 Al respecto, me remito al análisis efectuado en NORESTORRES, L. E. (2022-a), *op. cit.*, pp. 77 y ss.

426 RODRÍGUEZ BENOT, A. (2016), "La ley de cooperación jurídica internacional en materia civil", *Cuadernos de Derecho Transnacional*, marzo, vol. 8, nº 1, p. 235.

percutía en una notable merma de la seguridad jurídica[427]. En efecto, hasta la aprobación de LCJI, el régimen jurídico aplicable en el caso de la prueba se contenía sucintamente en los arts. 276 a 278 LOPJ y en el art. 177 LEC, que resolvían muy pocas cuestiones sobre la materia.

105.– En este contexto normativo, en 2015, apareció la LJCI, la cual ya se había anunciado por la D.F. 20ª LEC. La norma trata de colmar las insuficiencias y vacíos que en el pasado existían en la materia y lo hace asumiendo la influencia de las previsiones existentes en el plano supranacional. La aprobación de la Ley vino precedida por la modificación de la LOPJ[428] ese mismo año que, en lo que ahora interesa, reformó las previsiones contenidas en los arts. 276 a 278 LOPJ. En todo caso, la LCJI no ha alterado el marco descrito en líneas anteriores, pues la misma sigue siendo subsidiaria de las previsiones contenidas en el derecho comunitario y en los textos internacionales apenas citados, según indica su art. 2. Así pues, la norma se aplica a los casos no cubiertos por tales disposiciones y en el mismo ámbito de las relaciones jurídicas, esto es, la materia civil y mercantil, eso sí, entendida en un sentido amplio, como derecho privado en general[429], inclusivo de la materia laboral[430].

105.1.– Ahora bien, en realidad, la inclusión de la materia laboral es de carácter limitado, como se deduce del art. 1.2 LCJI al aludir este precepto tan solo a «los contratos de trabajo». Así las cosas,

---

427 FONT I SEGURA, A. (2017), *op. cit.*, p. 39.

428 Ley Orgánica 7/2015, de 21 de julio, que modificó, entre otros, los arts. 276 a 278 LOPJ anteriormente mencionados.

429 RODRÍGUEZ BENOT, A. (2016), *op. cit.*, p. 236.

430 JIMÉNEZ FORTEA, F. J. (2019), "La cooperación internacional española en materia civil y mercantil: aspectos generales", en Jiménez Fortea, F. J. (Coord.), *La cooperación jurídica internacional civil y mercantil española más allá de la UE*, Valencia, Tirant lo Blanch, p. 27; PARDO IRANZO, V. (2019), "Cooperación jurídica internacional en material civil: problemática general tres años y medio después de la entrada en vigor de la Ley 29/2015", *Revista General de Derecho Procesal*, nº 48, p. 6/42

por ejemplo, las cuestiones relacionadas con la Seguridad Social quedarían al margen, pues ni son derecho «privado», ni se pueden entender integradas en la referencia a los contratos de trabajo[431].

105.2.– Por otra parte, hay quien incluso ha ido más lejos y ha excluido también la materia colectiva (derechos de representación de los trabajadores, negociación colectiva, etc.)[432], un criterio que no comparto en la medida en que las normas procesales la alusión a los conflictos relacionados con el contrato de trabajo suele hacer referencia a los aspectos individuales y colectivos, como evidencia el art. 9.5 LOPJ o el art. 1 LRJS.

106.– Al margen de lo anterior, hay dos caracteres de la Ley que deben ser destacados[433]. El primero, ya presente en la LOPJ, consiste en la superación del típico principio de «reciprocidad» por medio de la formulación en el art. 3 del principio general de «cooperación», en línea con las tendencias doctrinales modernas que abogan por el cambio de rol en la materia, pasando de la consideración de los actos de cooperación como actos de cortesía hasta configurarlos como expresión de un auténtico deber de prestar asistencia para facilitar el funcionamiento de la justicia[434]. El segundo sería el relativo a la agilización de los procedimientos de cooperación por medio de la regulación que la norma dispensa de los mismos. En fin, el contenido de la Ley va más allá de los aspectos tradicionales en la cooperación en la obtención de pruebas[435], alcanzando cuestiones tan variadas como los actos de notificación y traslado de documen-

---

431 Así, aunque en referencia al Reglamento de la Unión Europea 2020/1783, VILLAMARÍN LÓPEZ, M.ª L. (2005), *op. cit.*, p. 65.

432 FONT I SEGURA, A. (2017), *op. cit.*, p. 50.

433 RODRÍGUEZ BENOT, A. (2016), *op. cit.*, p. 238; FONT I SEGURA, A. (2017), *op. cit.*, pp. 67 y ss.; JIMÉNEZ FORTEA, F. J. (2019), *op. cit.*, p. 30; PASCUAL SERRATS, R. (2019), *op. cit.*, p. 125.

434 GOICOECHEA, I. (2016), *op. cit.*, p. 131; FONT I SEGURA, A. (2017), *op. cit.*, pp. 71 y ss.

435 RODRÍGUEZ BENOT, A. (2016), *op. cit.*, p. 235.

tos judiciales y extrajudiciales, la prueba del derecho extranjero, la litispendencia y conexidad internacionales, el reconocimiento y ejecución de resoluciones judiciales y documentos públicos extranjeros o el exequátur, si bien, a los efectos aquí apuntados, el interés reside sobre todo en los primeros, donde la LCJI regula de forma diferenciada dos grandes situaciones; la obtención de pruebas por las autoridades españolas en el extranjero y la obtención de pruebas en España por órganos extranjeros.

2.2. Los problemas derivados de su traslación al proceso laboral

107.– A pesar de que la normativa mencionada resulta aplicable a los conflictos laborales —o, por lo menos, según se ha visto en líneas anteriores, a los conflictos derivados del contrato de trabajo—, las previsiones existentes y los estudios doctrinales publicados sobre la materia toman como referente la regulación del proceso civil, sin tener en cuenta las singularidades que presenta el proceso laboral en cuanto a su desarrollo, lo que ocasiona ciertas dificultades interpretativas o aplicativas adicionales a una materia que ya resulta de por sí bastante compleja[436].

2.2.1. La proposición de su práctica: iniciativa y momento

108.– En este sentido, de entrada, surge la duda relativa a si resulta necesaria su proposición por la parte o se decide de oficio por el órgano jurisdiccional que esté conociendo del asunto, así como la de cuándo debe efectuarse la propuesta o adoptarse la decisión, esto último desde dos perspectivas diferentes como son, por un lado, la del momento procesal oportuno y, por otro, la relativa a la posibilidad de que se plantee como un acto preparatorio del proceso, bien como diligencia preliminar, bien como prueba anticipada. El punto de partida para resolver estos interrogantes podrían ser

---

[436] NORES TORRES, L. E. (2022-a), *op. cit.*, pp. 111 y ss.

los arts. 82.3, 87.1 y 90.3 LRJS de conformidad con los cuales, en el proceso laboral, las pruebas se proponen el mismo día del juicio, salvo aquellas que exijan de desplazamiento del órgano o diligencias de citación o requerimiento, pues estas últimas deben proponerse (generalmente) con una antelación mínima de cinco días. Así pues, los preceptos procesales mencionados no arrojan demasiada luz sobre las dudas planteadas ni en lo relativo al sujeto responsable, ni en cuanto a los aspectos de carácter temporal.

109.– En efecto, por lo que respecta a la proposición, los artículos mencionados presuponen el carácter rogado de la actividad probatoria, luego todo apunta a que debería ser la parte interesada en su práctica la encargada de tal cuestión. Ciertamente, no estamos en puridad ante una proposición de prueba, sino ante la manera de llevarla a cabo. Aun así, a la solución señalada se ha llegado por parte de la doctrina científica en el ámbito del proceso civil por medio del recurso a las previsiones que regulan las actuaciones relativas al auxilio judicial interno.

109.1.– En este sentido, algunas autoras han argumentado sobre la base del art. 429.5 LEC que, en el marco de la audiencia previa del proceso declarativo ordinario, tras disponer que las partes indiquen qué testigos y qué peritos se comprometen a presentar el día del juicio y cuáles deben ser citados por el órgano jurisdiccional, exige también que dichos sujetos señalen qué declaraciones e interrogatorios consideran que deben realizarse recurriendo al auxilio judicial[437]. Y seguramente sea lo más acertado, no sólo para facilitar la labor del órgano jurisdiccional, advirtiéndole de la presencia de elementos de extranjería en la actividad probatoria, sino, sobre todo, de cara a un eventual recurso ulterior por la vía de las in-

---

437 MARTÍN ÁLVAREZ, S. (2005), "El ámbito de aplicación del Reglamento comunitario sobre obtención de pruebas: algunas cuestiones controvertidas", *UNED. Boletín de la Facultad de Derecho.*, nº 27, pp. 272-273, en nota; VILLAMARÍN LÓPEZ, M.ª L. (2005), *op. cit.*, pp. 87-88.

fracciones procedimentales que hayan generado indefensión donde sabido es que para que prospere se exige que la parte que la invoca haya tenido una correcta conducta procesal y actuado con diligencia. Todo ello, por supuesto, sin perjuicio de que el órgano pueda adoptar estas decisiones de oficio.

109.2.– Por otra parte, los pronunciamientos judiciales consultados nos ponen sobre la pista de que así se funciona en la práctica judicial. En efecto, al respecto, la base fáctica de las sentencias del Tribunal Constitucional citadas al inicio de este bloque (*supra*, 94)[438] dan cuenta de cómo han sido las partes en los correspondientes procesos de los que traen causa las sentencias quienes instaron de los órganos competentes la tramitación de las oportunas comisiones rogatorias. Igualmente, en el ámbito comunitario, el TJUE parece alinearse en la doble posibilidad apuntada, es decir, que cabe su adopción de oficio o a instancia de parte; por lo menos, así lo ha manifestado al resolver una cuestión prejudicial planteada desde Bélgica relacionada con la obligatoriedad o no de recurrir al Reglamento para practicar una determinada prueba pericial[439].

109.3.– En fin, con independencia de lo anterior, téngase en cuenta que la intervención o «compromiso» de las partes es superior al que inicialmente pudiera parecer y deben asumir un papel ciertamente activo como, por ejemplo, podría ser presentar las preguntas a formular, así como su correspondiente traducción cuando ello sea preciso[440].

110.– Las previsiones generales sobre los aspectos temporales contenidas en la LRJS y que se acaban de mencionar se presentan claramente insuficientes y carentes de efectividad en estos asuntos. Así, en relación con el momento procesal oportuno, al encontrar-

---

438 SsTC 10/200, de 17 de enero y 208/2007, de 24 de septiembre.

439 STJUE de 21 de febrero de 2013, asunto Pro Rail BV, C-332/11.

440 Al respecto, *vid.* Auto AP de Madrid de 15 de noviembre de 2007, AC\2007\2316.

nos ante pruebas que van a exigir bien del desplazamiento del órgano jurisdiccional o de diligencias de citación o requerimiento, la exigencia de que se propongan con una antelación mínima de cinco días resulta a todas luces insuficiente para resolver la cuestión, lo que, con toda probabilidad, determinará la suspensión del juicio, si no se realiza con una mayor antelación.

110.1.– Así se opera en el ámbito del proceso civil: aunque en el juicio declarativo ordinario esto se plantea en la audiencia previa —lo que proporciona un mayor margen de actuación—, en el caso del juicio verbal —más próximo al proceso laboral—, su diversa tramitación conduce a que la práctica de estas diligencias determine necesariamente la suspensión de la vista, de acuerdo con el art. 193.1.2° LEC[441].

110.2.– Ello induce a plantear, en el terreno de las propuestas de *lege ferenda*, la necesidad de buscar una solución diversa que se presente mucho más respetuosa con los principios de concentración y celeridad que deben inspirar y regir el procedimiento laboral[442].

2.2.2. La elección del mecanismo de colaboración oportuno

111.– A partir de ahí, que se recurra a unos mecanismos u otros va a depender del caso concreto y del tipo de prueba practicada. Y no me refiero al instrumento normativo que se vaya a emplear, pues eso no es totalmente disponible para las partes[443], sino dentro de

441 VILLAMARÍN LÓPEZ, M.ª L. (2005), *op. cit.*, p. 89.

442 En esta línea, con referencia al juicio verbal de la LEC, VILLAMARÍN LÓPEZ, M.ª L. (2005), *op. cit.*, p. 104.

443 Así, tal y como destaca PASCUAL SERRATS, R. (2019), *op. cit.*, p. 123, en principio, si se trata de países miembros de la UE habrá que estar a los mecanismos presentes en el Reglamento comunitario 2020/1783; si se trata de países que hayan ratificado el Convenio de la Haya de 1970 o la Convención de Panamá de 1975, la sujeción será a las previsiones de tales instrumentos; en tercer lugar, habrá que comprobar si existe o no un convenio bilateral; por último, de modo subsidiario a todas las previsiones anteriores, estaremos al

cada «sistema», el mecanismo específico de los diferentes que abre cada instrumento normativo (Comisión Rogatoria, práctica directa, desplazamiento etc.). Al respecto, tanto a la hora de decidir recurrir a la cooperación o no, como en la concreción del mecanismo específico, seguramente se valorarán extremos tales como le necesidad de la práctica de la prueba, la repercusión que su práctica pueda tener en el proceso principal, los factores económicos[444] y, desde luego, el tipo de prueba de que se trate.

112.– En el caso de estar ante pruebas documentales, podemos encontrarnos con diferentes situaciones que vienen determinadas en función de en qué sujetos obren los documentos cuya aportación se requiere.

112.1.– De entrada, obviamente si obran en poder de la parte proponente, ésta los podrá aportar al juicio sin mayor dificultad, por lo que no resultará necesario recurrir a ningún mecanismo de colaboración. Asimismo, si obrasen en poder de la otra parte, a mi juicio, tampoco resultará necesario recurrir a ninguno de los mecanismos de cooperación analizados, pues sobre tales sujetos pesa un deber de colaborar que, además, se ve reforzado por los riesgos de que se aplique la *ficta confessio* del art. 94.2 LRJS, sin que dicha medida se pueda considerar incluido entre los mecanismos compulsivos vetados en la obtención directa de pruebas en el extranjero por los instrumentos jurídicos analizados, ya que se trata de una consecuencia «endoprocesal» y no de una verdadera compulsión. En esta línea parece moverse el TJUE, si bien al hilo del interrogatorio de parte, como se verá en breve.

112.2.– Ahora bien, si los documentos obrasen en poder de terceros, sean sujetos públicos o privados, al margen de los que de-

régimen de la LCJI, eso sí, teniendo en cuenta la normativa del país requerido, pues en las solicitudes de colaboración dirigidas a los mismos, tal normativa será la decisiva.

444 VILLAMARÍN LÓPEZ, M.ª L. (2005), *op. cit.*, p. 88.

bieran aportar las propias partes, para requerir su aportación será necesario recurrir a la cooperación; y seguramente, por lo menos en los casos en que incluyan informaciones y datos «protegidos», lo más adecuado sea acudir a los mecanismos que implican la intervención de las autoridades extranjeras, ya que son las únicas que van a poder compeler al tercero en el cumplimiento.

113.– Por lo que respecta al interrogatorio de parte, una vez propuesta y admitida esta prueba, sobre estos sujetos pesa el deber de comparecer ante el órgano jurisdiccional, con independencia de donde se encuentren y existe una medida que apuntala la efectividad del deber como es la previsión contenida en el art. 91.2 LRJS, esto es, la posibilidad de que el órgano jurisdiccional recurra a la *ficta confessio*. Así pues, lo más sencillo en este caso sería recurrir a la citación directa de los sujetos en cuestión.

113.1.– Este proceder no supone una vulneración ni del Convenio de la Haya de 1970, ni del Reglamento comunitario sobre la materia, como ha resaltado el TJUE en algún pronunciamiento[445]. Así, la sentencia citada indica que se trata de algo no regulado, por lo que nada impide hacerlo. Por otra parte, también destaca que tal manera de proceder, además, proporciona al órgano actuante la posibilidad no solo de preguntar a la parte directamente, sino también de confrontarla con la declaración de las otras partes o testigos eventualmente presentes en el acto, y de comprobar por sí mismo, en su caso, mediante preguntas adicionales la credibilidad del testimonio. Asimismo, también pone de relieve lo aquí apuntado, esto es, la posibilidad de deducir las consecuencias previstas en el derecho nacional por incomparecencia injustificada[446]. En fin, no está de más destacar que entre los argumentos esgrimidos por el tribunal en esta sentencia se encuentran, por un lado, el hecho de que el objetivo del Reglamento comunitario consiste en la ob-

---

445 STJUE de 6 de septiembre de 2012, asunto Lippens, C-170/11.

446 STJUE de 6 de septiembre de 2012, asunto Lippens, C-170/11.

tención simple, eficaz y rápida de la prueba, sin que las actuaciones deban conducir a un innecesario alargamiento de los procedimientos nacionales; por otro lado, el relativo a que el tratamiento que dispensa el Reglamento no tiene un carácter exhaustivo, sino que tan solo persigue facilitar la obtención de la prueba, lo que no impide el recurso a otros instrumentos que persigan el mismo objetivo, como corroboraba en ese momento el art. 21 y hoy el art. 29.

113.2.– Ahora bien, debe tenerse en cuenta que el art. 169.4 LEC prevé que cuando por la distancia, dificultad del desplazamiento o las circunstancias personales de la parte, del testigo o del perito, resulte imposible o muy gravosa la comparecencia de las personas citadas en la sede del órgano jurisdiccional, se podrá solicitar el auxilio judicial. Pues bien, este criterio, fijado para las solicitudes de auxilio interno, debe ser empleado también para los supuestos de cooperación internacional en la práctica de la prueba[447]. A partir de ahí, lo más sencillo sería el recurso a los mecanismos que implican una intervención directa, empleando en la ejecución la videoconferencia. Esta intervención directa facilita la práctica de la prueba y su incorporación al proceso, pues la normativa aplicable sería la española. Si no fuese posible y hubiese que recurrir a los mecanismos que implican la actuación de los órganos del Estado requerido, en todo caso, debería hacerse uso de la posibilidad de solicitar la aplicación de «los procedimientos especiales propios», a efectos de sustituir la remisión de las preguntas, por el interrogatorio «libre» y, nuevamente, apoyándose en el recurso a la videoconferencia.

114.– Una problemática un tanto diversa plantea el interrogatorio de testigos, pues, por lo pronto, aquí no rige la *ficta confessio*, por lo que no existe un «incentivo» efectivo para lograr su comparecencia. Por otra parte, debe tenerse en cuenta que las previsiones del art. 169.4 LEC, recién apuntadas, también son aplicables en la práctica de esta prueba.

---

[447] MARTÍN ÁLVAREZ, S. (2005), *op. cit.*, p. 275.

114.1.– Así las cosas, en estos casos, al margen de los supuestos en los que el testigo pudiese comparecer de manera voluntaria, resultará necesario recurrir a los mecanismos previstos en los diferentes instrumentos normativos señalados. Y entre ellos, el recurso a aquellos que implican la intervención directa del órgano requirente, empleando en la ejecución la videoconferencia, se presentan como los más apropiados y respetuosos con los principios propios del proceso laboral. Y es que, claramente, con ello se salva la oralidad, la inmediación, la concentración y la celeridad.

114.2.– Ahora bien, el testigo, si es nacional de otro Estado, no tiene la obligación de comparecer; de hecho, ni siquiera pesa sobre él la posibilidad de que se le imponga una multa por no colaborar con el órgano jurisdiccional[448], lo que puede conducir a que se decida recurrir a los otros mecanismos de cooperación. En tales casos, al igual que en el interrogatorio de parte, debería hacerse uso de la posibilidad de solicitar la aplicación de «los procedimientos especiales propios», a efectos de sustituir la remisión de las preguntas, por el interrogatorio «libre» y, nuevamente, apoyándose en la utilización de la videoconferencia.

115.– Por lo que respecta a la prueba pericial, en principio, no debería suscitar mayores problemas: la designación del perito es libre por cada una de las partes. Así pues, la parte proponente se encargará de que el perito designado, esté en España o en el extranjero, comparezca el día del juicio, sin necesidad de recurrir a la colaboración jurisdiccional, lo que no supone una vulneración del Reglamento comunitario, ni, seguramente, del Convenio de La Haya de 1970[449].

---

448 MARTÍN ÁLVAREZ, S. (2005), *op. cit.*, p. 275.

449 Al respecto, *vid.* la STJUE de 21 de febrero de 2013, asunto Pro Rail BV, C-322/11.

115.1.– Ciertamente, también aquí resulta aplicable el art. 169.4 LEC, lo que justificaría que, por hipótesis —pues no parece que se vaya a plantear en la realidad—, se pudiese practicar esta prueba recurriendo a la cooperación judicial, especialmente, valiéndose de los medios telemáticos.

115.2.– Por otra parte, cabe pensar en que el peritaje tuviese que efectuarse necesariamente en el extranjero —no ya, simplemente, que el perito se encuentre allí—. Al respecto, el TJUE ha remarcado dos cosas de relevancia[450]: por un lado, al igual que ha señalado al hilo de la prueba de interrogatorio de parte, resulta posible obtener la prueba al margen de las previsiones del Reglamento; ahora bien, por otro lado, si afectase al ejercicio de poder público (por ejemplo, en función de las circunstancias del lugar al que, por hipótesis, se deba acceder), será necesario recurrir a los mecanismos arbitrados en dicho instrumento normativo.

2.2.3. Algunas dificultades adicionales

116.– Las dificultades aplicativas que se derivan de la traslación al proceso laboral de las previsiones sobre cooperación judicial en la obtención de pruebas no finalizan en los aspectos referidos en líneas anteriores, sino que existen otras cuestiones también relevantes que no encuentran siempre una respuesta sencilla y que merecen ser por lo menos apuntadas.

117.– En este sentido, una primera cuestión a plantearse es la relativa al modo en que se incorporan en el proceso las pruebas practicadas u obtenidas por las autoridades extranjeras a resultas de las peticiones cursadas por los órganos jurisdiccionales españoles.

---

[450] La cita es, de nuevo, a la STJUE de 21 de febrero de 2013, asunto Pro Rail BV, C-322/11.

117.1.– Al respecto, las previsiones contenidas en las normas internacionales y comunitarias son muy limitadas, pues tales disposiciones solo aluden a la labor que debe desplegar el órgano requerido. En efecto, en este sentido, en art. 13 del Convenio de La Haya de 1970 sobre obtención de pruebas en el extranjero se limita a indicar la necesidad de que la autoridad requerida remita a la requirente, por la misma vía que ésta hubiese utilizado, los documentos en que se haga constar la ejecución de la carta rogatoria; por su parte, el art. 18 del Reglamento (UE) 2020/1783, de 25 de noviembre, se mueve en unos términos igual de parcos, ya que tan solo indica que, una vez ejecutada la solicitud, el órgano jurisdiccional requerido transmitirá con la mayor brevedad al órgano requirente los documentos que lo confirmen, así como que procederá a devolverle los documentos que, en su caso, hubiese recibido de éste. Ello va en línea de lo que se prevé en nuestro derecho interno respecto el auxilio judicial entre órganos judiciales españoles, donde el art. 174 LEC ordena que se comunique el resultado al exhortante por medio de sistema informático o cualquier otro sistema que garantice la constancia de la recepción. Ahora bien, este precepto, además, añade que las actuaciones de auxilio judicial practicadas se remitan por correo certificado o se entreguen al litigante o al Procurador a quien se le hubiese encomendado la gestión del exhorto, quienes las presentarán ante el órgano exhortante dentro de los diez días siguientes. Los instrumentos internacionales analizados no contienen una previsión análoga, algo en principio lógico, pues tan solo tendría sentido en aquellos casos en que se hubiese solicitado y producido la intervención de las partes en la práctica de la prueba. No obstante, en el supuesto de producirse dicha intervención, cabría entender trasladable la previsión comentada por medio del mecanismo de solicitar al órgano requerido aplicar procedimientos especiales del ordenamiento del órgano requirente, una posibilidad recogida en los diferentes instrumentos internacionales analizados según se ha comprobado.

117.2.– En todo caso, una vez recibido el resultado, será necesario proceder a incorporar las diligencias practicadas en los autos correspondientes al procedimiento del que traen causa. Esta labor, en nuestro sistema procesal, corresponde al Letrado de la Administración de Justicia, según se deriva del art. 545 LOPJ. Asimismo, parece necesaria su comunicación a las partes, algo especialmente importante en el caso de que no hayan tenido la posibilidad de intervenir en la práctica probatoria de que se trate[451]. La finalidad de la comunicación se encamina a que puedan alegar lo que a su derecho convenga, algo que se puede producir, según la doctrina, en dos momentos diversos en función de que las diligencias se hayan practicado antes del juicio —en cuyo caso, también se incorporan antes del inicio para que las partes las conozcan y puedan alegar— o lleguen una vez iniciado —en cuyo caso, se suspende para la incorporación, concediéndoles la indicada facultad tras la reanudación[452]. Esta solución no acaba de casar bien en el caso del proceso laboral por su diversa articulación. El silencio normativo apunta a que, con independencia del momento en que se incorporen, las eventuales alegaciones deberán formularse el día del juicio, sin perjuicio de que, en función de las circunstancias, procediese solicitar una eventual suspensión de la vista. Por lo demás, y ahora ya al margen de que se trate de la jurisdicción laboral o la civil, todo ello debería matizarse en aquellos casos en los que las actuaciones se hayan llevado por el propio órgano requirente y con intervención de las partes. En este sentido, piénsese en un interrogatorio efectuado en el extranjero por un juez español y con presencia de las partes o que se haya recurrido a la videoconferencia, pues en tales circunstancias habrá que estar al régimen habitual.

---

451 VILLAMARÍN LÓPEZ, M.ª L. (2005), *op. cit.*, p. 131; YBARRA BORES, A. (2012), *op. cit.*, p. 26.

452 Al respecto, VILLAMARÍN LÓPEZ, M.ª L. (2005), *op. cit.*, p. 131; en la misma línea, YBARRA BORES, A. (2012), *op. cit.*, p. 264.

118.– Al hilo de lo anterior, surge una segunda cuestión de relevancia como es la relativa a una eventual impugnación de las actuaciones seguidas o de los resultados obtenidos, según el caso.

118.1.– Al respecto, como ha denunciado la doctrina[453], debe tenerse en cuenta que el Reglamento no afronta cómo pueden las partes poner de manifiesto eventuales irregularidades en la ejecución de la diligencia, ya sea por contravenirse las previsiones normativas en la ejecución, ya sea por incumplir lo que se haya solicitado. A mi juicio, seguramente ello se deba a que se considera como una cuestión de alcance básicamente interno que debe ser abordada en la legislación de cada país, si bien ello no resulta del todo cierto.

118.2.– Así las cosas, la posible respuesta se presenta algo compleja, por lo menos en los casos en que actúe el órgano requerido, pues en aquellos en que el órgano requirente intervenga de forma directa en el extranjero o por medio de videoconferencia las dificultades se difuminan. La vía para solventar los primeros, según ha destacado con agudeza la doctrina[454], debe hacerse depender de dos factores: por un lado, que las partes hayan tenido la posibilidad de intervenir en la ejecución de la comisión rogatoria; por otro, que el derecho nacional del órgano requerido imponga la obligación de denunciar o impugnar las irregularidades en el momento de producirse. En consecuencia, todo apunta a que, si las partes han podido intervenir en la práctica de las pruebas y el derecho nacional del órgano requerido introduce el deber indicado, tales sujetos tendrían que poner de manifiesto la irregularidad en el momento de producirse[455]. A mi juicio, a idéntica solución habría que llegar cuando, sin estar previsto en el derecho del órgano requerido, el órgano español requirente haya incorporado en la solicitud, vía procedimiento especial a aplicar por el requerido en la ejecución, esta po-

---

453 VILLAMARÍN LÓPEZ, M.ª L. (2005), *op. cit.*, pp. 123 y 131.

454 *Ibidem*.

455 *Ibidem*.

sibilidad. Todo ello sin perjuicio de que en caso de que no prospere puedan reiterar su petición cuando se incorporen las actuaciones al proceso seguido en España. Esta última será la solución, por lo demás, cuando el órgano requerido no haya dado a las partes la posibilidad de intervenir o su ordenamiento procesal no imponga/admita la impugnación o la protesta[456].

119.– En fin, una última dificultad aplicativa en la que detenerse es la relacionada con el régimen de gastos, pues aquí las previsiones procedentes de las normas supranacionales y comunitarias, así como las derivadas de la LEC pueden generar ciertas fricciones en el momento de trasladarlas al proceso laboral.

119.1.– En efecto, la solución más extendida en los instrumentos internacionales analizados suele ser la de que la cooperación dispensada no genere el derecho al reembolso de gastos o tasas, salvo excepciones, normalmente relacionadas con la intervención de expertos/peritos e intérpretes, o los derivados de la aplicación de procedimientos especiales. Al respecto, salvo en el caso de la Convención de Panamá, donde se imputan a los interesados, ésa es la respuesta que se proporciona en el Convenio de La Haya, donde el art. 14 se mueve en dicha dirección o, en líneas generales, en los convenios bilaterales suscritos por España, así como en el ámbito comunitario, donde el art. 22 del Reglamento recoge tal solución, permitiendo al órgano requerido exigir su reembolso y remitiendo al derecho interno del requirente la cuestión de a quién de las partes corresponde su asunción.

119.2.– Pues bien, si descendemos al derecho interno, a pesar de que el art. 241 LEC permite considerar como costas algunos gastos de los que no asume el órgano requerido (por ejemplo, los derivados de los traductores o de la aplicación de procedimientos especiales), ello no parece trasladable al proceso laboral, donde rige

---

456 VILLAMARÍN LÓPEZ, M.ª L. (2005), *op. cit.*, pp. 124 y 132.

la gratuidad del procedimiento, por lo menos en la instancia. Por otra parte, habrá que tener en cuenta también el alcance del derecho a la justicia gratuita del cual el trabajador es titular por su mera condición de tal, con independencia de sus recursos económicos, y el empresario podría serlo en la medida en que acreditase la insuficiencia de recursos.

III. LA EXPANSIÓN Y CONTRACCIÓN DEL ÁMBITO COMPETENCIAL

120.– Un segundo bloque de cuestiones que incita a la reflexión es el relacionado con las fronteras competenciales del orden social y su proceso de reconfiguración constante donde subyace una aspiración histórica a incorporar en su ámbito de actuación la totalidad de cuestiones sociales, llegando en algunas construcciones a la comprensión de ciertos aspectos de derecho agrario y de arrendamientos («inquilinato»)[457].

1. *Una tendencia continua y una aspiración concreta*

121.– En efecto, el estudio de la historia del proceso laboral y de sus órganos en nuestro país permite constatar esa idea. Así, la evolución normativa experimentada ha tenido una permanente *vis* expansiva en esta esfera, no siempre «pacífica», pues ha ido acompañada a menudo de «pulsos de fuerza», en sede legal o judicial, con otros órdenes jurisdiccionales, singularmente, con el orden civil[458] y el contencioso administrativo[459].

---

457 Así, MENÉNDEZ PIDAL Y DE MONTÉS, J. (1966), *op. cit.*, p. 160.

458 El tema ha sido tratado con profusión por LASAOSA IRIGOYEN, E. (1990), *Delimitación competencial entre los órdenes social y civil de la jurisdicción. Un estudio jurisprudencial*, Pamplona, Aranzadi.

459 El análisis de esta pugna puede tomar como punto de partida el trabajo de GONZÁLEZ PÉREZ, J. (1954), *op. cit.*, pp. 75 y ss. Asimismo, a pesar de las modificaciones habidas, mantienen su valor las construcciones efectuadas por

1.1. La tendencia a la expansión competencial

122.– En este sentido, el punto de partida adoptado por la Ley de Tribunales Industriales de 1908 era ciertamente limitado, ya que las competencias de tales órganos, de conformidad con el art. 5.1 de la Ley, quedaban circunscritas a las reclamaciones entre patronos y obreros, o entre obreros del mismo patrono, sobre incumplimiento o rescisión de los contratos de arrendamiento de servicios, de trabajo o de aprendizaje. Asimismo, según el apartado segundo, también eran competentes para conocer de las reclamaciones que surgieran en aplicación de la Ley de Accidentes de Trabajo. Este alcance restringido de la competencia «social», pues no alcanzaba a cualquier tipo de conflicto laboral, se confirma en la Ley de 1912, cuyo art. 7 no introdujo alteraciones en el modelo, así como en normas posteriores. En este sentido, por ejemplo, el Decreto de 11 de marzo de 1919, sobre intensificación del retiro obrero, atribuía las cuestiones contenciosas relacionadas con el mismo diferentes del pago a los juzgados de primera instancia, algo lógico teniendo en cuenta el esquema importado del seguro privado al que respondían los seguros sociales.

122.1.– Un primer avance de importancia respecto esta situación inicial se produjo con el Código de Trabajo de 1926, al incorporar una previsión extensiva de conformidad con la cual la competencia alcanzaba a todas las «reclamaciones por un incumplimiento de la normativa social». Y este mismo efecto, aunque sea de manera indirecta, se aprecia también en la Ley del Contrato de

---

MERCADER UGUINA, J. (1996), *Delimitación de competencias entre el orden social y el orden contencioso administrativo*, Valencia, Tirant lo Blanch, OLMEDA FREIRE, G. B. (2000-a), *La problemática delimitación de competencias entre el orden social y el orden contencioso administrativo*, Valencia, Tirant lo Blanch o MARTÍN JIMÉNEZ, R. (2001), *Los actos administrativos laborales y su control jurisdiccional*, Madrid, CES. En fin, tras los relevantes cambios operados por la LRJS en 2011, la referencia obligada es a la obra coordinada por DANS ÁLVAREZ DE SOTOMAYOR, L. (2014), *La nueva dimensión de la materia contenciosa laboral*, Albacete, Bomarzo.

Trabajo de 1931 cuando se sustituyó el concepto de «obrero» por el de «trabajador», algo que ya la jurisprudencia de la época había ido anticipando[460]. Por el contrario, la materia relacionada con los seguros sociales, permanecía extramuros del radio competencial. Y es que los contenciosos que pudiesen surgir en este terreno estaban atribuidos, inicialmente, a unos organismos creados en esa época por el Decreto de 21 de enero de 1921, los Patronatos de Previsión Social, y, en su seno, a las Comisiones Revisoras Paritarias, así como a la Comisión Revisora Paritaria Superior[461]. Pues bien, el Reglamento regulador de tales patronatos, aprobado por Real Orden de 29 de enero de 1927, aludiría a estas funciones, a las que añadiría las relativas a los recursos contra liquidaciones de cuotas efectuadas por la Inspección del régimen del retiro obrero obligatorio. La normativa ulterior dictada al hilo de otros seguros iría extendiendo unas competencias análogas en relación con cada uno de los mismos. En esa línea, por ejemplo, el Real Decreto-Ley sobre el seguro de maternidad aprobado el 22 de marzo de 1929.

122.2.– Un segundo impulso relevante se produce cuando el orden social de la jurisdicción está ya consolidado y se dictan las primeras leyes de procedimiento a dicho orden vinculadas. Así, en el art. 1 de la Ley de 1958 aparece una expresa alusión a que este orden especializado es el «*único competente para conocer, resolver y ejecutar los conflictos que se promuevan en la rama social del derecho*». Por su parte, el art. 2 de dicha norma concretaba esta declaración genérica y, originariamente, dispuso que la competencia alcanzaba a los conflictos entre empresarios y trabajadores o entre trabajadores del mismo o distinto empresario como consecuencia del contrato de trabajo; a los pleitos sobre accidentes de trabajo, seguros sociales y prestaciones del Mutualismo Laboral; a las cuestiones contenciosas que surgieran entre asociados y sus mutualidades; y a todas aqué-

---

460 FERNÁNDEZ GONZÁLEZ, V. (1946-b), *op. cit.*, pp. 75 y ss.

461 Al respecto, *vid.* ALONSO OLEA, M. (1966), *op. cit.*, pp. 29-31; MONTERO AROCA, J. (1992), *op. cit.*, pp. 555-556.

llas que les atribuyesen las leyes, así como las reclamaciones por incumplimiento de las leyes y disposiciones de carácter social que afectasen particularmente al demandante y no tuviesen señalado otro procedimiento especial. Así pues, resulta evidente la consolidación de la tendencia abierta en el año 1931 en el terreno de los conflictos individuales y la aspiración a incorporar los aspectos relacionados con la incipiente «protección social». En esta línea, de hecho, junto a la asunción de las competencias relacionadas con los conflictos colectivos jurídicos —los cuales, inicialmente, estaban atribuidos a la Organización Sindical—, también incorporó en su seno la materia de Seguridad Social una vez se creó este sistema protector. Así se puede comprobar en los textos de 1963 y de 1966 que expresamente aluden a estas cuestiones[462].

122.3.– El tercer gran impulso normativo a la extensión de las competencias del orden jurisdiccional social es mucho más reciente y se produce con la LRJS de 2011. Y es que, uno de sus ejes explicativos, de hecho, fue el relativo a la modificación del ámbito de conocimiento de dicho orden, con el objetivo de ampliarlo, racionalizarlo y clarificarlo, según se explicitaba en su Exposición de Motivos.

Las razones que explicaban estos movimientos competenciales en orden a concentrar en el orden social el conocimiento de todas aquellas materias que, de forma directa o por esencial conexión, pudieran calificarse como sociales fueron variadas[463]. De entrada, se tomó en consideración la mayor especialización del orden social en tales materias, así como la aptitud del proceso laboral, por sus

---

462 Se trata, por un lado, del Texto Refundido de Ley de Procedimiento Laboral de 1963, aprobado por el Decreto 149/1963, de 17 de enero que incorpora la referencia a los conflictos colectivos, y, por otro, el aprobado por Decreto 909/1966, de 21 de abril, donde aparece la alusión a la seguridad social.

463 Así lo señalaba en NORES TORRES, L. E. (2012), *Las competencias de la Jurisdicción Social en la Ley 36/2011*, en BLASCO PELLICER, A.; GOERLICH PESET, J. M.ª (Dirs.), *La reforma del proceso laboral. La nueva Ley reguladora de la Jurisdicción Social*, Valencia, Tirant lo Blanch, pp. 49-50.

principios inspiradores y su concreta regulación, para satisfacer los intereses objeto de tutela. Asimismo, estaba el intento por unificar el conocimiento este conjunto de pretensiones con el objetivo último de conseguir «*la efectividad, coordinación y seguridad de la respuesta judicial*». En fin, planeaba en el fondo, como destacaba en algún momento la Exposición de Motivos, la pretensión por superar la «*disparidad de criterios jurisprudenciales, dilación en la resolución de los asuntos*» y, en consecuencia, «*fragmentación en la protección jurídica dispensada*», unos problemas que serían incompatibles con los principios constitucionales de seguridad jurídica y tutela judicial efectiva, así como con el funcionamiento eficiente del sistema económico.

La ampliación de competencias resultante de lo que se ha calificado como «ambiciosa trasferencia»[464] es fácilmente constatable[465]. Así, una lectura rápida de los arts. 2 y 3 LRJS permiten constatar el incremento de las competencias, por lo menos, en cinco grandes puntos. En primer lugar, se llevó a cabo una concentración de todas las cuestiones litigiosas relativas a los accidentes de trabajo que, tras la reforma, quedaron integradas en el orden social. En segundo lugar, se produjo una absorción de las cuestiones relacionadas con el cumplimiento de la prevención de riesgos laborales, aunque no se hubiesen producido daños. Ello alcanzó, incluso, al ámbito de las AA.PP. y, además, respecto la totalidad del personal a su servicio. En tercer lugar, se declaró la competencia del orden social para conocer de cualquier vulneración de los derechos fundamentales y

---

464 FOLGUERA CRESPO, J. A. (2021), "El personal al servicio de las Administraciones Públicas: descoordinación en su protección jurisdiccional. Propuestas de reforma", *Cuadernos Digitales de Formación*, nº 38, p. 3.

465 Al respecto, puede consultarse GOERLICH PESET, J. M.ª (2012), "La nueva ley reguladora de la jurisdicción social. Visión general. Entrada en vigor y normas transitorias. Disposiciones adicionales y finales", en BLASCO PELLICER, A.; GOERLICH PESET, J. M.ª (Dirs.), *La reforma del proceso laboral. La nueva Ley reguladora de la Jurisdicción Social*, Valencia, Tirant lo Blanch, pp. 23 y ss.; por otra parte, la sistematización propuesta en NORES TORRES, L. E. (2012), *op. cit.*, pp. 50-51; TASCÓN LÓPEZ, R. (2023), *op. cit.*, pp. 43 y ss.

libertades públicas en el ámbito de las relaciones de trabajo, llegando al acoso horizontal o, incluso, al producido por terceros ajenos a la relación laboral, pero en el ámbito de la prestación de servicios. En cuarto lugar, se incorporaron al orden social el conocimiento de las controversias que se pudiesen generar al hilo de la aplicación de la Ley 39/2006, de 14 de diciembre, de promoción de la autonomía personal y atención de las personas en situación de dependencia, si bien, esta atracción competencial no entraba inmediatamente en vigor, como señalaba la DF 7ª LRJS. Finalmente, y sobre todo, se incorporó al orden social la impugnación de los actos administrativos, singulares o generales, en materia laboral y de Seguridad Social. En este sentido, se culminaba por fin un proceso de traspaso competencial iniciado en el año 1998, con la aprobación de la Ley de la Jurisdicción Contenciosa Administrativa, y que había estado en situación de «letargo» desde finales de ese mismo año, que afectaba, sobre todo, a los expedientes de regulación de empleo y a la impugnación de sanciones administrativas.

123.– El resultado de este largo proceso expansivo es el que hoy en día reflejan los arts. 1, 2 y 3 LRJS, dentro del marco general que proporciona el art. 9.5 LOPJ cuando indica que corresponde al orden social «*las pretensiones que se promuevan dentro de la rama social del Derecho, tanto en conflictos individuales como colectivos*», «*las reclamaciones en materia de Seguridad Social*» y las dirigidas «*contra el Estado cuando le atribuya responsabilidad la legislación laboral*». A partir de dicho marco, el art. 1 LRJS reproduce tales previsiones, añadiendo la referencia a «*las impugnaciones de las actuaciones de las Administraciones Públicas realizadas en el ejercicio de sus potestades y funciones sobre las anteriores materias*». Por su parte, los arts. 2 y 3 LRJS perfilan, en positivo y negativo respectivamente, el alcance de la competencia del orden social, aquél por medio de veintiuna letras susceptibles de ser sistematizadas del modo siguiente.

123.1.– De entrada, habría un primer grupo de litigios que serían los relacionados con los conflictos derivados del contrato de trabajo, análogos y conexos[466], o, cuanto menos, vinculados a los aspectos individuales del Derecho del Trabajo, a los que se pueden reconducir las previsiones de la letra a) —conflictos entre empresario y trabajador derivados del contrato—, de la letra b) —las indemnizaciones por daños ocasionados en el ámbito de la prestación o por accidente de trabajo o enfermedad profesional—, de la letra c) —conflictos en el terreno de las sociedades laborales o de las cooperativas de trabajo asociado—, parte de la de la letra d) —las cuestiones que afectan al régimen profesional de los trabajadores económicamente dependientes (en adelante, TRADE)—, de la letra e) —las cuestiones de prevención de riesgos laborales—, de parte de la letra f) —la tutela de los derechos fundamentales—, de la letra p) —los litigios en materia de intermediación laboral— y de la letra ñ) —responsabilidad de las Administraciones Públicas atribuida por la legislación laboral—.

123.2.– Un segundo grupo de competencias estaría compuesto por el que engloba los conflictos relacionados con el Derecho Sindical o, cuanto menos, estrechamente vinculados a la vertiente colectiva del Derecho del Trabajo y a la protección de la libertad sindical, huelga y demás derechos fundamentales. Así, en este grupo, cabe mencionar la letra d) en parte —régimen profesional de los TRADE en sus aspectos colectivos—, la letra f), también en parte —tutela de los derechos fundamentales—, la letra g) —conflictos colectivos—, la letra h) —impugnación de convenios—, la letra i) —materia electoral—, la letra j) —personalidad jurídica de los sindicatos y control de sus estatutos—, la letra k) —el régimen jurídico sindical—, la letra l) —personalidad jurídica de las asociaciones empresariales y control de sus estatutos— y la letra m) —responsabilidad de los sindicatos y asociaciones empresariales—.

---

466 La expresión en BAYLOS GRAU, A.; CRUZ VILLALÓN, J.; FERNÁNDEZ LÓPEZ, M.ª F. (1995), *op. cit.*, p. 18 de quienes he tomado, por otra parte, la sistematización empleada, la cual simplemente he actualizado a la luz de la LRJS, añadiendo el cuarto bloque; NORES TORRES, L. E. (2012), *op. cit.*, p. 53.

123.3.– El tercer bloque de competencias que debe ser mencionado es el atinente a los conflictos en materia de Seguridad Social y otras cuestiones conexas a la misma, una categoría a la que se podrían reconducir la letra o) —reconocimiento y disfrute de las prestaciones; valoración reconocimiento y calificación del grado de discapacidad: protección social «autonómica»; prestaciones derivadas de la Ley de Dependencia—, la letra q) —sistemas de mejora de la acción protectora, incluidos los planes de pensiones y contratos de seguro, en la medida en que deriven de decisiones empresariales, contrato de trabajo o convenio o pacto colectivo, así como complementos de prestaciones o indemnizaciones en supuestos de accidente de trabajo o enfermedad profesional que puedan establecer las AA.PP. en favor de cualquier beneficiario— y la letra r) —pleitos entre las mutualidades y sus asociados—.

123.4.– En fin, por último, desde la aprobación de la LRJS, cabe hablar de una «nueva» categoría que englobaría lo que podrían denominarse como conflictos sobre derecho administrativo laboral y a la que pertenecerían las letras n) y s), que permiten controlar una pluralidad de resoluciones dictadas por las AA.PP. en materia laboral, sindical y de Seguridad Social y que afecta, de una manera especialmente relevante, al control de la potestad sancionadora desarrollada en este terreno por la autoridad laboral, con la excepción del control sobre las actas de infracción y liquidación que continúan estando residenciadas en el orden contencioso administrativo, de conformidad con el art. 3 LRJS.

1.2. La aspiración a un orden omnicomprensivo del empleo

124.– A pesar de toda esta tendencia expansiva a la que se acaba de hacer referencia en los epígrafes anteriores, hay un reto un reto fundamental que no ha sido cubierto como es la aspiración a convertir el orden social en la sede donde resolver todas las pretensiones afectantes al empleo, de una manera omnicomprensiva o «integral», con independencia de la naturaleza pública o privada de las relaciones jurídicas[467]. En efecto, aunque la evolución normativa antes expuesta da muestras inequívocas de esa tendencia mencionada, desde la inicial tutela de los «obreros» hasta la ulterior de los «trabajadores», incluidos los TRADE, por obra de la Ley 20/2007, de 11 de julio, por la que se aprueba el Estatuto del Trabajador Autónomo y a los que hoy alude el art. 2.d) LRJS, la aspiración no ha sido completada, ya que permanece extramuros del orden social la práctica totalidad de las pretensiones vinculadas a los funcionarios públicos y al personal estatutario.

1.2.1. La disgregación parcial existente empleo público-empleo privado

125.– El análisis de los arts. 2 y 3 LRJS, así como de los arts. 1 y ss. LJCA, pone de relieve esta exclusión, lo que contrasta con el tratamiento dispensado al personal laboral. Y es que, la lectura de tales preceptos permite constatar que la protección jurisdiccional de los empleados públicos, como ha destacado gráficamente la doctrina científica, está plagada de «salvedades y cortapisas de manera que, muy lejos de ser una frontera aproximadamente lineal, se parece más al contorno geográfico de las rías gallegas»[468].

125.1.– En efecto, la interpretación conjunta de los arts. 2.a) LRJS y 1.3.a) ET, en conexión con los arts. 1 y 3.a) LJCA, conduce a excluir de la competencia del orden social los conflictos que afectan a los empleados públicos cuya relación sea de naturaleza

---

467 Esta aspiración, por ejemplo, en FOLGUERA CRESPO, J. A. (2021), *op. cit.*, p. 18, SALINAS MOLINA, F. (2021), "Reflexión general sobre los extremos esenciales de la Ley Reguladora de la Jurisdicción Social susceptibles de reforma. Especial referencia a los contenidos del Anteproyecto de Ley de Medidas de Eficiencia Procesal del Servicio Público de Justicia", *Cuadernos Digitales de Formación*, nº 38, p. 415 y (2023), *op. cit.*, p. 29. Asimismo, también en MOLINA NAVARRETE, C. (2023), *op. cit.*, p. 15, de quien tomo la expresión entrecomillada; TASCÓN LÓPEZ, R. (2023), *op. cit.*, p. 146.

468 FOLGUERA CRESPO, J. A. (2021), *op. cit.*, p. 3.

funcionarial, incluidos los interinos[469], o administrativa[470]. Asimismo, tras un complejo recorrido normativo y, sobre todo, jurisprudencial, lo mismo puede decirse respecto del personal estatutario al servicio de las instituciones sanitarias[471]. Y es que, la aprobación del Estatuto Marco por Ley 55/2003, de 16 de diciembre, donde expresamente se reconoció la naturaleza funcionarial a este tipo de relaciones, sirvió de base a la jurisprudencia para considerar que los conflictos que pudieran aquejar a este colectivo quedaban al margen del orden social[472]. Por el contrario, los conflictos que afectan al personal laboral quedan residenciados en dicha sede. Y esta división, en principio, se traslada después también a otras materias como la tutela de los derechos fundamentales, singularmente libertad sindical y huelga, el control de pactos, acuerdos y convenios o la

---

469 SsTS de 20 de abril de 1992, rec. 1386/1991, de 27 de febrero de 1996, rec. 2534/1995 o de 19 de septiembre de 1996, rec. 3700/1995.

470 SsTS de 18 de enero de 1999, rec. 3361/1997, de 22 de enero de 1999, rec. 1532/1998, de 29 de marzo de 1999, rec. 1286/1998 o de 30 de abril de 2007, rec. 1804/2006.

471 La reconstrucción de los distintos episodios por los que ha ido atravesando este colectivo desde su inclusión expresa por el art. 45.2 LGSS de 1974 hasta la actualidad puede efectuarse por medio de RENTERO JOVER, J. (1994), "Dudas jurisdiccionales en relación con el personal estatutario", *Actualidad Laboral*, 19, pp. 276-278; SÁNCHEZ PEGO, F. J. (1994), "Administratividad y tratamiento jurisprudencial de las denominadas relaciones estatutarias", *Relaciones Laborales-II*, pp. 95-97; MERCADER UGUINA, J. (1996), *op. cit.*, p. 77; OLMEDA FREIRE, G. B. (2000-a), *op. cit.*, pp. 65 y ss.; GOERLICH PESET, J. M.ª (2001), "El personal estatutario al servicio de las instituciones sanitarias", en AEDTSS, *Las relaciones laborales en las Administraciones Públicas*, Madrid, MTAS, p. 321; GARCÍA MURCIA, J.; CASTRO ARGÜELLES, M.ª A. (2004), "El Estatuto Marco del personal estatutario de los servicios de salud: una presentación", *Aranzadi Social*, nº 4, p. 65; NORES TORRES, L. E. (2021-c), "Los órganos del orden social y sus competencias", en BLASCO PELLICER, A.; ALEGRE BUENO, M. (Dirs.), *El proceso laboral. Ley 36/2011, de 10 de octubre, reguladora de la Jurisdicción Social*, 2ª edición, Valencia, Tirant lo Blanch, pp. 35 y ss.

472 SsTS de 16 de diciembre de 2005, recs. 39/2004 y 199/2004; STS de 21 de diciembre de 2005, rec 164/2005, después seguida en innumerables pronunciamientos.

protección social de unos y otros: todo lo que atañe a los funcionarios y al personal estatutario, en principio, corresponde al orden contencioso; todo lo que afecta al personal laboral, su conocimiento se atribuye al orden social.

125.2.– El fundamento de esta diferenciación ha querido buscarse en las diferentes categorías de personal existente en el conjunto del empleo público, cuyas relaciones están sujetas a unos vínculos de naturaleza jurídica diferenciada y sometidas a un régimen jurídico igualmente diverso[473]. En todo caso, el resultado es que la protección jurisdiccional de este colectivo se efectúa ante diferentes órdenes jurisdiccionales y, además, con una delimitación que no es lo suficientemente clara, llegándose a considerarlo como una especie de «galimatías» conducente a un peregrinaje de quienes quieren reivindicar sus derechos, frustrando así uno de los objetivos de la LRJS como es el de ampliar, racionalizar y definir con claridad en ámbito de conocimiento del orden social[474]. En este sentido, tras el principio general antes apuntado —los conflictos del personal funcionario corresponden al orden contencioso; los del personal laboral, al orden social—, el trazado casi rectilíneo de la frontera divisoria comienza a curvarse, pues la tutela de la prevención de riesgos laborales se residencia en el orden social con independencia del colectivo afectado; la protección social de los funcionarios que están en el régimen general se controla en el orden social; la fiscalización de los acuerdos o pactos mixtos, esto es, los que afectan al personal laboral y al funcionario indistintamente, se realiza ante el orden contencioso, etc. Esta solución, por supuesto, no parece idónea y, desde luego, redunda en perjuicio del personal funcionarial y estatutario, obligados a litigar en una jurisdicción más lenta, compleja y costosa. Por ello, deben compartirse las propuestas expansivas que procuran atraer hacia el orden social todas las competencias en materia de empleo público que hoy en día permanecen extramu-

473 FOLGUERA CRESPO, J. A. (2021), *op. cit.*, p. 3.
474 FOLGUERA CRESPO, J. A. (2021), *op. cit.*, p. 3.

ros: por supuesto, las relacionadas con la relación individual, pero también la tutela de los derechos fundamentales, el control de los acuerdos y pactos colectivos o la aplicación del régimen de clases pasivas[475], en un avance análogo al que ha tenido lugar en materia preventiva[476] que podría servir como ejemplo a seguir.

1.2.2. El ejemplo de la materia relativa a la prevención de riesgos laborales

126.– En efecto, una de las novedades relativas que introdujo la LRJS en el año 2011 fue la relacionada con la competencia en materia de prevención de riesgos laborales, la cual se residenció en el orden social por el art. 2.e) y, además, en toda su extensión, tanto objetiva, como subjetiva. En este sentido, desde la primera perspectiva, cubrió no solo la garantía del cumplimiento de las obligaciones legales y convencionales en la materia, tanto frente al empresario como frente a otros sujetos obligados legal o convencionalmente, sino también la reclamación de responsabilidades derivadas de los daños sufridos como consecuencia del incumplimiento de la normativa. Por lo que respecta a la segunda, la competencia incluyó la impugnación de las actuaciones de las AA.PP. en la materia respecto todos sus empleados, esto es, no solo cuando afectase al personal laboral, sino también en el caso del personal funcionarial y el estatutario. Así, se siguió en dicho punto el dictamen del CES que recomendaba la unidad jurisdiccional en la materia puesto que todos los colectivos quedaban sujetos a una misma normativa, la Ley de Prevención de Riesgos Laborales[477] y, hasta cierto punto, extrapolable a lo que decía en el epígrafe anterior.

---

475 FOLGUERA CRESPO, J. A. (2021), *op. cit.*, p. 19; SALINAS MOLINA, F. (2021) y (2023), *op. cit.*, pp. 7-8 y pp. 33 y ss., respectivamente; TASCÓN LÓPEZ, R. (2023), *op. cit.*, p. 146.

476 MOLINA NAVARRETE, C. (2023), *op. cit.*, p. 16.

477 CES (2010), *Dictamen 11/2010. Sobre el anteproyecto de Ley reguladora de la Jurisdicción social*, Madrid, CES, p. 25.

126.1.– A partir de tal distribución, de inmediato, surgió un problema interpretativo que alcanzó a los tribunales. Y es que, la competencia del orden social en materia preventiva que delinea el art. 2.e) LRJS, según se ha indicado, tiene un carácter omnicomprensivo desde la perspectiva subjetiva. Por el contrario, en materia de derechos fundamentales, incluida la protección frente al acoso, el art. 2.f) LRJS parece decantarse por la exclusión del personal funcionarial y estatutario: de manera clara en el caso de la tutela de la libertad sindical y el derecho de huelga; de manera menos evidente, pero segura, en el caso de los restantes derechos fundamentales y la protección frente al acoso. Pues bien, sucede que el acoso laboral, además de lo que supone de vulneración de un derecho fundamental, no deja de constituir un riesgo frente al cual la normativa de prevención de riesgos laborales exige unas determinadas actuaciones e impone ciertas responsabilidades. Así las cosas, cabía pensar que cuando el personal funcionario o estatutario sufriese este tipo de conductas consistentes en un acoso laboral podría impetrar la tutela jurisdiccional ante el orden social. Y, sin embargo, los tribunales no lo tuvieron tan claro. Ante tal división, la respuesta del TS en este punto ha experimentado una importante evolución[478]. En efecto, en un primer momento, se sostuvo que si la pretensión indemnizatoria del personal funcionario o estatutario que había sufrido el acoso se articulaba por la vía de la tutela de los derechos fundamentales, aunque se alegase la violación de la normativa preventiva, había que considerarla ajena a la competencia del orden social[479]. Esta postura, sin embargo, se matiza con posterioridad y, de ese modo, se afirma la competencia del orden social cuando el personal funcionario o estatutario que exige una indemnización derivada de un presunto acoso plantea su demanda por la vía de tutela de los derechos fundamentales, pero sin invocar

---

478 La evolución jurisprudencial aparece tratada con mayor detalle en FOLGUERA CRESPO, J. A. (2021), *op. cit.*, pp. 11-14; asimismo, *vid.* MANEIRO VÁZQUEZ, Y. (2018), *op. cit.*, pp. 517 y ss.; SALINAS MOLINA, F. (2021) y (2023), *op. cit.*, pp. 6 y 33, respectivamente.

479 STS de 17 de mayo de 2018, rec. 3598/2016.

un derecho fundamental, pues se entiende que lo importante no es la vía empleada, sino lo que se reclama[480].

126.2.– Un pequeño apunte adicional hay que introducir en relación con las competencias del orden social en materia de prevención de riesgos laborales. En este sentido, la previsión contenida en el art. 2.e) LRJS hay que ponerla en conexión con la del art. 3.b) del mismo cuerpo normativo, donde se deja al margen del citado orden jurisdiccional las cuestiones litigiosas que se susciten entre el empresario y los obligados a coordinar con éste las actividades preventivas y entre tales sujetos y quienes hayan asumido frente a ellos, por cualquier título, la responsabilidad de organizar los servicios de prevención. Pues bien, en este punto, algunos autores han planteado la conveniencia de reconsiderar la exclusión[481]. Y seguramente estén en lo cierto, sobre todo, teniendo en cuenta algunos de los objetivos declarados en la Exposición de Motivos de la LRJS en concreto, los relacionados con la «ampliación y racionalización» del reparto competencial, así como los vinculados a la consecución de la «coordinación» en la respuesta judicial. En todo caso, siempre será posible que la empleadora demandada llame a tales sujetos al pleito como un supuesto de intervención provocada cuyo apoyo estaría en el art. 14 LEC[482]. Una propuesta análoga se suscita en relación con el art. 2.b) LRJS, por lo que volveré sobre esta cuestión.

---

480 STS de 11 de noviembre de 2018, rec. 2605/2016, seguida por otras muchas posteriormente.

481 SALINAS MOLINA, F. (2021) y (2023), *op. cit.*, pp. 6-7 y 33, respectivamente; TASCÓN LÓPEZ, R. (2023), *op. cit.*, p. 145.

482 GARCÍA ALARCÓN, M.ª V. (2021), "La jurisdicción social como jurisdicción especializada en materia de riesgos laborales: ámbitos objetivo y subjetivo, reglas para combatir la disgregación competencial e instrumentos procesales idóneos para conocer de estos litigios. Propuestas de reforma", *Cuadernos Digitales de Formación*, nº 38, p. 4.

2. *La reordenación de competencias: algunas tensiones del sistema*

127.– La eventual modificación de las fronteras competenciales del orden social de la jurisdicción no se manifiesta únicamente en la aspiración a convertirlo en un orden omnicomprensivo de los litigios que puedan surgir con ocasión de las relaciones de empleo, al margen de su naturaleza pública o privada, sino que presenta otros puntos de tensión en los que pudiera ser conveniente proceder a la reordenación de las competencias propias de los órganos que lo integran.

127.1.– La complejidad y extensión de la materia impide efectuar un análisis exhaustivo de todas y cada una de las competencias que pudieran ser objeto de reordenación, entrando o saliendo del sistema.

127.2.– Así las cosas, de manera mucho más limitada, parece más procedente seleccionar una serie de puntos en los que se han producido o se están produciendo ciertas tensiones entre los distintos órdenes jurisdiccionales, ordenándolos, para su exposición, de acuerdo con la sistematización de competencias propias del orden social a la que antes he aludido.

2.1. Las tensiones en el terreno de los conflictos de derecho del trabajo individual

128.– La atribución de competencias al orden social en materia de derecho del trabajo «individual» se concreta en diversas previsiones del art. 2 LRJS, entre las cuales, seguramente la más relevante sea, en términos cuantitativos de conflictos, la contenida en la letra a). Este título competencial exige para su actuación la concurrencia de dos requisitos: por un lado, la existencia de un conflicto entre empresarios y trabajadores; por otro, que el conflicto derive, precisamente, de un contrato de trabajo o de un contrato de puesta disposición. Pues bien, las tensiones afectan a ambos aspectos.

2.1.1. Conflictos entre empresario y trabajador...

129.– El primer presupuesto de la previsión contenida en el art. 2.a) LRJS, como decía, resulta ser la existencia de una relación laboral, entendiendo por tal la que se delimita en los arts. 1 y 2 ET[483].

129.1.– Ello implica que dicha relación puede ser tanto una relación laboral común, como una de las llamadas relaciones laborales especiales[484]. En este sentido, la propia normativa reguladora de tales relaciones, generalmente, remite al orden social la solución de los conflictos que entre las partes de las mismas puedan surgir: en el caso de los deportistas profesionales, el artículo 19 del RD 1006/1985, de 26 de junio; en el caso de las personas con discapacidad en centros especiales de empleo, la DA 3ª del RD 1368/1985, de 17 de julio; en el caso del personal de alta dirección, el artículo 14 del RD 1382/1986, de 1 de agosto; en el caso del personal al servicio del hogar familiar, el artículo 13 del RD 1620/2011, de 14 de noviembre; en el caso de los artistas en espectáculos públicos, el artículo 11 del RD 1435/1985, de 1 de agosto; en el caso de los penados en instituciones penitenciarias, el artículo 1.5 RD 782/2001, de 6 de julio; en el caso de abogados que prestan servicios en despachos de abogados, individuales o colectivos, la DA 3ª del RD 1331/2006, de 17 de noviembre. En todo caso, tales remisiones resultan innecesarias, pues el reglamento resulta ser un instrumento inhábil para alterar las atribuciones competenciales le-

---

483 Entre otros, MONTERO AROCA, J.; IGLESIAS CABERO, M.; MARÍN CORREA, J. M.ª; SAMPEDRO CORRAL, M. (1993), *op. cit.*, p. 39; ALONSO OLEA, M.; MIÑAMBRES PUIG, C.; ALONSO GARCÍA, R. M.ª (2001), *op. cit.*, p. 56.

484 Entre otros, BAYLOS GRAU, A.; CRUZ VILLALÓN, J.; FERNÁNDEZ LÓPEZ, M.ª F. (1995), *op. cit.*, p. 19; ALONSO OLEA, M.; MIÑAMBRES PUIG, C.; ALONSO GARCÍA, R. M.ª (2001), *op. cit.*, p. 55.

galmente fijadas[485]. En otras palabras, en cualquiera de los casos anteriores, la atribución al orden social deriva directamente de la interpretación conjunta de los artículos 1 y 2 ET con el 2.a) LRJS. Asimismo, tal y como se ha visto ya (*supra*, 125), se reconducen a este apartado los litigios que se susciten entre las AA.PP. y el personal a su servicio cuando la relación que liga a tales sujetos tenga naturaleza laboral, no así cuando sea funcionarial, ni siquiera interina, administrativa o estatutaria, salvo en materia de prevención de riesgos laborales.

129.2.– Por otra parte, en la medida en que el contrato que liga a una ETT con los trabajadores que pone a disposición de las empresas usuarias no deja de ser un contrato de trabajo, también en estos casos, los conflictos que puedan surgir son competencia del orden social. De hecho, el propio precepto alude a los conflictos derivados del contrato de puesta a disposición; es más, su literalidad determina que corresponda al orden social no solo los conflictos que puedan producirse en el marco de la relación entre el trabajador y la ETT, sino también entre aquél y la empresa usuaria[486]. Por el contrario, quedan excluidos del orden social y se residencian en el orden civil, los conflictos entre la empresa usuaria y la empresa de trabajo temporal[487].

129.3.– Esta última precisión, justamente, proporciona la ocasión de reflexionar sobre una primera línea de tensión sobre el alcance de la competencia del orden social de enorme interés, en concreto, la relativa a si sería oportuno que se atribuyese al mismo

---

485 BAYLOS GRAU, A.; CRUZ VILLALÓN, J.; FERNÁNDEZ LÓPEZ, M.ª F. (1995), *op. cit.*, p. 19.

486 ALONSO OLEA, M.; MIÑAMBRES PUIG, C.; ALONSO GARCÍA, R. M.ª (2001), *op. cit.*, p. 69; ALFONSO MELLADO, C. L. -con ALBIOL ORTUÑO, M.; BLASCO PELLICER, A.; GOERLICH PESET, J. M.ª (2015), *Derecho Procesal Laboral*, 11ª edición, Valencia, Tirant lo Blanch, p. 34.

487 Entre otros, BAYLOS GRAU, A.; CRUZ VILLALÓN, J.; FERNÁNDEZ LÓPEZ, M.ª F. (1995), *op. cit.*, p. 19.

este tipo de litigios, por lo menos, las eventuales acciones de regreso que pudieran surgir. En este sentido, piénsese que de conformidad con la Ley 14/1994, aunque la posición de empleadora respecto al trabajador cedido la ocupa la ETT, la empresa usuaria asume una responsabilidad subsidiaria en relación con determinados conceptos que, incluso, puede convertirse en una responsabilidad solidaria en ciertas condiciones. Pues bien, no parece desacertado que este tipo de reclamaciones pudiese ser competencia del orden social. La propuesta, en modo alguno, resulta novedosa. En este sentido, ya se propuso hace bastantes años por doctrina muy solvente una redacción de la previsión comentada en la que se aludiese no solo a los conflictos entre empresarios y trabajadores, sino también a los conflictos entre empresarios, precisamente, para incluir las eventuales acciones de repetición que pudiesen surgir en el ámbito de los arts. 42 y 44 ET[488]. Asimismo, como ya he anticipado, otros autores más recientes han efectuado unas propuestas similares al hilo de otras exclusiones hasta cierto punto análogas contenidas en la LRJS, en concreto, la del art. 3.b) y la del 2.b) LRJS[489] —el primero, en relación con las cuestiones suscitadas entre el empresario y los obligados a coordinar la actividad preventiva, así como entre tales sujetos y quienes asuman la responsabilidad de organizar el servicio de prevención; el segundo, al hilo de las acciones de repetición que puedan surgir con ocasión de las acciones por daños ocasionados en el ámbito de la prestación o que tengan causa en accidentes de trabajo o enfermedad profesional— o, por lo menos, han procurado alcanzar vías para que la demandada pueda traer al proceso a los otros implicados, en concreto, a través de la intervención provocada prevista en el art. 14 LEC[490].

---

488 MARTÍNEZ EMPERADOR, R. (1989), *op. cit.*, pp. 185.

489 SALINAS MOLINA, F. (2021) y (2023), *op. cit.*, pp. 33 y 7, respectivamente; GARCÍA ALARCÓN, M.ª V. (2021), *op. cit.*, p. 4.

490 GARCÍA ALARCÓN, M.ª V. (2021), *op. cit.*, p. 4.

2.1.2. ...derivados del contrato de trabajo

130.– El segundo presupuesto condicionante del título competencial contenido en el art. 2.a) LRJS consiste en que el conflicto derive del contrato de trabajo o del contrato de puesta disposición, algo que se interpreta normalmente en un sentido muy amplio.

130.1.– Así, corresponde al orden social la solución de los conflictos relacionados con la validez del contrato y el cumplimiento de las obligaciones derivadas del mismo; los pleitos relacionados con las vicisitudes del contrato de trabajo —modificación; suspensión; extinción—; los atinentes a la clasificación profesional, etc.[491]; los litigios relativos a las reclamaciones de daños entre empresarios y trabajadores derivados de eventuales incumplimientos contractuales[492], incluidos los derivados de accidente de trabajo[493]; los relacionados con las fases previas y tratos preliminares al contrato de trabajo, y ello, incluso, en el caso de que el mismo no llegue a suscribirse[494]; o los derivados de los pactos accesorios o conexos al contrato de trabajo, eso sí, en la medida en que guarden relación con el mismo[495].

130.2.– Las tensiones en este terreno también son numerosas y la labor interpretativa que han debido acometer los jueces y magis-

---

491 Al respecto, NORES TORRES, L. E. (2021-c), *op. cit.*, p. 38 y bibliografía allí citada.

492 LASAOSA IRIGOYEN, E. (2001), *op. cit.*, pp. 200 y ss.; NORES TORRES, L. E. (2021-c), *op. cit.*, p. 38.

493 Así, *vgr.*, BAYLOS GRAU, A.; CRUZ VILLALÓN, J.; FERNÁNDEZ LÓPEZ, M.ª F. (1995), *op. cit.*, p. 19; ALONSO OLEA, M.; MIÑAMBRES PUIG, C.; ALONSO GARCÍA, R. M.ª (2001), *op. cit.*, p. 56.

494 Entre otros, BAYLOS GRAU, A.; CRUZ VILLALÓN, J.; FERNÁNDEZ LÓPEZ, M.ª F. (1995), *op. cit.*, 20; LASAOSA IRIGOYEN, E. (1999), *op. cit.*, pp. 913 y ss.; ALONSO OLEA, M.; MIÑAMBRES PUIG, C.; ALONSO GARCÍA, R. M.ª (2001), *op. cit.*, p. 56.

495 En este sentido, por ejemplo, BAYLOS GRAU, A.; CRUZ VILLALÓN, J.; FERNÁNDEZ LÓPEZ, M.ª F. (1995), *op. cit.*, 19; ALONSO OLEA, M.; MIÑAMBRES PUIG, C.; ALONSO GARCÍA, R. M.ª (2001), *op. cit.*, p.56.

trados de gran importancia. Ante la imposibilidad de abarcar todos los supuestos que se han suscitado, parece conveniente destacar aquellos que han tenido una mayor atención en sede judicial y normativo. Así ha sucedido, en primer lugar, con las reclamaciones de daños derivadas de accidentes de trabajo y, en segundo lugar, con los conflictos que se plantean en las fases previas a la contratación laboral cuando está involucrada una administración pública.

131.– Por lo que respecta a las primeras, la determinación del orden jurisdiccional competente para resolver los litigios sobre responsabilidades por daños derivados de accidente de trabajo había suscitado, históricamente, una cierta dificultad[496]. Las dudas quedan hoy despejadas por el art. 2.b) LRJS, donde se atribuye al orden social los pleitos sobre responsabilidad por los daños originados en el ámbito de la prestación de servicios o que tengan su causa en accidentes de trabajo o enfermedades profesionales, algo que había sido objeto de una verdadera lucha entre los órganos pertenecientes a dicho orden[497] y los del civil[498], habiendo intervenido, incluso, la sala de conflictos del Tribunal Supremo que se pronunció a favor del primero[499], algo que la sala de lo civil no acataba del todo[500].

---

496 La perspectiva histórica puede abordarse a través de GOERLICH PESET, J. M.ª (2009), "Incumplimiento de normas de prevención de riesgos laborales y compensación por los daños causados: el problema de la competencia jurisdiccional", en GARCÍA ORTEGA, J. (Coord.), *Jurisprudencia e instituciones jurídico-laborales. Estudios en homenaje al profesor Ramírez Martínez con motivo de su jubilación*, Valencia, Tirant lo Blanch, pp. 725 y ss.

497 SsTS de 24 de mayo de 1994, rec. 2249/1993, de 27 de junio de 1994, rec. 2162/1993, de 3 de mayo de 1995, rec. 2418/1994, 30 de septiembre de 1997, rec. 22/1997, de 2 de febrero de 1998, rec. 124/1997, de 23 de junio de 1998, rec. 2426/1996 o de 1 de diciembre de 2003, rec. 239/2003.

498 SsTS, Sala Primera, de 22 de julio, de 1994, Ar. 5525 y de 18 de julio de 1995, Ar. 5713.

499 Autos TS de 23 de diciembre de 1993, rec. 8/1993; de 4 de abril de 1994, rec. 17/1993; de 10 de junio de 1996, conf. 1/1996; de 21 de diciembre de 2000, conf. 25/2000.

500 STS de 1 de diciembre de 2003, rec. 239/2003.

131.1.– Al final, incluso la Sala Primera había aceptado la solución[501], si bien se había reservado determinados espacios de actuación en ciertos casos en los que, junto a la empresa del trabajador que había sufrido el accidente, se demandaba a otros sujetos ajenos a la relación laboral[502].

131.2.– Ciertamente, esta misma línea había sido defendida por la suplicación laboral, desde donde se había negado que la competencia del orden social alcanzase a los casos en que estas responsabilidades se exigían respecto terceros ajenos a la relación laboral[503]. Ahora bien, la vía de escape abierta por la doctrina de suplicación fue cerrada por la Sala Cuarta del TS, desde donde se afirmó la competencia del orden social para conocer de una reclamación dirigida contra la empresa y los directores técnicos de la obra donde el accidente tuvo lugar, ajenos a la empresa del accidentado[504], dejando, pues, la lucha entre los dos órdenes jurisdiccionales todavía, siquiera fuera en parte, abierta. En todo caso, había casos en los que resultaba pacífica la incompetencia del orden social; así, por ejemplo, cuando la demanda se plantea por parte de sujetos que carecen, realmente, de una relación laboral[505].

132.– Pues bien, en este contexto, una de las grandes novedades que introdujo la LRJS en este terreno consistió en que la competencia en materia de responsabilidades por daños derivados de

---

501 STS, Sala Primera, de 15 de enero de 2008, rec. 2374/2000, seguida con posterioridad por SsTS, Sala Primera, de 4 de junio de 2008, recs. 428/2001 y 4614/2000 o de 17 de noviembre de 2008 rec. 133/2001.

502 SsTS, Sala Primera, de 19 de mayo de 2008 rec. 872/2001, de 20 de mayo de 2008, rec. 1394/2001, de 11 de junio de 2008, rec. 458/2001, de 2 de julio de 2008, rec. 1563/2001, de 24 de julio de 2008, recs. 1899/2001 y 2515/2001.

503 SsTSJ de Murcia de 2 de mayo de 2001, rec. 1154/2000, y de 2 de diciembre de 2002, rec. 1016/2002; STSJ de Castilla-León, Valladolid, de 4 de marzo de 2003, rec. 1857/2002.

504 STS de 22 de junio de 2005, rec. 786/2004.

505 STSJ de Asturias de 4 de junio de 2003, rec. 2788/2002.

accidentes de trabajo fuera del orden jurisdiccional social, incluso en aquellos supuestos en los que se actúa contra terceros ajenos a la relación laboral, por ejemplo, cuando junto a la empresa del trabajador que ha sufrido el accidente, se demanda a otros sujetos como el proyectista, el encargado de la obra u otras empresas insertas en la misma como consecuencia de las técnicas de descentralización productiva pero ajenas al trabajador accidentado, o cuando se ejercita la acción directa contra la aseguradora. Con todo, según aclara el propio precepto, la eventual acción de repetición del empresario contra el sujeto incumplidor corresponderá al orden civil de la jurisdicción[506]. En fin, tal y como ya he avanzado anteriormente, la doctrina ha manifestado la conveniencia de atraer hacia la esfera del orden social también estas acciones de regreso en cumplimiento de los objetivos que persigue la LRJS según su exposición de motivos[507] o, por lo menos, explorar la posibilidad de que la demandada provoque la intervención de los responsables sobre la base del art. 14 LEC[508].

132.– Otro punto de tensión relevante es el que se relaciona con el intento de determinar cuál es el orden competente para resolver las cuestiones que se suscitan con carácter previo a la existencia de un contrato de trabajo, en particular, cuando el sujeto contratante es una Administración Pública[509].

---

506 Un análisis más detallado en ALFONSO MELLADO, C. L. (2011), *Prevención de riesgos laborales y accidentes de trabajo en la Ley Reguladora de la Jurisdicción Social*, Albacete, Bomarzo.

507 SALINAS MOLINA, F. (2021) y (2023), pp. 6-7 y 33; GARCÍA ALARCÓN, M.ª V. (2021), *op. cit.*, p. 4.

508 GARCÍA ALARCÓN, M.ª V. (2021), *op. cit.*, p. 4.

509 En este punto, sigo lo que sostuve en su día en NORES TORRES, L. E. (2014-a), "La competencia para resolver los conflictos del personal al servicio de las AA.PP., en particular, los relacionados con las Bolsas de Trabajo", *Revista de Jurisprudencia, Lefebvre. El Derecho*, nº 1, junio 2014.

132.1.– La jurisprudencia tradicional[510], en relación con el personal laboral a su servicio, había trazado una línea de separación para la determinación del orden jurisdiccional competente que debía resolver los conflictos que tales sujetos planteasen sobre la base del momento en que aquéllos se suscitasen, en concreto, según las controversias surgiesen con anterioridad a la constitución del vínculo o, por el contrario, se planteasen con posterioridad a la vigencia de la relación laboral[511]. Así, por un lado, todas las incidencias previas a la constitución del vínculo, como son las relativas al proceso de selección —desde los actos relativos a la oferta de empleo, la convocatoria y sus bases, las pruebas y su desarrollo, la dotación, etc.–, en la medida en que se regirían por el derecho administrativo y predominaría en ellas el carácter público en la actuación de la administración en cuestión, deberían plantearse ante el orden contencioso administrativo. Una vez finalizado el proceso de selección, por otro lado, las incidencias posteriores a la celebración del contrato, así como las relacionadas con los concursos de traslado o ascenso, corresponderían al orden social de la jurisdicción. Y ello por el predominio de la faceta de empleadora privada que, en este supuesto, tiene el actuar de la administración. Esta interpretación tenía una especial repercusión al hilo de las contrataciones laborales efectuadas por parte de la Administración sin respetar el orden establecido en listas de espera o bolsas de trabajo, donde la jurisprudencia, bajo la vigencia de la LPL de 1995, había seguido diferentes orientaciones. Aun así, pese a los vaivenes entre el orden conten-

---

510 SsTS de 16 de marzo de 1992, rec. 991/1991, de 19 de junio de 1992, rec. 1640/1991, de 21 de julio de 1992, rec. 1428/1992, de 11 de marzo de 1993, rec. 443/1992, de 10 de noviembre de 1993, rec. 4150/1992, de 30 de octubre de 1996, rec. 975/1996, de 11 de mayo de 1998, rec. 4167/1997, de 26 de junio de 1998, rec. 4873/1997 o de 29 de mayo de 2007, rec. 103/2006.

511 Al respecto, *vid.*, entre otros, BAYLOS GRAU, A.; CRUZ VILLALÓN, J.; FERNÁNDEZ LÓPEZ, M.ª F. (1995), *op. cit.*, p. 20; MERCADER UGUINA, J. (1996), *op. cit.*, pp. 65-66; OLMEDA FREIRE, G. B. (2000-a), *op. cit.*, pp. 75-76.

cioso[512] y el social[513], finalmente se había consolidado la solución de atribuir este tipo de pleitos al orden contencioso-administrativo, tanto en estos casos como cuando afectan al personal estatutario[514].

132.2.– Con todo, esta solución exigía ser replanteada tras la aprobación de la LRJS en 2011, fundamentalmente, por la redacción dada a los arts. 2.n) y 3.a) LJS[515]. Y es que, de conformidad con tales previsiones, la impugnación de los actos de las AA.PP. sujetos al derecho administrativo en materia laboral, sindical y de Seguridad Social es competencia del orden social, lo que debería forzar la atracción de competencias de estas cuestiones hacia el orden social. Asimismo, la lectura de los arts. 6 y 151.1 LRJS parece que admiten una lectura en idéntica clave. Y este entendimiento es el que finalmente se impuso, como se aprecia en la jurisprudencia, la cual, en relación con el incumplimiento del orden establecido en unas bolsas de trabajo a la hora de efectuar los llamamientos, consideró que la competencia correspondía al orden social[516].

132.3.– Así las cosas, la Disposición Final 20ª de la Ley 22/2021, de 28 de diciembre, de Presupuestos Generales del Estado para 2021 —corrección de errores, de 26 de mayo de 2022— introdujo una nueva previsión en el art. 3 LRJS —inicialmente, en la letra

512 Así, por ejemplo, SsTS de 17 de febrero de 1998, rec. 1297/1997, de 24 de febrero de 1998, 3105/1997 o de 21 de julio de 1998, rec. 4696/1997.

513 Así, entre otras, SsTS de 23 de junio de 1997, rec. 2742/1996, de 17 de noviembre de 1997, rec. 240/1997, de 12 de diciembre de 1997, rec. 237/1997, de 19 de enero de 1999, 1857/1998, de 31 de mayo de 1999, rec. 1805/1998, de 4 de febrero de 2000, rec. 2412/1999 o de 15 de febrero de 2000, rec. 1984/1999.

514 SsTS de 4 de octubre de 2000, recs. 3647/1998 y 5003/1998, posteriormente seguida, entre otras, por las SsTS de 16 de mayo de 2003, rec. 698/2002, de 21 de octubre de 2005, rec. 3288/2004, de 30 de mayo de 2006, rec. 642/2005 o de 16 de abril de 2009, rec. 1355/2008.

515 Así lo sostuve al poco de aprobarse la LRJS en NORESTORRES, L. E. (2012), *op. cit.*, pp. 55-56 sobre la base de los argumentos aquí indicados.

516 SsTS de 28 de abril de 2015, rec. 90/2014 y de 5 de octubre de 2016, rec. 280/2015.

g), si bien, tras la corrección de errores, pasaría a ser letra la f) de dicho precepto— de conformidad con la cual quedaba excluido del conocimiento del orden social la impugnación de los actos administrativos dictados en las fases preparatorias, previas a la contratación de personal laboral para el ingreso por acceso libre, los cuales deberían ser impugnados ante el orden jurisdiccional contencioso administrativo. Pues bien, la previsión introducida por la LPGE para 2022 rompía con el «principio de unificación competencial» perseguido con la aprobación de la LRJS[517] y obligaba a reconsiderar, nuevamente, esta tendencia interpretativa y volver a la jurisprudencia clásica que diferenciaba los conflictos del personal laboral al servicio de las AA.PP. en función del momento en que se suscitasen: antes de la constitución del vínculo, serían competencia del orden contencioso; con posterioridad al mismo, corresponderían al orden social.

132.4.– Pues bien, en este contexto, la STC 145/2022, de 15 de noviembre, estimó la cuestión de inconstitucionalidad elevada desde la sala de lo contencioso-administrativo del TSJ de Madrid respecto la previsión indicada. En efecto, al hilo del recurso contencioso-administrativo interpuesto contra una Orden de la Comunidad de Madrid por la que se convocaban pruebas selectivas del proceso extraordinario de estabilización de empleo temporal del personal laboral para el acceso a determinadas plazas, la sala de lo contencioso del TSJ de Madrid se cuestiona su competencia al entender que la modificación operada por la LPGE en la LRJS podría ser inconstitucional: de entrada, por el instrumento normativo mediante el cual se introduce, la LPGE, cuyo contenido está tasado por la propia CE; por otra parte, porque podría vulnerar el principio de seguridad jurídica habida cuenta que afecta a normas de «derecho codificado». Al respecto, la STC no hace sino recoger lo que viene siendo una doctrina consolidada en la jurisprudencia constitucional sobre el alcance y contenido de las leyes de presu-

---

517 En este sentido, SALINAS MOLINA, F. (2023), *op. cit.*, p. 26.

puestos y trasladarlo al caso concreto. Así, en el fundamento segundo se recuerda que el contenido de éstas puede ser de dos tipos: por un lado, el contenido propio o «núcleo esencial», que sería lo relativo a la previsión de ingresos y habilitación de gastos; por otro, el «adicional» o «eventual», respecto el cual se exige que cumpla con dos requisitos como son que la materia guarde relación directa con los ingresos y gastos que integran el presupuesto y ser un complemento necesario para la mayor inteligencia y la mejor ejecución del presupuesto. Pues bien, a juicio del TC la atribución de competencias al orden contencioso en la materia señalada no satisface tales requerimientos: no hay conexión directa, ya que la determinación del orden competente no lleva parejo un incremento del gasto público o la dotación de una nueva partida, ni tampoco lo reduce; por otra parte, tampoco se aprecia que sea un complemento necesario.

132.5.– Asimismo, la sentencia comentada se cuida de precisar que queda fuera del examen de su enjuiciamiento el acierto o la conveniencia de la reforma llevada a cabo desde la perspectiva del contenido, limitándose al análisis del instrumento normativo empleado para su introducción. No puede ser de otro modo. Con todo, a mi juicio, parece conveniente detenerse mínimamente en dicha cuestión. Y es que, la reforma introducida no había resultado todo lo clara que podría haberse esperado de ella dada la relevancia que presenta la materia, pues la referencia a la impugnación de los actos dictados en las fases preparatorias, previas a la contratación del personal laboral para el ingreso por acceso libre parecía conectar con la convocatoria, la lista de admitidos, excluidos, etc. Sin embargo ¿qué sucedería con el incumplimiento del orden de llamada en las bolsas de trabajo? ¿o con los resultados de los procedimientos de estabilización? La trascendencia de la cuestión, en cuanto teórico volumen de conflictos, resulta evidente. Por ello, si se retoma la modificación, sería deseable una mejor delimitación y, en todo caso, residenciando estos aspectos que no son meramente procedimentales en el orden social.

2.2. Las tensiones en el terreno de los conflictos de derecho del trabajo colectivo

133.– La atribución de competencias al orden social en materia de derecho del trabajo «colectivo» se detalla a lo largo de una pluralidad de previsiones contenidas en el art. 2 LRJS, específicamente, las comprendidas entre las letras f) y m), así como, parcialmente, en la letra d), ya que dicha letra, al referirse a los TRADE, alude tanto a sus aspectos individuales como colectivos. Las principales tensiones que se manifiestan en este terreno se presentan en un ámbito que ya ha sido tratado más arriba, en concreto, el del empleo público, si bien el acercamiento realizado en ese momento fue, fundamentalmente, desde la perspectiva individual (*supra*, 125). En todo caso, la problemática es común y consiste en esa artificiosa separación entre los conflictos que atañen al personal laboral y los que afectan al personal funcionario y estatutario, los primeros competencia del orden social, los segundos del orden contencioso. Pues bien, ese mismo esquema se reproduce en el ámbito colectivo, con la excepción de los pleitos en materia electoral, donde el orden social, de conformidad con el art. 2.i) LRJS, conoce de los litigios que se susciten, incluso, cuando afecten a las elecciones a órganos de representación del personal al servicio de las AA.PP. El mantenimiento de esa disgregación entre los colectivos de un mismo «empleador» afecta, especialmente, a la tutela de los derechos fundamentales y a la impugnación de convenios, pactos y acuerdos, respecto los cuales se ha propugnado su reconducción al orden social[518].

133.1.– Por lo que respecta a la tutela de la libertad sindical y el derecho de huelga, así como, seguramente, los restantes derechos fundamentales, los arts. 2.f) y 3.c) LRJS vienen a reproducir la ordenación «clásica» que ya estaba presente en la LPL, de ma-

[518] En este sentido, FOLGUERA CRESPO, J. A. (2021), *op. cit.*, p. 19; SALINAS MOLINA, F. (2019) y (2023), *op. cit.*, pp. 4-5 y 29, respectivamente.

nera que, cuando el sujeto que invoque la lesión tenga la condición de personal laboral, la competencia corresponderá al orden social, mientras que si quien impetra la tutela jurisdiccional tiene la consideración de personal funcionario o estatutario, la competencia queda residenciada en el orden contencioso administrativo. Esta exclusión ha sido muy criticada por la doctrina científica debido a la duplicidad de órdenes competentes que pueden concurrir para valorar una misma conducta, algo que se hace depender de la naturaleza del colectivo afectado, lo que resulta especialmente ilógico en los casos en que se comparte el centro de trabajo[519] y, adicionalmente, se toma en consideración que se contravienen las mismas normas de referencia, en concreto, la LOLS y el RDLRT 17/1977. A ello, se puede añadir que se produce una quiebra de la aspiración a la «unificación competencial» que propugna la exposición de motivos de la LRJS singularmente cuando concurre tal circunstancia, esto es, la identidad de normativa aplicada, por lo que, a mi juicio, estos conflictos se deberían resituar en el orden social.

133.2.– El otro bloque de asuntos en el que quería detenerme es el relacionado con la impugnación de convenios colectivos y otros productos derivados de la negociación colectiva a los que aluden los arts. 2.h) y 3.e) LRJS, en positivo y negativo respectivamente. La solución que se recoge coincide parcialmente con la que estaba presente en la LPL de 1995, si bien trata de solventar ciertos problemas interpretativos que se habían suscitado, precisamente, al hilo del empleo público. Así, y al igual que sucedía en el pasado, el control de los convenios y acuerdos suscritos en el sector privado corresponde, claramente, al orden social, lo que incluye no solo el control de legalidad y lesividad sobre los mismos, sino también la delimitación de su ámbito de aplicación. Unos mayores

519 Así, MONTERO AROCA, J.; IGLESIAS CABERO, M.; MARÍN CORREA, J. M.ª; SAMPEDRO CORRAL, M. (1993), *op. cit.*, p. 61; BAYLOS GRAU, A.; CRUZ VILLALÓN, J.; FERNÁNDEZ LÓPEZ, M.ª F. (1995), *op. cit.*, p. 33; ALFONSO MELLADO, C. L. con ALBIOL ORTUÑO, M.; BLASCO PELLICER, A.; GOERLICH PESET, J. M.ª (2015), *op. cit.*, p. 35.

problemas, en cambio, se habían planteado históricamente cuando la impugnación afectaba a los acuerdos suscritos en el ámbito de las Administraciones Públicas, al amparo de la Ley 9/1987, de 22 de junio, donde el orden contencioso había reclamado su competencia[520] y el orden social venía declarando su incompetencia[521]. Ahora bien, con posterioridad, la Sala Tercera había matizado su respuesta en otros pronunciamientos ulteriores en los que se remitía al orden social la impugnación de un convenio colectivo celebrado por una Administración Pública con su personal laboral, aun cuando la misma se basase en infracción de normas administrativas[522]. Con todo, el orden social se seguía declarando incompetente en diversas sentencias posteriores, si bien es cierto que algunas de ellas venían referidas a acuerdos con el personal estatutario[523] o presentaban un carácter «mixto», supuesto en el que además de apuntar su nulidad, algo discutible tras el EBEP, se afirmaba que no podían impugnarse ante el orden social[524]. La LRJS asumió esta tendencia, según se deduce de una lectura conjunta del art. 2.h), en relación con el art. 3.e) LRJS. Así pues, tras la LRJS, el régimen de impugnación de los convenios, acuerdos y pactos suscritos en el ámbito de las AA.PP. sería el siguiente: aquéllos que afecten exclusivamente al personal laboral se impugnan ante el orden social; por su parte, los que afecten sólo a funcionarios o a personal estatutario, se impugnan ante el orden contencioso; asimismo, la impugnación de los acuerdos mixtos también corresponderá al orden contencioso, incluso, cuando se impugnen los acuerdos del gobierno municipal que suspenden

---

520 SsTS, Sala Tercera, de 9 de mayo de 1996, rec. 2201/1996, de 30 de mayo de 1997, rec. 9512/1995 o de 27 de enero de 1998, rec. 1994/1995.

521 SsTS de 23 de enero de 1998, rec. 1498/1996 o de 6 de octubre de 2001, rec. 49/2991.

522 SsTS, Sala Tercera, de 28 de abril de 2000, rec. 4567/1996, de 4 de diciembre de 2000, rec. 4224/1996 o de 21 de mayo de 2002, rec. 597/1996.

523 SsTS de 28 de enero de 2004, rec. 51/2003, de 17 de marzo de 2005, rec. 181/2003, de 5 de diciembre de 2007, rec. 149/2006 o de 21 de febrero de 2008, rec. 137/2006.

524 STS de 12 de junio de 2007, rec. 48/2006.

la aplicación de un convenio colectivo general del personal laboral, cuando el acuerdo suspensivo también afecte al personal funcionario, ya que estamos ante un supuesto de decisiones de afectación mixta[525]. En fin, lo mismo sucede cuando se discute sobre la composición de la Comisión Negociadora encargada de la negociación conjunta, según prevé el art. 3.e) LRJS y recuerda la jurisprudencia[526]. Al margen de la evidente corrección de estas soluciones concretas a la luz del marco normativo vigente, cabe plantearse la conveniencia del mismo. Y la respuesta va en línea con lo sostenido en líneas precedentes, esto es, el principio de especialidad y el de «unificación competencial» aconsejan que estas materias se atribuyan al orden social.

2.3. Las tensiones en el terreno de los conflictos de Seguridad Social

134.– La amplia atribución de competencias al orden social en materia de Seguridad Social derivada del artículo 9.5 LOPJ se vio cercenada en la LPL de 1990[527], así como en la de 1995, pues ciertas cuestiones pertenecientes a esta materia se difirieron en ambos textos al orden contencioso. La LRJS resulta continuista con sus predecesoras y sigue contando con un «tercer bloque» de atribución competencial destinado a la Seguridad Social, dedicando a especificar el alcance de sus competencias en este terreno por medio de las previsiones contenidas en las letras o), q) y r) de su art. 2. Esta atribución genérica al orden social de la materia de Seguridad Social entra en pugna con las previsiones contenidas en los apartados f) y g) del art. 3 LRJS, donde se remite al orden contencioso administrativo el conocimiento de ciertos litigios que se pueden

---

525 STS de 21 de noviembre de 2017, rec. 2267/2015.

526 STS de 10 de enero de 2018, rec. 46/2017.

527 CONDE MARTÍN DE HIJAS, V. (1990), "Ámbito del orden social de la jurisdicción", en BORRAJO DACRUZ, E. (Dir.), *Comentarios a las leyes laborales. Tomo XIII. Volumen 1°. La nueva Ley de Procedimiento Laboral*, Madrid, EDERSA, pp. 13 y ss.

suscitar en esta área temática, algo cuya constitucionalidad había sido puesta en tela de juicio por algún pronunciamiento dictado en suplicación[528] y que, en todo caso, ha sido salvada por el TC en diferentes pronunciamientos[529]. En principio, según ha remarcado la jurisprudencia, la línea divisoria entre ambos espacios se encontraría en la naturaleza prestacional o recaudatoria del acto impugnado[530]. Así, todo lo relacionado con la primera vertiente correspondería al orden social, mientras lo vinculado a la segunda recaería en el orden contencioso administrativo. Y aquí, surge otra potente línea de tensión, pues ya desde antiguo algunas voces han propugnado la conveniencia de que el conocimiento «íntegro» de esta materia se atribuya al orden social[531]. En todo caso, el acercamiento a la cuestión seguramente exija concretar algo más qué cuestiones quedan residenciadas en cada esfera.

134.1.– Así, corresponden al orden social todas las cuestiones relativas al reconocimiento y disfrute de las prestaciones del sistema, tanto contributivas como no contributivas, incluida la revisión de actos declarativos de derechos en perjuicio de los particulares[532]. Una conclusión similar se ha sostenido en el caso de las prestaciones asistenciales[533], si bien con mayores matices, pues hay supuestos

---

528 STSJ de Castilla-León, Valladolid, de 30 de enero de 2008, rec. 39/2008.

529 SsTC 121/2011, de 7 de julio, 146/2011, de 26 de septiembre, y 147/2011, de 26 de septiembre.

530 STS de 27 de mayo de 1991, ECLI:ES:TS:1991:2699.

531 Así, por ejemplo, MARTÍNEZ EMPERADOR, R. (1985), *op. cit.*, pp. 1315-1316.

532 STS de 7 de abril de 1999, rec. 2309/1998.

533 GONZÁLEZ ORTEGA, S. (1990), "La extensión de la jurisdicción social en materia de Seguridad Social y otras afines", *Relaciones Laborales-II*, pp. 357 y ss.; ALONSO OLEA, M.; MIÑAMBRES PUIG, C.; ALONSO GARCÍA, R. M.ª (2001), *op. cit.*, p. 59.

excluidos[534], como corrobora la jurisprudencia[535]. Igualmente, hay toda una serie de cuestiones litigiosas, más o menos relacionadas con la acción protectora según los casos, cuyo conocimiento también corresponde al orden social. Así sucede con los litigios relativos al reintegro de prestaciones indebidamente percibidas[536], las reclamaciones de la empresa a la entidad gestora dirigidas a obtener el reintegro de las prestaciones abonadas por las primeras en cumplimiento de su deber de colaboración[537], la reclamación del reintegro de gastos médicos derivados de la utilización de servicios ajenos a la Seguridad Social en los casos de urgencia vital[538], no así cuando se reclama el coste derivado del recurso a la medicina privada en el supuesto de error de diagnóstico de los servicios sanitarios del sistema nacional de salud[539], o ciertos litigios relativos al abono del capital coste pensión de jubilación, una problemática, esta última, suscitada al hilo de un supuesto tan concreto como la secularización de religiosos que pretendían acceder a la pensión de jubilación[540]. En fin, las cuestiones litigiosas relacionadas con el re-

534 CRUZ VILLALÓN, J. (1993), "El reparto de conocimiento jurisdiccional en materia de Seguridad Social", *Cuadernos de Derecho Judicial-XXIV: Problemas de delimitación entre el orden contencioso administrativo y el orden social de relaciones laborales en el sector público*, Madrid, CGPJ, pp. 313 y ss.; MERCADER UGUINA, J. (1996), *op. cit.*, pp. 217 y ss.; BLASCO PELLICER, A. (1999), "El procedimiento especial en materia de Seguridad Social: puntos críticos", en DUEÑAS HERRERO, L. J. (Dir.), *I Congreso de Castilla y León sobre relaciones laborales*, Valladolid, Lex Nova, pp. 527-528; MARTÍN JIMÉNEZ, R. (2001), *op. cit.*, pp. 217 y ss.

535 STS de 27 de marzo de 2001, rec. 4592/1999.

536 ALONSO OLEA, M.; MIÑAMBRES PUIG, C.; ALONSO GARCÍA, R. M.ª (2001), *op. cit.*, p. 59.

537 BAYLOS GRAU, A.; CRUZ VILLALÓN, J.; FERNÁNDEZ LÓPEZ, M.ª F. (1995), *op. cit.*, p. 26; BLASCO PELLICER, A. (1999), *op. cit.*, p. 523; ALONSO OLEA, M.; MIÑAMBRES PUIG, C.; ALONSO GARCÍA, R. M.ª (2001), *op. cit.*, p. 59.

538 BAYLOS GRAU, A.; CRUZ VILLALÓN, J.; FERNÁNDEZ LÓPEZ, M.ª F. (1995), *op. cit.*, p. 26.

539 STS de 25 de noviembre de 2003, rec. 4328/2002.

540 El tema aparece abordado con detalle en GARCÍA ORTEGA, J. (2003), "Competencia jurisdiccional para dirimir las controversias relativas a la liquidación

conocimiento de la situación de dependencia, prestaciones económicas y servicios derivados, también son ya competencia del orden social, algo previsto desde la aprobación de la LRJS en 2011, pero que no se ha hecho efectivo de manera definitiva hasta la aprobación del RDL 6/2023, de 19 de diciembre.

134.2.– Junto a los conflictos anteriores, existen otros que, a pesar de su relación con la Seguridad Social, su control permanece fuera o escapa del orden social, siendo los tribunales del orden contencioso los competentes para su solución. Así sucede, en primer lugar, con la Seguridad Social de parte de los funcionarios públicos, en concreto los pertenecientes al sistema de clases pasivas[541], no así cuando se trate de funcionarios integrados en el régimen general[542]. En segundo lugar, lo mismo se puede indicar respecto la impugnación de los actos mencionados en el art. 3.f) LRJS, entre los que se encuentran los relativos a la gestión recaudatoria y los de encuadramiento. Finalmente, interesa hacer una referencia específica a las reclamaciones dirigidas contra la Seguridad Social, derivadas de un funcionamiento defectuoso de sus servicios sanitarios, dado lo controvertido que ha sido el supuesto[543].

---

del capital-coste a ingresar por los sacerdotes y religioso de la Iglesia Católica secularizados a efectos de acceder a la pensión de jubilación o incremento de su cuantía", *Aranzadi Social*, nº 2, pp. 45 y ss.

541 GONZÁLEZ ORTEGA, S. (1990), *op. cit.*, p. 355; MONTERO AROCA, J.; IGLESIAS CABERO, M.; MARÍN CORREA, J. M.ª; SAMPEDRO CORRAL, M. (1993), *op. cit.*, p. 42; BAYLOS GRAU, A.; CRUZ VILLALÓN, J.; FERNÁNDEZ LÓPEZ, M.ª F. (1995), *op. cit.*, pp. 26-27; MERCADER UGUINA, J. (1996), *op. cit.*, pp. 115-117.

542 GONZÁLEZ ORTEGA, S. (1990), *op. cit.*, p. 356.

543 GONZÁLEZ ORTEGA, S. (1993), "Delimitación de competencias entre los órdenes jurisdiccionales contencioso-administrativo y social en materia de Seguridad Social: responsabilidad en la gestión de la Seguridad Social, Seguridad Social de los funcionarios públicos y materias afines a la Seguridad Social, en *Cuadernos de Derecho Judicial-XXIV: Problemas de delimitación entre el orden contencioso administrativo y el orden social de relaciones laborales en el sector público*, Madrid, CGPJ, pp. 269 y ss.; CONDE MARTÍN DE HIJAS, V. (1995) "Responsabilidad patrimonial de las Administraciones Públicas y asistencia sanitaria", *Actualidad*

En efecto, la atribución de competencias al orden social o al contencioso para resolver este tipo de litigios ha sido una cuestión muy discutida. Ello determinó que el legislador interviniera en aras de aclarar que el orden jurisdiccional competente para conocer estas reclamaciones era el contencioso-administrativo, como finalmente concluyó la jurisprudencia[544]. En esta línea se inscribía la modificación del artículo 9.4 LOPJ, por la LO 6/1998, de 13 de julio, la redacción del artículo 2.e) LJCA, aprobada por Ley 29/1998, de 13 de julio o, de forma todavía más evidente, la inclusión de una nueva disposición adicional duodécima en la LRJAP, introducida por la Ley 4/1999, de 13 de enero, en la que expresamente se daba esta solución. Pues bien, el criterio se asumió en el art. 3.g) LRJS que hoy está en vigor.

Un problema derivado ha sido la determinación del orden competente cuando la asistencia sanitaria ha sido prestada por la Mutua y la reclamación por funcionamiento defectuoso, en consecuencia, se dirige contra la misma. La solución dada por la jurisprudencia en este punto, tras la Ley 14/1999, ha sido análoga a la anterior, esto es, remitir el asunto a los órganos del orden contencioso administrativo[545]. El núcleo de la argumentación ofrecida en sede judicial gira en torno a la demostración de que las Mutuas pertenecen al

---

Laboral-I, pp. 475 y ss.; MERCADER UGUINA, J. (1996), *op. cit.*, pp. 104 y ss.; BLASCO PELLICER, A. (1999), *op. cit.*, pp. 520 y ss.; CAMÓS VICTORIA, I. (1999), "La polémica delimitación del orden jurisdiccional competente (social, contencioso-administrativo o civil) en los supuestos de indemnización de daños y perjuicios causados por o con ocasión de la prestación de asistencia sanitaria", *Aranzadi Social-V*, pp. 648 y ss.; RODRÍGUEZ ESCANCIANO, S. (1999), "Sobre la jurisdicción competente para conocer de las reclamaciones de responsabilidad por defectuosa asistencia sanitaria", *Revista Española de Derecho del Trabajo*, nº 96, pp. 587 y ss.; OLMEDA FREIRE, G. B. (2000-b), "La competencia en materia de reclamaciones sobre responsabilidad derivada de la incorrecta prestación de servicios sanitarios por las entidades gestoras de la Seguridad Social. El artículo 2.e) de la Ley 29/1998 y la disposición adicional 12ª de la Ley 4/1999: ¿el final del conflicto?", *Aranzadi Social-V*, pp. 412 y ss.

544 STS de 19 de abril de 1999, rec. 1430/1998.

545 STS de 29 de octubre de 2001, rec. 4386/2000.

Sistema Nacional de la Salud, lo que permite reconducir el pleito al orden contencioso.

135.– La exposición de las grandes líneas delimitadoras de la competencia de los órganos jurisdiccionales en materia de Seguridad Social permite constatar la existencia, también en este terreno, de algunos puntos de tensión a los que debería responder la atención normativa en los próximos tiempos con el propósito de atraer estas materias hacia el terreno de la jurisdicción social y alcanzar así su competencia «integral» en la materia[546]. Ello, a mi juicio, es particularmente evidente en las tres esferas siguientes[547].

135.1.– De entrada, la más evidente era la que afecta a las prestaciones por dependencia, cuya incorporación al radio competencial del orden social se encontraba en letargo desde hace más de diez años, a la espera de que se cumpliese el mandato contenido en la DF 7ª LRJS de actuar lo establecido en el art. 2.o) LRJS. Al respecto, el art. 104.Uno RDL 6/2023, de 19 de diciembre, contiene una modificación de lo establecido en dicho precepto en orden a integrar en el orden social no solo las cuestiones relativas al reconocimiento de la situación, sino también a las prestaciones económicas y servicios derivados de tal reconocimiento.

135.2.– En segundo lugar, la conveniencia de incorporar al orden social el conocimiento de las pretensiones que versen sobre la acción protectora dispensada a los funcionarios integrados en el sistema de clases pasivas constituye una consecuencia obligada de la defensa de los principios de «unificación competencial» y «especialidad» a los que se ha aludido en páginas precedentes y que estarían presentes en la LRJS. Tan solo de esa manera se podrá alcanzar el

546 MARTÍNEZ EMPERADOR, R. (1985), *op. cit.*, pp. 1315-1316.

547 En esta línea, SALINAS MOLINA, F. (2021) y (2023), *op. cit.*, pp. 7-9 y 33-34, respectivamente; TASCÓN LÓPEZ, R. (2023), *op. cit.*, pp. 141 y 146.

objetivo de configurar el orden social como un orden omnicomprensivo del empleo.

135.3.– En fin, las propias reclamaciones relacionadas con las indemnizaciones derivadas de una asistencia sanitaria defectuosa deberían reconducirse al orden social, pues no deja de tratarse de cuestiones en cierto modo vinculadas al disfrute de las prestaciones del sistema, ya que la asistencia sanitaria tiene tal consideración. Ello exigiría una previa reforma del art. 9.4 LOPJ, pues, aunque en la redacción dada por la LO 1/2010, de 19 de febrero, la referencia a la responsabilidad patrimonial de las AA.PP. había desaparecido del precepto, lo que sirvió al CGPJ, en su momento, para justificar la competencia del orden social, lo cierto es que la DF 1ª de la LO 4/2011, de 11 de marzo, volvió a reintroducir tal previsión.

2.4. Las tensiones en el terreno de los conflictos de Derecho Administrativo Laboral

136.– La aprobación de la LRJS en el año 2011 condujo a reorganizar las diferentes competencias del orden social, como indiqué más arriba (*supra*, 123), en cuatro grandes bloques, siendo el último de ellos el que podríamos denominar como competencias en materia de derecho administrativo laboral[548].

136.1.– En primer lugar, en este terreno, hay que destacar que, tras más de trece años de espera, la LRJS hizo efectiva, por fin, la asunción de competencias en materia de expedientes de regulación de empleo que se había anunciado en la LJCA de 1998. En este sentido, el art. 2.n) LRJS aludía a la competencia del orden social para la «*impugnación de resoluciones administrativas de la autoridad laboral en procedimientos de suspensión temporal de relaciones laborales, reducción de jornada y despido colectivo, regulados en los artículos 47 y 51 del Texto Refundido de la Ley del Estatuto de los Trabajadores, aprobado por el Real*

548 NORES TORRES, L. E. (2012), *op. cit.*, pp. 52 y ss.

Decreto Legislativo 1/1995, de 24 de marzo». Con todo, la desaparición de la intervención administrativa en tales expedientes por obra de la reforma de 2012 hizo que también se suprimiera esa referencia en el articulado del art. 2 LRJS. Ahora bien, quedaba un resquicio de intervención administrativa en este terreno, en concreto, en los expedientes extintivos y suspensivos por fuerza mayor regulados entonces en los arts. 51.7 y 47.3 ET respectivamente, algo que la Ley 3/2012, de 6 de julio se acordó de introducir en la letra n) del art. 2 LRJS, a efectos de recordar que la impugnación de la resolución administrativa que constata la existencia de fuerza mayor debe efectuarse ante el orden social. El RDL 6/2023, de 19 de diciembre, se ha encargado de actualizar la referencia normativa de los expedientes suspensivos, cambiando la alusión al 47.3 ET por el 47.5 ET, así como de incorporar la referencia al 47.bis ET.

136.2.– En segundo lugar, nuevamente tras más de trece años de espera, también se hizo efectiva la asunción de competencias en lo relativo al control de la potestad sancionadora en materia laboral, sindical y de Seguridad Social. El modo de articularlo es un tanto complejo, pues hay que coordinar las previsiones del artículo 2.n) y s), con las contenidas en el art. 3.f) LRJS. El resultado final, de modo simplificado, es que la generalidad de las sanciones se impugna ante el orden social, salvo las actas de infracción y liquidación, seguramente por el predominio en ellas de la vertiente recaudatoria.

136.3.– Finalmente, la impugnación de los actos administrativos sujetos al derecho administrativo y que pongan fin a la vía administrativa en materia laboral, sindical y de Seguridad Social, salvo que se atribuyan a otro orden, son competencia de la jurisdicción social. A mi juicio, ello supuso la gran novedad introducida por la LRJS[549]. Y es que, con la LPL de 1995, la regla general era justamente la inversa: no pertenecían al orden social, la impugnación de las disposiciones generales y actos de las Administraciones

---

[549] NORESTORRES, L. E. (2012), *op. cit.*, p. 53.

Públicas sujetos al derecho administrativo en materia laboral, salvo las excepciones. Ahora, se reserva al orden contencioso administrativo la impugnación directa de las disposiciones generales, pero, en materia de actos, la regla general es justamente la inversa: la competencia corresponde al orden social salvo que se indique lo contrario. Ello auguraba una importante repercusión en la atracción de diferentes competencias hacia el orden social en el ámbito individual, colectivo y de Seguridad Social que hasta ese momento se habían residenciado en el orden contencioso. Así, por ejemplo, en el plano individual, los actos por los que se autoriza o deniega a un menor a participar un espectáculo público; las resoluciones que dicta la autoridad laboral en relación con las Empresas de Trabajo Temporal; o, incluso, ya lo he señalado antes, en los pleitos relacionados con las bolsas de trabajo en el sector público. Por otro lado, como ejemplos en el plano colectivo, pueden mencionarse la impugnación de una inscripción indebida del acta electoral o la impugnación de la certificación acreditativa de la representatividad.

137.– El importantísimo avance que experimentaron las competencias del orden social en este terreno como consecuencia de la LRJS no impide apreciar la subsistencia de ciertas zonas de tensión, tanto en la propia LRJS originaria, como fruto de la acción normativa posterior.

2.4.1. El control sobre la fijación de los servicios mínimos en las huelgas

138.– En el primer sentido, hay que hacer referencia a la impugnación de las disposiciones que establezcan las garantías tendentes a asegurar el mantenimiento de los servicios esenciales de la comunidad en caso de huelga y, en su caso, de los servicios o dependencias y los porcentajes mínimos de personal necesarios a tal fin, cuyo conocimiento corresponde, de conformidad con lo establecido en el art. 3.d) LRJS, al orden contencioso-administrativo, a diferencia de la impugnación de los acuerdos de designación individual que se fiscalizan ante el orden social. La medida venía amparada por el informe del CGPJ y, adicionalmente, resulta coherente con la línea fronteriza trazada en el art. 3 LRJS que diferencia en función de que se trate de la impugnación de disposiciones generales o actos singulares. No obstante, en sede doctrinal se ha defendido la conveniencia de atribuir estos conflictos al orden social, pues al fin y al cabo dicho orden ocupa la posición de garante del derecho fundamental de huelga y tiene atribuido el control de los actos administrativos en materia laboral, sindical y Seguridad Social[550]. Aunque suscribo la propuesta, no sucede lo mismo con la argumentación, pues la naturaleza de la decisión impugnada, en este caso, no es la de un acto singular, sino la de una disposición general cuyo control está residenciado en el orden contencioso; por otro parte, de momento, la posición de garante del derecho de huelga no es exclusiva del orden social, sino que está compartida con el contencioso en el caso de los funcionarios.

2.4.2. Una contracción «sorpresiva»: ¿el «déjà vu» de un conflicto competencial?

139.– La segunda línea de tensión a la que me quiero referir es fruto de la actuación normativa reciente y llama la atención porque toma una dirección del todo opuesta a los movimientos expansivos que habitualmente han acompañado a las reformas que han incidido en la delimitación de competencias del orden social en el pasado. En este sentido, hay que aludir a la Ley 3/2023, de 28 de febrero, de Empleo, pues su disposición final novena modifica la LRJS en lo relativo al procedimiento de oficio, en concreto, lleva a cabo la derogación de la letra d) del art. 148 LRJS.

---

550 AGUSTÍ JULIÁ, J. (2021), "La impugnación de los actos administrativos en el proceso social: problemática y propuestas de reforma", *Cuadernos Digitales de Formación*, nº 38, p. 13; SALINAS MOLINA, F. (2021) y (2023), *op. cit.*, pp. 5-6 y pp. 31-32, respectivamente; TASCÓN LÓPEZ, R. (2023), *op. cit.*, p. 145.

139.1.– Antes de la reforma, el precepto ahora derogado preveía la posibilidad de que la autoridad laboral incoase el procedimiento de oficio ante la jurisdicción social cuando las actas de infracción o liquidación levantadas por la Inspección de Trabajo, vinculadas a la liquidación de cuotas y actos de gestión recaudatoria —cuya fiscalización, recuérdese, corresponde al orden contencioso-administrativo—, hubiesen sido impugnadas por el sujeto responsable sobre la base de alegaciones y pruebas que, a juicio de la autoridad laboral, pudiesen desvirtuar la naturaleza laboral de la relación jurídica objeto de la actuación inspectora. La demanda, que debía ir acompañada de copia del expediente administrativo, producía la suspensión del mismo en el caso de ser admitida a trámite. La sentencia firme emanada de los órganos integrantes del orden social de la jurisdicción se debía comunicar a la autoridad laboral y vinculaba en los extremos por ella resueltos tanto a la autoridad laboral como a los órganos de la jurisdicción contencioso-administrativa ante los que se impugnase el acta.

139.2.– La reforma operada por la Ley de Empleo, al suprimir esta previsión, implica que la autoridad laboral pueda declarar la laboralidad de una relación de prestación de servicios sin necesidad de acudir a la jurisdicción laboral. Por otra parte, al corresponder a los órganos del orden contencioso-administrativo la competencia para fiscalizar este tipo de actas, según previene el art. 3.f) LRJS, será en dicha sede donde se analizará y decidirá sobre la concurrencia o no de las notas que definen la laboralidad de una relación.

140.– Así pues, en definitiva, la reforma introducida por la nueva Ley de Empleo en la LRJS determina, de un modo indirecto, una contracción en las competencias materiales que hasta ahora correspondían al orden social, sede en donde de manera natural se debería decidir siempre sobre el carácter laboral o no de las relaciones por medio de las cuales se articulan las prestaciones de servicios.

Esta medida ha sido objeto de posicionamientos encontrados en los foros académicos y profesionales[551].

140.1.– A mi juicio, la valoración que merece esta modificación es necesariamente negativa por dos razones esenciales. De entrada, por lo que supone de sustraer al orden social la competencia calificadora de las prestaciones de servicios como laborales o no, siendo la sede «natural» en que deben realizarse tales operaciones por razón de su especialidad; por otra parte, a la misma conclusión se llega por lo que el cambio implica en términos de quiebra del principio de «unificación competencial» propugnado en la LRJS[552].

140.2.– Al margen de lo anterior, la opción legislativa puede hacer renacer aquellos problemas endiablados existentes en el pasado sobre la concurrencia de un doble orden jurisdiccional competente para resolver una cuestión, con el consabido riesgo de soluciones contradictorias. Por ello, entiendo que el movimiento debería ser el contrario e, incluso, suprimir la excepción prevista en el art. 3.f) LRJS, no solo en lo relativo a las actas de infracción y liquidación, sino también en el conjunto de cuestiones con trascendencia recaudatoria. De hecho, ya hay cuestiones de tal naturaleza en las que el orden social se declara competente, en concreto, cuando resulta necesario para determinar la concurrencia de requisitos de acceso a

---

551 Al respecto, por ejemplo, cfr. DURÁN LÓPEZ, F. (2023), "Un nuevo golpe a la seguridad jurídica", en *Garrigues* [web], recuperado en https://www.garrigues.com/es_ES/noticia/nuevo-golpe-seguridad-juridica, consulta efectuada el 16 de agosto de 2023, quien se muestra crítico con la reforma, no solo por el modo en que se llevó a cabo, sino también por su contenido; en sentido contrario, BLASCO BALLESTER, R. (2023), "La supresión del procedimiento de oficio para el reconocimiento de la relación laboral y su repercusión en la Seguridad Social", *Economist and Jurist*, https://www.economistjurist.es/premium/la-firma/la-supresion-del-procedimiento-de-oficio-para-el-reconocimiento-de-la-relacion-laboral-y-su-repercusion-en-la-seguridad-social/, consulta efectuada el 16 de agosto de 2023.

552 MOLINA NAVARRETE, C. (2023), *op. cit.*, p. 14; en esta línea, TASCÓN LÓPEZ, R. (2023), *op. cit.*, pp. 93-94.

las prestaciones. Así sucede, por ejemplo, con el de estar al corriente en el pago de las cuotas[553].

IV. EL IMPULSO A VÍAS DIVERSAS A LA JUDICIAL PARA RESOLVER LOS CONFLICTOS

141.– El tercer bloque de cuestiones sobre el que reflexionar es el relacionado con la búsqueda de vías diversas a la judicial para resolver los conflictos laborales. Al respecto, cuando abordé más arriba los diversos modelos «organizativos» para la solución de controversias laborales, la primera distinción que efectuaba era la que distingue entre sistemas jurisdiccionales y sistemas no jurisdiccionales (*supra*, 10) y, en ese punto, destacaba cómo, habitualmente, los primeros han tenido un mayor desarrollo respecto los conflictos individuales, mientras los segundos han encontrado un espacio de actuación superior en los de carácter colectivo. Pues bien, con independencia de la naturaleza del conflicto, una cuestión recurrente en la ordenación de nuestro sistema de relaciones laborales ha sido la de impulsar este tipo de sistemas, como una vía que debería permitir, entre otras cosas, superar su excesiva judicialización y favorecer una descongestión de los órganos judiciales, algo positivo en términos de agilidad y celeridad de la justicia. En realidad, esta tendencia también se aprecia en otros sectores del ordenamiento jurídico.

141.1.– En efecto, bien que, con distintas denominaciones, el modelo de tutela judicial tradicional, en manos de los representantes del poder judicial en régimen de monopolio, presenta signos de agotamiento ante una ciudadanía que exige unas respuestas más efectivas y ágiles, así como menos costosas y formales[554]. Ello

553 STS de 2 de febrero de 1999, rec. 1097/1998.

554 BARONA VILAR, S. (2022), "La mediación y su espacio en el hábitat de la justicia integral, global, algorítmica: ¿más o menos protagonismo?, en BARO-

conduce, no a un «aniquilamiento» de las antiguas instituciones, medios y protagonistas, sino a un nuevo escenario de la «tutela efectiva», no necesariamente judicial, que da paso a un modelo «poliédrico»[555] o, en otras palabras, a un sistema con «múltiples puertas de acceso a la justicia»[556].

141.2.– Esta misma visión subyacía en el proyecto de Ley de Eficiencia Procesal, cuya exposición de motivos aludía a una justicia que no sería tan sólo «administración de la justicia contenciosa», monopolizada por los cuerpos judiciales, sino una justicia «deliberativa», perteneciente a la sociedad civil y donde una de las piezas clave sería, precisamente, la comentada, ya que se considera que «antes de entrar en el templo de la justicia, se ha de pasar por el templo de la concordia»[557]. Ahora bien, a diferencia de otros aspectos del proyecto referido, ninguno de estos contenidos ha sido recogido en el RDL 6/2023, de 19 de diciembre.

1. *Los procedimientos extrajudiciales, alternativos, adecuados o autónomos*

142.– En este contexto, aunque con una terminología diversa, el proyecto de Ley mencionado destinaba una parte importante de sus previsiones a lo que se «rebautiza» como «medios adecuados para la solución de controversias en vía no jurisdiccional» o MASC y que vienen a heredar el espacio de los hasta ahora denominados

---

NA VILAR, S. (Ed.), *Meditaciones sobre mediación (MED+)*, Valencia, Tirant lo Blanch, p. 32.

555 BARONA VILAR, S. (2022), *op. cit.*, pp. 32 y 34, a quien corresponden las expresiones entrecomilladas.

556 Una expresión que se atribuye a Frank E. A. SANDER y que habría empleado en su ponencia de 1976, *Varieties of dispute processing*, según explica RESNIK, J. (1995), "Many doors? Closing doors? Alternative Dispute Resolution and Adjudication", *The Ohio State Journal on Dispute Resolution*, vol. 10, nº 2, pp. 216-217. La atribución también en BARONA VILAR, S. (2022), *op. cit.*, p. 40.

557 Exposición de Motivos Proyecto de Ley de Eficiencia Procesal, BOCG 22 de abril de 2022.

procedimientos «extrajudiciales», «alternativos» o «autónomos» de solución de conflictos, si bien tales expresiones no presentan un contenido en todo punto coincidentes.

142.1.– La primera de ellas, seguramente, sea la que haya tenido una mayor extensión de uso, por lo menos, en el ámbito de las relaciones laborales donde el primer acuerdo interprofesional en la materia, el Acuerdo de Solución Extrajudicial de Conflictos (en adelante, ASEC) la emplearía. Con ella se alude a todos aquellos mecanismos que carecen de naturaleza jurisdiccional y que permiten solventar un conflicto, como puede ser la negociación, la conciliación, la mediación o el arbitraje.

142.2.– En segundo lugar, la expresión procedimientos o medios «alternativos» de solución de conflictos aparece como una traducción de las ADR (*Alternative Dispute Resolution*) propias del modelo norteamericano. Ese carácter «alternativo» implicaba, en origen, una nota «antisistema» ante el descontento y frustración generado por el modelo vigente, el cual sería de difícil acceso para quienes no perteneciesen a las clases sociales más elevadas. Así surgen una pluralidad de fórmulas entre las cuales ocupaba una posición privilegiada la mediación y, en general, todas las técnicas que favorecen la negociación y las soluciones acordadas. La evolución ulterior llevó a que, paulatinamente, estos medios se fueran integrando con frecuencia en el sistema[558].

142.3.– Tal vez sea esa inicial connotación antisistema que acompañaba a las ADR lo que llevó a los autores del proyecto de Ley de Eficiencia Procesal a emplear una tercera expresión como es la de medios «adecuados» para la solución de controversias (MASC) entendidos como cualquier tipo de actividad negociadora a la que las partes en conflicto acuden de buena fe con el objeto de encontrar una solución extrajudicial a mismo, ya sea por sí mismas o con la

558 Este proceso en BARONA VILAR, S. (2022), *op. cit.*, pp. 36 y ss.

intervención de un tercero imparcial. La opción terminológica ha sido criticada desde algún sector doctrinal porque parece apuntar hacia el carácter no idóneo de otros medios como los jurisdiccionales o el arbitraje[559].

142.4.– A partir de tal consideración, se ha propuesto[560] el uso de la expresión «Métodos basados en el Acuerdo para la Solución de los Conflictos», cuyas siglas resultarían coincidentes con las del proyecto de Ley (MASC) y que, desde la perspectiva laboral, no resulta muy lejana a la empleada por los agentes sociales en las últimas renovaciones del ASEC, donde optaron por el cambio terminológico e introdujeron la nueva denominación de Acuerdo de Solución Autónoma de Conflictos (en adelante, ASAC), para resaltar con ello que su principal característica era configurarse como una alternativa a la vía judicial a través de la autonomía colectiva.

1.1. Una «trilogía» clásica, «alguna precuela» y «ciertas secuelas»

143.– Al margen de la expresión que se emplee, las concretas fórmulas que amparan habitualmente responden a la clásica «trilogía» conciliación, mediación y arbitraje[561], las cuáles, en principio, parten del eventual fracaso de lo que sería el procedimiento más primario, esto es, la negociación directa, a la cual vendrían a servir de asistencia. Por lo demás, el proyecto de Ley de Eficiencia Procesal incorporaba algún que otro medio adicional, como la opinión

---

559 LÓPEZ YAGÜES, V. (2022), "Mediación y otros MASC. ¿Hacia la ampliación y mejora del acceso a la justicia o la sola consecución de la eficiencia procesal?", en BARONA VILAR, S. (Ed.), *Meditaciones sobre mediación (MED+)*, Valencia, Tirant lo Blanch, p. 136.

560 LÓPEZ YAGÜES, V. (2022), *op. cit.*, p. 136.

561 La expresión entrecomillada en DEL REY GUANTER, S. (1996), "El acuerdo sobre solución extrajudicial de conflictos laborales: un análisis inicial", en AAVV, *La aplicación de la reforma del Estatuto de los Trabajadores en la negociación colectiva. IX Jornadas de Estudio sobre la Negociación Colectiva*, Madrid, MTSS, p. 120.

neutral y la oferta vinculante confidencial cuya inclusión, a estos efectos, pudiera ser discutible[562]. Con todo, en la medida en que su objetivo se encamina a facilitar la consecución de una solución a los conflictos, la conexión con la materia analizada resulta obvia.

143.1.– Por lo que respecta a la primera de las vías mencionadas, la negociación directa consistiría en que las partes enfrentadas, ya sea por sí mismas o a través de sus representantes, realizan los contactos que resulten necesarios con el objetivo de dar una solución libremente aceptada por ellas a la controversia que las separa y sin que en tales contactos haya intervención de terceros[563].

143.2.– El fracaso en la consecución del acuerdo perseguido puede conducir a que las partes recurran a la intervención de terceros ajenos al conflicto que deberían acercar las posturas en discordia hasta lograr la consecución del pacto en cuestión. A este esquema responden la conciliación y mediación, cuya frontera no es sencilla de trazar. Y no solo, porque las labores que en su seno se desarrollan, en ocasiones, se confundan, sino porque la propia terminología no es unívoca. En este sentido, habitualmente, por lo menos en el ámbito laboral, se ha considerado que la diferencia estriba en que mientras en la conciliación el tercero se limita a propiciar el acuerdo, en la mediación, adicionalmente, efectuaría propuestas de solución a las partes, si bien en ambos casos son éstas las que tienen el papel decisorio final[564]. Pues bien, si salimos del

---

562 Al respecto, MARCOS FRANCISCO, D. (2022), "Reflexiones en torno a los MASC en el Anteproyecto de Ley de medidas de eficiencia procesal", en BARONA VILAR, S. (Ed.), *Meditaciones sobre mediación (MED+)*, Valencia, Tirant lo Blanch, pp. 68 y ss.

563 Así, por ejemplo, ALFONSO MELLADO, C. L. (1993), *Proceso de conflicto colectivo. Sistemas alternativos de solución y autonomía colectiva*, Valencia, Tirant lo Blanch, p. 93.

564 Así, por ejemplo, ALFONSO MELLADO, C. L. (1993), *op. cit.*, p. 101. Igualmente, en el mismo sentido, MERCADER UGUINA, J. (2007), "Relaciones laborales y solución extrajudicial de controversias", *Anuario de la Facultad de Derecho de la Universidad Autónoma de Madrid*, nº 11, p. 92.

ámbito indicado, la noción es justamente la contraria: el mediador acerca posturas y el conciliador propone soluciones. Este entendimiento se intuye en la Ley 5/2012, de 6 de julio, de mediación en asuntos civiles y mercantiles, cuyo art. 1 define la mediación como un medio de solución de controversias en el que las partes «*intentan voluntariamente alcanzar por sí mismas un acuerdo con la intervención de un mediador*», mientras que el art. 13, al regular la actuación de dicho sujeto, indica, entre otras cosas, que facilita la comunicación entre las parte y desarrolla una conducta activa tendente a lograr el acercamiento. Por su parte, el proyecto de Ley de Eficiencia Procesal resultaba mucho más claro en la asunción de esta tendencia, ya que, tras remitir en el régimen de la mediación a lo establecido en la Ley de 2012, por lo que respecta al conciliador indicaba de manera expresa en el art. 15 que entre sus funciones se encuentra la de «*formular directamente a las partes propuestas de soluciones*»[565]. En todo caso, la repercusión práctica en el terreno laboral seguramente sea escasa, pues, al margen de que, como ya he indicado, las labores desarrolladas por los sujetos encargados de una y otra, a menudo, presentan unos contornos difusos, la propia normativa, legal y convencional, ha tendido a su equiparación. Así, la vigente LRJS menciona la conciliación o mediación previa en su art. 63 LRJS como si de un todo se tratase; y una visión similar se aprecia en diferentes acuerdos interprofesionales sobre procedimientos extrajudiciales de solución de conflictos en los que se emplea idéntica expresión (*infra*, 153).

143.4.– El papel del tercero puede ir más allá de la mera asistencia o ayuda en la consecución del acuerdo y ser «sustitutiva» de la negociación, de manera que dicho sujeto sea el encargado de solventar el conflicto a través de la decisión que adopte[566]. Así sucede con el arbitraje, cuyo fundamento descansaría en la propia voluntad de las partes manifestada en la suscripción del correspondiente

---

565 Al respecto, *vid.*, MARCOS FRANCISCO, D. (2022), *op. cit.*, pp. 68-69.
566 ALFONSO MELLADO, C. L. (1993), *op. cit.*, pp. 124 y ss.

compromiso arbitral. La admisibilidad de éste exige la concurrencia de diferentes requisitos como la existencia de un sometimiento libre y voluntario, que la materia sea susceptible de ser «arbitrada» y que su tramitación se efectúe con las debidas garantías de igualdad, contradicción y audiencia[567].

143.5.– En fin, según he avanzado, el proyecto de Ley de Eficiencia Procesal aludía a otras fórmulas distintas como son la opinión neutral de un experto independiente, donde las partes designan de mutuo acuerdo a una persona con un conocimiento especializado en la materia con el objeto de que emita una opinión no vinculante sobre el conflicto para lo que aquéllas se comprometen a proporcionarle toda la información y pruebas de que dispongan, y la oferta vinculante confidencial, donde una de las partes formula a la otra una propuesta de solución que se compromete a cumplir si la otra la acepta. En todo caso, téngase en cuenta que, al igual que la Ley de Mediación de 2012, las previsiones del proyecto de Ley de Eficiencia Procesal sobre los MASC, de haberse aprobado, no se habrían aplicado en el proceso laboral, el cual quedaba excluido de manera expresa. La razón de tal exclusión se quiso encontrar por algunos comentaristas en razones vinculadas a la ventaja que llevarían las prácticas de solución extrajudicial en este terreno de las relaciones jurídicas, por lo que no resultaría necesario un cambio tan trascendental como el propugnado en el ámbito civil y mercantil[568].

1.2. La tensión con la tutela judicial efectiva y la búsqueda de un equilibrio

144.– Los mayores problemas que plantean estos procedimientos, desde la óptica procesal, se suscitan al hilo de las fórmulas per-

[567] Así, por ejemplo, CRUZ VILLALÓN, J. (1989), *op. cit.*, p. 221; MERCADER UGUINA, C. L. (2007), *op. cit.*, p. 92.

[568] MOYA AMADOR, R. (2023), *op. cit.*, p. 16; crítico con la exclusión, TASCÓN LÓPEZ, R. (2023), *op. cit.*, p. 79.

tenecientes a la «trilogía clásica», pues entran en pugna con el ejercicio de la potestad jurisdiccional que, en nuestro modelo jurídico, corresponde en exclusiva a jueces y magistrados.

144.1.– A partir de ahí, el riesgo de que pueda verse comprometido el derecho a la tutela judicial efectiva resulta notorio, y ello tanto en los casos en los que los procedimientos vengan establecidos en normas legales, como en aquellos otros que surjan de un acuerdo privado[569]: en los primeros, por cuanto pueden ser la vía a través de la cual se facilite la invasión en las atribuciones exclusivas del poder judicial por parte de otros poderes del Estado[570]; en los segundos, en la medida en que pueden ser el resultado de la imposición sobre el contratante débil, algo particularmente arriesgado en el ámbito laboral[571]; y en ambos, por las implicaciones que pueden tener en términos de retrasar el acceso a la jurisdicción[572]. Por ello, no es de extrañar que la doctrina procesalista más tradicional los haya visto con una «fuerte prevención»[573] o «acentuado recelo»[574].

144.2.– Ahora bien, también hay que tener en cuenta que estos procedimientos favorecen que sean las partes las que resuelvan el conflicto que las separa e, incluso, que lo hagan por medio de unos mecanismos por ellas mismas creados; y que el sistema de rela-

---

569 En este sentido, por ejemplo, MARTÍNEZ EMPERADOR, R. (1979), *op. cit.*, p. 295; CRUZ VILLALÓN, J. (1989), *op. cit.*, p. 216; RODRÍGUEZ CRESPO, M.ª J. (2001), "La conciliación extrajudicial y la no obstaculización del derecho a la tutela judicial efectiva en la doctrina del Tribunal Constitucional", *Temas Laborales*, n° 62, p. 129; DÍAZ SÁEZ, R.; ESCUDERO MORATALLA, J. M. (2020), "La convocatoria a los actos de conciliación y/o juicio en la Ley Reguladora de la Jurisdicción Social: ¿fin de la única pero sucesiva citación?, *Diario La Ley*, n° 9753, p. 5/8.

570 Así, CRUZ VILLALÓN, J. (1989), *op. cit.*, p. 216.

571 CRUZ VILLALÓN, J. (1989), *op. cit.*, p. 216.

572 Entre otros, CRUZ VILLALÓN, J. (1989), *op. cit.*, p. 216; MERCADER UGUINA, J. (2007), *op. cit.*, p. 90.

573 Así lo ha destacado CRUZ VILLALÓN, J. (1989), *op. cit.*, p. 216.

574 La expresión en VALDÉS DAL-RÉ, F. (2000), *op. cit.*, p. 105.

ciones laborales se articula sobre la base de la autocomposición de conflictos, donde se aspira a que el protagonismo para resolver las controversias recaiga en las propias partes[575], pues parece lógico que quienes regularon algo «amistosamente» lo puedan arreglar del mismo modo[576]. Así las cosas, la conexión de las fórmulas autocompositivas con la autonomía de la voluntad, individual o colectiva, la cual también tiene un reconocimiento constitucional, exige que se les deba permitir la posibilidad de desarrollar un cierto papel en la configuración del modelo, lo que conduce a la necesidad de buscar un punto de equilibrio entre las dos perspectivas o derechos en juego[577].

145.– Por lo que respecta a la imposición de procedimientos extrajudiciales a través de la normativa estatal, el punto de partida para solucionar la tensión entre los derechos confrontados debe ser la consideración de la tutela judicial efectiva como un derecho «prestacional» que es objeto de configuración legal[578]. Pues bien, en este punto, la doctrina constitucional ha sido constante a la hora de remarcar el amplio margen con el que cuenta el legislador para definir los requisitos de acceso al proceso, siempre que no sean irrazonables o retrasen en exceso la labor judicial, habiéndose admitido expresamente la exigencia de trámites preprocesales como la conciliación previa[579]. Por esa misma razón, no resulta admisible su imposición en el caso de la tutela de los derechos fundamentales,

---

575 En este sentido, BAYÓN CHACÓN, G.; PÉREZ BOTIJA, E. (1963-b), *op. cit.*, p. 849; CRUZ VILLALÓN, J. (1989), *op. cit.*, p. 218; VALDÉS DAL-RÉ, F. (2000), *op. cit.*, p. 105; SALINAS MOLINA, F. (2023), *op. cit.*, p. 40.

576 BAYÓN CHACÓN, G.; PÉREZ BOTIJA, E. (1963-b), *op. cit.*, p. 849.

577 Al respecto, sigo los razonamientos de CRUZ VILLALÓN, J. (1989), *op. cit.*, pp. 218-219, así como de RODRÍGUEZ CRESPO, M.ª J. (2001), *op. cit.*, pp. 127 y ss., y bibliografía por ella citada.

578 CRUZ VILLALÓN, J. (1989), *op. cit.*, p. 218; RODRÍGUEZ CRESPO, M.ª J. (2001), *op. cit.*, p. 130.

579 Entre otras, STC 4/1988, de 21 de enero.

ni por extensión en las modalidades procesales declaradas urgentes[580].

146.– Este razonamiento no sirve en el caso de las obligaciones derivadas de la autonomía individual o colectiva, ni en el caso de los procedimientos creados por los interlocutores sociales. El fundamento aquí se ha buscado por la doctrina en la incardinación del proceso civil, del que deriva el proceso laboral, en un sistema de libre iniciativa económica y en el reconocimiento del principio dispositivo el cual, según se ha destacado anteriormente (*supra*, 57), implica que las partes son libres para abrir y delimitar el objeto del proceso, por lo que serían libres también para comprometerse a emplear estas vías, obviamente, dentro de su poder de disposición y con las debidas cautelas procedimentales y de efectos[581]. Por ello, la autonomía colectiva puede imponer a sujetos individuales la necesidad de acudir a una conciliación o mediación previa, pero no a un arbitraje, según recuerda la doctrina constitucional y científica[582].

1.3. El impulso a este tipo de procedimientos

147.– Al margen de la admisibilidad de este tipo de procedimientos, cabe detenerse, siquiera sea brevemente, en su conveniencia. Pues bien, al respecto, la doctrina científica, habitualmente, ha destacado que el recurso a los medios alternativos constituye un revulsivo a la excesiva judicialización que presenta nuestro sistema de

---

580 MARTÍNEZ EMPERADOR, R. (1979), *op. cit.*, p. 295; CRUZ VILLALÓN, J. (1989), *op. cit.*, p. 218; RODRÍGUEZ CRESPO, M.ª J. (2001), *op. cit.*, pp. 143 y ss.

581 CRUZ VILLALÓN, J. (1989), *op. cit.*, pp. 219-220.

582 SsTC 162/1989, de 16 de octubre y 217/1991, de 14 de noviembre. Por lo que respecta a la doctrina, entre otros, MARTÍNEZ EMPERADOR, R. (1979), *op. cit.*, p. 297; CRUZ VILLALÓN, J. (1989), *op. cit.*, p. 223; CRUZ VILLALÓN, J. (1989), *op. cit.*, p. 217; SALA FRANCO, T.; ALFONSO MELLADO, C. L. (1996), *Los procedimientos extrajudiciales de solución de los conflictos laborales establecidos en la negociación colectiva*, Valencia, Tirant lo Blanch, pp. 49 y ss.

relaciones laborales[583]. Así, esta sobreutilización de la vía judicial generaría una sobrecarga de trabajo en los órganos jurisdiccionales y, por ende, una ralentización en la administración de justicia, para lo que los mecanismos extrajudiciales podrían servir como instrumento paliativo de dicha situación[584]. Por ello, no es de extrañar el impulso que se ha dado a los mismos, no solo en la «galaxia» laboral, sino en el «universo» jurídico en general.

147.1.– En el primer sentido, hay que destacar los efectos derivados de la reforma laboral de 1994, pues uno de sus objetivos fue, precisamente, el de impulsar este tipo de procedimientos[585], ya que, a decir de la doctrina, constituía uno de los grandes temas pendientes del sistema español de relaciones laborales[586]. Este trato

---

583 En este sentido, entre otros, CRUZ VILLALÓN, J. (1989), *op. cit.*, p. 217; SALA FRANCO, T.; ALFONSO MELLADO, C. L. (1996), *op. cit.*, p. 17.

584 CRUZ VILLALÓN, J. (1989), *op. cit.*, p. 217, MARCOS FRANCISCO, D. (2022), *op. cit.*, p. 65; BELLIDO PENADÉS, R. (2022), "Nuevos impulsos a la mediación y a otros MASC para la resolución de controversias en Derecho privado en Derecho español (A propósito del Anteproyecto de Ley de medidas de eficiencia procesal)", en BARONA VILAR, S. (Ed.), *Meditaciones sobre mediación (MED+)*, Valencia, Tirant lo Blanch, p. 97; SALINAS MOLINA, F. (2023), *op. cit.*, p. 40.

585 Este impulso de la reforma de 1994 se destaca, entre otros, por CASAS BAAMONDE, M.ª E. (1994), "El arbitraje en la reforma de la legislación laboral", *Relaciones Laborales-II*, pp. 3 y ss.; CRUZ VILLALÓN, J. (1995), *El arbitraje laboral en la reforma legislativa*, Valencia, Tirant lo Blanch, pp. 40 y ss.; SÁNCHEZ FIERRO, J. (1995), "Potenciación de procedimientos extrajudiciales para la solución de conflictos laborales", en SAMPEDRO CORRAL, M. (Dir.), *Problemas procesales de la reforma laboral*, Madrid, CGPJ, p. 14; APILLUELO MARTÍN, M. (1996), "Nuevo modelo de conflictos de trabajo: medios de solución y el ASEC", en AA.VV., *La aplicación de la reforma del ET en la negociación colectiva. IX Jornadas de Estudio sobre la Negociación Colectiva*, Madrid, MTSS, p. 141; SALA FRANCO, T.; ALFONSO MELLADO, C. L. (1996), *op. cit.*, p. 37; GÁRATE CASTRO, J. (1998), "Composición y solución privada de conflictos de trabajo", *Revista Española de Derecho del Trabajo*, nº 87, p. 61.

586 Entre otros, CASAS BAAMONDE, M.ª E. (1992), "La solución extrajudicial de los conflictos laborales", *Relaciones Laborales-II*, p. 27, o DEL REY GUANTER, S. (1992), "Los medios de solución de los conflictos colectivos de intereses y jurídicos", *Relaciones Laborales-II*, p. 190. Las razones sobre esta falta

promocional se debe hacer notar, fundamentalmente, en la regulación de aspectos tales como la incidencia de estos mecanismos en la vía judicial o la efectividad y estabilidad de las soluciones que en su seno se alcancen, en términos de eficacia, cosa juzgada, ejecutividad o posibilidades de impugnación, al constituir factor clave su éxito o fracaso[587] y para los que la legislación laboral cuenta hoy en día con previsiones bastante adecuadas.

147.2.– Asimismo, el impulso reseñado resulta igualmente apreciable en un ámbito más amplio que trasciende las relaciones laborales y alcanza a la generalidad de las relaciones jurídicas. En este sentido, cabe mencionar la labor desarrollada desde distintas instancias tanto internas, como supranacionales que han fraguado en diferentes actos e instrumentos con una verdadera labor promocional en la materia[588].

Al respecto, de entrada, cabe citar, en el ámbito de la Unión Europea, el Libro Verde sobre las modalidades alternativas de solución de conflictos en el ámbito del derecho civil y mercantil, presentado por la Comisión en abril de 2002, cuyo objetivo es, precisamente, el señalado[589]. En segundo lugar, la Directiva 2008/52/CE, de 21 de mayo, sobre ciertos aspectos de la mediación en asuntos civiles y mercantiles, que también se inscribe en esta línea de tendencia; en tercer lugar, ya en el ámbito interno, la Ley 5/2012, de 6 de julio, sobre mediación en asuntos civiles y mercantiles, por medio de la

---

de desarrollo pueden verse en CRUZ VILLALÓN, J. (1995), *op. cit.*, pp. 13 y ss.; SALA FRANCO, T.; ALFONSO MELLADO, C. L. (1996), *op. cit.*, pp. 32 y ss. o VALDEOLIVAS GARCÍA, Y. (1997), "El acuerdo sobre solución extrajudicial de conflictos laborales: la superación de una asignatura pendiente", en VALDÉS DAL-RÉ, F. (Dir.), *La reforma pactada de las legislaciones laboral y de Seguridad Social*, Valladolid, Lex Nova, pp. 523 y ss.

587 Entre otros, SALA FRANCO, T.; ALFONSO MELLADO, C. L. (1996), *op. cit.*, p. 34; MERCADER UGUINA, J. (2007), *op. cit.*, p. 90; SALINAS MOLINA, F. (2021) y (2023), *op. cit.*, pp. 22 y 40, respectivamente.

588 Así, por ejemplo, NUEZ RIVERA, S. (2021), *op. cit.*, p. 12.

589 Documento COM (2002), 196 final.

cual se llevó a cabo la trasposición de la Directiva señalada. En fin, más reciente, el proyecto de Ley de Eficiencia Procesal prestaba una notable atención a los MASC hasta el punto de configurarlos como uno de sus aspectos clave.

Pues bien, el conjunto de actuaciones reseñado evidencia la realidad de la afirmación de partida sobre el empuje y relevancia que están adquiriendo los procedimientos extrajudiciales. Por lo demás, llama la atención el paralelismo de estos movimientos «generales» con la experiencia acumulada en el ámbito laboral. Así, por un lado, la reivindicación sobre su introducción parece un eco de las voces del pasado sobre la necesidad de unos órganos especializados en materia laboral, ya que se articula sobre la base de las exigencias de una justicia más efectiva, ágil, económica y sencilla[590]; y el debate técnico se centra en su configuración como requisito de procedibilidad, la eficacia y estabilidad de las soluciones alcanzadas o su ejecutividad[591].

1.4. La incorporación de las nuevas tecnologías en este terreno: un breve apunte sobre las «ODR»

148.– El desarrollo de las nuevas tecnologías de la información y la comunicación que hemos experimentado en las últimas décadas también ha dejado sentir sus consecuencias en el terreno de los procedimientos extrajudiciales de solución de conflictos los cuales, a su través, han iniciado un último paso evolutivo. Así, gracias a los avances tecnológicos, se han abierto paso una serie de procedimientos donde resulta posible la realización de las distintas actuaciones a distancia, por lo que en la cultura sajona se acuñó la denominación de «ODR» (*on line dispute resolution*), precisamente, para dar cuenta de esa idea. La incorporación de las nuevas tecnologías en este

590 Así, BARONA VILAR, S. (2022), *op. cit.*, p. 32.

591 BARONA VILAR, S. (2022), *op. cit.*, p. 49; MARCOS FRANCISCO, D. (2022), *op. cit.*, pp. 66-78 y 90-94; BELLIDO PENADÉS, R. (2022), *op. cit.*, pp. 106 y ss.; LÓPEZ YAGÜES, V. (2022), *op. cit.*, pp. 139 y ss.

ámbito, al igual que en el proceso judicial, se puede producir con diferentes grados de intensidad, si bien la doctrina destaca cómo en el terreno de los procedimientos extrajudiciales resulta más visible y está más materializada[592]. En todo caso, como decía, las posibles utilidades son las mismas, aunque la problemática subyacente no sea del todo coincidente, y vienen a responder a los siguientes niveles[593].

148.1.– De entrada, en los estadios más sencillos, las nuevas tecnologías favorecen la posibilidad de presentar escritos por vía telemática, la realización de citaciones y comunicaciones de idéntico modo e, incluso, el desarrollo de sesiones a distancia mediante el recurso a las videoconferencias. Así surgieron los primeros procedimientos de mediación y arbitraje en línea con los que se pretendía mayor rapidez y agilidad, así como un menor coste[594]. Estas primeras experiencias hacen uso de las nuevas tecnologías de modo instrumental, pero el papel estelar continúa en manos de una persona[595].

148.2.– A partir de ahí, un segundo estadio evolutivo se corresponde con aquellos casos en los que se incorpora la inteligencia artificial en el ámbito jurídico gracias a la automatización de razonamientos jurídicos y la aplicación de modelos computacionales de argumentación jurídica[596], aventurando lo que se ha dado en llamar

---

592 GUZMÁN FLUJA, V. C. (2017), "Sobre la aplicación de la Inteligencia artificial a la solución de conflictos", en BARONA VILAR, S. (Coord.), *Justicia Civil y Penal en la era global*, Valencia, Tirant lo Blanch, p. 98.

593 Al respecto, GUZMÁN FLUJA, V. C. (2017), *op. cit.*, pp. 106 y ss.; MARTÍN DIZ, F. (2020), "Justicia digital post-covid19: el desafío de las soluciones extrajudiciales electrónicas de litigios y la inteligencia artificial", *Revista de Estudios Jurídicos y Criminológicos*, nº 2, pp. 64 y ss.; BARONA VILAR, S. (2022), *op. cit.*, pp. 41 y 56; MARCOS FRANCISCO, D. (2023), "Smart ODR y su puesta en práctica: el salto a la inteligencia artificial", *Revista General de Derecho Procesal*, 59, pp. 1-41.

594 BARONA VILAR, S. (2022), *op. cit.*, p. 41.

595 GUZMÁN FLUJA, V. C. (2017), *op. cit.*, p. 106.

596 MARTÍN DIZ, F. (2020), *op. cit.*, p. 63; SOLETO MUÑOZ, H. (2019), "Avances, tecnología y ADR en el sistema de justicia. La necesaria revolución de los

un salto de las «ODR» a las «i-ODR»[597]. A su vez, el recurso a la inteligencia artificial puede moverse en dos planos diversos: por un lado, el meramente asistencial en entornos ODR, facilitando la elección de mecanismos de solución más apropiado, la elección de la persona que ha de intervenir, orientando a las partes o al titular del órgano, etc.; por otro, su empleo en procedimientos con decisiones plenamente automatizadas.

149.– Todo este proceso de incorporación se ha desarrollado de manera paulatina y continúa en estado de desarrollo, si bien ya cuenta con un claro reconocimiento normativo y experiencias al respecto más allá del ámbito laboral. Así, cabe mencionar el Reglamento comunitario 524/2013, del Parlamento y la Comisión, de 21 de mayo de 2013, sobre resolución de litigios en línea en materia de consumo uno de cuyos frutos ha sido la creación de una plataforma para resolver este tipo de conflictos[598]. Igualmente, ya en el ámbito exclusivamente interno, piénsese en la Ley 5/2012, sobre mediación en el ámbito civil y comercial, cuyo art. 24 se destina a las actuaciones desarrolladas por medios electrónicos, las cuales encuentran desarrollo en los arts. 30 a 38 del RD 980/2013, de 13 de diciembre. En fin, el ámbito laboral no es ajeno a estas experiencias y la posibilidad de presentar por vía telemática los escritos y la realización de comunicaciones está plenamente asentada. Asimismo, durante la pandemia asistimos a la realización de actuaciones de este tipo por medios telemáticos. En todo caso, sobre todas estas cuestiones volveré más adelante en la última parte de este trabajo destinada, precisamente a la digitalización (*infra*, 202 y ss.).

---

sistemas de resolución de conflictos", en CONDE FUENTES, J.; SERRANO HOYO, G. (Dirs.), *La justicia digital en España y en la Unión Europea*, Barcelona, Atelier, pp. 341-353; BARONA VILAR, S. (2022), *op. cit.*, pp. 56 y ss.

597 MARTÍN DIZ, F. (2020), *op. cit.*, p. 64.

598 Al respecto, HERNÁNDEZ MOURA, B. (2019), "La gestión digital de conflictos a través de la plataforma europea de resolución de litigios en línea", en CONDE FUENTES, J.; SERRANO HOYO, G. (Dirs.), *La justicia digital en España y en la Unión Europea*, Barcelona, Atelier, pp. 393-401.

1.5. Los procedimientos extrajudiciales de solución de conflictos en el ámbito laboral

150.– La relevancia que los procedimientos extrajudiciales tienen en el ámbito laboral, como instrumento para resolver los conflictos laborales, constituye una realidad incuestionable. En este sentido, el legislador manifiesta una clara predilección por intentar que las controversias surgidas en el seno de las relaciones laborales, sean individuales o colectivas, puedan solventarse en esta sede, pues constituye un lugar común que la solución a la que puedan llegar las partes será siempre mejor que la que pueda ser impuesta por terceros. La labor normativa da muestras inequívocas de ello tanto en cuanto a la previsión de conflictos que podrían solucionarse a través de estos medios, como en lo relativo a las sedes en las que desarrollar los procedimientos que se arbitren.

150.1.– En el primer sentido, de entrada, piénsese en las múltiples llamadas que se efectúan a lo largo del texto estatutario y en las que se da un amplio margen a la utilización de este tipo de procedimientos en la solución de controversias muy variadas: así, en el terreno de la reorganización productiva empresarial, los arts. 40.2, 41.4, 47.1 y 51.2 ET admiten que el período de consultas previo a las decisiones empresariales «reorganizativas» (traslados colectivos, modificaciones sustanciales colectivas, suspensiones por causas económicas, técnicas, organizativas o de la producción y despidos colectivos) pueda ser sustituido por una mediación o un arbitraje; igualmente, el art. 82.3 ET, al regular la inaplicación del convenio colectivo, también confía en la posibilidad de que la falta de acuerdo pueda solventarse por medio de estos instrumentos; en fin, en sede de negociación colectiva, el art. 89.4 ET indica que, en cualquier momento de las deliberaciones, las partes pueden acordar la intervención de un mediador designado por ellas. Por otra parte, la presencia de los procedimientos extrajudiciales también resulta muy notable en el RDLRT 17/1977, no solo por la propia regulación de un procedimiento administrativo para la solución de los conflictos colectivos, sino por las previsiones relativas a las funciones mediadoras que puede desarrollar la Inspección de Trabajo desde que se le comunica la huelga, según previene el art. 9 RDLRT. Unas funciones de mediación, pero también de conciliación y arbitraje, que el art. 12.3 la Ley 23/2015, de 21 de julio, Ordenadora del Sistema de Inspección de Trabajo y Seguridad Social asigna a dicho organismo con carácter general en materia de huelga y otros conflictos, cuando sea aceptada por las partes o lo prevea la ley. Por último, téngase en cuenta que el legislador también ha querido que, con carácter general, antes de iniciarse un proceso judicial, las partes traten de alcanzar una solución al margen del mismo, por medio de la conciliación previa (hoy, conciliación o mediación previa).

150.2.– La labor promocional en cuanto al desarrollo de los procedimientos que se arbitren sigue dos vías diversas: por un lado, poniendo a disposición de las partes en conflicto diferentes instituciones y/o estructuras públicas que funcionarán como sede adecuada en la que desarrollar estas labores; por otro, potenciando que los protagonistas sociales creen sus propios procedimientos. Así, dentro del sistema extrajudicial de conflictos, cabe diferenciar entre un «subsistema administrativo» y otro autónomo o «convencional»[599].

1.5.1. El «subsistema administrativo»

151.– Por lo que respecta al primero de los subsistemas, ante todo, hay que resaltar que se encuentra integrado por una pluralidad de instituciones de diverso calado y finalidad que hunden sus raíces en los modelos intervencionistas estatales existentes en el pasado[600]. De entrada, no hay duda de que, en términos cuantitativos, la mayor importancia recae sobre los órganos administrativos encargados de atender las solicitudes de conciliación o mediación previa impuesta por el art. 63 LRJS. En la etapa democrática, el servicio administrativo competente originariamente fue el Insti-

---

599 MERCADER UGUINA, J. (2007), *op. cit.*, p.95.

600 MERCADER UGUINA, J. (2007), *op. cit.*, p.94.

tuto de Mediación, Arbitraje y Conciliación (IMAC), organismo dependiente del Ministerio de Trabajo creado por el RDL 5/1979 y cuyas funciones en la materia detallaba el RD 2756/1979. Este marco competencial originario experimentó unas profundas alteraciones como resultado de dos tipos de acontecimientos. Por un lado, las sucesivas transformaciones en la organización de la administración laboral llevaron a la desaparición del IMAC y a que sus funciones fueran asumidas por la Dirección General de Trabajo, a través de la Subdirección General de Mediación, Arbitraje y Conciliación. Este tipo de funciones corresponden, en la organización administrativa actual, a la Subdirección General de Relaciones Laborales, dependiente a su vez de la Secretaría General de Empleo, eso sí, siempre en la medida en que no se encuentren transferidas a las CC.AA. Y es que, por otro lado, la existencia de un estado autonómico y de una administración laboral de idéntico ámbito determinaron también un proceso de transferencias que ha afectado a este tipo de funciones, de manera que las CC.AA. han procedido a crear sus propios servicios con competencias conciliadoras y mediadoras. Al margen de estos órganos, como se ha visto, también deben destacarse las labores que en este terreno puede desarrollar la Inspección de Trabajo y Seguridad Social, así como la Comisión Consultiva Nacional de Convenios Colectivos.

1.5.2. El «subsistema autónomo» o «convencional»

152.– En cuanto a los segundos, la conveniencia de establecer unos procedimientos extrajudiciales para la solución de conflictos creados por los agentes sociales constituyó una referencia continua en los distintos acuerdos suscritos desde finales de los años ochenta en el marco de la concertación social[601]. Tales invocaciones no llegaron a derivar en unos resultados efectivos hasta que, en la década

---

[601] ALFONSO MELLADO, C. L. (1993), *op. cit.*, pp. 190 y ss.

de los noventa, se experimentó un profundo cambio, tanto en el ámbito estatal como en el autonómico[602].

152.1.– Así, en el primer espacio, el 25 de enero de 1996, las organizaciones sindicales UGT y CCOO, de una parte, y las asociaciones empresariales CEOE y CEPYME, de otra, suscribieron un acuerdo interprofesional sobre solución extrajudicial de conflictos laborales (ASEC) y un reglamento de aplicación (RASEC)[603]. El éxito de este acuerdo hizo que se fuera renovando hasta nuestros días, siendo el que hoy está vigente el suscrito en 2020[604], el VI Acuerdo sobre Solución Autónoma de Conflictos (ASAC), que, siguiendo la pauta marcada en el quinto acuerdo sobre la materia, emplea la expresión «solución autónoma» en lugar de la utilizada en el pasado «solución extrajudicial».

152.2.– Junto al acuerdo interprofesional de ámbito nacional sobre procedimientos extrajudiciales de solución de conflictos, en el ámbito autonómico han proliferado una serie de acuerdos sobre la misma materia. En este sentido, a las experiencias «pioneras» de ciertas comunidades autónomas como la vasca, la catalana, la gallega o la valenciana[605], se fueron sumando las restantes, de manera

---

602 Los factores que influyeron en el cambio en DEL REY GUANTER, S. (1996), *op. cit.*, pp. 102-104.

603 El término reglamento no tenía aquí las connotaciones jerárquicas propias que posee cuando se emplea para aludir a ciertas normas emanadas del poder ejecutivo. Al respecto, *vid.*, MERCADER UGUINA, J.; PIÑEYROA DE LA FUENTE, A. J. (1996), "El Acuerdo sobre solución extrajudicial de conflictos laborales: un paso importante en la solución de una problemática pendiente. El Reglamento general sobre inscripción de empresas, afiliación, altas y bajas", *Relaciones Laborales-II*, p. 1091; DEL REY GUANTER, S. (1996), *op. cit.*, pp. 107-108; VALDEOLIVAS GARCÍA, Y. (1998), *op. cit.*, pp. 528-529.

604 BOE, 23 de diciembre de 2020.

605 Sobre estas primeras experiencias pueden consultarse ALFONSO MELLADO, C. L. (1993), *op. cit.*, pp. 179-198; BALLESTER PASTOR, M.ª A. (1993), "Los pactos autonómicos de solución de conflictos colectivos de trabajo", *Tribuna Social*, nº 26, pp. 7-25; GONZÁLEZ DEL REY RODRÍGUEZ, I. (1993), "Los acuerdos autonómicos sobre procedimientos voluntarios de solución de

que hoy en día la totalidad de CC.AA. cuenta son su propio sistema de solución autónoma de conflictos.

153.– El tratamiento del contenido de todos y cada uno de estos acuerdos en un trabajo de estas características no resulta viable[606], por lo que, de manera mucho más restringida, me limitaré a destacar los dos aspectos de los mismos que, a mi juicio, pueden tener una mayor relevancia en relación con el derecho procesal: su ámbito objetivo y el tipo de procedimientos que instauran.

153.1.– Por lo que respecta al primero, resulta necesario destacar que, frente al modelo de acuerdo estatal que se circunscribe a los conflictos de alcance colectivo, seguido por alguno de los autonómicos[607], la mayoría de estos acuerdos integra también los de alcance individual, sea de modo general o con excepciones relacionadas con la cuantía o el tipo de procedimiento[608]. Por otra parte, cuando se incluyen los individuales, no resulta extraño que se incorpore la referencia a que su procedimiento de conciliación o de conciliación-mediación ocupa el lugar del servicio administrativo a los efectos del art. 63 LRJS[609] e, incluso, a veces extiendan su

---

conflictos", *Revista de Trabajo y Seguridad Social*, nº 12, pp. 83-130; GONZÁLEZ BIEDMA, E. (1994), "Los procedimientos extrajudiciales de solución de conflictos colectivos de trabajo en las Comunidades Autónomas", *Revista Española de Derecho del Trabajo*, nº 65, pp. 436 y ss.

606 El acercamiento a su contenido puede efectuarse a través de los estudios de APILLUELO MARTIN, M. (1996), *op. cit.*, pp. 129 y ss.; MERCADER UGUINA, J.; PIÑEYROA DE LA FUENTE, A. J. (1996), *op. cit.*, pp. 1089 y ss.; ODRIOZOLA LANDERAS, A. (1996), "El acuerdo sobre solución extrajudicial de conflictos laborales", *Actualidad Laboral*, nº 35, pp. 663 y ss.; SALA FRANCO, T.; ALFONSO MELLADO, C. L. (1996), *op. cit.*, pp. 195 y ss., VALDEOLIVAS GARCÍA, Y. (1996), *op. cit.*, pp. 519 y ss.; MERCADER UGUINA, J. (2007), *op. cit.*, pp. 98 y ss.

607 Así sucede con los acuerdos de la Comunidad Valenciana o Extremadura; por su parte, Asturias alude a conflictos colectivos y plurales.

608 Así sucede, por ejemplo, con los acuerdos de Madrid o Murcia.

609 Así sucede en el caso de los acuerdos de Andalucía, Aragón, Baleares, Cantabria, Castilla-La Mancha, Castilla-León, Cataluña o Canarias.

alcance respecto materias donde la LRJS excluye la obligatoriedad, eso sí, siempre que las partes lo estimen oportuno[610].

153.2.– Por lo que respecta a los procedimientos que instauran, la fórmula más extendida es la que reduce tales procedimientos a dos y así, junto a la referencia al arbitraje, unifican la conciliación con la mediación, bajo distintas nomenclaturas[611], o aluden solo a ésta junto al primero[612]; con todo, no faltan casos en los que se mantiene la «trilogía clásica» conciliación, mediación y arbitraje[613].

2. *La conciliación o mediación previa*

154.– A pesar del interés que todo este conjunto de procedimientos despierta, en cuanto alternativa a la judicialización de los conflictos, su análisis queda al margen del derecho procesal en sentido estricto, sobre todo, desde la óptica del entendimiento del proceso como instrumento por medio del cual se cumple la función jurisdiccional (*supra*, 10). Ello no supone negar que, en cierto modo, integren la idea de «Administración de Justicia», pues, como apuntan las tendencias procesales más modernas, hay justicia más allá del proceso y de los tribunales[614]. En todo caso, sí que resulta preciso detenerse en la conciliación o mediación previa, ya que está

610 Este tipo de extensiones se encuentran en los acuerdos de Andalucía, Aragón, Galicia o Castilla-León.

611 En este sentido, los acuerdos de Aragón y Cantabria recogen, junto al arbitraje, un procedimiento llamado de mediación-conciliación, mientras que, en los de Castilla-León, Comunidad Valenciana y Extremadura operan de modo similar, solo que, en este caso, se usa la expresión conciliación-mediación.

612 Así sucede en el ASEC y en los acuerdos de Andalucía, Asturias, Castilla-La Mancha, Galicia, Madrid o Murcia.

613 Al respecto, *vid.* los acuerdos de Baleares, Canarias, Cataluña y País Vasco.

614 Así, BARONA VILAR, S. (2022), *op. cit.*, p. 34; en sentido diverso, *vid.* GARCÍA MURCIA, J. (2023), *op. cit.*, p. 66, quien duda de que la ordenación de estos procedimientos, aun siendo muy beneficiosa, constituya en sí misma ordenación de la justicia.

configurada como un mecanismo obligatorio que antecede al inicio del proceso laboral y a la que la LRJS le dedica una cierta atención.

155.– Este mecanismo está muy asentado en el sistema procesal laboral patrio[615]. A lo largo de los años, distintas reformas han procurado fortalecer su presencia y utilidad por medio de diferentes medidas como su obligatoriedad, el valor asignado a los acuerdos alcanzados en dicho ámbito y sus efectos, singularmente en términos de cosa juzgada, de consideración como título ejecutivo o de vinculación al FOGASA, evidenciando una tendencia normativa a propiciarla, según ha destacado algún sector de la doctrina científica[616]. Aunque cabe apreciar la existencia de una cierta conciencia colectiva relativa a la consideración de la conciliación o mediación previa como un mero trámite, lo cierto es que las estadísticas muestran que el número de acuerdos alcanzados en esta sede resulta más elevado de lo que inicialmente pudiera pensarse.

155.1.– En efecto, los últimos datos disponibles, correspondientes al año 2022, indican que el porcentaje de tramitaciones finalizadas con avenencia supera el 30%[617]. Así, sobre un número de 384.891 conciliaciones-mediaciones instadas ante los servicios administrativos públicos dicho año, un total de 135.284 finalizaron con un acuerdo (un 35,14%), 124.617 sin él (un 32,37%) y 124.990 figuran en el apartado «otras formas de finalización» (un 32,47%), inclusivo de los casos en los que la empresa no comparece (y el acto, en consecuencia, se tiene por intentado sin efecto) o de aquéllos en los que el trabajador desiste del procedimiento, sea de forma

---

615 Así, MARTÍNEZ EMPERADOR, R. (1979), *op. cit.*, p. 295 o VALDÉS DAL-RÉ, F. (2000), *op. cit.*, p. 108, quien la considera como la fórmula por excelencia para la composición de los conflictos.

616 MERCADER UGUINA, J. (2007), *op. cit.*, p. 95; SALINAS MOLINA, F. (2021), *op. cit.*, p. 22.

617 Fuente: Estadísticas del Ministerio de Trabajo y Economía Social, disponible en: https://www.mites.gob.es/estadisticas/mac/welcome.htm, última consulta 18/08/2023.

expresa o presunta por no comparecencia. Por lo que respecta a las materias, el resultado positivo es especialmente notable en el terreno de los despidos, donde de un total de 227.647 solicitudes instadas, 120.017 finalizaron con acuerdo (es decir, un 52,72%), 53.831 sin él (un 23,64%) y 53.798 de otro modo (un 23,63%). Ello contrasta con las reclamaciones de cantidad, donde el éxito de este trámite obligatorio previo al proceso es muy inferior, pues de un total de 113.905 solicitudes presentadas, tan solo 11.473 finalizaron con acuerdo (esto es, un 10,07%), 47.179 sin él (un 41,41%) y 55.253 de otra forma (esto es, un 48,50%), seguramente por incomparecencia de alguna de las partes.

155.2.– En fin, todo ello no quiere decir que tales resultados no sean mejorables; y no solo desde una perspectiva cuantitativa, sino, sobre todo, desde un prisma cualitativo. Un cambio de estas características con toda seguridad requiere de una modificación más profunda en los protagonistas de las relaciones laborales, empezando por reforzar la cultura mediadora de los profesionales que intervienen a través de la formación que reciben en la propia universidad[618], pero también se puede ver coadyuvado con la mejora del marco normativo, de manera que se depuren los defectos o limitaciones que el actualmente en vigor presenta.

156.– A partir de tales consideraciones, el objetivo de las líneas que siguen se encamina a identificar cuáles son esos puntos críticos en los que se debería incidir para potenciar la mediación en el ámbito de la solución de conflictos laborales. En todo caso, para ello, resulta conveniente tomar como punto de partida un mínimo acercamiento al régimen jurídico vigente, identificando los principales problemas interpretativos y aplicativos que en la actualidad suscita, pues ello nos situará en una mejor posición a la hora de efectuar las correspondientes propuestas de reforma.

---

618 BARONA VILAR, S. (2022), *op. cit.*, pp. 46-47 y 52-53; MOYA AMADOR, R. (2023), *op. cit.*, p. 16.

2.1. Las líneas principales de su régimen jurídico

157.– La conciliación o mediación previa, según he anticipado, constituye un trámite obligatorio que precede al proceso laboral y que consiste en que las partes acuden a un órgano de naturaleza no jurisdiccional con el objeto de alcanzar una solución pactada al conflicto que las separa, tratando el órgano en cuestión de ayudar en la consecución de dicho pacto. La regulación de este acto se encuentra en los arts. 63 y ss. LRJS, así como en el RD 2756/1979, de 23 de noviembre, que remiten su realización al servicio administrativo correspondiente o al órgano creado a través de ciertos instrumentos negociales que pueda asumir tales funciones en los términos que ya se han indicado en líneas anteriores (*supra*, 151 y ss.). Esta regulación, al margen de la cuestión del órgano competente sobre la que no voy a insistir, suscita tres grandes bloques de cuestiones: de entrada, su obligatoriedad, así como las excepciones a dicho carácter; por otra parte, cómo se desarrolla el acto y cuáles son sus efectos; finalmente, el control de su cumplimiento.

2.1.1. La obligatoriedad de la conciliación o mediación previa y sus excepciones

158.– El carácter obligatorio del intento de conciliación o mediación previa en el ámbito laboral se desprende claramente del artículo 63 LRJS y lo corrobora el art. 81 LRJS, al imponer un control de oficio sobre el cumplimiento de este requisito por parte del Letrado de Administración de Justicia. Las dudas que la imposición de este trámite pudiese generar desde la perspectiva del derecho a la tutela judicial efectiva, en su vertiente de acceso a los tribunales, han sido salvadas por medio de la consideración de sus beneficios, así como de la mínima dilación que en el acceso a la vía judicial supone[619]. Con todo, la propia LRJS recoge una serie de supuestos en los que este acto previo al proceso no resulta necesario. En efecto,

---

619 MARTÍNEZ EMPERADOR, R. (1979), *op. cit.*, p. 295.

el artículo 64 LRJS establece un conjunto de excepciones al carácter obligatorio de la conciliación o mediación previa.

158.1.– De entrada, en todos aquellos supuestos que exijan del agotamiento de la vía administrativa. Aunque la determinación de los supuestos que exigen de la realización de dicho trámite resulta discutible desde que se eliminó la reclamación administrativa previa en el ámbito laboral, en principio, cabe pensar que se trata de los casos en que se quiere impugnar un acto de las Administraciones Públicas sujeto al derecho administrativo en materia, laboral, sindical o de Seguridad Social (singularmente los dictados en ejercicio de la potestad sancionadora y los que se dictan en el seno de los procedimientos previstos en los arts. 47.3 y 51.7 ET), no así las eventuales reclamaciones que plantee el personal laboral frente a las administraciones en que presten servicios quienes, seguramente, puedan interponer demanda judicial de manera directa sin necesitar de realizar acto previo alguno[620]. Pues bien, la necesidad de agotar la vía administrativa cuando esta sea necesaria excluye el intento de conciliación.

158.2.– Por otra parte, hay una serie de litigios que se tramitan a través de determinadas modalidades procesales que también quedan exceptuados del requisito y ello por razones diversas en cada supuesto —la naturaleza del proceso en cuestión; el tipo de cuestión controvertida; etc.–. En todo caso, incluso en estas excepciones, debe tenerse en cuenta que el art. 64.3 LRJS, desde la LRJS de 2011, permite a las partes acudir voluntariamente a estas vías, con los mismos efectos que en los casos en que el trámite resulta obligado, cuando, por la naturaleza de la pretensión, el acuerdo pudiera tener eficacia jurídica. Por lo demás, el listado que proporciona el

620 Al respecto, NORESTORRES, L. E.; ESTEVE SEGARRA, A., (2018) "El agotamiento de la vía administrativa previa en el orden social", *Trabajo y Derecho*, nº 42, 2018, pp. 130 y ss.

art. 64 LRJS no afecta a cualquier modalidad procesal, sino solamente a unas cuantas.

Así, en primer lugar, el precepto alude a los pleitos que versen sobre Seguridad Social. Y es que, en general, tales pleitos habitualmente se dirigen contra las entidades gestoras persiguiendo el reconocimiento de una prestación, por lo que, en tales casos, el acto previo a seguir es la reclamación administrativa previa en materia de Seguridad Social que recoge el art. 71 LRJS, lo que hace innecesaria la conciliación previa. En todo caso, la exclusión es más amplia, pues se aplica con independencia de que la entidad gestora aparezca como demandante o como demandada. En este sentido, como ejemplo se podría mencionar el supuesto en que la entidad gestora demanda a los beneficiarios; o los casos en que los conflictos atañen a las Mutuas o al empresario y trabajadores[621].

En segundo lugar, los litigios relativos al disfrute de vacaciones, eso sí, no cualquier pleito relacionado con las vacaciones, sino únicamente en la medida que se trate del proceso regulado en el artículo 125 LRJS que versa sobre la fijación de la fecha de disfrute[622]. La razón de la exclusión tradicionalmente se ha justificado en el carácter urgente que tiene este proceso —lo que casaría mal con el intento de conciliación o mediación previa—, así como en el origen del propio conflicto[623], si bien una verdadera mediación podría ayudar a solventarlo.

En tercer lugar, los pleitos relativos a la impugnación del despido colectivo por los representantes de los trabajadores, así como los que versen sobre movilidad geográfica, modificación sustancial de condiciones de trabajo, suspensiones y reducciones de jornada por causas empresariales, los procesos monitorios, los relativos a

---

621 MONTOYA MELGAR, A. *et altri* (2012), *op. cit.*, p. 132.

622 ALFONSO MELLADO, C. L. -con ALBIOL ORTUÑO, M.; BLASCO PELLICER, A.; GOERLICH PESET, J. M.ª (2015), *op. cit.*, p. 134.

623 BAYLOS GRAU, A.; CRUZ VILLALÓN, J.; FERNÁNDEZ LÓPEZ, Mª. F., (1995), *op. cit.*, p. 91; MONTOYA MELGAR, A., *Curso de Procedimiento…*, *op. cit*, p. 132.

reclamaciones sobre acceso, reversión y modificación del trabajo a distancia a los que se refiere el art. 138.bis o los relacionados con el ejercicio de los de derechos de conciliación de la vida personal, familiar y laboral a los que se refiere el artículo 139 LRJS. Aquí, seguramente, vuelvan a pesar razones relacionadas con el carácter urgente de tales procesos[624] o su celeridad; y, de nuevo, cabría pensar que la mediación podría ser, en estos casos, una buena fórmula para alcanzar una solución.

En cuarto lugar, los de materia electoral, que quedan excluidos por razones similares: por un lado, el carácter urgente del proceso; por otro, el propio origen del conflicto[625].

En quinto lugar, los procesos iniciados de oficio, probablemente por razón de su incoación por la autoridad laboral[626], así como por el hecho de su vinculación a un interés público[627].

En sexto lugar, los de impugnación de convenios colectivos por razones de orden público, pues se basan en la ilegalidad de las cláusulas convencionales y, sobre ello, no procede negociar[628].

En séptimo lugar, los de impugnación de estatutos sindicales o su modificación, por razones similares a los anteriores, ya que se

---

624 NORES TORRES, L. E. (2013), "Los actos previos, los actos preparatorios y el proceso cautelar", en GOERLICH PESET, J. M.ª; NORES TORRES, L. E., *Derecho Procesal del Trabajo*, Las Palmas de Gran Canarias, ULPGC, p. 105; BAJO GARCÍA, I. (2021), "La evitación del proceso", en BLASCO PELLICER, A. (Dir.), *El proceso laboral. Ley 36/2011, de 20 de octubre, reguladora de la Jurisdicción Social*, Tomo I, 2ª edición, pp. 411-413.

625 BAYLOS GRAU, A.; CRUZ VILLALÓN, J.; FERNÁNDEZ LÓPEZ, Mª. F., (1995), *op. cit.*, p. 91; MONTOYA MELGAR, A. *et altri* (2012), *op. cit.*, p. 132; NORES TORRES, L. E. (2013), "*op. cit.*, p. 105; BAJO GARCÍA, I. (2021), *op. cit.*, p. 412.

626 MONTOYA MELGAR, A. *et altri* (2012), *op. cit.*, p. 132.

627 BAYLOS GRAU, A.; CRUZ VILLALÓN, J.; FERNÁNDEZ LÓPEZ, Mª. F., (1995), *op. cit.*, p. 91.

628 MONTOYA MELGAR, A. *et altri* (2012), *op. cit.*, p. 105; NORES TORRES, L. E. (2013), *op. cit.*, p. 106.

basan en la ilegalidad de las previsiones estatutarias, algo sobre lo que tampoco cabe negociar[629].

En octavo lugar, los de tutela de los derechos fundamentales y libertades públicas; y ello por razones derivadas no sólo del carácter urgente del proceso, sino también por el carácter indisponible de los derechos discutidos[630].

En noveno lugar, los procesos de anulación de los laudos arbitrales, así como los relativos a la impugnación de los acuerdos de conciliación, de mediación y de transacción, seguramente por causas vinculadas al origen de la propia causa.

En fin, tampoco requiere de intento previo de conciliación o mediación el ejercicio de las acciones laborales de protección contra la violencia de género. En este caso, las razones se relacionan, por un lado, con el propio conflicto subyacente y, por otro, con la necesidad de dar una respuesta rápida al mismo[631].

158.3.– Asimismo, el artículo 64.2 LRJS se refiere a dos supuestos más que también quedan excluidos de la necesidad de realizar un intento de conciliación o mediación previa. Por un lado, los procesos en los que la representación corresponda al abogado del Estado, al letrado o letrada de la Administración de Seguridad Social, a los representantes procesales de las CC.AA. o de las Administraciones Locales o al letrado o letrada de las Cortes Generales. Por otro, en los casos en los que, en cualquier momento del proceso, después de haber dirigido la papeleta o la demanda contra personas determinadas, resultara preciso dirigir o ampliar la misma hacia personas distintas de las inicialmente demandadas (p.e., un litisconsorcio no

---

629 MONTOYA MELGAR, A. *et altri* (2012), *op. cit.*, p. 105; NORES TORRES, L. E. (2013), *op. cit.*, p. 106.

630 MONTOYA MELGAR, A. *et altri* (2012), *op. cit.*, p. 132; NORES TORRES, L. E. (2013), *op. cit.*, p. 106; BAJO GARCÍA, I. (2021), *op. cit.*, p. 415.

631 NORES TORRES, L. E. (2013), *op. cit.*, p. 106; BAJO GARCÍA, I. (2021), *op. cit.*, p. 415.

constituido adecuadamente que se subsana; el supuesto previsto en el 103.2 LRJS).

158.4.– Finalmente, según lo establecido en el art. 64.3 LRJS, debe tenerse en cuenta que en aquellos supuestos en los que la conciliación o mediación previa no resulta obligatoria, las partes pueden instar la misma de común acuerdo, eso sí, para ello deben concurrir dos requisitos: por un lado, que el objeto litigioso sea susceptible de ser resuelto mediante acuerdo; por otro, que las partes insten el procedimiento en «tiempo oportuno», esto es, antes de que la acción haya prescrito o caducado.

2.1.2. El desarrollo de la conciliación o mediación previa y sus efectos

159.– El segundo bloque de cuestiones relacionadas con el régimen jurídico de la conciliación o mediación previa es el relativo a su desarrollo y los efectos que se derivan, tanto de su incoación, como de la eventual celebración.

160.– El procedimiento de conciliación o mediación previa principia mediante la presentación de un escrito, denominado papeleta de conciliación, ante el organismo correspondiente, dentro de un plazo, lo cual produce unos efectos determinados. La LRJS no somete el cumplimiento de este trámite a un plazo específico. En efecto, lo único que exige es el carácter previo al proceso judicial. Así pues, habrá que estar al plazo existente para ejercitar las acciones judiciales y, antes de que éste venza, deberá plantearse el correspondiente intento de conciliación o mediación. Por lo que respecta a los efectos anudados a la presentación, la LRJS prevé dos fundamentales, ambos relacionados con el ejercicio ulterior de las acciones judiciales.

160.1.– El primero de ellos sería el relativo a que en ese momento se produce la suspensión de los plazos de caducidad y la interrupción de los plazos de prescripción. Así se recoge en el art. 65 LRJS, precepto que además proporciona unas previsiones adicionales. Por un lado, señala que los plazos de caducidad se reanudan al día siguiente de la celebración del acto o transcurridos quince días hábiles desde la presentación de la papeleta sin que el acto se haya celebrado, excluyéndose del cómputo los sábados. Aunque la LRJS no lo contemple, también la prescripción se retoma tras la celebración, según ha entendido la jurisprudencia[632]. Por otro lado, añade que una vez transcurridos treinta días, computados de la misma forma que los quince anteriores, sin celebrarse el acto de conciliación o sin iniciarse la mediación o alcanzarse un acuerdo en la misma, se dará por finalizado el procedimiento y cumplido el trámite.

160.2.– El segundo de los efectos derivados de la presentación de la papeleta de conciliación o solicitud de mediación es que fija la posición de las partes en el ulterior proceso judicial. Así, en función de lo establecido en el art. 80 LRJS, los hechos que no se hayan alegado en esta sede, no podrán ser alegados más adelante en la demanda judicial, salvo que hubieran acontecido con posterioridad. Asimismo, tampoco cabrá introducir alteraciones sustanciales entre lo planteado en conciliación o mediación y lo reclamado en el proceso[633]. En fin, para poder plantear reconvención, será preciso haberlo anunciado en este acto.

161.– Una vez presentada y admitida la papeleta de conciliación o solicitud de mediación, según el art. 8 RD 2756/1979, se fijará el lugar, día y hora para la celebración del acto correspondiente, algo que se hará saber a las partes, las cuales podrán comparecer por sí mismas o por medio de representante. A partir de ahí, llegado el momento fijado para la celebración, pueden darse distintas situaciones, según prevé el art. 66 LRJS.

---

632 STS de 2 de diciembre de 2002, rec. 738/2002.

633 ALFONSO MELLADO, C. L. -con ALBIOL ORTUÑO, M.; BLASCO PELLICER, A.; GOERLICH PESET, J. M.ª (2015), *op. cit.*, p. 136.

161.1.– En primer lugar, cabe que el solicitante no comparezca y no alegue justa causa. En estos casos, la papeleta de conciliación o solicitud de mediación se tendrá por no presentada, archivándose todo lo actuado. Asimismo, de manera derivada, ello supone que desaparecen los efectos suspensivos de la caducidad e interruptivos de la prescripción que previamente se habían producido[634].

161.2.– En segundo lugar, cabe que el solicitante comparezca y que sea la otra parte la ausente. Pues bien, en este supuesto, el acto se tiene por intentado sin efecto y se reanuda el plazo para presentar la demanda. Además, cuando la incomparecencia no esté justificada, habrá unas consecuencias adicionales en el momento de dictar sentencia: el juez le impondrá las costas del proceso, incluidos los honorarios, hasta el límite de 600 euros, del letrado o graduado social colegiado de la parte contraria que hubieren intervenido, si la sentencia coincidiese en lo esencial con lo que se había solicitado en conciliación o mediación previa.

161.3.– En tercer lugar, la LRJS no regula expresamente qué sucede cuando no comparece ninguna de las partes, si bien, parece que en tales casos las consecuencias serán las mismas que se anudan a la ausencia del demandante, esto es, el archivo de lo actuado.

161.4.– En fin, si las partes comparecen, el acto de conciliación o mediación previa se celebrará ante el órgano competente, bajo la dirección del Letrado conciliador en los términos del art. 10 del RD 2756/1979, precepto que atribuye al letrado diversas funciones. De entrada, se encarga de comprobar la identidad, capacidad y representación de las partes. Por otra parte, el Letrado conciliador ordena el debate, encargándose de conceder la palabra y dirigir las discusiones. En fin, igualmente, le corresponde levantar acta de lo celebrado y expedir certificación de la misma.

---

634 NORES TORRES, L. E. (2013), *op. cit.*, p. 109; BAJO GARCÍA, I. (2021), *op. cit.*, p. 429.

162.– El acto de conciliación o mediación previa puede finalizar con la consecución de un acuerdo o sin alcanzarlo; en otras palabras, el resultado de este acto puede ser «con avenencia» o «sin avenencia».

162.1.– En primer lugar, el acto puede finalizar con avenencia entre las partes. El acuerdo al que lleguen las mismas goza de fuerza ejecutiva, según indica el art. 68 LRJS. Así pues, el órgano jurisdiccional no tiene que ratificar nada y, en caso de incumplimiento de lo acordado, sería posible iniciar un procedimiento ejecutivo por los mismos cauces que el ordenamiento jurídico prevé para la ejecución de sentencias. El reconocimiento de tal eficacia sirve para potenciar la utilización de este tipo de soluciones extrajudiciales[635]. Con todo, existen ciertos desincentivos a su consecución. En este sentido, debe tenerse en cuenta que las indemnizaciones pactadas en conciliación extrajudicial no cuentan con la protección del FOGASA, según el art. 33 ET. Asimismo, de conformidad con el art. 67 LRJS, el acuerdo alcanzado en conciliación podrá ser impugnado tanto por las partes como por cualquier sujeto que pudiera perjudicarle por las mismas causas que permiten invalidar un contrato.

162.2.– Por otra parte, cabe que la conciliación o mediación previa finalice sin avenencia, es decir, sin alcanzar ningún acuerdo. En este caso queda abierta la vía judicial, pudiéndose presentar la correspondiente demanda ante el órgano jurisdiccional competente.

2.1.3. El control sobre el cumplimiento del trámite

163.– El trámite de conciliación prejudicial tiene un carácter obligatorio, según ya se ha indicado. Así pues, cabe plantearse qué

---

[635] Así, entre otros, MERCADER UGUINA, J. (2007), *op. cit.*, p. 95; SALINAS MOLINA, F. (2021) y (2023), *op. cit.*, pp. 22-23 y 40, respectivamente.

sucedería en el caso de que se incumpliera el mismo y cómo se controla dicho cumplimiento.

163.1.– De entrada, en función de lo establecido en el art. 81.3 LRJS, el requisito está sujeto a un control de oficio por el propio órgano judicial en el momento de proceder a la admisión de la demanda. Así, por un lado, si el requisito se hubiera cumplido, la norma no prevé ninguna consecuencia específica; simplemente, en la medida en que se cumplan los restantes requisitos exigidos legalmente, el Letrado de la Administración de Justicia admitirá la demanda, dictando, para ello, un decreto según se infiere del art. 206 LEC, y dará curso al proceso. Ahora bien, por otro lado, si el requisito no hubiera sido satisfecho, el Letrado de la Administración de Justicia otorgará al demandante un plazo de quince días, contados a partir de la recepción de la notificación, para subsanar: si se subsana, el Letrado de la Administración de Justicia admitirá la demanda y seguirán las actuaciones adelante; si no se subsana, dará cuenta al Tribunal para que por el mismo se resuelva sobre su admisión.

163.2.– Por otra parte, si se detectase con posterioridad, se debería declarar la nulidad de lo actuado, retrotraer las actuaciones al momento de la admisión de la demanda y proceder de conformidad con lo establecido en el artículo 81.3 LRJS.

2.2. Hacia una nueva conciliación o mediación previa: alguna propuestas de reforma

164.– Una vez apuntado el régimen jurídico vigente del sistema de conciliación o mediación previa obligatoria que rige en el proceso laboral se está en condiciones de apreciar sus insuficiencias, así como de efectuar algunas propuestas modificativas que deberían permitir potenciar su utilización, algo que parece más que conveniente, especialmente en relación con las reclamaciones de cantidad, pues según se ha visto es donde los acuerdos alcanzados resultan menos frecuentes. Por otra parte, tales propuestas aparecen como algo especialmente interesante en la actualidad, teniendo en cuenta el proceso de reforma al que asistimos, aunque, por el momento, no ha afectado demasiado a esta materia. En este sentido, no hay que perder de vista que, entre las medidas incluidas en el proyecto de Ley de medidas de Eficiencia Procesal del servicio público de justicia, había algunas que afectaban, precisamente, a este trámite en tres puntos particulares como eran la actualización de los supuestos exceptuados, la reformulación de los efectos sobre la prescripción y caducidad de las acciones y la ampliación de las hipótesis de imposición de sanciones, si bien, finalmente, las previsiones del RDL 6/2023, de 19 de diciembre, han resultado menos incisivas[636]. En todo caso, a efectos expositivos, no voy a seguir exactamente dicha sistematización, sino que voy a articularlo introduciendo ciertas variaciones sobre la misma[637].

2.2.1. La delimitación del ámbito de actuación de la conciliación o mediación previa

165.– De entrada, el art. 104, punto dieciséis, del RDL 6/2023 incide en la delimitación de los supuestos en los que el trámite resulta obligatorio y modifica el art. 64 LRJS en una dirección reductora. En este sentido, el proyecto introduce nuevas exclusiones como son las relativas al proceso monitorio o las derivadas del proceso regulado en el art. 138 bis LRJS que permite tramitar las reclamaciones sobre acceso, reversión y modificación del trabajo a distancia. La razón, en estos casos, seguramente se relacione con la urgencia y celeridad de ambos procesos. Aunque las medidas resultan coherentes con el régimen vigente, a mi juicio, sería conveniente adoptar una dirección diversa, por lo menos en el caso del

---

636 Esta sistematización en GARCÍA MURCIA, J. (2023), *op. cit.*, p. 77.

637 Así las he presentado en NORES TORRES, L. E. (2022-c), "La conciliación o mediación previa en el proceso laboral: régimen jurídico y perspectivas de reforma", en BARONA VILAR, S. (Ed.), *Meditaciones sobre mediación (MED+)*, Valencia, Tirant lo Blanch, pp. 432 y ss.

trabajo a distancia, pero también en otros supuestos cuya exclusión, a mi juicio, no está justificada y, en el fondo, lo que dejan entrever es una falta de confianza en el papel que debe asumir la conciliación o mediación previa.

165.1.– Al respecto, ya he destacado que las exclusiones presentes en el art. 64 LRJS obedecen a razones variadas, aislada o acumulativamente, entre las que se encuentran las vinculadas a motivos de orden público, a la etiología del conflicto o a la urgencia del proceso. Al margen de los casos en que la exclusión descansa en razones de orden público (por ejemplo, la impugnación del convenio colectivo por su ilegalidad), las cuales resultan incuestionables, otras podrían reconsiderarse[638].

165.2.– Así, el intento de conciliación o mediación previa en los supuestos de fijación de la fecha de disfrute de las vacaciones, los conflictos relacionados con la conciliación de la vida laboral, personal y familiar o, incluso, los relativos a la movilidad geográfica y la modificación sustancial de condiciones de trabajo. El hecho de que en tales litigios se sustancien, a menudo, conflictos próximos a los de intereses más que jurídicos justificaría la fijación del intento de alcanzar una solución pactada, donde el papel del mediador podría ser muy relevante, visto el fracaso de las partes en tratar de solventar la discrepancia por sí mismas. Algo de ello había en las directrices para un plan de choque en la Administración de Justicia, elaboradas por la Comisión Permanente del CGPJ, pues en su medida 6.15 se proponía que quedasen sujetos al trámite los pleitos individuales en los que se impugnasen las decisiones (individuales o colectivas) de movilidad geográfica o modificación sustancial, así como los de conciliación de la vida laboral y familiar. Por desgracia, los últimos desaparecieron en el anteproyecto y, en cuanto a

[638] A ello alude también, GARCÍA CELAÁ, B. (2021), "Conciliación, mediación, arbitraje… ¿Instrumentos de solución sociolaboral?", *Cuadernos Digitales de Formación*, nº 38, p. 9.

los primeros, no quedan vestigios de ellos en el proyecto, ni en el RDL finalmente aprobado. En todo caso, el problema es relativo si se tiene en cuenta la posibilidad de que en estos casos siempre sería posible el intento de conciliación o mediación «voluntaria» con apoyo en el art. 64.3 LRJS, una previsión introducida en 2011 que fue aplaudida por su efecto promocional[639].

2.2.2. La modificación del art. 65 LRJS

166.– En segundo lugar, el art. 21, punto dieciséis, del proyecto de Ley de Eficiencia Procesal planteaba una modificación del art. 65 LRJS. La propuesta afectaba a uno de los efectos que se derivan de la presentación de la papeleta de conciliación o mediación previa, en concreto, el relativo a la suspensión de los plazos de caducidad y a la interrupción de los plazos de prescripción en unos términos menos ambiciosos de los que aparecían en el anteproyecto o en el plan de choque del CGPJ.

166.1.– En efecto, en esos antecedentes, tanto el plazo de quince días previsto en el art. 65.1 LRJS, transcurrido el cual se reanuda el cómputo, como el de treinta días establecido en el art. 65.2 LRJS cuyo transcurso determina que el acto se tenga por celebrado sin efecto, se ampliaban sensiblemente, en especial, en la propuesta del CGPJ, donde alcanzaban los treinta y sesenta días respectivamente, según consta en la medida 6.13. Pues bien, el propósito reformista quedó restringido a una modificación de la redacción del precepto en línea de aclarar ciertas dudas interpretativas que se suscitan en la práctica, en concreto, las que surgen al hilo de la previsión relativa a que el plazo de caducidad se reanuda transcurridos quince días desde la presentación. Así, el proyecto indicaba que, tras esos quin-

---

639 VIQUEIRA PÉREZ, C. (2012), "Novedades en materia de medidas tendentes a la evitación del proceso (conciliación administrativa y reclamación previa) y en materia de medidas cautelares)", en BLASCO PELLICER, A.; GOERLICH PESET, J. M.ª (Dirs.), *La reforma del proceso laboral. La nueva Ley Reguladora de la Jurisdicción Social*, Valencia, Tirant lo Blanch, p. 196.

ce días, el plazo se reanudaba o se reiniciaba, según se tratase de un plazo de caducidad o de prescripción; en todo caso, la previsión desaparece en el RDL 6/2023, de 19 de diciembre.

166.2.– Por otra parte, no se introducía en esta sede, ni tampoco se ha incorporado en la reforma aprobada por el RDL 6/2023, ninguna medida que permita impulsar verdaderamente el desarrollo de la conciliación-mediación. En este sentido, llama la atención que se mantenga el plazo de treinta días cuyo transcurso determina, sin más, que el acto se tenga por celebrado sin efecto, lo que claramente presenta un signo desincentivador, algo criticable, pues no parece lógico que un presupuesto indispensable quede supeditado a la agenda de un órgano administrativo[640]. Igualmente, otra medida incentivadora hubiese sido la planteada por el CGPJ en su plan de choque, relativa a modificar el art. 85.2 LRJS para vincular las alegaciones del demandado a las planteadas en esa sede. No obstante, la reforma contiene alguna modificación trascendente en, como es la contenida en el art. 97.3 LRJS, relativa a la imposición de una sanción pecuniaria cuando la sentencia coincide esencialmente con la pretensión contenida en la papeleta de conciliación o en la solicitud de mediación, a la que se aludirá de inmediato (*infra*, 167.2).

2.2.3. La ausencia de medidas promocionales más ambiciosas

167.– La cuestión apenas apuntada nos sitúa en el último punto que quiero abordar que es el relativo a la ausencia de unas medidas promocionales más ambiciosas de la conciliación o mediación previa si, verdaderamente, el legislador la quiere impulsar. En este sentido, llama la atención que no se adopte ninguna modificación que procure superar la consideración de la conciliación o mediación previa como un mero trámite a cubrir. Ciertamente, el hecho de que con la aprobación de la LRJS en el año 2011 el texto normativo introdujese la expresión conciliación o mediación previa, frente a

640 DÍAZ SÁEZ, R.; ESCUDERO MORATALLA, J. M. (2020), *op. cit.*, p. 5/6.

la expresión conciliación previa presente en los textos precedentes, constituyó un hito importante y debería haber marcado un cambio de rumbo[641]. No obstante, la práctica evidencia que no se ha avanzado demasiado, siendo la labor desarrollada por los letrados conciliadores limitada. Los datos estadísticos que anteriormente se han destacado corroboran esta afirmación: un 35,14% de acuerdos; un 32,37% sin él; y, lo más llamativo, un 32,47% corresponde a los conflictos que finalizan de «otro modo», singularmente, por la inasistencia de la otra parte.

167.1.– Esta inasistencia evidencia un claro desinterés y falta de confianza en la posibilidad de obtener un resultado positivo en esta sede. La normativa procesal prevé la posibilidad de que al demandado que no compareció al acto de conciliación o mediación previa se le imponga una multa determinada cuando la demanda judicial prospere y la sentencia coincida sustancialmente con lo solicitado en aquella sede (art. 66 LRJS). No obstante, a buen seguro, no se están imponiendo en la realidad y, muy probablemente, ni siquiera se soliciten en la demanda. Pues bien, tal vez se podría haber impulsado el desarrollo de la conciliación o mediación previa mediante una reforma del art. 66 LRJS en lo relativo a los efectos derivados de la no comparecencia por parte del demandado, en concreto, en orden a precisar la imposición de una multa cuando la demanda prospere, pues la regulación e interpretación vigente esté conduciendo a que no se emplee esta medida y, por ende, restando efectividad a una vía que podría servir para promover la cultura mediadora.

167.2.– Asimismo, y en conexión con lo que se acaba de señalar, se podría pensar en la posibilidad de imponer la multa no solo cuando el demandado no comparece al acto y, posteriormente, la sentencia estima en lo sustancial lo solicitado en la papeleta, sino también para los casos en que, a pesar de haber asistido, no se alcanzó un acuerdo y las razones esgrimidas evidenciasen la falta de

---

641 VIQUEIRA PÉREZ, C. (2012), *op. cit.*, p. 193.

voluntad y buena fe en alcanzarlo[642]. Algo de ello parece estar presente en la reforma del art. 97.3 LRJS operada por el RDL 6/2023, si bien los términos empleados no son muy claros. Y es que, tras reiterar la posibilidad de imponer la multa a quien no comparece de forma injustificada al acto de conciliación o a quien actúa con temeridad o mala fe, añade, tras un punto y seguido, «*también motivadamente podrá imponer una sanción pecuniaria cuando la sentencia condenatoria coincidiera esencialmente con la pretensión contenida en la papeleta de conciliación o en la solicitud de mediación*», pero desligado del dato de la asistencia o no al acto de conciliación. Los términos empleados pecan de cierta imprecisión, lo que dificulta determinar el margen de que dispone el órgano jurisdiccional para imponer esta sanción. A mi juicio, seguramente la línea interpretativa debería moverse en línea con la interpretación que en el ámbito de la reorganización productiva se ha sostenido para dar por cumplido el deber de negociar de buena fe durante la celebración de las consultas (esfuerzo sincero de alcanzar un acuerdo, proporcionar información, justificar las negativas, etc.). Así, cuando la conducta desarrollada por el demandado durante la conciliación fuese contraria a tales primados, podría ulteriormente entrar en juego la referida sanción. Con todo, a mi juicio, el esfuerzo debería exigirse a ambas partes y no solo a una de ellas.

167.3.– En fin, al margen de lo anterior, también sería conveniente una modificación del art. 33 ET en línea de extender la responsabilidad del FOGASA no sólo a las deudas salariales pactadas ante el SMAC, sino también a las indemnizaciones acordadas en dicha sede, de manera que se equiparasen los acuerdos alcanzados en conciliación o mediación previa con los que se logran en conciliación judicial, donde el FOGASA responde de ambos conceptos.

---

642 En esta línea, SALINAS MOLINA, F. (2021) y (2023), *op. cit.*, pp. 23 y 41, respectivamente, quien además propone el incremento de los intereses por mora, recargos o limitar las causas de oposición; TASCÓN LÓPEZ, R. (2023), *op. cit.*, p. 163.

Ciertamente, el régimen vigente con esa disparidad de criterios ha superado las dudas de ajuste al derecho comunitario[643]. Con todo, los temores de fraude en los pactos indemnizatorios que tuviera que asumir el FOGASA que subyacen en la regulación vigente se podrían sortear por medio de su intervención en el trámite, así como por las vías para impugnar el acuerdo alcanzado.

V. LA REFORMA DEL PROCESO LABORAL

168.– Un cuarto aspecto que invita a la reflexión es el relacionado con una eventual reforma del modelo procedimental presente en la LRJS, así como de alguna de las piezas clave que lo componen. En este sentido, ya he indicado que los principales elementos del sistema vigente proceden de la regulación del año 1912 sobre tribunales industriales y, aunque entonces tales previsiones debieron resultar revolucionarias en contraste con las reguladoras del proceso común, hoy en día puede ser que no hayan envejecido de una manera adecuada (*supra*, 47 y 79). Pues bien, en este terreno, los eventuales puntos de debate que se suscitan son innumerables, por lo que resultan inabarcables. Así pues, por razones de espacio, me circunscribiré a algunos de los que me parecen más esenciales diferenciando, por un lado, aquellos que podríamos definir como «estructurales» y, por otro, los que presentan un carácter más concreto o específico.

1. Algunas reformas de corte «estructural»...

169.– La estructura esencial del proceso laboral en nuestro país responde a un diseño elaborado a principios del siglo XX que, en lo esencial, se ha mantenido a lo largo del tiempo. Así, sus piezas definitorias, no han experimentado grandes variaciones. En este sentido, la búsqueda de un cauce procesal que superase la inadecuación del procedimiento civil, llevó a abrazar los postulados del

643 STJUE de 21 de febrero de 2008, asunto Robledillo, C-498/06.

principio de oralidad de las actuaciones y sus principios consecuencia: inmediación, concentración y celeridad. Pues bien, muy ligado a estos principios se encuentran dos piezas del modelo que han permanecido inmutables a lo largo del tiempo como son, por un lado, la realización de las actuaciones en una «audiencia única» o «unidad de acto» y, por otro, el sistema de instancia única. La experiencia acumulada sobre los efectos de estos primados en el proceso laboral, así como las aportadas por otros órdenes jurisdiccionales y por otros modelos de derecho de derecho comparado, aconseja reflexionar sobre la conveniencia de mantener tales elementos estructurales o proceder a su reforma. Asimismo, en este apartado, también parece necesario detenerse en valorar el interés de modificar otra pieza estructural como es la de las «modalidades procesales».

1.1. La audiencia única y la unidad de acto

170.– La primera cuestión a abordar es la relativa al mantenimiento de un modelo en el que, por derivación del principio de concentración, se aspira a realizar las diferentes actuaciones procesales sin apenas separaciones temporales, a poder ser, en una unidad de acto. La regulación contenida en la LRJS es muy respetuosa con este principio y su derivación, siendo su máximo exponente el hecho de que el art. 82 LRJS prevea que, tras la interposición de la demanda y su admisión a trámite, se fije una fecha para la celebración de la conciliación y juicio en una única convocatoria, pero en actos sucesivos, de manera que se celebre todo de manera concentrada: la conciliación intrajudicial ante el LAJ y el juicio, con todas sus fases (esto es, alegaciones, prueba y conclusiones), ante el juez en unidad de acto. Así pues, no hay un trámite separado para la contestación a la demanda, sino que ésta tiene lugar en la propia vista y se realiza de manera oral.

170.1.– La conjunción de tales elementos —unidad de acto y contestación oral a la demanda en el acto del juicio— ha suscitado el debate sobre si esta regulación sitúa al demandante —de manera habitual, el trabajador— en una posición de inferioridad procesal, ya que no conocerá de las defensas y excepciones del demandado sino hasta el momento del juicio, mientras que éste conoce la postura del primero desde la notificación de la demanda o, incluso antes, cuando es obligatoria la realización de un acto previo[644]. La polémica también podría contemplarse desde la perspectiva inversa: la presentación por escrito de la demanda coloca al demandante en una posición con mayores garantías que la ocupada por el demandado, quien expone sus alegaciones de manera oral, pues el primero lograría que sus pretensiones llegasen fielmente al juzgador en tanto las del segundo llegarían mediatizadas por lo que lograse transmitir en la vista de manera oral[645]. Pues bien, de entrada, debe señalarse que la eventual ruptura de la igualdad procesal, en todo caso, es muy inferior de la que pudiera existir en el pasado, ya que, desde la LPL de 1990, al menos la reconvención debe ser anunciada en los actos previos obligatorios[646], cuando en las leyes de procedimiento previas no resultaba preciso[647]. A partir de ahí, no debe olvidarse que estamos ante un procedimiento verbal en el que la demanda anticipa la pretensión, pero ésta no se acaba de perfilar sino hasta el momento del juicio, según se aprecia en el art. 85 LRJS, que permite introducir ampliaciones en la demanda mientras no se produzcan variaciones sustanciales, lo cual ha servido a la doctrina para disipar las dudas relativas a eventuales atentados al principio de igualdad[648].

---

644 Al respecto, *vid.*, VALDÉS DAL-RÉ, F. (1989), "La Ley de Bases de Procedimiento Laboral. Aspectos más sobresalientes de una reforma procesal anunciada", *Temas Laborales*, nº 15, p. 331, MAIRAL JIMÉNEZ, M. (1995), *op. cit.* p. 81 o LÓPEZ HORMEÑO, M.ª C. (2021), *op. cit.*, p. 12.

645 MAIRAL JIMÉNEZ, M. (1995), *op. cit.* p. 81.

646 VALDÉS DAL-RÉ, F. (1989), *op. cit.*, p. 31.

647 Así lo corroboran los arts. 72 LPL de 1958, 72 LPL 1963, 76 LPL 1966 y 76 LPL 1980.

648 MONTERO AROCA, J.; IGLESIAS CABERO, M.; MARÍN CORREA, J. M.ª; SAMPEDRO CORRAL, M. (1993), *op. cit.*, p. 580; MAIRAL JIMÉNEZ, M. (1995), *op. cit.* p. 82; LÓPEZ HORMEÑO, M.ª C. (2021), *op. cit.*, p. 12.

170.2.– A mi juicio, en todo caso, aunque las previsiones contenidas en la normativa vigente no impliquen en este punto la violación del principio en cuestión, en términos de una mejor consecución de la justicia y evitar posibles riesgos de que se produzca indefensión, probablemente sería conveniente contar con una fórmula diversa a la existente, de manera que se llegase al acto del juicio con el debate procesal mucho mejor perfilado tanto para ambas partes, como para el órgano jurisdiccional. En este sentido, cabe reflexionar sobre la posibilidad de introducir en la normativa procesal laboral una contestación por escrito a la demanda o, incluso, una suerte de audiencia previa que favoreciese la consecución de los objetivos señalados. Ninguna de estas posibilidades se planteó en el proceso reformista que estábamos viviendo, más allá de una recepción parcial en materia de Seguridad Social por el plan de choque elaborado por el CGPJ[649], si bien no había rastro de la misma en el proyecto de Ley de Eficiencia Procesal, lo que fue tachado de «olvido imperdonable»[650]. Las propuestas barajadas en éste, como veremos enseguida, tenían un alcance mucho más limitado, pero retomando piezas del modelo apuntado. En todo caso, conviene detenerse tanto en las «descartadas» como en las recogidas; y ello a pesar de que nada de ello se recoge en la reforma operada en 2023.

1.1.1. La introducción de una contestación escrita a la demanda y/o una audiencia previa

171.– La línea más ambiciosa y rupturista de cambio, consistente en la introducción de una contestación por escrito a la demanda y/o una audiencia previa, no fue contemplada en el proyecto de reforma, ni recogida en el RDL 6/2023, si bien desde distintos sectores, tanto doctrinales como profesionales, se encontraba en la mesa

649 Se trata de la medida 6.28 que aparece detallada en las pp. 527 y ss. del plan presentado.

650 SERRANO ESPINOSA, G. M. (2023), "Sobre la eficiencia procesal en la reforma del proceso laboral", *Diario La Ley*, nº 10277, p. 3/9.

de debate. Una modificación de este calado implicaría apartarse de lo que constituye una marcada línea tradicional en el derecho procesal laboral español, pues en todas las leyes de procedimiento que hemos tenido ha estado presente la contestación oral a la demanda y la realización de la totalidad de la vista en una unidad de acto[651]. No obstante, el recurso a las leyes de procedimiento de otros órdenes jurisdiccionales, así como al derecho comparado, nos proporciona elementos de interés para este debate.

171.1.– Por lo que respecta a la contestación escrita a la demanda, suscribo la opinión de quienes han defendido su conveniencia[652], pues, a mi juicio, permite ganar en términos de justicia y seguridad jurídica. La propuesta ha sido rechazada por algunos autores que, si bien comparten la concurrencia de tales aspectos positivos, cuestionan su admisibilidad por lo que supone de quiebra de la oralidad y la celeridad[653].

Aun así, considero que su introducción por vía normativa sería conveniente porque los beneficios que reporta son superiores a las contrapartidas que genera. Y es que, como ya he destacado (*supra*, 62), la oralidad implica un predominio de las formas orales sobre las escritas y ese predominio seguiría estando presente en la celebración de la vista, la cual mantendría su carácter oral. Igualmente, también se podría defender la contestación escrita sobre la base de que el proceso laboral tiene sus orígenes en el proceso verbal civil y éste ya ha evolucionado por estos derroteros[654]. Asimismo, si re-

---

651 Así, los arts. 72 LPL de 1958, 72 LPL 1963, 76 LPL 1966, 76 LPL 1980 y 85 LPL de 1990 y 1995.

652 Entre otros, GARCÍA BECEDAS, G. (2001), *op. cit.*, p. 207; AGUILERA IZQUIERDO, R. (2004), *op. cit.*, p. 262; ALEMAÑ CANO, J. (2008), *op. cit.*, pp. 123 y 124; DE LAMO RUBIO, J. (2018-a), “La prueba documental en el proceso digital y la necesidad de un nuevo modelo de procedimiento social”, *Diario La Ley*, nº 9131, p. 6/11 y (2021), *op. cit.*, p. 12/15; SERRANO ESPINOSA, G. M. (2023), *op. cit.*, p. 3/9.

653 SÁNCHEZ PEGO, F. J. (1990), *op. cit.*, p. 563.

654 DE LAMO RUBIO, J. (2018-a), *op. cit.*, pp. 7-8/11

currimos a los orígenes del proceso laboral, no cabe duda de que la oralidad en la contestación a la demanda tenía pleno sentido en los inicios del siglo XX, pues dotaba al proceso de mayor rapidez y simplicidad, algo muy importante en dicho momento, no solo por el tipo de conflictos a resolver, sino también por el elevado índice de analfabetismo entonces existente y los deficientes instrumentos técnicos y de comunicación de la época. El contexto social, económico y cultural hoy en día es muy distinto, pues ha habido grandes avances educativos y tecnológicos; es más, incluso, para afrontar los retos que abre la digitalización de la justicia, la aportación escrita de la demanda, de la contestación y de toda la documentación necesaria con una antelación suficiente aparece como una exigencia inexcusable[655], según se comprobará más adelante (*infra*, 229). Por otra parte, la LRJS ya ha abierto brechas en esta línea. En este sentido, piénsese en el contenido del art. 87.6 LRJS que permite presentar conclusiones complementarias por escrito en aquellos casos en los que el volumen de la prueba documental o pericial así lo aconseje.

Por lo demás, el recurso a ciertos modelos de derecho comparado, tanto de corte «clásico», como más modernos, nos proporciona diferentes muestras sobre la articulación de esta medida. Así, en relación con los primeros, sirva de ejemplo el art. 416 del *Codice di Procedura Civile* que, al regular la intervención del demandado en juicio, previene que dicho sujeto debe presentar una memoria en la secretaría del tribunal con diez días de antelación a la vista, en la que expondrá todas aquellas excepciones procesales y de fondo de las que quiera valerse que no sean controlables de oficio, sus alegaciones, la propuesta de los medios de prueba y, en su caso, la

---

655 En este sentido, DE LAMO RUBIO, J. (2018-a) y (2021), *op. cit.*, pp. 6/11 y 12/15; GÓMEZ ESTEBAN, J. (2020), "Juicios telemáticos en el orden jurisdiccional social ¿utopía transformada en realidad apresurada?, *Diario La Ley*, nº 9662, p. 7/12; SAN CRISTÓBAL VILLANUEVA, J. M. (2020), "La tramitación del proceso social por medios telemáticos y sus problemas", *Trabajo y Derecho*, nº 12, p. 18/31; SERRANO ESPINOSA, G. M. (2023), *op. cit*, p. 3/9.

eventual reconvención[656]. En cuanto a los segundos, el Código del Trabajo chileno también impone en su art. 452 una contestación por escrito a la demanda, la cual se valora como un gran avance en seguridad, sin que se haya cuestionado la vulneración de los principios de oralidad y celeridad, pues se arguye que la vigencia de tales principios nunca es absoluta, sino que se trata de comprender las ventajas que cada forma puede aportar para cada acto[657]. Y en esta línea, a mi juicio, debería moverse el proceso laboral en España, situándose en una senda en la que sus principios procesales específicos, como la oralidad y la concentración, se incorporasen con una mayor dosis de racionalidad y modernidad en su regulación concreta[658].

171.2.– Una segunda vía a explorar puede ser la de la introducción de una suerte de audiencia previa o preliminar a la del juicio, sea de modo complementario o alternativo a la contestación escrita a la demanda. Estas previsiones no son ajenas a nuestro ordenamiento jurídico, pues están presentes en la LEC, ni tampoco al derecho comparado. Al respecto, nuevamente el art. 450 del Código del Trabajo chileno nos puede servir de referente, ya que diferencia entre la audiencia «preparatoria» y la de «juicio», regulando la primera en el art. 453. Pues bien, de conformidad con lo establecido en dicho precepto, la finalidad de la primera se encamina a la satisfacción de tres funciones diversas[659]. De entrada, una función «conciliadora», ya que permite explorar soluciones alternativas que hagan innecesaria la tramitación ulterior si se alcanza un acuerdo

---

656 Al respecto, *vid.* MASSIMIANI, C. (2016), "Costituzione del convenuto", en ROMEO, C. (a cura di), *Processo del Lavoro. Commento sulle norme del codice di rito, delle leggi speciali e analisi tematiche delle tutelle giurisdizionali*, Turín, G. Giappichelli Editore, pp. 99 y ss.

657 Así, PALOMO VÉLEZ, D. (2021), "Procedimiento de aplicación general", en CORTEZ MATCOVICH, G.; DELGADO CASTRO, J.; PALOMO VÉLEZ, D. (2021), *Proceso laboral*, Santiago de Chile, Thomson-Reuters, p. 135.

658 GARCÍA BECEDAS, G. (2001), *op. cit.*, p. 210.

659 PALOMO VÉLEZ, D. (2021), *op. cit.*, p. 132.

en este momento. Por otra parte, una función «saneadora», ya que depura el objeto de debate y permite resolver una pluralidad de cuestiones de alcance meramente procesal —competencia, capacidad, defectos propositivos, etc.–. Por último, una función «delimitadora» en cuanto perfila el objeto de la litis y fija las pruebas que, por lo demás, deben proponerse en este momento. A mi juicio, la incorporación de un trámite de este tipo en el proceso laboral español sería muy conveniente, pues presenta indudables ventajas no solo en términos de justicia y de seguridad jurídica, sino también de carácter técnico —piénsese, por ejemplo, en la actualidad, en la disfuncionalidad que supone el régimen del art. 90.2 LRJS para la impugnación de la prueba obtenida con violación de derechos fundamentales, importado de la LEC sin las adaptaciones necesarias[660], pues se realiza en el juicio, se decide en el mismo, se impugna en ese momento y se resuelve también al instante—, sin que se vean comprometidos los principios que inspiran el proceso. Al respecto, soy consciente de las dudas que puede generar este trámite desde la óptica de los principios de concentración y celeridad, si bien no creo que sean decisivas, pues, según vengo insistiendo, ninguno de ellos rige de una manera absoluta, sino que constituyen una aspiración a alcanzar. En todo caso, por lo que respecta a la concentración, ésta no implica solo una unidad de acto (que, por lo demás, seguiría existiendo en el acto del juicio), sino que las actuaciones estén lo más cercanas unas de otras, por lo que serviría que no mediase un lapso temporal dilatado entre la audiencia preparatoria y el juicio; por lo que respecta a la celeridad, me parece que, a la larga, se acaba ganando en la misma, al margen de que su consecución tiene mucho que ver con el cumplimiento de los plazos y la existencia de los medios materiales y humanos necesarios para ello.

---

660 La crítica en ESTEVE SEGARRA, A. (2012-a), "El proceso ordinario", en BLASCO PELLICER, A.; GOERLICH PESET, J. M.ª (Dirs.), *La reforma del proceso laboral. La nueva Ley Reguladora de la Jurisdicción Social*, Valencia, Tirant lo Blanch, p. 257.

1.1.2. La separación de la conciliación intrajudicial del acto del juicio

172.– Ninguna de las vías de reforma señaladas tuvo acogida en el proyecto de Ley de Eficiencia Procesal que estaba en tramitación antes de la disolución de las Cortes en mayo de 2023, ni tampoco se recoge por el RDL 6/2023. No obstante, alguna de sus derivaciones se dejaba entrever en una de las modificaciones propuestas en este terreno, aunque al final no haya prosperado. En este sentido, haciéndose eco de una medida recomendada en el plan de choque elaborado por el CGPJ en 2020[661], el proyecto de Ley de Eficiencia Procesal planteaba la separación de los actos de conciliación y juicio, algo que generó mucho revuelo en los círculos profesionales y académicos.

172.1.– En realidad, la propuesta no era tan novedosa como parecía. Y es que, aunque todas las leyes de procedimiento laboral que hemos tenido han partido de la imposición de una convocatoria única[662], históricamente, en la normativa que regulaba la intervención de los tribunales industriales, ambos actos aparecían separados, según se aprecia tanto en los arts. 18 y 20 de la Ley de 1908, como en los arts. 27 y 29 de la Ley de 1912. Esa separación entre ambos actos estaba justificada en la propia intervención del jurado, necesitándose un lapso temporal -en concreto se fijaba en ocho días- tras el fracaso de la conciliación entonces judicial para poder proceder a la designación de aquél[663]. La argumentación que se podría aportar para romper con lo que viene siendo tradicional en las leyes de procedimiento es múltiple, según se aprecia en el plan de choque elaborado por el CGPJ y en la exposición de motivos del proyecto

---

661 En concreto, se trata de la medida 6.22, desarrollada en las pp. 506 y ss. del Plan de Choque.

662 Al respecto, *vid.* art. 69 LPL de 1958, art. 69 LPL de 1963, art. 73 LPL de 1966, art. 73 LPL de 1980, art. 82 LPL de 1990 y art. 82 LPL 1995.

663 Al respecto, ALONSO OLEA, M. (1966), *op. cit.*, p. 16; MONTERO AROCA, J. (1973), *op. cit.*, pp. 123-124.

de ley[664]. El punto de partida que adoptaban ambos textos es que la convocatoria única tenía todo su sentido cuando ambos actos, conciliación y juicio, se realizaban ante la misma persona, algo que ya no es así. A partir de ahí, se afirma que su separación debería permitir efectuar un mayor número de señalamientos para conciliación que de juicio en una jornada, lo que coadyuvaría a la descongestión de los juzgados. Igualmente, se ponía en valor que la agenda doble favorece una programación más eficaz, ya que se conoce de antemano si hay acuerdo o no, evitando los tiempos muertos innecesarios que se producen cuando se alcanzan soluciones pactadas el día de la vista. En fin, tampoco faltaban razonamientos relacionados con el impulso de la labor mediadora del LAJ, la cual se vería potenciada si los intervinientes, tanto el LAJ como las partes, no se encuentran mediatizados por la perspectiva de retrasar la labor judicial.

172.2.– Aun así, la medida fue cuestionada desde diferentes sectores, de entrada, por lo que supondría en términos de vulneración de los principios de concentración y celeridad[665] y la necesidad de efectuar un doble desplazamiento a la sede del órgano jurisdiccional[666], lo que pudiera apreciarse a los ojos de los profesionales e intervinientes como un «escollo» añadido antes de alcanzar una solución al conflicto[667]. Por otra parte, en esta misma línea crítica, se ha negado la aptitud de la medida para favorecer la descongestión de los órganos judiciales, pues, aunque quepa señalar un mayor número de conciliaciones que de juicios, el señalamiento de estos, en la actualidad, se efectúa teniendo en cuenta ya que una parte de los mismos no se celebrará por haberse alcanzado un acuerdo, de manera que, cerrada esta vía, el número de juicios que se fije en el

---

664 Al respecto, al margen de la exposición de motivos del proyecto de ley, *vid.* en el plan de choque elaborado por el CGPJ en 2020 las pp. 508 y ss.

665 DÍAZ SÁEZ, R.; ESCUDERO MORATALLA, J. M. (2020), *op. cit.*, p. 6/8.

666 SALINAS MOLINA, F. (2021), *op. cit.*, p. 29.

667 DÍAZ SÁEZ, R.; ESCUDERO MORATALLA, J. M. (2020), *op. cit.*, p. 7/8.

caso de adoptarse la medida sería inferior al actual[668]. En fin, ni siquiera la invocada racionalización de la agenda escapa a la crítica y, así, algunos autores han destacado que resulta imposible saber de antemano la suerte que van a correr los pleitos, pues aunque no se alcanzase un acuerdo en la conciliación «anticipada», siempre sería posible conseguirlo después, añadiendo que el propósito perseguido solo se lograría disociando el momento en que se acuerda la fecha de conciliación y el de la vista, fijando esta última tras haberse realizado la conciliación[669], una afirmación, esta última, discutible, pues ni siquiera en tales casos se escaparía a la impredecibilidad de lo que pueda acontecer. No obstante, a mi juicio, por una vía u otra, siempre quedará mitigada.

173.– En todo caso, al margen de las justificaciones que se quieran presentar y de las críticas formuladas, lo cierto es que se trata de una medida que viene avalada por un programa piloto puesto en práctica con éxito en ciertos juzgados catalanes[670] y que podría encontrar apoyo en la literalidad del art. 84 LRJS vigente, donde se permite que las partes puedan comparecer en cualquier momento ante la oficina judicial y alcanzar un acuerdo antes del señalamiento[671]. La experiencia ha sido valorada de forma positiva, habiéndose constatado que, efectivamente, se veían reducidos los tiempos de respuesta y el número de asuntos pendientes, así como que el diálogo y la negociación salían robustecidos[672], lo que disiparía una

---

668 DE LAMO RUBIO, J. (2021), *op. cit.*, p. 7/15.

669 DE LAMO RUBIO, J. (2021), *op. cit.*, pp. 7-8/15; MOYA AMADOR, R. (2023), *op. cit.*, p. 8;TASCÓN LÓPEZ, R. (2023), *op. cit.,* pp. 109 y ss.

670 Al respecto, *vid.* LAFUENTE SEVILLA, R. (2021), *op. cit.*, p. 8, quien se hace eco de la experiencia iniciada en 2008 por el juzgado de los social nº 20 de Barcelona, con ocasión de la crisis económica, a la que luego se sumaron sucesivamente los juzgados 16, 12, 18, 33 y 26, este último ya en 2019.

671 MOYA AMADOR, R. (2023), *op. cit.*, p. 8/30.

672 LAFUENTE SEVILLA, R. (2021), *op. cit.*, p 8; en la misma línea, *vid.* MARTÍNEZ MOYA, J. (2021), *op. cit.*, p. 30. Asimismo, puede consultarse MOYA AMADOR, R. (2023), *op. cit.*, pp. 8 y ss., quien recoge las diferentes críticas y contrargumentos a la medida.

buena parte de las críticas formuladas por los detractores de esta propuesta.

173.1.– Por lo que respecta a una eventual quiebra del principio de concentración, se trata de una crítica que no comparto por unas razones análogas a las que he ido exponiendo en líneas anteriores y que se relacionan con el carácter no absoluto del mismo, lo que conduce a que funcione como un principio orientador que se considera satisfecho cuando las principales actuaciones del proceso responden al mismo, algo que considero queda cubierto con la regulación del acto del juicio al concentrarse en el mismo las alegaciones, prueba y conclusiones[673]. En fin, en cuanto a la repercusión en la celeridad, aun aceptando la idea relativa a que la misma va muy ligada a los efectivos personales disponibles[674], pero también al cumplimiento de los plazos, a mi juicio, el desdoble puede tener una repercusión positiva por lo que supone de liberar los tiempos muertos a los que antes se ha hecho alusión.

173.2.– Por el contrario, no soy tan optimista respecto al efecto que la medida pueda tener en cuanto a fomento de la labor conciliadora a desarrollar por los LAJ, algo que, para producirse de manera efectiva, debería ir acompañado de unas medidas adicionales, así como de un cambio cultural entre los operadores jurídicos. Tan solo había un pequeño atisbo de ello en la previsión presente en el proyecto de Ley de Eficiencia Procesal relativa a que el LAJ dejase constancia de los aspectos controvertidos y de las cuestiones procesales que se pudieran suscitar que, si bien parecía apuntar, en parte, a una especie de «audiencia previa», quedaba muy lejos de la utilidad de ésta.

---

673 Así, por ejemplo, MARTÍNEZ MOYA, J. (2021), *op. cit.*, p. 30; MOYA AMADOR, R. (2023), *op. cit.*, p. 8.

674 DE LAMO RUBIO, J. (2021), *op. cit.*, p. 7/15.

1.2. Proceso ordinario, procesos especiales y modalidades procesales

174.– La LRJS no regula un único procedimiento que sirva para la tramitación de cualquier tipo de pretensión laboral, sino que, como ya hicieran sus antecesoras, opta por introducir para la solución de los conflictos atinentes a determinadas materias unos cauces procedimentales específicos. Ello no constituye una singularidad del proceso laboral, pues la diferenciación entre procesos ordinarios y procesos especiales se plantea en los distintos órdenes jurisdiccionales: mientras los primeros sirven para la tramitación de la generalidad de los asuntos o su mayor parte, los segundos se habilitan para determinadas materias en las que, seguramente, las previsiones del ordinario resultan disfuncionales, por lo que requieren de una previsión u ordenación de los actos diferenciada, así como, en ocasiones, unos principios y reglas específicos[675]. Pues bien, la segunda línea de reformas estructurales sobre la que quiero detenerme es, precisamente, la relativa a los procesos especiales o modalidades procesales, en concreto, a su mantenimiento o su eventual modificación o supresión.

1.2.1. La simplificación del listado...

175.– Una de las primeras cuestiones que llama la atención en este terreno es la continua expansión que han ido teniendo las modalidades procesales desde su introducción en las leyes procesales laborales.

176.– En efecto, al margen de las previsiones históricas en materia de despido contenidas en la regulación de los comités paritarios o de los jurados mixtos, las sucesivas leyes de procedimiento labo-

---

675 DE LA OLIVA SANTOS, A. (2004-d), “El proceso como instrumento de la jurisdicción”, en DE LA OLIVA SANTOS, I.; DÍEZ-PICAZO GIMÉNEZ, I.; VEGASTORRES, J., *Derecho Procesal. Introducción*, Madrid, Editorial Universitaria Ramón Areces, p. 53.

ral que hemos conocido han ido incrementando de manera continua el número de procesos especiales, primero, y de modalidades procesales después. Así, en la LPL de 1958, junto al proceso ordinario aparecían hasta ocho procesos especiales (despidos y sanciones; despidos especiales; accidentes de trabajo y enfermedades profesionales; procesos de oficio; agentes ferroviarios; responsabilidad en el trabajo; seguros sociales y mutualismo; reclamaciones inferiores a 1.500 ptas.). La LPL de 1963 respeta todos esos procesos especiales y añade otro más, en concreto, en materia de conflicto colectivo. Por su parte, la LPL de 1966 mantiene prácticamente igual el panorama, si bien introduce como cambio una sección más amplia en la que disciplina un proceso especial en materia de seguridad social. Una mayor expansión se aprecia en la LPL de 1980, cuando se incorporan como procesos especiales los relativos a las extinciones objetivas, vacaciones, materia electoral o la personación del FOGASA. A la LPL de 1990 se debe el cambio en la denominación que pasa de «procesos especiales» a «modalidades procesales», al igual que la incorporación como tales de las relativas a la reclamación al Estado de salarios de tramitación, la de impugnación de convenios colectivos, la de impugnación de estatutos sindicales y adquisición de la personalidad jurídica o la de tutela de derechos fundamentales; en sentido inverso, con ella desaparecieron la de agentes ferroviarios, la de responsabilidades en el trabajo o la de reclamaciones inferiores a 1.500 ptas. La reforma de 1994 trajo consigo la modalidad especial en materia de movilidad geográfica y modificación sustancial de condiciones de trabajo, ya recogida en el texto refundido de 1995. En fin, con posterioridad se incorporarían modalidades como la de conciliación de la vida familiar y laboral, presente hoy en la LRJS vigente, la que permite dirimir los pleitos en materia de trabajo a distancia o la relativa a la impugnación de actos administrativos laborales no prestacionales.

177.– El panorama resultante es el que se recoge en los arts. 102 y ss. LRJS y que afecta a materias muy diversas, las cuales podrían intentar sistematizarse atendiendo al sector del ordenamiento laboral implicado. En este sentido, de entrada, existe una serie de modalidades para la solución de conflictos relacionados con ciertos aspectos individuales del Derecho del Trabajo. Asimismo, en segundo lugar, existen otras modalidades que sirven para tramitar los litigios relacionados con ciertos aspectos colectivos del Derecho del Trabajo. Igualmente, en tercer lugar, la LRJS regula unas modalidades vinculadas a ciertas pretensiones en materia de Seguridad Social. En fin, algunas modalidades son de clasificación dudosa, pues resultaría posible encuadrarlas en más de uno de los apartados anteriores.

177.1.– Por lo que respecta al primer grupo, ante todo, hay que hacer referencia a un conjunto de modalidades que sirven para impugnar las decisiones empresariales extintivas y otras relacionadas con las mismas. En este sentido, por un lado, se encuentra la modalidad especial para impugnar el despido disciplinario, regulada en los arts. 103-113 LRJS; la modalidad especial para impugnar los despidos objetivos, arts. 120-123 LRJS; y la modalidad especial para impugnar los despidos colectivos, regulada en el art. 124 LRJS. Por otro lado, por su conexión con el despido, cabe traer a colación otras dos modalidades procesales más: de una parte, la modalidad procesal para reclamar al Estado los salarios de tramitación en aquellos casos en los que fuera responsable del abono de una parte de los mismos, regulada en los arts. 116-119 LRJS; de otra, la modalidad especial para impugnar las sanciones que impone la empresa al trabajador distintas al despido disciplinario, regulada en los arts. 114-115 LRJS. En segundo lugar, se encuentra la modalidad especial de vacaciones, regulada en los arts. 125-126 LRJS y que permite resolver exclusivamente los conflictos relativos a la fijación de la fecha de disfrute de las mismas. En tercer lugar, la modalidad especial de clasificación profesional regulada en el art. 137 LRJS y cuyo objeto es resolver las discrepancias que surgen entre la categoría asignada en el contrato y la realmente desarrollada. En cuarto lugar, la modalidad especial de movilidad geográfica, modificación sustancial de condiciones de trabajo, suspensión del contrato y reducción de jornada, regulada en el art. 138 LRJS y que tienen por objeto obtener un fallo en el que se declare que las decisiones adoptadas por la empresa sobre tales materias son injustificadas o nulas. En quinto lugar, la modalidad especial en materia de reclamaciones de acceso, reversión y modificación del trabajo a distancia, regulada en el art. 138 bis LRS y que tiene por objeto encauzar las reclamaciones del personal en esta materia cuando la empresa les ha comunicado la negativa o disconformidad con la propuesta realizada en la materia. Por último, cabe mencionar la modalidad especial para el ejercicio de los derechos de conciliación de la vida personal, familiar y laboral reconocidos legal o convencionalmente, regulada en el art. 139 LRJS y que permite resolver los conflictos que sobre tales cuestiones se planteen en relación con su concreción horaria y fijación de período de disfrute.

177.2.– La LRJS también regula un segundo bloque de modalidades procesales que están destinadas a servir para la tramitación de ciertos pleitos relacionados con aspectos colectivos de las relaciones laborales. En este sentido, en primer lugar, deben citarse las modalidades en materia de elecciones a los representantes de los trabajadores que son dos: por un lado, la que permite impugnar los laudos que se emiten en esta materia —los laudos electorales—, regulada en los arts. 127-132 LRJS; por otro, la creada para tramitar la impugnación de la resolución administrativa que deniega el registro del acta electoral, así como las acciones relacionadas con la impugnación de las certificaciones de representatividad, regulada en los arts. 133-136 LRJS. En segundo lugar, la modalidad especial de conflicto colectivo, regulada en los arts. 153-162 LRJS y que tiene por objeto resolver los conflictos de este tipo que sean jurídicos —esto es, que versen sobre la interpretación o aplicación de una norma—, nunca los económicos o de intereses —esto es, los que persigan crear, alterar o suprimir una norma—, pues estos últimos no pueden resolverse en sede judicial. En tercer lugar, también cuentan con una modalidad específica las pretensiones relativas a la impugnación de convenios colectivos, regulada en los arts.

163-166 LRJS. En cuarto lugar, la impugnación de las resoluciones administrativas que deniegan el depósito de los estatutos sindicales, impidiendo con ello la adquisición de la personalidad jurídica, o las acciones dirigidas a atacar algún aspecto de tales estatutos una vez ya han sido depositados, siguen igualmente un procedimiento específico: en el primer caso, se trata de la modalidad procesal regulada en los arts. 167-172 LRJS; en el segundo, la recogida en los arts. 173-175 LRJS. En fin, por su parte, el art. 176 LRJS alude a idénticas causas, pero en relación con las asociaciones empresariales, para indicar que seguirán la misma tramitación que la establecida en los artículos antes mencionados para los sindicatos.

177.3.– Un tercer grupo de modalidades son aquéllas que están relacionadas con pretensiones de Seguridad Social, a las que se refieren los arts. 140 y ss. Estas modalidades sirven para encauzar algunas acciones de la materia en cuestión. En concreto, los arts. 140 y ss. LRJS regulan el ejercicio de las demandas formuladas en esta materia contra los organismos gestores y entidades colaboradoras en la gestión, incluida la impugnación de las altas médicas. Por su parte, el art. 146 LRJS regula otra submodalidad que permite llevar a cabo la revisión de los actos declarativos de derechos en perjuicio de los particulares. En fin, el art. 147 LRJS regula un específico procedimiento de oficio que puede iniciar la entidad gestora del desempleo cuando, en determinadas circunstancias, estime que se está produciendo una actuación fraudulenta a efectos de declarar responsable del pago de la prestación a la empresa.

177.4.– En fin, el listado de modalidades procesales recogido en la LRJS no se agota en lo anterior, pues falta hacer referencia a algunas otras modalidades que presentan mayores dificultades de ubicación sistemática, ya que pueden entroncar con diferentes áreas del ordenamiento jurídico. Así, por un lado, cabe aludir a la modalidad especial de tutela de los derechos fundamentales y libertades públicas, regulada en los arts. 177-184 LRJS, pues puede relacionarse con aspectos tanto individuales como colectivos. Por otro lado, se encontraría la modalidad especial para los procesos de oficio que puede iniciar la autoridad laboral en determinadas circunstancias y que se regula en los arts. 148-150 LRJS. Por último, los arts. 151 y 152 LRJS se encargan de regular el procedimiento de impugnación de actos administrativos en materia laboral y de Seguridad Social, excluidos los prestacionales.

178.– Así las cosas, la complejidad del panorama existente resulta más que evidente. Ello ha llevado a que doctrina muy autorizada haya considerado que la tendencia uniformadora perseguida con la ley de bases de 1989 y el objetivo, proclamado en su exposición de motivos, de erigir el proceso ordinario en el proceso común, eje y centro de toda actuación procesal no se haya colmado, de manera que las llamadas desde la LPL 1990 «modalidades procesales» seguirían siendo, en realidad, «procesos especiales»[676].

178.1.– A mi juicio, la afirmación no resulta del todo exacta, pues todas las modalidades procesales se articulan sobre la base del proceso ordinario, respecto del cual, se introducen algunas variaciones en aspectos concretos, con mayor o menor intensidad según el caso. Por otra parte, según señala el art. 102 LRJS, las previsiones del proceso ordinario se siguen aplicando en aquellas materias para las que existe una modalidad procesal en todo aquello que no esté expresamente regulado por la modalidad en cuestión. Pues bien, así como en algunos casos el carácter de «proceso especial» predicable de la regulación resulta indubitado (así, claramente, en el caso de los procesos por despido), en otros, el diagnóstico es distinto y se puede concluir que el tratamiento dispensado por la LRJS constituye una mera especialidad o modalización del proceso ordinario que afecta a aspectos muy concretos, como sucede, por ejemplo, en el supuesto de la modalidad de vacaciones o la de clasificación profesional[677].

---

676 VALDÉS DAL-RÉ, F. (1989), *op. cit.*, p. 34.

677 SALINAS MOLINA, F. (2021) y (2023), *op. cit.*, pp. 34 y 46, respectivamente.

178.2. En todo caso, comparto la propuesta efectuada sobre la necesidad de reducir el número de modalidades, racionalizar las existentes y limitar las reglas especiales a las imprescindibles, como, por lo demás, perseguía la ley de bases de 1990[678]. Y es que el análisis de las distintas modalidades recogidas en la LRJS evidencia que, en muchos casos, los matices que se introducen, relacionados con la competencia, actos previos, plazos o recurribilidad, podrían encontrar acomodo en las distintas sedes «generales» de la materia de que se trate. Ello no es obstáculo a entender que, seguramente, sea necesario combinar la labor simplificadora con la previsión de algunas reglas específicas para ciertos conflictos, ya sea mediante su subsunción en alguna de las modalidades existentes o, en su caso, ampliando el catálogo existente[679]. Así, en el primer sentido, se mueve el RDL 6/2023 respecto la acción extintiva a iniciativa del trabajador fundada en el art. 50 ET y su inclusión «relativa» en la modalidad de despido, si bien en términos limitados y dudosos, ya que se ciñe a los casos en que la causa invocada sea el impago del salario o el retraso reiterado en su abono, sin concretar del todo a qué efectos se produce la inclusión. En cuanto al segundo, hay que referirse necesariamente al proceso monitorio, cuya regulación hoy en día no se encuentra entre las modalidades.

1.2.2. ...y su reordenación: ¿la inclusión del proceso monitorio?

179.– En efecto, al proceso monitorio se refiere el art. 101 LRJS, ubicado en la sección quinta, que cierra el capítulo segundo, del título primero, del libro segundo LRJS, por tanto, en el marco del proceso ordinario y no en el de las modalidades procesales.

180.– La incorporación del proceso monitorio en el ámbito laboral es algo relativamente reciente, en concreto, se produce en el

---

678 VALDÉS DAL-RÉ, F. (1989), *op. cit.*, p. 34; TASCÓN LÓPEZ, R. (2023), *op. cit.*, pp. 152-153.

679 SALINAS MOLINA, F. (2021) y (2023), *op. cit.*, pp. 34 y 46, respectivamente.

año 2011 con la aprobación de la LRJS. En este sentido, siguiendo la estela del proceso civil, una de las grandes novedades de la LRJS consistió en disciplinar este cauce procedimental con el objetivo de resolver determinadas reclamaciones de cantidad de una forma rápida y sencilla. El legislador ubicó su regulación entonces en el art. 101 LRJS, es decir, en la antesala de las previsiones relativas a las «modalidades procesales», una decisión que ha sido muy criticada por la doctrina científica[680]. Y es que, con independencia de que desde una perspectiva «académica», seguramente su tratamiento como modalidad procesal hubiese sido más correcto, la decisión de dejarlo extramuros de las mismas provoca una serie de consecuencias prácticas relevantes puestas de manifiesto por la doctrina científica como la no aplicación del art. 102.1 LRJS (supletoriedad de las previsiones del procedimiento ordinario) y, sobre todo, la dificultad de reconducir al ordinario un monitorio mal planteado[681]. Por otra parte, tal ubicación hubiese sido acorde con la solución que daban las leyes de procedimiento laboral de 1958, 1963, 1966 y 1980, en las que existía un proceso especial para reclamaciones de cantidad en cuantía inferior a 1.500 ptas. Por lo demás, originariamente, la LRJS no preveía este proceso especialmente rápido y sencillo para cualquier tipo de reclamación, sino sólo para ciertas reclamaciones y en la medida en que concurriesen determinados presupuestos[682].

---

680 ESTEVE SEGARRA, A. (2012-a), *op. cit.*, p. 278; ROCA MARTÍNEZ, J. M. (2016), *El proceso monitorio laboral,* Valladolid, Lex Nova; ESTEVE SEGARRA, A. (2020-a), "¿Por qué ha fracasado el procedimiento monitorio en la jurisdicción laboral?", *Revista General de Derecho del Trabajo y Seguridad Social*, nº 55, p. 141; SALINAS MOLINA, F. (2021), *op. cit.*, pp. 32-33.

681 ESTEVE SEGARRA, A. (2020-a), *op. cit.*, p. 141.

682 Un análisis detallado en ESTEVE SEGARRA, A. (2021), "El procedimiento monitorio laboral", en BLASCO PELLICER, A.; ALEGRE BUENO, M. (Dirs.), *El proceso laboral. Ley 36/2011, de 10 de octubre, reguladora de la Jurisdicción Social*, Tomo I, 2ª edición, Valencia, Tirant lo Blanch, pp. 673 y ss., en particular, 679 y ss.

180.1.– De entrada, el recurso al proceso del art. 101 LRJS se restringía exclusivamente a reclamaciones de cantidad vencidas, exigibles y de cuantía determinada, siempre que, además, fuesen inferiores a 6.000 euros y derivasen de una relación laboral. Por otra parte, había de tratarse de reclamaciones individuales o plurales, excluyéndose las reclamaciones colectivas que pudiesen plantear los representantes de los trabajadores. En fin, la reclamación debía dirigirse contra un empresario que no se encontrase en situación concursal y que además pudiese ser citado conforme a las previsiones de los arts. 56 y 57 LRJS, es decir, sin recurrir, al sistema de edictos.

180.2.– En cuanto a su tramitación, resultaba muy sencilla. Por lo pronto, el proceso monitorio empezaba mediante la presentación, preferentemente por medios informáticos si se dispusiera de ellos, de una solicitud en la que se expresarían los datos exigidos por el art. 101.a) LRJS y que iría acompañada de los documentos señalados en el mismo precepto. Con carácter previo, era necesario haber tramitado el intento de conciliación o mediación. Una vez presentada la solicitud, según el art. 101.b) LRJS, el LAJ desarrollaba un mínimo control sobre el cumplimiento de los requisitos formales de la solitud y, en su caso, concedía un plazo de subsanación: si los defectos no fueran subsanables, o no se subsanasen los detectados, se comunicaba al juez para que este resolviera sobre la admisión; si no hubiese defectos, o se subsanasen los apreciados, y la petición fuera admisible, se procedía a requerir a la empresa para que en el plazo de diez días abonase la deuda o alegase ante el juzgado lo que estimase pertinente, dándose traslado del requerimiento al FOGASA. A partir de ahí, cabía imaginar tres grandes posibilidades. La primera, que el acreedor pagase o consignase la totalidad del importe, en cuyo caso, previa entrega al solicitante, se archivaría el proceso. En segundo lugar, transcurrido el plazo sin mediar oposición del empresario o del FOGASA, el LAJ dictaría decreto dando por terminado el monitorio y daría traslado al solicitante a efectos de que pudiese instar ejecución. En fin, si se formulase oposición en el plazo y forma expresada, se daba traslado a la parte actora a efectos de que ésta, en los cuatro días siguientes, pudiese presentar demanda en el juzgado en los mismos términos que previene el art. 101 LRJS, procediendo seguidamente al señalamiento de los actos de conciliación y juicio.

181.– A pesar del interés del legislador en incorporar el proceso monitorio al ámbito laboral, así como el despertado en sede doctrinal, lo cierto es que no ha tenido el éxito que se esperaba, algo que ya se constató en los primeros años de vigencia de la LRJS. En efecto, las estadísticas de los años 2012-2104 revelaban que no estaba siendo objeto de un gran uso, así como que su incorporación no había implicado una significativa reducción en el número de reclamaciones de cantidad tramitadas por el ordinario. Igualmente, cabía apreciar una generalizada reducción en su utilización desde el año 2012 hasta el año 2014 en casi todas las Comunidades Autónomas. Así, salvo alguna excepción (p.e., el caso de Galicia o de Navarra), los datos desglosados evidenciaron una sensible reducción desde el año 2012 —el primer año de vigencia de la LRJS— hasta el año 2014. Esa reducción era ciertamente muy notable en el caso de algunas CC.AA., como Andalucía, Asturias, Cantabria, Comunidad Valenciana, Extremadura, Madrid, País Vasco o La Rioja, donde superaba la barrera del 50% en el período analizado.

	Monitorios 2012	Reclamación Cantidad 2012	Monitorios 2013	Reclamación Cantidad 2013	Monitorios 2014	Reclamación Cantidad 2014
Andalucía	2.059	25.004	1.171	23.241	752	19.829
Aragón	267	3.569	172	3.680	137	3.067
Asturias	198	5.360	277	5.150	82	4.782
Baleares	170	2.569	131	2.493	88	2.588
Canarias	139	7.384	81	8.679	54	7.451
Cantabria	103	1.926	43	1.813	49	1.766
Castilla y León	347	9.229	342	9.014	211	7.860
Castilla-La Mancha	380	7.641	274	5.462	217	4.559
Cataluña	501	18.825	396	18.124	279	17.701
C. Valenciana	1.175	14.936	591	14.270	367	14.282
Extremadura	90	2.316	66	2.206	43	1.814

	Monitorios 2012	Reclamación Cantidad 2012	Monitorios 2013	Reclamación Cantidad 2013	Monitorios 2014	Reclamación Cantidad 2014
Galicia	216	9.402	151	10.358	291	10.875
Madrid	1.047	23.986	645	22.337	448	22.968
Murcia	201	3872	136	3.046	86	2.754
Navarra	110	1.670	142	1.760	196	1.697
País Vasco	199	7.604	134	8.024	93	7543
La Rioja	24	1.354	26	1.576	5	1.417

Tabla: Elaboración propia a partir de los datos extraídos de las BB.DD. Estadística Judicial (PC-AXIS) de la página del CGPJ: http://www6.poderjudicial.es/ según consulta realizada en octubre 2015.

181.1.– A pesar de ello, la confianza en el papel que podría desempeñar este proceso en términos de agilizar la Administración de Justicia persiste. Ahora bien, teniendo en cuenta las limitaciones que el modelo descrito presentaba, los movimientos de reforma más recientes pusieron en él su punto de mira. Así, por un lado, la medida 6.21 del plan de choque elaborado por el CGPJ en 2020 aludía a la modificación del proceso monitorio en unos términos que no acababan de solventar las dificultades de la legislación vigente[683]. Por otro, el proyecto de Ley de Eficiencia Procesal también incidía en la redacción del art. 101 LRJS modificando algunos aspectos fundamentales que deberían coadyuvar a «insuflar» una nueva vida a este proceso[684]; y esto es, en gran medida, lo que ha recogido el RDL 6/2023, cuyo art. 104, punto veintidós, afronta la modificación de este proceso. Así, por lo pronto, la reforma incrementa la cuantía de 6.000 a 15.000 euros, lo que supone ampliar el

683 Al respecto, *vid.* ESTEVE SEGARRA, A. (2020-b), "El plan de choque del Consejo General del Poder Judicial: ¿una solución al desuso del procedimiento monitorio laboral?", en SALA FRANCO, T. (Dir.), *Problemas actuales del proceso laboral. Homenaje al profesor José M.ª Goerlich Peset con ocasión de sus 25 años como Catedrático de Derecho del Trabajo y la Seguridad Social*, Valencia, Tirant lo Blanch, pp. 403 y ss.

684 La expresión en SERRANO ESPINOSA, G. M. (2023), *op. cit.*, p. 7. Por otro lado, sobre el contenido de la reforma en este punto, SALINAS MOLINA, F. (2021), *op. cit.*, pp. 32-33; LAFUENTE SEVILLA, R. (2021), *op. cit.*, pp. 10-11; TASCÓN LÓPEZ, R. (2023), *op. cit.*, pp. 116-117.

ámbito objetivo del proceso. Por otra parte, suprime la necesidad de satisfacer la conciliación o mediación previa cuya repercusión en términos de simplificación y celeridad resulta evidente. Igualmente, desaparece la exigencia de que resulte posible proceder a la notificación personal a la empresa, una previsión muy criticada por la doctrina desde la aprobación de la LRJS[685]. Asimismo, elimina la consignación judicial de la cantidad a satisfacer, procediéndose a un pago directo. Por último, se simplifica la conversión del proceso monitorio en ordinario cuando no prospera el objetivo.

181.2.– A pesar de estos intentos reformistas, el pronóstico sobre la institución no se aventura demasiado halagüeño, pues otros muchos aspectos que estarían en la base del fracaso en su utilización no aparecen en la reforma. En este sentido, la doctrina había destacado un amplio listado de causas determinantes de la falta de éxito respecto las cuales el proyecto no incide: el carácter documental, la inadecuación para la tramitación de las reclamaciones plurales, así como las serias dudas respecto a su eventual uso por los TRADE, la exclusión de las deudas futuras o en las que se cuestione la laboralidad de la relación, las dudas sobre el posible uso de medidas cautelares, la exclusión del efecto de cosa juzgada respecto el FOGASA, etc.[686].

1.3. La instancia única y el sistema de recursos extraordinarios

182.– El proceso laboral en España se ha estructurado prácticamente desde sus orígenes hasta nuestros días como un proceso de instancia única y con un sistema de recursos considerados como

685 ESTEVE SEGARRA, A. (2012-b) y (2021), "El proceso monitorio laboral", en BLASCO PELLICER, A.; ALEGRE NUENO, M. (Dirs.), *El proceso laboral. Ley 36/2011, de 10 de octubre, reguladora de la Jurisdicción Social*, Tomo I, Valencia, Tirant lo Blanch, pp. 655 y 681, respectivamente.

686 Al respecto, ESTEVE SEGARRA, A. (2020-a), *op. cit.*, pp. 140 y ss.; TASCÓN LÓPEZ, R. (2023), *op. cit.*, p. 117.

extraordinarios, en el sentido de que éstos no proceden en cualquier caso ni permiten un nuevo reexamen del asunto ya resuelto, sino que tan solo caben respecto las resoluciones que determine la ley y en la medida en que concurran los motivos previstos por el legislador.

1.3.1. El mantenimiento de la instancia única

183.– En efecto, la instancia única ha estado presente en todas las leyes de procedimiento desde 1958 hasta nuestros días. Y lo ha sido a todos los efectos, pues ni existe un «instructor» diferenciado del «juzgador», ni se contempla un sistema de recursos que permita una revisión completa del pleito con nueva práctica de la prueba, como pudiera ser la apelación[687].

183.1.– Tan solo, en los orígenes del proceso laboral, el art. 28 de la Ley de Tribunales Industriales de 1908 preveía el recurso de apelación contra las sentencias emitidas por dichos órganos a resolver por el «Tribunal Pleno», pero tal posibilidad cambia con la Ley de 1912 y se pasa de la apelación a la casación, según se aprecia en el art. 48, salvo que el asunto hubiese sido resuelto por el juez de primera instancia sin el jurado, en cuyo caso el art. 32 mantenía la apelación. El Código de Trabajo de 1926 suprimió tal recurso de manera total y fijó la casación con carácter general[688]. Con posterioridad, ya instaurada la Magistratura de Trabajo, la Ley Orgánica de 17 de octubre de 1940 hizo dudar sobre su reintroducción, pues el art. 14 aludía a que el Tribunal Central de Trabajo conocería de los recursos de apelación contra las resoluciones dictadas por las magistraturas, algo que debía tratarse de un error de redacción que se solventó con el Decreto de 11 de julio de 1941 donde la referen-

---

687 Así, BAYÓN CHACÓN, G.; PÉREZ BOTIJA, E. (1963-b), *op. cit.*, p. 882.

688 Al respecto, *vid.* HINOJOSA FERRER, J. (1933), *op. cit.*, pp. 26 y ss.; MONTERO AROCA, J. (1973), *op. cit.*, pp. 100, 111 y 126.

cia a la apelación se sustituye por la «suplicación»[689]. Por su parte, la LOPJ dejó la puerta abierta para que las leyes de procedimiento pudiesen configurar el proceso laboral bien siguiendo el modelo tradicional de instancia única, bien adoptando la doble instancia, según se aprecia en las disposiciones que regulan la composición orgánica del orden social, ya que, al tiempo de predeterminar las competencias de cada órgano que lo integra, los correspondientes preceptos de la LOPJ indican que el alcance de las mismas será en primera o única instancia, habiendo optado el legislador ordinario por el mantenimiento de la instancia única[690].

183.2.– Y seguramente sea la opción más adecuada. Así, aunque algún autor haya defendido la introducción de un sistema basado en la apelación, para que el órgano competente «pueda entrar a conocer hasta en sus más mínimos detalles todo cuanto el Juez inferior tramitó y pueda enjuiciar a su criterio lo actuado»[691], la doctrina mayoritaria sostiene el modelo de instancia única, la cual consideran una consecuencia «casi inevitable» de la oralidad y sus principios derivados[692], el «precio necesario»[693] a pagar por la misma o un «principio indeclinable»[694].

Y es que la oralidad conduce a que la prueba se produzca en presencia directa del juez, quien está en condiciones de apreciar la relación de las partes, sus condicionamientos, etc., mientras que la introducción de una segunda instancia exigiría bien la conversión de toda la prueba en escrito, lo que deformaría el juicio oral que

---

689 En este sentido, FERNÁNDEZ GONZÁLEZ, V. (1946-b), *op. cit.*, p. 136; RODRÍGUEZ-PIÑERO Y BRAVO-FERRER, M. (1969), *op. cit.*, p. 67.

690 MARTÍNEZ EMPERADOR, R. (1985), *op. cit.*, p. 1322; VALDÉS DAL-RÉ, F. (1988), *op. cit.*, p. 1653.

691 DEL PESO Y CALVO, C. (1966), *op. cit.*, p. 207.

692 RODRÍGUEZ-PIÑERO Y BRAVO-FERRER, M. (1969), *op. cit.*, p. 66.

693 MARTÍNEZ EMPERADOR, R. (1979), *op. cit.*, p. 276.

694 MARTÍNEZ EMPERADOR, R. (1985), *op. cit.*, p. 1322.

perdería sus ventajas[695], bien practicarla de nuevo, con las demoras temporales que ello supone, algo incompatible con el tipo de conflictos que se dirimen ante el orden social los cuales requieren de una respuesta rápida al afectar a aspectos «vitales»[696].

Por otra parte, se ha afirmado que la instauración de un modelo de medios de impugnación basado en la apelación provocaría un fuerte aumento en el número de recursos devolutivos interpuestos, ya que existe un notable volumen de sentencias de instancia centradas en aspectos muy ligados a la apreciación de la prueba y no a cuestiones jurídicas, por lo que se desaconseja tanto su introducción como un eventual incremento de los márgenes existentes para llevar a cabo la revisión fáctica[697]. Ahora bien, en este punto, el análisis de una muestra aleatoria de la labor desarrollada por las salas de los Tribunales Superiores de Justicia habría puesto de relieve la existencia de una disparidad de criterios entre las mismas a la hora de aplicar los requisitos que permiten proceder a la modificación de los hechos probados, lo que ha conducido a proponer una redacción más precisa del art. 196.3 LRJS con el objetivo de atajar esta dispersión interpretativa[698]. Sin embargo, al margen de que la disparidad no es tan evidente, no considero que tal modificación sea necesaria. En este sentido, la lectura de las sentencias emanadas de suplicación en las que se plantea la revisión de hechos probados pone de relieve la utilización de una suerte de «cláusula de estilo», que pasa de una sentencia a otra, sobre el alcance de las peticiones revisoras, por lo que, a lo sumo, estaríamos ante una diferencia de criterio aplicativo a partir de unos principios comunes. Así pues, seguramente su positivización no produciría ningún efecto más allá

---

695 En este sentido, RODRÍGUEZ-PIÑERO Y BRAVO-FERRER, M. (1969), *op. cit.*, p. 66.

696 Así, MARTÍNEZ EMPERADOR, R. (1979), (1985) y (1989), *op. cit.*, pp. 276, 1322 y 192, respectivamente; VALDÉS DAL-RÉ, F. (1988), *op. cit.*, p. 1663.

697 MOLINS GARCÍA-ATANCE, J. (2021), La prueba en el proceso social y en los recursos: propuestas de reforma", *Cuadernos Digitales de Formación*, nº 38, p. 19.

698 MOLINS GARCÍA-ATANCE, J. (2021), *op. cit.*, 23.

de engordar una normativa cada vez más voluminosa. La propuesta, en todo caso, nos sitúa en el terreno de las eventuales modificaciones que pudieran realizarse respecto el sistema de recursos existente.

1.3.2. Algunas modificaciones en el sistema de recursos extraordinarios

184.– A pesar de la relevancia que los medios de impugnación de las resoluciones judiciales tienen en términos de justicia, lo cierto es que su existencia no forma parte del contenido esencial del derecho a la tutela judicial efectiva, salvo en materia penal y de manera restringida en los casos de fallo condenatorio, donde el art. 14.5 del Pacto Internacional de Derechos Civiles y Políticos exige en tales casos poder revisar la pena ante un tribunal superior; no obstante, una vez creados, se integran en el contenido adicional y su salvaguarda goza de los mismos mecanismos protectores que las aristas esenciales del derecho fundamental. Así lo ha recordado el Tribunal Constitucional en múltiples ocasiones[699].

184.1.– Este entendimiento justifica que el sistema de recursos que rige en el proceso laboral se articule sobre la base de unos medios de impugnación que presentan, en su conjunto, una naturaleza extraordinaria. En efecto, así sucede con el recurso de suplicación y con los de casación, según se deriva de los arts. 190 y ss. LRJS y de los arts. 205 y ss. LRJS, respectivamente. Ello implica que, de entrada, no todas las resoluciones pueden ser impugnadas a través de los medios indicados. Asimismo, supone que las que lo sean no pueden atacarse por cualquier circunstancia, sino tan solo por los motivos tasados previstos por la norma en cada caso. En fin, la naturaleza extraordinaria también determina que no resulte posible solicitar la práctica de prueba ante el tribunal *ad quem*, ni introducir hechos nuevos que no hayan sido debatidos en el proceso y decidi-

---

699 Así, entre otras, SsTC 51/1982, de 19 de junio y 3/1983, de 25 de enero.

dos en la resolución recurrida, a salvo la previsión excepcional que recoge el art. 233 LRJS.

184.2.– A partir de estas consideraciones generales, aunque el sistema de recursos articulado por la LRJS suscita múltiples cuestiones de interés[700], parece oportuno centrarse en aquellas que han ocupado gran parte de la atención y el debate en los últimos tiempos. Ello ha sucedido, de manera particular, en el caso de la suplicación y la casación unificadora, según se aprecia en las propuestas reformistas más recientes y por dicha razón voy a limitarme a apuntar los aspectos sobre los que planea con mayor fuerza la posibilidad de una reforma.

185.– Por lo que respecta a la suplicación, a mi juicio, uno de los aspectos medulares de su regulación es el relativo a la determinación de las resoluciones recurribles, una tarea que no resulta para nada sencilla. En este sentido, aunque la LRJS trata de aclararlo por medio de un conjunto de previsiones contenidas en los apartados dos y tres del art. 191 LRJS, donde se señalan una serie de materias que no acceden a este recurso y otras que tienen siempre la puerta abierta, lo cierto es que la interpretación y aplicación del precepto resulta compleja. Aun así, un criterio que puede servir para orientarse sería el de la cuantía litigiosa, de manera que aque-

---

700 Al respecto me remito a los estudios detallados que sobre la materia han realizado GOERLICH PESET, J. M.ª (2021-a), "Los medios de impugnación", en BLASCO PELLICER, A.; ALEGRE BUENO, M. (Dirs.), *El proceso laboral. Ley 36/2011, de 10 de octubre, reguladora de la Jurisdicción Social*, Tomo I, 2ª edición, Valencia, Tirant lo Blanch, pp. 1813 y ss., GOERLICH PESET, J. M.ª (2021-b), "Los recursos de casación: casación ordinaria y casación para la unificación de la doctrina", en BLASCO PELLICER, A.; ALEGRE BUENO, M. (Dirs.), *El proceso laboral. Ley 36/2011, de 10 de octubre, reguladora de la Jurisdicción Social*, Tomo I, 2ª edición, Valencia, Tirant lo Blanch, pp. 1961 y ss. o LLUCH CORELL, J. (2021), "El recurso de suplicación", en BLASCO PELLICER, A.; ALEGRE BUENO, M. (Dirs.), *El proceso laboral. Ley 36/2011, de 10 de octubre, reguladora de la Jurisdicción Social*, Tomo I, 2ª edición, Valencia, Tirant lo Blanch, pp. 1843 y ss.

llos supuestos en los que la misma rebase la frontera de los 3.000 euros tendrán acceso al recurso, mientras que aquellos otros en los que dicha cuantía se sitúe por debajo no accederán. Esa sería la regla general. No obstante, esta afirmación se complementa con dos ideas adicionales: por un lado, hay una serie de materias en las que, con independencia de la cuantía, las sentencias dictadas en las mismas por los Juzgados de lo Social no podrán ser nunca recurridas por esta vía —en concreto, las recogidas en el art. 191.2 LRJS—; por otro lado, también existen ciertas materias o cuestiones a las que alude el art. 191.3 LRJS en las que, con independencia de la cuantía litigiosa, el recurso siempre resulta posible, ya sea de manera total, ya sea de forma limitada[701]. Pues bien, en este contexto, las proposiciones de reforma que se han formulado afectan tanto a la determinación de la regla general, como a los perfiles de ciertos supuestos donde procede recurso en todo caso.

185.1.– Por lo que respecta a la regla general, ésta cabría deducirla del art. 191.2.g) LRJS y, de conformidad con la misma, pueden acceder al recurso las sentencias dictadas en reclamaciones cuya cuantía supere los 3.000 euros. Al margen de lo alambicada que resulta su formulación por el empleo de una doble negación[702], algo que siempre dificulta la comprensión, las propuestas de reforma que se han barajado han discurrido bien por la senda de cambiar el criterio de la «cuantía litigiosa» por el de «gravamen», bien por la de incrementar la cifra de frontera. Así se sugería en el plan de choque elaborado por el CGPJ en 2020, cuyas medidas 6.6 y 6.7 se movían en dichas direcciones: la 6.6. acogía el criterio del gravamen para determinar la recurribilidad; la 6.7, en sentido alternati-

[701] Este esquema organizativo, por ejemplo, en GOERLICH PESET, J. M.ª; NORESTORRES, L. E.; ESTEVE SEGARRA, A. (2022), *op. cit.*, p. 282.

[702] Así, el art. 191.2 LRJS comienza por señalar «No procederá recurso de suplicación…», mientras la letra g) señala «Reclamaciones cuya cuantía litigiosa no exceda de 3.000 euros», lo que en una lectura rápida lleva a que, en ocasiones, se piense que por encima de 3.000 euros no cabe recurrir, cuando es justamente lo contrario.

vo a la anterior, elevaba la cuantía litigiosa a los 6.000 euros. Y en ambos casos el objetivo era el de descongestionar y aligerar la carga de trabajo de las salas. A pesar del rechazo que estas propuestas han despertado en ciertos sectores que han criticado el hecho de que la decisión implicaría convertir en firmes buena parte de las reclamaciones de cantidad, algo especialmente grave en un contexto de crisis económica y social como el actual[703], a mi juicio, parecen acertadas, especialmente, la de sustituir el criterio basado en la cuantía litigiosa por otro que repose en la idea de gravamen. Al respecto, no perdamos de vista el dato de que los medios de impugnación en materia laboral no forman parte del contenido esencial de la tutela judicial efectiva, sino que son obra del legislador ordinario, por lo que el hecho de que unas resoluciones judiciales queden fuere del recurso de suplicación, en principio, no implica una vulneración de aquél. A partir de ahí, no parece razonable que un asunto litigioso que rebase en poco la cuantía litigiosa y con una estimación parcial casi plena pueda acceder a la suplicación y otro, estimatorio o desestimatorio, que no la alcance por poco quede al margen. En ese sentido, la introducción del criterio del gravamen en sustitución del basado en la cuantía me parece acertado.

185.2.– La regla general de recurribilidad, como he señalado, conoce de una pluralidad de excepciones articuladas en dos grupos: por un lado, existen una serie de supuestos en los que, con independencia de la cuantía, no consienten suplicación; por otro lado, la LRJS también prevé la situación inversa, esto es, un conjunto de casos en los que, al margen de la cuantía, la interposición del recurso en cuestión resulta siempre posible. Pues bien, uno de estos casos ajenos a la cuantía es el de los supuestos de «afectación general» a los que se refiere el art. 191.3.b) LRJS y respecto los que señala que procede siempre la suplicación en la medida que dicha

---

703 CATALÁ PELLÓN, A. (2021), "Recursos y proceso social: puntos críticos y posibles fórmulas para lograr una respuesta judicial unificadora", *Cuadernos digitales de formación*, nº 38, p. 17.

circunstancia «*fuese notoria o haya sido alegada y probada en juicio o posea claramente un contenido de generalidad no puesto en duda por ninguna de las partes*». Esta regulación constituye un pozo de inseguridades interpretativas[704], en especial, en lo que atañe a la «notoriedad» y a la «generalidad» donde la labor jurisprudencial ha ido dando bandazos en unos términos más amplios o restrictivos según el momento. Así, de una notoriedad entendida en los términos del art. 281.4 LEC como «absoluta y general», se pasó a una comprensión de la misma «flexible y matizada», apreciable de oficio por el órgano jurisdiccional[705] y desde aquí a una ulterior visión más exigente en la que se requiere para su apreciación que se alegue y pruebe[706]. Así las cosas, no es de extrañar que una de las medidas presentes en el plan de choque del CGPJ, la 6.9, incidiese precisamente en esta cuestión y plantease la reforma del precepto en línea de reducir la afectación general a los casos en que se hubiese alegado y probado, es decir, suprimiendo la referencia a la notoriedad y a la generalidad no puesta en duda por las partes. La propuesta se acomoda a la última línea interpretativa emanada del TS y permite ganar en términos de seguridad jurídica, pudiendo tener un efecto adicional de descongestionar la carga de trabajo de las salas. Por desgracia, a pesar de sus bondades, no se recogía en el proyecto de Ley de Eficiencia Procesal[707], ni aparece en el RDL 6/2023, de 19 de diciembre.

185.3.– Por último, en este apartado relacionado con la suplicación, interesa detenerse en los problemas que suscita la intersección de los criterios empleados por el art. 191 LRJS para delimitar el

---

704 Al respecto, *vid.* GOERLICH LEÓN, A.; GOERLICH LEÓN, M.ª (2020), "La afectación general como criterio de recurribilidad en suplicación", en SALA FRANCO, T. (Dir.), *Problemas actuales del proceso laboral. Homenaje al profesor José M.ª Goerlich Peset con ocasión de sus 25 años como Catedrático de Derecho del Trabajo y la Seguridad Social*, Valencia, Tirant lo Blanch, pp. 755 y ss.

705 SsTS de 3 de octubre de 2003, recs. 101/2003 y 1422/2003.

706 SsTS de 30 de enero de 2018, rec. 1492/2016 y de 28 de febrero de 2018, rec. 2926/2017.

707 En esta línea de valoración crítica, CATALÁ PELLÓN, A. (2021), *op. cit.*, p. 17.

acceso al recurso, o, mejor dicho, las dificultades que surgen cuando una resolución es susceptible de encontrar un relativo acomodo tanto en el apartado de aquellas resoluciones que están siempre excluidas como en el de aquellas otras que resultan recurribles en todo caso. Así sucede en cualquiera de las materias dejadas al margen del acceso a la suplicación por el art. 191.2 LRJS —esto es, impugnación de sanciones leves y graves, así como las muy graves no confirmadas, disfrute de vacaciones, materia electoral, clasificación profesional, traslados y modificaciones sustanciales individuales, así como suspensiones y reducciones de jornada por debajo de los umbrales del art. 51 ET, conciliación de la vida laboral y familiar e impugnación de altas médicas— cuando, adicionalmente, se plantea la violación de un derecho fundamental, ya que las sentencias dictadas en tales casos son recurribles «en todo caso», según reza el art. 191.3.f) LRJS.

Al respecto, concretamente en el caso de la impugnación de las decisiones de movilidad geográfica o modificación sustancial, pero también de manera análoga en los supuestos de conciliación de la vida laboral y familiar o en vacaciones, se había abierto paso la interpretación de que, pese a la literalidad de la norma, si en un proceso en el seno de la modalidad regulada en el art. 138 LRJS (o, en su caso, del art. 139 o del 125 LRJS) se impugnaba una medida de este tipo y se invocaba la vulneración de un derecho fundamental, la sentencia que recayese en el mismo tenía abierto el recurso de suplicación[708]. Y ello con independencia de que el recurso se plantease por motivos vinculados a la tutela del derecho fundamental o por razones de mera legalidad ordinaria; de hecho, ello resultaba muy evidente en algunos pronunciamientos, pues solicitada en la instancia la nulidad de una modificación y, subsidiariamente, su

[708] SsTS de 10 de marzo de 2016, rec. 1887/2014, de 22 de junio de 2016, rec. 399/2015, de 7 de diciembre de 2016, rec. 1599/2015, de 5 de julio de 2017, rec. 1477/2015, de 24 de octubre de 2017, rec. 3175/2015, de 15 de febrero de 2018, rec. 1324/2016, de 22 de febrero de 2018, rec. 1169/2015 o de 5 de junio de 2018, rec. 3337/2016.

carácter injustificado, el Tribunal Supremo había validado la posibilidad de que la empresa recurriese en suplicación sentencias que habían considerado la medida injustificada[709].

A pesar de tales precedentes, la STS de 19 de octubre de 2022, rec. 1363/2019, cambió de criterio. La nueva doctrina se puede condensar en dos ideas fundamentales. La primera sería la relativa a que cuando en un proceso de impugnación de modificación sustancial de condiciones de trabajo de carácter individual se hayan planteado de forma claramente diferenciada pretensiones vinculadas a la posible vulneración de derechos fundamentales y otras de mera legalidad ordinaria, cabrá recurso para resolver sobre los primeros aspectos —es decir, los relacionados con los derechos fundamentales en juego en el proceso, entre ellos, la eventual indemnización asociada a su presunta vulneración—, pero no así respecto los segundos —es decir, los que versen sobre las materias de legalidad ordinaria—. Ahora bien, y esta sería la segunda idea, ello será así cuando las pretensiones «*resulten perfectamente escindibles las unas de las otras*». Por el contrario, cuando dicha separación no resulte factible, la sentencia señalada deja abierta la puerta del recurso.

Esta solución, acompañada de voto particular, ha sido contestada desde algunos sectores[710]. No obstante, a mi juicio, resulta acertada, como ya he tenido ocasión de sostener[711]. Por otra parte, a pesar de haberse dictado en el contexto de la impugnación de una modificación sustancial de condiciones de trabajo, entiendo que debe ser trasladable a todos aquellos supuestos en los que se suscite un problema análogo —por ejemplo, un pleito de vacaciones o de conciliación de la vida laboral y familiar en la que se plantee la vulneración de un derecho fundamental. En todo caso, considero que sería

---

709 SsTS de 9 de mayo de 2017, rec. 1666/2015, de 30 de junio de 2020, rec. 4093/2017 o de 7 de julio de 2021, rec. 3849/2018.

710 SALINAS MOLINA, F. (2021), *op. cit.*, p. 48.

711 NORES TORRES, L. E. (2023), "Modificación sustancial de condiciones de trabajo, tutela de los derechos fundamentales y acceso a los recursos", *Revista de Trabajo y Seguridad Social. CEF*, nº 475, pp. 176 y ss.

preferible una actuación normativa aclaratoria, al modo de la que proporciona el art. 191.3 LRJS en sus letras d) y e) para los casos en que en los que se plantea un vicio esencial del procedimiento que ha generado indefensión o cuando la sentencia decidió sobre la falta de jurisdicción o competencia, respectivamente, donde las previsiones normativas subrayan que, si el fondo del asunto se encuentra excluido de la suplicación, el recurso tan solo se pronunciará respecto las cuestiones señaladas, es decir, sobre el defecto o vicio procedimental alegado o la falta de jurisdicción/competencia. Pues bien, algo similar se debería incorporar a la previsión de la letra f).

186.– Al margen de la suplicación, el otro recurso sobre el que interesa detenerse es el de casación en unificación de doctrina. La razón de su existencia parte de la actual planta de los órganos jurisdiccionales laborales, la cual determina que el conocimiento de la generalidad de los asuntos corresponda en instancia a los juzgados de lo social, al tiempo que la mayoría de resoluciones dictadas por estos últimos sean recurribles en suplicación ante los Tribunales Superiores de Justicia. En este sentido, la doctrina había alertado del riesgo de dispersión jurisprudencial entre las diferentes salas de lo social cuando se instituyesen[712] y, precisamente, para conjurar tal riesgo se creó este recurso, cuya finalidad es conocer de la impugnación de las sentencias emanadas de los TSJ que resuelvan un recurso de suplicación y resulten contradictorias con otras resoluciones[713]. Así pues, permitiría dar cumplimiento a distintos principios y criterios constitucionales, como el principio de unidad jurisdiccional (117.5 CE), el papel unificador del TS (art. 123 CE), la efectividad del principio de seguridad jurídica (art. 9.3 CE) o la plenitud del principio de igualdad (art. 14 CE).

---

712 CRUZ VILLALÓN, J. (1989), *op. cit.*, pp. 228 y ss.

713 Entre otros, VALDÉS DAL-RÉ, F. (1989), *op. cit.*, p. 38.

186.1.– El intento de satisfacer esta loable finalidad implica un precio que se traduce en una obvia prolongación del proceso, con el consiguiente riesgo de que los asuntos se alarguen indebidamente. Por ello, el recurso de casación en unificación de doctrina está sujeto a unos rígidos requisitos de admisión y que, además, son objeto de una interpretación restrictiva por parte del TS. Aun así, el número de asuntos que acceden a dicho tribunal resulta elevado y un importante número de los mismos no supera el trámite de admisión o, a pesar de superarlo, se rechaza por la falta de contradicción. Por ello, no es extrañar que una de las cuestiones más debatidas sobre la reforma de este recurso gire alrededor de la admisión del mismo y el modo de lograr que satisfaga mejor su propia esencia.

186.2.– Al respecto, en los últimos tiempos, se ha cuestionado la conveniencia de introducir el criterio del «interés casacional» en el trámite de admisión, siguiendo la senda que ya han recorrido los restantes órdenes jurisdiccionales o el propio TC con el requisito de la «especial trascendencia constitucional»[714]. Así, en el caso de la jurisdicción ordinaria, el interés casacional como requisito de acceso al recurso está presente en el art. 477 LEC, mientras que en la penal y en la contenciosa aparece en los arts. 889 LECrim y 88 LJCA desde el año 2015; en el caso del TC, la incorporación de la «especial trascendencia constitucional» a efectos del acceso al amparo tuvo lugar con la reforma de la LOTC en 2007. Pues bien, la incorporación de un criterio de este tipo también se ha propuesto para el orden social, si bien, de momento, las líneas de reforma no van en ese sentido. Así, de forma mucho más limitada, la reforma operada por el RDL 5/2023, de 28 de junio, por el que se adoptan y prorrogan determinadas medidas de respuesta a las consecuen-

---

714 SAN CRISTÓBAL VILLANUEVA, J. M. (2023), "El «interés casacional» como criterio de admisión de los recursos de casación: algunas reflexiones para el caso de su futura aplicación en la jurisdicción laboral", *Trabajo y Derecho*, nº 97, pp. 1-39.

cias económicas y sociales de la Guerra de Ucrania, de apoyo a la reconstrucción de la isla de La Palma y a otras situaciones de vulnerabilidad; de transposición de Directivas de la Unión Europea en materia de modificaciones estructurales de sociedades mercantiles y conciliación de la vida laboral y familiar y la vida profesional de los progenitores y los cuidadores; y de ejecución y cumplimiento del Derecho de la Unión Europa, modifica el art. 225 LRJS e introduce un art. 225.bis. El objetivo de estas medidas, procedentes del proyecto de Ley de Eficiencia Procesal y que se cuelan de manera un tanto sorprendente en esta disposición de contenido tan «heterogéneo», es mucho más limitado y procuran agilizar el trámite de admisión, así como responder a los fenómenos de litigación en masa. En el primer sentido, la reforma que se lleva a cabo en el art. 225.3 LRJS provoca que cuando el magistrado ponente considere que concurre las causas de inadmisión relativas al incumplimiento manifiesto e insubsanable de los requisitos procesales de preparación, la carencia sobrevenida de objeto o la falta de contradicción, pasa directamente a solicitar el informe del ministerio fiscal, sin dar audiencia al recurrente, algo que solo se mantiene cuando la inadmisión gire sobre la falta de contenido casacional o haberse desestimado en el fondo otros recursos sustancialmente iguales. En cuanto a las soluciones frente a los fenómenos de litigación en masa, el art. 225.bis LRJS trata de responder a los problemas derivados de la presentación de un gran número de recursos en los que se suscita una cuestión jurídica sustancialmente idéntica. Así, en tales situaciones, el precepto permite admitir uno o varios de los recursos y suspender el trámite de admisión en los restantes a expensas de la suerte que corra el primero.

2. ...y otras de carácter más concreto

187.– Al margen de los puntos clave de reforma que presentan un carácter «estructural», hay un conjunto de aspectos, mucho más concretos, que también podrían ser objeto de reconsideración a efectos de introducir eventuales medidas modificativas.

Al respecto, me voy a mover tan solo en el terreno de aquellas previsiones generales que presentan un alcance general y las relativas al proceso ordinario. Así pues, de manera consciente, he dejado fuera de la reflexión el tratamiento de las modalidades procesales, ya que su análisis detallado no parece viable en un trabajo de estas características por razones de extensión. Con todo, la centralidad que presenta en nuestro sistema el proceso ordinario, que funciona de modo supletorio en cada una de las modalidades, así como el hecho de abordar algunos aspectos de alcance general, minimizan los efectos de este abandono.

2.1. Los actos preparatorios y las diligencias preliminares

188.– En primer lugar, cabe detenerse en los actos preparatorios y diligencias preliminares que aparecen regulados bajo dicha rúbrica en la sección primera del capítulo primero del título primero del libro segundo de la LRJS[715]. La expresión alude a un conjunto de actuaciones de carácter voluntario que preceden al proceso —o, cuanto menos, al juicio oral—, y que se realizan, con intervención del órgano jurisdiccional, con la finalidad de facilitar la preparación del proceso. La LRJS proporciona la regulación de este tipo de actuaciones en dos preceptos diferenciados, refiriéndose, por un lado, a la solicitud de actos preparatorios y diligencias preliminares (art. 76 LRJS), y, por otro, a la exhibición previa de documentos (art. 77 LRJS), cuando, seguramente, se trate en todo caso de diligencias preliminares que merecerían una regulación conjunta.

188.1.– Una primera propuesta modificativa podría ser la relativa a la sistemática de la sección y la rúbrica de los preceptos, ya que resulta mejorable, pues, en el fondo, todo lo que se re-

[715] El acercamiento a la materia se puede efectuar por medio del trabajo de ALEMAÑ CANO, J. (2015), *Actos preparatorios, prueba anticipada y medidas cautelares*, Albacete, Bomarzo, así como el de BAJO GARCÍA, I. (2021), *op. cit.*, pp. 461 y ss.

gula en los arts. 76 y 77 LRJS son diligencias preliminares. No obstante, la actual regulación «separada» da a entender que se someten a un régimen jurídico diverso. Una mejor ordenación, seguramente, solventaría ciertos problemas interpretativos y se ajustaría más a las previsiones generales de la LEC (arts. 256 y ss.). En este sentido, sería conveniente una reordenación en la que el artículo 76 LRJS se destinase a las diligencias preliminares que pueden adoptarse, empezando por aludir a las diligencias preliminares de la LEC, como en la actualidad efectúa el art. 76.3 LRJS, y continuando con las que fuesen específicas del proceso laboral, en una redacción del tipo «*Todo juicio podrá prepararse, además de mediante la petición de las diligencias recogidas en el artículo 256 LEC, por medio de las siguientes*» y, a partir de ahí, mencionarlas. Por su parte, el art. 77 LRJS se encargaría de su régimen jurídico, aclarando el alcance de la supletoriedad de la LEC y las especialidades que han de regir en materia laboral, así como resolviendo las dudas que hasta este momento existen, por ejemplo, en lo relativo a la posibilidad de recurrir la resolución denegatoria, algo que en el art. 76 LRJS se prevé expresamente, pero no en el art. 77 LRJS.

188.2.– En efecto, precisamente, las consecuencias derivadas de la aplicación supletoria de la LEC, constituye el segundo grupo de cuestiones que merecen ser reformadas o, cuanto menos, aclaradas.

Por un lado, la LRJS no regula la competencia territorial para resolver sobre las diligencias preliminares. Así pues, hay que acudir a la LEC, donde el art. 257.1 menciona al juzgado «*del domicilio de la persona que, en su caso, hubiera de declarar, exhibir o intervenir de otro modo en las actuaciones que se acordaran para preparar el juicio*». Esta solución tiene su lógica en el proceso civil, donde el fuero general es el del domicilio del demandado, de conformidad con el art. 50.1 LEC. Ahora bien, en el proceso laboral, la regla general que recoge el art. 10.1.I LRJS es la del «*lugar de prestación de los servicios o el del domicilio del demandado a elección del demandante*». Así pues, sería más coherente con el sistema una solución de este tipo[716].

Asimismo, la supletoriedad de la LEC conduce a la aplicación del art. 256.3 de dicho texto normativo, donde se prevé que los gastos ocasionados en las personas que hubieren de intervenir en las diligencias serán a cargo del solicitante de las mismas, así como la obligación de que dicho sujeto realice un ofrecimiento de caución que cubra no solo tales gastos sino también los daños que eventualmente se pudieran irrogar a resultas de aquéllas. Pues bien, la traslación de esta previsión al orden social choca con uno de sus principios inspiradores: la gratuidad del procedimiento. Igualmente, contrasta, en el caso de trabajadores, beneficiarios de la Seguridad Social y sindicatos, cuando ostentan la representación colectiva, con el tratamiento que dispensa el art. 79 LRJS en materia de medidas cautelares donde se exceptúa del requisito de caución a tales sujetos. En todo caso, también es cierto que estos gastos, a la luz de las diligencias de que se trata, no han de ser muy elevados y que el propio art. 77 LRJS ya se mueve parcialmente en el mismo sentido que la LEC, pues en el caso de recurrir a un experto contable atribuye los gastos ocasionados a quien lo haya solicitado.

El recurso a la LEC determina que, seguramente, también resulte aplicable el art. 260 sobre oposición a la práctica de diligencias preliminares[717]. Ello genera dos problemas derivados. Por un lado, una eventual dilatación de la duración del procedimiento que casa mal con la celeridad propia del proceso laboral, si bien es cierto que éste, como tal, aún no ha empezado. Al respecto, la LEC prevé que, en los cinco días siguientes a recibir la citación, la persona requerida para la práctica de las diligencias pueda oponerse a ella, lo que determinará que se cite a las partes para una vista que se celebrará en la forma establecida para los juicios verbales. Por otro

---

716 La doctrina, de hecho, propone esta solución ya en la actualidad. Así, por ejemplo, BAJO GARCÍA, I. (2021), *op. cit.*, p. 465

717 En este sentido, también, ESTEVE SEGARRA, A. (2012-a), *op. cit.*, p. 229; BAJO GARCÍA, I. (2021), *op. cit.*, p. 463.

lado, la oposición se resuelve mediante un auto en el que el juez declara si está justificada o no y, en el caso de considerar justificada la misma, la resolución judicial es recurrible. Ese recurso, en el sistema civil, es el de apelación, algo coherente en dicho ámbito, pues también la denegación inicial es recurrible en apelación según el art. 258.2 LEC. Ahora bien, ello no acaba de encajar en el proceso laboral, donde la denegación inicial, al menos en el caso del art. 76 LRJS, no es recurrible, mientas en el art. 77 LRJS, la norma guarda silencio, generando la duda sobre su recurribilidad[718].

Otra cuestión que convendría aclarar en el texto es la relativa a las consecuencias que se puedan derivar de la no realización de las diligencias por el sujeto requerido. Ciertamente, la aplicación supletoria de la LEC conduce a que haya de estarse a la solución proporcionada por el art. 261 de dicho texto, donde algunas cuestiones como la negativa a declarar sobre hechos relativos a la capacidad, representación o legitimación del citado, así como a exhibir documentos contables, determina que se puedan tener por respondidas afirmativamente las preguntas que el solicitante pretendiera formularle o, en el segundo caso, tener por ciertos las cuentas y datos que presente el solicitante[719]. La solución, por lo demás, no es muy distinta de la prevista por la LRJS en sede de prueba, cuando alguna de las partes no comparece al interrogatorio requerido por la otra (art. 91.2 LRJS) o no presenta los documentos solicitados por la contraparte (art. 94.2 LRJS).

En fin, ya he señalado antes que el art. 77 LRJS sobre la exhibición previa de documentos no resuelve si el auto denegatorio es recurrible o no. La aplicación supletoria de la LEC conduce a que lo sea, al igual que la regla general contenida en el art. 186 LRJS, si bien ello choca con las restantes diligencias reguladas en el art. 76

718 La regla general del art. 186 LRJS, así como el recurso al art. 254 LEC, llevarían a admitirlo. La coherencia con otras diligencias y los antecedentes históricos —LPL de 1980— a la solución contraria.

719 Al respecto, ESTEVE SEGARRA, A. (2012-a), *op. cit.*, pp. 228-229; BAJO GARCÍA, I. (2021), *op. cit.*, p. 465.

LRJS donde la solución es justamente la contraria, así como con los antecedentes históricos, ya que, por ejemplo, en la LPL de 1980 se negaba de forma expresa.

188.3.– Un tercer punto susceptible de reforma es el relativo a los efectos que produce la solicitud de estas diligencias respecto los plazos de ejercicio de las acciones, en concreto, si provocan la suspensión de los plazos de caducidad y la interrupción de los plazos de prescripción, algo que ya puso de manifiesto el dictamen del CES respecto el anteproyecto de LRJS vigente. El silencio normativo ha sido por ahora colmado en sede doctrinal y judicial para dar una respuesta afirmativa[720]. En este sentido, por un lado, se ha invocado la aplicación analógica del art. 103.2 LRJS y la solución que dicho precepto proporciona para los casos de empresario aparente. Por otra parte, alguna sentencia dictada en suplicación ha sostenido que los actos preparatorios interrumpen los plazos de prescripción, pues podrían considerarse como una reclamación en el sentido del art. 1973 del Código Civil[721]. En todo caso, sería conveniente la introducción de una previsión específica sobre el particular a efectos de que despejase las dudas existentes al respecto.

188.4.– En fin, un cuarto grupo de modificaciones convenientes son las que afectan a las previsiones contenidas en el artículo 76.5 LRJS sobre la solicitud por la Inspección de Trabajo y Seguridad Social o la administración laboral de autorización para acceder al centro de trabajo cuando éste coincide con el domicilio de la persona afectada.

De entrada, tal y como pusieron de manifiesto los dictámenes sobre el anteproyecto de LRJS emitidos por el CES y el CGPJ, la ubicación sistemática de esta previsión no es muy apropiada, pues, en puridad, no estamos ante una diligencia preliminar[722]. Y es que

---

720 En este sentido, ESTEVE SEGARRA, A. (2012-a), *op. cit.*, p. 216.

721 STSJ de Cataluña de 7 de mayo de 2001, rec. 9053/2000.

722 ESTEVE SEGARRA, A. (2012-a), *op. cit.*, pp. 216 y 224-225.

esta medida no está encaminada, al menos necesariamente, a preparar un futuro proceso o a surtir efecto dentro de un litigio, siendo más bien su finalidad esencial la de posibilitar el ejercicio de las funciones administrativas en supuestos en que resulta preciso acceder a lugares amparados por la garantía domiciliaria o incidir sobre cualquier otro derecho fundamental. Seguramente, su reubicación en el art. 6 LRJS, donde se regulan las competencias funcionales del juzgado de lo social, como aparecía en el anteproyecto de LRJS, fuese más acertada que la ubicación actual.

Asimismo, fruto de esta criticable ubicación sistemática, la resolución judicial que denegase la autorización de acceso no es susceptible de ser recurrida, pues resultará aplicable el art. 76.6 LRJS que así lo dispone con carácter general, eso sí, sin perjuicio del recurso que en su día se pueda interponer contra la sentencia. La trascendencia de la materia, así como esa diferencia de naturaleza jurídica con las restantes diligencias reguladas en el precepto a la que antes se ha aludido, aconsejan un tratamiento diverso, tal y como manifestó el CGPJ en su dictamen sobre el anteproyecto de ley. Además, téngase en cuenta que, en este caso, la posibilidad de recurrir la sentencia que en su día se dicte no solventa el problema, pues como alertó el CES en su momento, «*en el supuesto de denegación de la autorización de la entrada en domicilio no va a poder imponerse una sanción y, por tanto, no va a haber ninguna sentencia frente a la que recurrir*».

En fin, el contenido del art. 76.5 LRJS aún podría mejorarse en algún aspecto más. En este sentido, sería aconsejable precisar que la expresión «*domicilio de la persona afectada*» alude a las personas físicas, si bien, en todo caso, el precepto permite deducir que la autorización es necesaria obviamente en tales casos, así como cuando el domicilio social de la persona jurídica fuese al tiempo el domicilio de una persona física[723].

---

723 ESTEVE SEGARRA, A. (2012-a), *op. cit.*, pp. 224-225.

2.2. La anticipación y aseguramiento de la prueba

189.– El segundo bloque de aspectos en los que detenerse afecta a lo que la sección segunda del capítulo primero del título primero del libro segundo de la LRJS denomina «anticipación y aseguramiento de la prueba», sustituyendo la expresión «medidas precautorias» que empleaba la LPL de 1995. Estas medidas aparecen recogidas en el art. 78 LRJS que regula dos actuaciones relacionadas con la prueba cuya frontera es muy sutil: por un lado, la solicitud previa de práctica anticipada de la prueba; por otro, la solicitud de práctica anticipada de la prueba[724]. La diferencia fundamental entre ambas previsiones estriba en que la proposición de la segunda se realiza en la propia demanda o, después de la misma, pero antes del juicio oral, y no con anterioridad como en el art. 78.1 LRJS; además, los términos de este último parecen más restrictivos, ya que vincula el temor fundado de la imposibilidad a unos motivos específicos (a causa de las personas o estado de las cosas). Curiosamente, a pesar de la rúbrica de la sección, «anticipación y aseguramiento de la prueba», el precepto no recoge ninguna previsión sobre esta última.

189.1.– El primer grupo de propuestas de reforma afecta, nuevamente, a la sistemática de la sección y la rúbrica del precepto, la cual resulta mejorable, pues, en el fondo, todo lo que se regula en el art. 78 LRJS versa sobre la práctica anticipada de la prueba, guardando silencio sobre las medidas de aseguramiento. En este sentido, si se opta por mantener la regulación actual, la rúbrica de la sección debería ser la de anticipación de la prueba, pues no se contemplan ni regulan las medidas de aseguramiento. Si, por el contrario, se optase por afrontar el tratamiento de las medidas de aseguramiento, el precepto podría quedar del siguiente modo.

---

724 Un mayor detalle de tratamiento en ALEMAÑ CANO, J. (2014), *op. cit.*, pp. 42 y ss.

Por un lado, el apartado primero podría tratar de manera conjunta la «solicitud previa de práctica anticipada de la prueba» y la «solicitud de práctica anticipada de la prueba», tal y como se efectúa en la LEC, pues, según he señalado, la diferencia actual en la LRJS se ciñe prácticamente al momento en que se solicita una y otra. Ello aclararía las cuestiones de régimen jurídico que afectan hoy en día a las previsiones del apartado primero —solicitud previa de práctica anticipada—, respecto a las cuales, a diferencia de lo que hace en el 78.2 LRJS, ni siquiera figura la remisión a la LEC, si bien siempre será posible por aplicación de la cláusula general de la DF4ª LRJS.

Por su parte, el apartado segundo se podría destinar a la regulación del aseguramiento de la prueba, donde tiene sentido la remisión a los arts. 297 y 298.1 LEC ante el silencio actual sobre tales medidas. Asimismo, habría que aclarar qué aspectos del art. 298 LEC no son aplicables al proceso laboral por ser contrarios a la celeridad o a la gratuidad del mismo

189.2.– En segundo lugar, hay una serie de cuestiones relacionadas ya con el régimen jurídico de estas medidas que deberían ser modificadas. De entrada, el tratamiento de ambas solicitudes debería ser unitario y obedecer a idénticas causas, como sucede en el proceso civil (art. 293 LEC). Asimismo, habría que aclarar la recurribilidad de la actuación del art. 78.1 LRJS, donde la solución más idónea sería darle el mismo tratamiento que al art. 78.2 LRJS, es decir, irrecurrible la denegación, sin perjuicio del que se puede interponer en su día contra la sentencia[725]. Finalmente, sería conveniente adaptar lo establecido en el art. 295.1 LEC (práctica contradictoria de la prueba anticipada) y no trasladarlo sin más al proceso laboral, para ser más respetuosos con la celeridad. En este sentido, la solicitud de la prueba anticipada al inicio del proceso podría ir ya acompañada de la designación de la persona o personas

---

[725] Así se interpreta ya en la actualidad. Al respecto, entre otros, BAJO GARCÍA, I. (2021), *op. cit.*, p. 466.

que se pretende demandar para que, en el caso de admitirse, se les pueda ya citar directamente y no esperar a su designación y citación ulterior.

2.3. Las medidas cautelares

190.– El tercer bloque de aspectos en que quiero detenerme es el atinente a las medidas cautelares que, actualmente, encuentran su ubicación en la sección tercera del capítulo primero del título primero del libro segundo de la LRJS que destina su art. 79 LRJS a su regulación. A pesar de que se podría entender como una modalidad de tutela judicial distinta a la declarativa y a la ejecutiva, la LRJS ha optado por integrar su regulación en el ámbito del proceso declarativo ordinario[726].

190.1.– De entrada, la sistemática del precepto es susceptible de ser mejorada. En este sentido, podría estructurarse en dos apartados: el primero, para la regulación de las cuestiones generales sobre la tutela cautelar; el segundo para la regulación de concretas medidas, en letras separadas y con una remisión final a las establecidas en la LEC o en otros lugares del articulado de la LRJS.

190.2.– En segundo lugar, la literalidad del precepto podría mejorarse en dos aspectos muy concretos, a uno de ellos ya se ha hecho referencia. En efecto, por un lado, el art. 79.1.I LRJS, al señalar que las medidas cautelares se regirán por lo establecido en la LEC, alude a que sean oídas las partes, añadiendo *«si bien podrá anticiparse en forma motivada la efectividad de las medidas cautelares cuando el solicitante así lo pida y acredite que concurren razones de urgencia o que la*

---

726 La referencia obligada en esta materia es a la obra de BLASCO PELLICER, A. (1996), *Las medidas cautelares en el proceso laboral*, Madrid, Civitas. Asimismo, del mismo autor, BLASCO PELLICER, A. (2021), "Las medidas cautelares en el proceso laboral", en BLASCO PELLICER, A.; ALEGRE BUENO, M. (Dirs.), *El proceso laboral. Ley 36/2011, de 10 de octubre, reguladora de la Jurisdicción Social*, Tomo II, 2ª edición, Valencia, Tirant lo Blanch, pp. 2731 y ss.

audiencia previa puede comprometeré el buen fin de la medida cautelar», lo que supone una reproducción de lo establecido en la LEC, pero de forma menos comprensible, siendo para ello preferible reproducir lo que dispone el art. 733 LEC, algo, por lo demás, también innecesario dada la remisión a estos preceptos por la propia LRJS. En el mismo sentido se había pronunciado el CGPJ en su informe sobre el anteproyecto de LRJS. El precepto debería dejar claro que, en principio, la adopción de las medidas cautelares requiere de una audiencia a las partes, si bien, excepcionalmente se pueden adoptar *inaudita parte*. Asimismo, algún sector de la doctrina ha propuesto que se aclare la referencia contenida en el art. 79.1.III LRJS sobre la exención en la prestación de cauciones reconocida a las «asociaciones de trabajadores autónomos económicamente dependientes», para precisar si alcanza sólo a las que representan exclusivamente a los TRADE o, también, a las que integran trabajadores autónomos, dependientes y no dependientes, indistintamente[727].

190.3.– En tercer lugar, el juego de remisiones a la LEC y a la LRJS, en realidad, resulta innecesario, pues ya está presente en la DF 4ª LRJS, si bien facilita la localización de los preceptos reguladores de las medidas cautelares en los articulados de las respectivas normas. Por el contrario, sí que sería interesante que en lugar de dejar al intérprete la determinación de qué aspectos de tales regulaciones son compatibles con el proceso laboral y sus principios y cuáles no, se procediese a su determinación, pues ahora mismo la única aclaración que se efectúa es la contenida en el art. 79.1.III LRJS sobre la exención de prestación de cauciones, garantías e indemnizaciones. En este sentido, hay diferentes cuestiones del régimen jurídico procedente de la LEC que merecerían ser matizadas en el proceso social.

Por un lado, se encontraría la tramitación y los diferentes plazos recogidos en la LEC, pues casan mal con la jurisdicción social. Así,

---

727 En este sentido, VIQUEIRA PÉREZ, C. (2012), *op. cit.*, p. 205.

la LEC prevé que, tras la solicitud inicial, el LAJ convoque a las partes en el plazo de cinco días a contar desde la notificación de aquélla al demandado, debiéndose celebrar en los diez días siguientes (art. 734.1 LEC). El órgano jurisdiccional resuelve mediante auto en el plazo de cinco días. Ello contrasta con los plazos recogidos en el art. 180.5 LRJS en el proceso especial de tutela (audiencia previa que se determina al día siguiente de la solicitud a celebrar en el plazo de 48 horas; decisión de viva voz en la propia audiencia). Ahora bien, tales plazos sólo regirían en ese ámbito específico de la tutela de derechos fundamentales, quedando las restantes medidas cautelares sujetas a las previsiones de la LEC. Así las cosas, no estaría de más precisar si las restantes medidas que se pueden adoptar en el proceso social han de sujetarse a los plazos de la LEC o resulta conveniente dotarlas de una mayor celeridad, como se ha hecho en el art. 180 LRJS.

Por otra parte, en el sistema de la LEC, los autos que acuerdan medidas cautelares, así como los denegatorios son recurribles en apelación, según los arts. 735.2.II y 736.1 LEC. Pues bien, la apelación no existe en el proceso laboral, por lo que el eventual recurso debería tramitarse vía reposición, dada la regla general recogida en el art. 186 LRJS. Por ello, sería conveniente introducir este matiz.

En fin, la LEC contiene una serie de previsiones que prevén la condena en costas, y por los daños y perjuicios irrogados, a imponer al solicitante de medidas cautelares cuando éstas se alzan, bien tras el trámite de oposición de las adoptadas sin audiencia previa cuando dicho trámite ha prosperado (art. 741 LEC), bien cuando hay una sentencia absolutoria (745 LEC). Ello tampoco se ajusta bien al proceso laboral, particularmente en el caso de trabajadores y beneficiarios del sistema de Seguridad Social. Por tales motivos considero que convendría aclarar si las exenciones recogidas en el art. 79.1.III LRJS incluyen estas condenas y si, en caso afirmativo, tienen la misma extensión subjetiva. Ciertamente, el art. 79.1.III LRJS menciona las indemnizaciones, pero sería conveniente una mayor precisión que eliminase las dudas surgidas sobre el particular.

190.4.– Por lo que respecta a las concretas medidas cautelares que menciona el art. 79 LRJS, cabe centrar la atención en el embargo preventivo. Por un lado, desde una perspectiva sistemática, sería conveniente una reunificación de todas las previsiones relacionadas con el embargo preventivo en una misma letra. Asimismo, la redacción actual da a entender que solamente puede solicitarse una vez haya sido interpuesta la demanda y seguramente sería conveniente prever que pudiera ser solicitado en un momento anterior, algo que resultaría coherente con los arts. 723 y 730 LEC que permiten la solicitud y adopción de medidas cautelares con carácter previo a la interposición de demanda[728].

2.4. El proceso ordinario

191.– El último bloque de posibles reformas afectan a las previsiones del proceso ordinario cuya regulación se encuentra en el capítulo segundo del título primero del libro segundo de la LRJS, en concreto, en los artículos 80 y siguientes. Aunque el capítulo aparece estructurado en cinco secciones distintas, a efectos expositivos, cabe agruparlas en tres bloques relativos al inicio del proceso (interposición de la demanda, examen, admisión, señalamiento y citación para los actos de conciliación y juicio), su desarrollo (actos de conciliación y juicio, así como el tratamiento de la prueba) y su finalización (la sentencia). Por otra parte, conviene precisar que muchas de estas propuestas extienden su repercusión a las diferentes modalidades procesales dado el carácter supletorio que el ordinario tiene respecto las mismas.

2.4.1. El inicio del proceso ordinario

192.– La sección primera del capítulo segundo del libro segundo de la LRJS (arts. 80 a 82) se encarga de regular la demanda y su

---

728 Así, BLASCO PELLICER, A. (2021), *op. cit.*, p. 2749.

admisión, lo que da lugar al inicio del proceso ordinario, sobre el cual cabe efectuar las siguientes propuestas.

192.1.– De entrada, por lo que respecta al contenido de la demanda, hay una pequeña modificación cuya conveniencia ya puso de manifiesto el CGPJ al emitir su informe sobre el anteproyecto de LRJS. Así, el art. 80.1.b) LRJS contempla la posibilidad de que la demanda se dirija contra una masa patrimonial, patrimonio separado, entidad o grupo carente de personalidad y, para tales casos, exige que, además de identificarlos suficientemente, se haga constar el nombre y apellidos de quienes aparezcan como administradores, organizadores, directores, gestores, socios o partícipes, y sus domicilios. Pues bien, se echa en falta que no se aluda también a las comunidades de bienes o grupos, en coherencia con las previsiones contenidas en el art. 16.5 LRJS, donde sí se efectúa.

192.2.– Un segundo grupo de cuestiones que podrían ser objeto de mejora en la redacción afectan al alcance del control de admisión de la demanda que desarrolla el LAJ[729]. Y en este punto, hay dos cuestiones que podrían ser objeto de mayor precisión y de mejora en su redacción. Así, por un lado, el significado atribuible al art. 81.3 LRJS, ya que literalmente permite subsanar que no se ha acreditado la celebración del acto de conciliación o mediación o la solicitud de tales actos. Ahora bien, en la práctica, se emplea también para permitir subsanar incluso la no presentación de la papeleta correspondiente, algo que parece razonable desde la perspectiva del principio «*pro actione*», derivado del derecho fundamental a la tutela judicial efectiva, pero no estaría de más aclararlo en sede normativa. Por otro lado, el precepto no proporciona una respuesta evidente a las consecuencias derivadas de

---

[729] El análisis de estas cuestiones puede efectuarse por medio de MONTOYA MEDINA, D. (2021), "El proceso ordinario: la demanda", en BLASCO PELLICER, A.; ALEGRE BUENO, M. (Dirs.), *El proceso laboral. Ley 36/2011, de 10 de octubre, reguladora de la Jurisdicción Social*, Tomo I, 2ª edición, Valencia, Tirant lo Blanch, pp. 489 y ss.

no haber acreditado el agotamiento de la vía administrativa previa en aquellos casos en los que ésta resulta necesaria. Ciertamente, el art. 140 LRJS recoge una solución expresa para el proceso especial en materia de Seguridad Social (concesión de un plazo de cuatro días para subsanar). Por otra parte, los tribunales venían aplicando este control de oficio respecto toda reclamación administrativa previa, aunque no versase sobre Seguridad Social. Asimismo, la redacción dada al art. 81.1 LRJS admite también una lectura en dicha clave, pues cuando alude a los documentos de preceptiva aportación con la misma, no cabe duda que la vía administrativa tiene dicha consideración. Ahora bien, en todo caso, sería conveniente aclarar este extremo, así como reflexionar sobre si el plazo de cuatro días es el adecuado o, por el contrario, sería conveniente el plazo superior de quince días que se concede en el caso de la conciliación o mediación previa.

192.3.– Un tercer aspecto susceptible de mejora, dentro de la misma temática del control desarrollado por el LAJ, se relaciona con las consecuencias derivadas del hecho de no atender el requerimiento de subsanación en el art. 81.2 LRJS. Al respecto, el precepto alude a que, en caso de no realizarse la subsanación, en el plazo de tres días el LAJ «*dará cuenta al juez o tribunal para que por el mismo se resuelva dentro de los tres días siguientes sobre su admisibilidad*». Pues bien, en línea con lo previsto en el art. 27 LRJS en relación con las acumulaciones indebidas, y para evitar dudas sobre el particular, sería conveniente que se especificase que el juez o tribunal, en su caso, ordenará el archivo.

192.4.– En fin, una última cuestión que podría ser objeto de mejora en la redacción de la norma actual es el último inciso del art. 82.1.I LRJS. El precepto indicado recoge el plazo que debe mediar, una vez admitida la demanda, entre la citación y la efectiva celebración del acto de conciliación y juicio: diez días. Asimismo, prevé que dicho plazo puede tener excepciones en los casos en los que la Ley disponga otra cosa y «*en los supuestos de nuevo señalamiento después de una suspensión*». Pues bien, en relación con esta última situación, es decir, la de un nuevo señalamiento tras la suspensión, no se especifica cuál es el plazo que debe mediar[730]. En efecto, el art. 83 LRJS sólo se refiere al tiempo máximo para efectuar el nuevo señalamiento tras la suspensión, pero no al plazo entre la citación y dicha nueva fecha. No obstante, seguramente, se pueda salvar acudiendo al art. 189 LEC, donde al tratar esta cuestión se alude al «*día más inmediato posible*». Con todo, no sería inoportuno aclararlo.

2.4.2. El desarrollo del proceso ordinario

193.– El desarrollo del proceso ordinario se recoge a lo largo de dos secciones sucesivas del capítulo segundo del libro segundo, en concreto, la segunda (art. 83-89 LRJS), donde se contienen las previsiones relativas a la celebración de la conciliación y juicio, y la tercera (arts. 90-96 LRJS), que se destina al tratamiento de la prueba. Al margen de las cuestiones que ya he anticipado relacionadas con la contestación escrita a la demanda, la introducción de una audiencia previa o la disociación de la conciliación y juicio (*supra*, 170-172), las propuestas modificativas son las siguientes.

194.– Un primer grupo de cuestiones generales susceptibles de ser mejoradas en el seno de las secciones objeto de análisis son las relacionadas con la sistemática y alguna de las rúbricas empleadas en los preceptos. La sección segunda empieza por regular la «*suspensión de los actos de conciliación y juicio*» en el art. 83 LRJS, continuando con la «*celebración del acto de conciliación*» en el art. 84, la «*celebración del juicio*» en el art. 85, la «*prejudicialidad penal y social*» en el art. 86 LRJS, la «*práctica de la prueba en el acto del juicio*» en el art. 87 LRJS, las «*diligencias finales*» en el art. 88 LRJS y la «*documentación del acto de juicio*» en el art. 89 LRJS. Por su parte, la sección tercera (arts. 90-96 LRJS) se destina íntegramente al tratamiento

730 ESTEVE SEGARRA, A. (2012-a), *op. cit.*, p. 241.

de cuestiones relacionadas con la prueba. Así pues, la sección segunda trata de seguir la ordenación lógico-temporal del proceso. Pues bien, si esa es la finalidad perseguida, hay ciertos aspectos que llaman la atención, pues no se ajustan al objetivo que se pretende o al contenido que anuncian.

194.1.– De entrada, el art. 85 LRJS, en paralelo con el art. 84 LRJS, lleva por título «*celebración del juicio*», si bien se centra básicamente en la regulación de la llamada fase de alegaciones, con la pequeña excepción de lo establecido en el art. 85.8 LRJS. Por lo tanto, cabría modificar su rúbrica por otra más acorde con su contenido. Así, si el juicio oral se caracteriza por tres fases fundamentales (alegaciones, prueba y conclusiones), tal vez sería conveniente reproducir esta estructura en el articulado y destinar un precepto a cada una de las fases. Por su parte, el art. 85.8 LRJS alude a la posibilidad que tiene el órgano jurisdiccional de suscitar, una vez practicada la prueba y antes de las conclusiones, que las partes alcancen un acuerdo. Por lo tanto, parece que tendría un mejor acomodo en el art. 87 LRJS, donde se regula la prueba, o, en su caso, en el art. 84 LRJS, ya que éste va recogiendo los diferentes momentos en que puede alcanzarse una solución pactada.

194.2.– En el caso del art. 86 LRJS, éste se destina al tratamiento de la prejudicialidad, ya no sólo la penal, sino ahora también la social. Pues bien, llama la atención esta ubicación sistemática, pues seguramente sería más lógico que apareciese en el art. 4 LRJS que se destina al tratamiento de la competencia sobre cuestiones previas y prejudiciales, hoy en día llamada competencia por conexión.

194.3.– En cuanto al art. 87 LRJ hay que indicar que, a pesar de llevar por rúbrica «*práctica de la prueba en el acto del juicio*», en realidad regula ciertas cuestiones relacionadas con la prueba, pero también las conclusiones. Así pues, por un lado, podría modificarse el intitulado para acoger esta realidad y disponer algo así como «*práctica de la prueba en el acto del juicio y conclusiones*» o, mejor aún, desdoblar ambas cuestiones en dos preceptos, uno para la prueba y otro para la regulación de las conclusiones. Igualmente, sería conveniente una referencia a que la regulación sobre los medios probatorios se desarrolla en la sección tercera.

194.4.– En definitiva, tras la regulación de la conciliación por el art. 84 LRJS, podría destinarse un precepto a la «dación de cuentas y cuestiones previas» y los siguientes, de modo sucesivo, a las «alegaciones», la «práctica de la prueba en el acto del juicio», las «conclusiones», las «diligencias finales» y la «documentación».

195.– En segundo lugar, si descendemos ya a cuestiones de fondo, y siguiendo la ordenación de los preceptos, hay que empezar por abordar un grupo de mejoras que vienen referidas al tratamiento de la suspensión de los actos de conciliación y juicio regulada en el art. 83 LRJS. Así, por un lado, la normativa procesal laboral no aclara el tipo de «*motivos justificados*» que legitiman la solicitud de una primera suspensión ni las «*circunstancias trascendentes*» que pueden dar pie a instar una segunda suspensión, algo que tampoco acaba de resolver la supletoriedad de la LEC, pues las causas recogidas en los arts. 183 y 188 LEC, no se ajustan exactamente a esta nomenclatura. Por otro lado, la norma guarda silencio respecto el plazo que ha de mediar entre la nueva citación tras la suspensión y la celebración de los actos de conciliación y juicio. La doctrina, bajo la vigencia de la LPL de 1995, había abogado por la aplicación de la regla general contenida en el art. 82.1 (un mínimo de diez días entre la citación y la efectiva celebración)[731]. Ahora bien, justamente esa regla general puede ser excepcionada «*en los casos de nuevo señalamiento después de una suspensión*», lo que parece conceder al órgano jurisdiccional un amplio margen de libertad que, tal vez, sería aconsejable acotar o, cuanto menos, precisar los criterios a tener en cuenta, máxime cuando no se concretan las causas que legitiman la suspensión.

---

[731] Al respecto, *vid.* ESTEVE SEGARRA, A. (2012-a), *op. cit.*, pp. 241-242 y bibliografía por ella citada.

196.– En tercer lugar, el tratamiento dispensado a la conciliación por el art. 84 LRJS también merece algún comentario que, en realidad, afecta más bien a cuestiones previstas en la regulación sustantiva. Los acuerdos alcanzados en conciliación judicial gozan de la protección (limitada) del FOGASA en los términos del art. 33 ET, alcanzando la responsabilidad de dicho organismo no solo a los salarios pendientes de pago, sino también a determinadas indemnizaciones; en cambio, los alcanzados ante los órganos administrativos de mediación, conciliación y arbitraje sólo cuentan con la protección del FOGASA en materia salarial. Pues bien, resulta llamativo que los acuerdos alcanzados antes del día señalado para los actos de conciliación y juicio se lleven ante el LAJ para su aprobación y tengan la consideración, a todos los efectos legales, de una conciliación judicial (art. 84.1.II LRJS) y que no suceda lo propio con los alcanzados ante los servicios administrativos de conciliación y mediación. Ciertamente, en el primer caso, a diferencia de lo que sucede con lo pactado ante los órganos administrativos, hay un cierto control por parte del LAJ, pero no lo es menos que la previsión tiene un claro efecto negativo en términos de desincentivar la consecución de acuerdos en el seno del servicio administrativo de conciliación y mediación, ya que las soluciones pactadas relativas a indemnizaciones quedan al margen de la protección del FOGASA (*supra*, 167.3).

197.– En cuarto lugar, las previsiones recogidas en el art. 85 LRJS suscitan algún comentario menor y alguna propuesta de reforma. En efecto, al margen de la modificación de la rúbrica para ajustarla a su verdadero contenido, según ya he indicado anteriormente, cabe señalar lo siguiente.

197.1.– De entrada, cabría una mejor ordenación del contenido del precepto, separando de forma clara la dación de cuentas, la solución de las cuestiones previas y lo que son alegaciones, en línea con lo señalado más arriba. Asimismo, en el caso de las alegaciones, podrían sistematizarse mejor, separando las que puede realizar cada una de las partes: alegaciones del demandante (ratificar, ampliar sin variaciones sustanciales o reducir); alegaciones del demandado (afirmar, negar o guardar silencio respecto los hechos; interponer excepciones; formular reconvención).

197.2.– Por otra parte, la LRJS no prevé nada en específico sobre la posibilidad de que el demandado guarde silencio y las consecuencias de dicho proceder, algo que podría ser aclarado en el art. 85.2 LRJS cuando alude a que el demandado conteste afirmando o negando los hechos. No obstante, por aplicación del art. 405.2 LEC, si el demandado ni afirma ni niega un hecho alegado por el demandante, el juez puede considerarlo como un hecho no controvertido y, por tanto, considerarlo exento de prueba. Con todo, sería conveniente que la LRJS lo recogiese de forma expresa. Por lo demás, en relación con lo anterior, téngase en cuenta que, en todo caso, el art. 85.6 LRJS, con una clara finalidad garantista, señala que, si no se suscitasen cuestiones procesales o si, suscitadas, se hubieran contestado, las partes o sus defensores con el tribunal fijarán los hechos sobre los que exista conformidad o disconformidad de los litigantes[732]. Y, si fuera necesario, se dejará constancia en el acta, o mediante diligencia, de aquellos extremos esenciales conformes a efectos de un eventual ulterior recurso.

197.3.– En otro orden de cosas, el art. 85.3 LRJS, al regular la reconvención contiene todo un párrafo, el segundo, destinado en gran medida a trazar de precisar cuándo una reclamación efectuada por el empresario frente al trabajador en el acto del juicio puede considerarse como una excepción (compensación por deudas) y cuándo tiene naturaleza de demanda reconvencional, algo muy trascendente por las consecuencias dispares que produce en cuanto a la necesidad de haberlo anunciado previamente en la concilia-

---

[732] ESTEVE SEGARRA, A. (2012-a), *op. cit.*, p. 51.

ción o mediación previa[733]. Pues bien, el párrafo en cuestión (art. 85.3.II LRJS) se hace eco de la jurisprudencia dictada en la materia, reproduciendo sus soluciones, pero de una manera poco comprensible, lo que aconseja su revisión y simplificación.

197.4.– En fin, resulta necesario volver sobre el art. 85.6 LRJS ya que cuando alude a la fijación de los hechos sobre los que exista conformidad o disconformidad, menciona sólo a las partes o sus defensores «*con el tribunal*», siendo más correcto con «*el juez o tribunal*».

198.– En quinto lugar, hay que detenerse en la regulación contenida en el art. 86 LRJS sobre la prejudicialidad penal y laboral[734]. En este punto, por un lado, su ubicación sistemática resulta criticable y, seguramente, encontraría un mejor acomodo en el art. 4 LRJS. Por otro lado, su propio contenido resulta mejorable. En efecto, este apartado es una innovación de la LRJS respecto la LPL de 1995, que no aludía a esta cuestión. Ello había originado un debate judicial sobre la aplicación «supletoria» del art. 43 LEC, artículo donde se regula la prejudicialidad civil. Al respecto, los Tribunales Superiores de Justicia habían mantenido una postura dividida[735]. Pues bien, la LRJS trató de zanjar la discusión y acogió expresamente la solución positiva en el precepto mencionado. Ahora bien, su traslación al proceso social no ha sido todo lo precisa o adecuada que debiera. Así, de entrada, el presupuesto de hecho resulta un tanto confuso y sería preferible una redacción más parecida a la establecida en el art. 43 LEC, sustituyendo la referencia actual

---

733 Al respecto, *vid.*, MELLA MÉNDEZ, L. (2007), *La reconvención en el proceso laboral*, Albacete, Bomarzo; asimismo, ESTEVE SEGARRA, A. (2012-a), *op. cit.*, p. 248.

734 Un estudio detallado en VALLE MUÑOZ, F. A. (2007), *La prejudicialidad penal en el proceso de trabajo*, Valencia, Tirant lo Blanch.

735 Así, la STSJ Comunidad Valenciana de 19 de septiembre de 2006, rec. 1164/2006, ofreció una respuesta negativa, mientras que la STSJ Navarra de 29 de marzo de 2006, rec. 16/2006, se había movido en sentido afirmativo.

«cuando en éste deba resolverse la que constituya objeto principal del primer proceso» por *«cuando para resolver sobre el objeto del litigio sea necesario decidir acerca de alguna cuestión que a su vez constituya el objeto principal del otro proceso»*. Por otra parte, en la normativa civil, la suspensión puede decidirse no sólo mediante acuerdo entre ambas partes, sino también a solicitud de una de ellas, tras dar audiencia a la otra. Ciertamente la admisión de esta posibilidad puede entrar en pugna con la celeridad y con la concentración propias del procedimiento laboral y tal vez por ello no se ha recogido. Con todo, no queda claro si la posibilidad puede resucitar por vía de la supletoriedad de la LEC. Así pues, sería conveniente resolverlo de forma expresa: si se desea admitir la posibilidad, que se recoja de manera expresa; si, por el contrario, lo pretendido es dejarla circunscrita a los casos en que haya acuerdo mutuo, que se indique «*solo a solicitud de ambas partes*».

199.– Un sexto grupo de aspectos en los que podría incidir la reforma son los que se relacionan con la prueba, arts. 87 y 90 a 96 LRJS[736]. Aquí, puede diferenciarse entre las cuestiones relacionadas con la «regulación general», por un lado, y el tratamiento dispensado a los concretos medios probatorios, por otro.

199.1.– Ante todo, entre los aspectos de carácter general, debe señalarse que la propia sistemática de los preceptos es susceptible de ser mejorada. Así, en línea con la idea que subyace en la regulación vigente, el art. 87 LRJS podría estar destinado a la regulación de los aspectos generales sobre la regulación de la prueba que ya contiene en la actualidad (objeto de la prueba, proposición y prác-

---

[736] La bibliografía en materia probatoria es amplísima. En todo caso, el acercamiento a esta materia debe tomar como punto de partida los estudios de GARCÍA-PERROTE ESCARTÍN, I. (1994), *La prueba en el proceso de trabajo*, Madrid, Civitas, GONZÁLEZ DÍAZ, F. A. (2005), *Los medios de prueba en el proceso laboral*, Madrid, Thomson-Civitas o GIL PLANA, J. (2017), *La prueba en el proceso laboral. Naturaleza y evolución*, Cizur Menor, Thomson-Reuters Aranzadi.

tica de la misma), así como incorporar los aspectos actualmente presentes en los art. 90 y 96 LRJS y que tienen un alcance general (admisibilidad de los medios de prueba, tratamiento de aquellas en cuya obtención se hayan vulnerado derechos fundamentales, medidas excepcionales para acceder a determinadas pruebas y carga de la prueba), mientras que los arts. 90 y ss. LRJS podrían ocuparse de la regulación de los concretos medios de prueba, incluido el reconocimiento judicial, hoy en día apenas mencionado en el art. 87.1 LRJS para indicar su carácter excepcional (se admite sólo si se estima imprescindible) y la consecuencia que comporta su admisión (la suspensión del procedimiento). Al margen de lo que se acaba de indicar, recuérdese la existencia de otros dos aspectos sistemáticos que ya han sido comentados en otro lugar: por un lado, la conveniencia de separar en el art. 87 LRJS los dos contenidos que hoy lo integran, esto es, la práctica de la prueba y las conclusiones; por otro, reubicar en otro lugar lo establecido en el art. 85.8 LRJS sobre la posibilidad de que el juez o tribunal, una vez practicada la prueba y antes de las conclusiones, suscite la posibilidad de llegar a un acuerdo, siendo uno de los destinos posibles de la previsión, precisamente, el art. 87 LRJS.

199.2.– La segunda cuestión de corte general a abordar se relaciona con un aspecto que introdujo en el proceso laboral la aprobación de la LRJS en 2011. Me refiero a la previsión contenida en el art. 87.3 LRJS y que permite al juez completar las alegaciones de las partes. En efecto, el segundo párrafo del mencionado precepto prevé que el órgano judicial pueda someter a las partes para alegaciones durante el juicio cuantas cuestiones deban ser resueltas de oficio o resulten de la fundamentación jurídica aplicable, aun cuando hubiera sido alegada de modo incompleto o incorrecto, así como sobre los posibles pronunciamientos derivados que por mandato legal o por conexión o consecuencia resulten necesariamente de las pretensiones formuladas por las partes. Pues bien, al margen de su discutible ubicación sistemática (pues tratándose de alegaciones y no de pruebas, mejor ubicadas estarían en el marco del art.

85 LRJS), estas facultades conferidas a los jueces de lo social han sido criticadas por implicar un excesivo intervencionismo del órgano jurisdiccional, en pugna con el principio dispositivo[737]. Estas implicaciones, unidas a las que tiene la previsión en términos de respeto al principio de congruencia y a la igualdad, exigirían de un tratamiento de la cuestión algo más cuidadoso.

199.3.– Otra novedad relevante introducida por el texto procesal aprobado en el año 2011 sobre la que se debe reflexionar en este apartado de cuestiones probatorias generales fue la relativa al control de las pruebas obtenidas con violación de derechos fundamentales y libertades públicas en el art. 90.2 LRJS. El precepto en cuestión trata de resolver esta cuestión inspirándose para ello en las previsiones contenidas en el art. 287 LEC que regulan una cuestión en todo punto análoga, pero en el seno del proceso civil. Y ahí se encuentran, precisamente, sus mayores defectos, pues la traslación se ha realizado sin atender a las singularidades presentes en el proceso laboral, así como sin agotar la problemática que suscita.

En efecto, tal y como puso de relieve tempranamente la doctrina, el 90.2 LRJS fue importado del art. 287 de la LEC sin realizar las adaptaciones necesarias[738]. Así, tales voces destacaron que la falta de adecuación de la reproducción literal de la LEC resultaba patente en el propio cuestionamiento de la prueba practicada y la práctica de pruebas sobre la posible ilicitud de la prueba, y ello porque en el proceso laboral sucede que la contraparte, normalmente, conocerá de la proposición de la prueba contraria en el juicio, lo que dificulta o, incluso, imposibilita, que pueda proponer medios instrumentales tendentes a impugnar la prueba presentada de contrario. Ello tal vez podría salvarse, se añadía desde tales posicionamientos críticos, por medio del instituto de las diligencias finales, si bien éstas tienen la consideración de facultativas para el juzgador.

---

[737] ESTEVE SEGARRA, A. (2012-a), *op. cit.*, pp. 250-251.

[738] En este sentido, ESTEVE SEGARRA, A. (2012-a), *op. cit*, pp. 257 y ss., a quien sigo en la exposición del contenido que sigue.

Por otra parte, también se criticaba que no se hubiera tenido en cuenta que no puede aplicarse sin más el recurso de reposición previsto en la LEC frente a la resolución que resuelve sobre la admisión de pruebas, pues en el proceso social no hay audiencia preliminar, y que los recursos en el procedimiento laboral no se plantean como segunda instancia. Así las cosas, la necesidad de un replanteamiento en la materia parece más que evidente.

Y ese replanteamiento sobre el contenido del art. 90.2 LRJS, a mi juicio, debería ser aprovechado para abordar el espinoso problema de los efectos que produce la obtención ilícita de la prueba, en concreto, si estos se limitan a la nulidad de la misma o, por el contrario, alcanzan a la nulidad del acto impugnado[739]. El art. 90.2 LRJS, precisamente, constituía un argumento de peso para acoger la primera postura[740]. El debate sobre la cuestión ha sido intenso, si bien parece que el TC apunta hacia la primera postura, eso sí, abriendo la puerta a reclamar una indemnización por la violación del derecho fundamental[741].

199.4.– Sin abandonar este apartado relativo a las cuestiones generales y además resultado de la aprobación de la LRJS en 2011, hay que aludir a las previsiones contenidas en los apartados 4 a 7 del art. 90 LRJS, todos ellos relacionados con la posibilidad de que el órgano jurisdiccional autorice determinadas pruebas que puedan afectar la intimidad personal u otro derecho fundamental. Al hilo de las mismas, cabe efectuar dos precisiones. Por un lado, existiendo esa unidad temática y para evitar confusiones interpretativas,

---

739 TASCÓN LÓPEZ, R. (2023), *op. cit.*, p. 157.

740 NORES TORRES, L. E. (2014-b), "Algunas cuestiones sobre la utilización de las redes sociales como medio de prueba en el proceso laboral", *Actualidad Laboral*, nº 3, p. 317.

741 STC 61/2021, de 15 de marzo. La reconstrucción de la polémica, así como un acercamiento a las consecuencias de esta sentencia, puede efectuarse por medio de ALTÉS TÁRREGA, J.; FITA ORTEGA, F. (2022), "La prueba ilícita sobre el proceso laboral. Sus efectos sobre el despido", *Revista Labos*, vol. 3, nº 2, pp. 76 y ss.

todas ellas deberían ser reordenadas en un mismo apartado regulador de la materia (autorización de pruebas que puedan pugnar con derechos fundamentales) e integrar las diferentes previsiones en el seno de tal apartado mediante letras. Por ejemplo, tal y como está regulado el art. 90.7 LRJS en la actualidad, genera dudas sobre el alcance de la *ficta confessio* que recoge, en concreto, si es general, o, por el contrario, se circunscribe a las previsiones contenidas en los apartados anteriores. Por otro lado, tal y como alertó el Consejo General del Poder Judicial en su informe sobre el anteproyecto de LRJS, llama la atención que siendo una materia tan «sensible», el precepto incurra en altas dosis de indeterminación. Así, por ejemplo, las referencias a adoptar las medidas de garantía «oportunas» en el art. 90.5 LRJS, a resolver «lo necesario» en el art. 90.6 LRJS y a las medidas que fuesen «procedentes» en el art. 90.7 LRJS.

199.5.– Asimismo, siempre en el terreno de las cuestiones generales relacionadas con la prueba, merece la pena llamar la atención sobre el tratamiento que dispensa el art. 96 LRJS respecto la carga de la misma en los casos de discriminación y en accidentes de trabajo. Al margen de la discutible ubicación sistemática, a la que ya he aludido, hay un aspecto que introdujo la LRJS de 2011 sobre el que merece la pena detenerse. En este sentido, la LRJS aprobada en 2011 añadió a la tradicional alteración de la carga probatoria prevista en el apartado primero para los procesos en los que la parte actora aporta indicios de discriminación o vulneración de derechos fundamentales, otra previsión, ahora en el apartado segundo, de conformidad con la cual «*en los procesos sobre responsabilidades derivadas de accidentes de trabajo y enfermedades profesionales corresponderá a los deudores de seguridad y a los concurrentes en la producción del resultado lesivo probar la adopción de las medidas necesarias para prevenir o evitar el riesgo, así como cualquier factor excluyente o minorador de su responsabilidad. No podrá apreciarse como elemento exonerador de la responsabilidad la culpa no temeraria del trabajador ni la que responda al ejercicio habitual del trabajo o a la confianza que este inspira*».

De entrada, resulta llamativo el último inciso relativo a los elementos «exoneradores» de la responsabilidad empresarial, pues estamos más bien ante una norma de naturaleza sustantiva y no procesal, tal y como alertó en su momento el informe del CGPJ sobre el anteproyecto de LRJS y ha destacado también la doctrina científica[742]. Por ello, seguramente debería suprimirse en esta sede. Por otra parte, no estamos ante unas cuestiones verdaderamente novedosas, pues se encuentran en consonancia con las previsiones contenidas sobre el particular tanto en la LGSS (arts. 115.4.b) y 115.5), como en la Ley de Prevención de Riesgos Laborales y su interpretación jurisprudencial[743]. En conclusión, el art. 96.2 LRJS podría ser perfectamente suprimido o, cuanto menos, reformulado.

El contenido de la primera parte del precepto resulta acertado, pues parece lógico que el deudor de seguridad —la empresa— asuma la carga de la prueba. Ahora bien, en realidad, la previsión no aporta nada, pues su contenido se deduce de la normativa sustantiva y de la LEC, según tiene señalado el TS[744]. Por otra parte, de acuerdo con lo ya indicado, la segunda parte del precepto encierra más bien una norma sustantiva y no procesal; y a pesar de que la jurisprudencia[745] haya afirmado que el precepto refleja fielmente la doctrina jurisprudencial, parece que vaya un poco más lejos de la línea trazada por ésta, pues las posibilidades de exoneración resultaban más nítidas en dicha sede de lo que se ha recogido en el texto normativo[746].

---

742 AGUSTÍ MARAGALL, J. (2011), "El proceso declarativo en la instancia en el Anteproyecto de Ley Reguladora de la Jurisdicción Social: estudio crítico y sugerencias", *Jurisdicción Social*, nº 105, p. 131; ESTEVE SEGARRA, A. (2012-a), *op. cit.*, p. 272.

743 Así, entre otras, SsTS de 30 de junio de 2010, rec. 4123/2008 y de 4 de mayo de 2015, rec. 1281/2014.

744 STS de 30 de junio de 2010, 4123/2008.

745 STS de 4 de mayo de 2015, rec. 1281/2015.

746 Al respecto, *vid.* STS 30 de junio de 2010, rec. 4123/2008.

200.– Al margen de este conjunto de cuestiones generales, por lo que respecta al tratamiento dispensado a los diferentes medios de prueba en el texto de la LRJS, cabe efectuar múltiples consideraciones a efectos de una eventual reforma.

200.1.– De entrada, ya ha indicado la conveniencia de proceder a reubicar todos los medios de prueba que la LEC reconoce y la LRJS también contempla, de modo que quedasen recogidos en los arts. 90 y ss. LRJS de una manera unitaria. Ello afectaría al reconocimiento judicial, actualmente mencionado en el art. 87.1 LRJS, pero respecto el cual los art. 90 y ss. LRJS guardan silencio. Asimismo, debería aprovecharse para dar regulación a la rica problemática que suscita la utilización de las pruebas de reproducción de la palabra, la imagen y el sonido, así como de los instrumentos que permiten archivar y conocer datos relevantes para el proceso. Ello debería servir, por lo demás, para reflexionar sobre la naturaleza de tales medios, en particular, en lo relativo a su asimilación a la prueba documental, algo que ya se puede deducir de la normativa procesal civil y que la sala de lo social del TS viene negando, por lo menos en el caso de la prueba videográfica[747]. La solución contrasta con su postura en el supuesto del correo electrónico[748], donde su respuesta en este punto pudo suponer un punto de inflexión en la materia, no solo por reconocer naturaleza documental a dichas pruebas y admitir su habilidad para fundar la revisión fáctica en sede de recurso en la medida en que no se hubiese impugnado, estuviese autenticado y gozase de literosuficiencia, sino, especialmente, por el razonamiento contenido en la sentencia que lo aborda sobre la diferencia entre fuentes y medios de prueba. No obstante, otros pronunciamientos posteriores parecen devolvernos al punto de partida y, a pesar de recoger en su razonamiento la diferencia entre fuentes y medios de prueba, han negado naturaleza documen-

---

747 SsTS de 16 de junio de 2011, rec. 3983/2010, de 26 de noviembre de 2012, rec. 786/2012 y de 15 de enero de 2020, rec. 166/2018.

748 STS de 23 de julio de 2020, rec. 239/2018.

tal a una grabación fonográfica y, en consecuencia, rechazado que pueda servir de base para instar la revisión fáctica en sede de recurso[749]. En fin, la trascendencia de la cuestión en un mundo donde las nuevas tecnologías han alcanzado una presencia tan notoria en las relaciones humanas exige reconsiderar los tipos de prueba que permiten el acceso a los recursos[750]. Y es que, la expansión en el uso de ciertos dispositivos tecnológicos —singularmente, los teléfonos móviles—, así como de determinadas aplicaciones a ellos vinculados por medio de las cuales se canalizan múltiples comunicaciones origina numerosos problemas a los que el derecho no puede vivir de espaldas.

200.2.– Por otra parte, en la regulación contenida en el art. 91 LRJS respecto el interrogatorio de parte, a mi juicio, hay dos cuestiones clave que son susceptibles de ser mejoradas.

La primera de ellas es que, tal y como puso de relieve el CGPJ en su informe sobre el anteproyecto de LRJS, se echa en falta una previsión similar a la contenida en el art. 316 LEC donde se establece que «*si no lo contradice el resultado de las demás pruebas, en la sentencia se considerarán ciertos los hechos que una parte haya reconocido como tales si en ellos intervino personalmente y su fijación como ciertos le es enteramente perjudicial*». La LRJS contiene previsiones similares para los casos de incomparecencia sin causa justa o de negativa a contestar, pero no prevé esta contingencia. Con todo, es cierto que el silencio se puede salvar mediante el recurso a la supletoriedad de la LEC, pero no lo es menos que, en ocasiones, tal aplicación supletoria resulta compleja, ya que debería reservarse para los vacíos normativos y siempre subyace la duda sobre si estamos ante un vacío o por el con-

---

749 STS de 6 de abril de 2022, rec. 1370/2020.

750 En esta línea, SALINAS MOLINA, F. (2021) y (2023), *op. cit.*, pp. 36 y 48. Asimismo, DE LA CASA QUESADA, S. (2023), "Retos del régimen de la prueba en el proceso social y sus recursos, en especial ante la transformación digital", *Revista de Trabajo y Seguridad Social, CEF*, nº 474, p. 144; TASCÓN LÓPEZ, R. (2023), *op. cit.*, p. 156.

trario el silencio legal al respecto ha sido buscado de propósito. Asimismo, el problema es de baja intensidad, pues a idéntico resultado cabe llegar desde la perspectiva de que los hechos no controvertidos no requieren de prueba.

La segunda cuestión se relaciona con el apartado sexto del precepto, donde se alude al interrogatorio de las administraciones o entidades públicas, efectuándose una remisión a lo establecido en el art. 315 LEC. Por consiguiente, este interrogatorio se realizará mediante la remisión por escrito de las preguntas que quieran efectuarse, que serán respondidas también por escrito, leyéndose en juicio las contestaciones. A partir de ahí, podrá preguntarse al representante del organismo y si éste alegase desconocimiento, se remitirá de nuevo interrogatorio escrito al órgano correspondiente. Pues bien, este sistema no se adapta bien a los principios del proceso laboral, en concreto, a la oralidad, pero, sobre todo, a la celeridad y concentración[751].

200.3.– Por último, parece oportuno aludir al art. 95.5 LRJS donde se alude a una peculiar prueba de «informes», que en realidad no es sino un interrogatorio por escrito a personas jurídicas y entidades jurídicas públicas, algo que regula con mayor extensión el art. 381 LEC y que se traducirá en un documento. Pues bien, una eventual reforma debería aclarar la naturaleza de este singular tipo de prueba que no recoge de manera expresa el listado del art. 299 LEC, sembrándose la duda sobre si se puede equiparar a un documento —lo más seguro es que no—, a una pericial o a una testifical impropia, algo trascendente a efectos de acceder a los recursos de suplicación o casación.

2.4.3. La finalización del proceso: la sentencia

201.– La finalización del proceso se recoge en la sección cuarta del capítulo segundo del libro segundo, en concreto, en los arts. 97

[751] En esta línea, entre otros, ESTEVE SEGARRA, A. (2012-a), *op. cit.*, p. 265.

a 100 LRJS, donde se afronta, especialmente, el tratamiento de la sentencia y su contenido. A mi juicio, las principales modificaciones sobre las que reflexionar en esta sede afectan a dos cuestiones fundamentalmente.

201.1.– Una primera cuestión que debería abordarse es la relativa a la relación existente entre los arts. 66, 75 y 97.3 LRJS, ya que la redacción de tales preceptos hace que su interpretación conjunta resulte un tanto compleja, por las reiteraciones que contienen, algo que la reforma operada por el RDL 6/2023, de 19 de diciembre, a pesar de haber incidido en el art. 97.3 LRJS, no ha solucionado, sino todo lo contrario.

En efecto, por un lado, el párrafo primero de dicho precepto prevé que el hecho de no comparecer injustificadamente al acto de conciliación ante el servicio administrativo correspondiente o a mediación, así como el de litigar con mala fe o temeridad, puede suponer que el órgano jurisdiccional, en sentencia, imponga una sanción pecuniaria dentro de los límites fijados por el art. 75.4 LRJS. Hasta aquí el precepto ha experimentado un sencillo cambio de ordenación —ahora se menciona primero la inasistencia y después el hecho de obrar con mala fe o temeridad— que puede tener mayor trascendencia de la que inicialmente pudiera parecer, pues apunta a desligar el primer supuesto netamente del segundo de forma más clara que en el pasado, remarcando que la multa por inasistencia es independiente de la «conducta» o «motivación» procesal. Asimismo, nótese que en ninguno de los dos casos supuestos se requiere —en realidad tampoco se exigía antes— que la sentencia coincida con lo reclamado en conciliación o mediación. Una mayor sustancia aún presenta la incorporación de la referencia por el RDL 6/2023 a otra posible sanción pecuniaria —cuya cuantía, por cierto, no se determina— a imponer de forma motivada en sentencia cuando esta sea condenatoria y, en este caso sí, coincida esencialmente con la pretensión contenida en la papeleta de conciliación o en la solicitud de mediación.

Por otro lado, con espíritu reiterativo e introduciendo confusión, el párrafo segundo, *in fine*, del art. 97.3 LRJS establece que, en caso de falta de asistencia a la conciliación, sea la judicial o la conciliación administrativa previa, así como a la mediación, se aplicarán las consecuencias fijadas en el art. 66.3 LRJS. Precisamente este artículo sustituye la imposición de multa, en caso de no comparecencia al acto de conciliación, por la imposición de costas. Así, el precepto en cuestión prevé que el juez o tribunal impondrá las costas del proceso a la parte que no hubiera comparecido sin causa justificada, incluidos los honorarios del letrado o graduado social colegiado hasta el límite de 600€, si bien aquí sí que se exige que la sentencia que en su día dicte coincida esencialmente con la pretensión contenida en la papeleta de conciliación o en la solicitud de mediación.

A los efectos de evitar superposiciones entre los preceptos implicados, resulta necesario efectuar algunas precisiones interpretativas. La primera es que la imposición de costas prevista en el art. 66 LRJS no requiere apreciación de mala fe o temeridad, sino que la sentencia que se dicte coincida esencialmente con la pretensión contenida en la papeleta de conciliación o en la solicitud de mediación. La segunda es que la sanción por inasistencia del art. 97.3.I LRJS, en la cuantía del 75.4 LRJS, no requiere que la conducta implique mala fe o temeridad, sino que presenta un carácter autónomo, generándose en ambos casos la sanción pecuniaria. Tampoco se exige aquí que haya una coincidencia con lo solicitado en conciliación o mediación, sino que dicho supuesto (el de la coincidencia) se configura como un supuesto de imposición de sanción pecuniaria independiente en el que, por cierto, no se indican límites cuantitativos. Todas las sanciones del 97.3 LRJS exigen un procedimiento de audiencia previa a las partes en la vista o, si ésta ha concluido, alegaciones escritas de las partes en el término de dos días. La tercera precisión es que en ningún caso la inasistencia al acto de conciliación del empresario puede suponer un pago doble de las «costas» por los honorarios del letrado o graduado social colegiado.

En todo caso, la redacción de estos preceptos no resulta clara y sería conveniente una reformulación de los mismos, pues pueden producir efectos perniciosos, ya que sus límites no están bien precisados. En efecto, a pesar de compartir lo beneficioso que estas medidas pueden tener en el fomento de las soluciones pactadas (*supra*, 167), los términos empleados pecan de cierta imprecisión, lo que dificulta determinar el margen de que dispone el órgano jurisdiccional para imponer esta sanción. A mi juicio, tal y como ya he indicado, seguramente la línea interpretativa debería moverse en línea con la interpretación que en el ámbito de la reorganización productiva se ha sostenido para dar por cumplido el deber de negociar de buena fe durante la celebración de las consultas (esfuerzo sincero de alcanzar un acuerdo, proporcionar información, justificar las negativas, etc.). Así, cuando la conducta desarrollada por el demandado durante la conciliación fuese contraria a tales primados, podría ulteriormente entrar en juego la referida sanción. Con todo, insisto en la idea de que el esfuerzo debería exigirse a ambas partes y no solo a una de ellas.

201.2.– Por otra parte, en relación con el pago de salarios por asistencia a actos procesales que regula el art. 100 LRJS también parece necesario efectuar algunas aclaraciones, especialmente, en lo relativo a su deslinde con el art. 37.3.d) ET, donde se regula un permiso retribuido para el cumplimiento de deberes públicos de carácter inexcusable. Así, de entrada, junto a la delimitación de ambos supuestos (el art. 100 LRJS se limita al trabajador demandante, mientras el art. 37.3 ET no exige esta posición), el precepto procesal ganaría en claridad si matizase si el pago excluye las percepciones extrasalariales correspondientes, así como si la medida debe aparecer en el fallo de la sentencia o tiene un carácter autónomo[752].

[752] Al respecto, *vid.* LÓPEZ TERRADA, E. (2021), "La sentencia y otras formas de terminación del proceso", en BLASCO PELLICER, A.; ALEGRE BUENO,

VI. LA DIGITALIZACIÓN DE LA JUSTICIA EN EL ORDEN SOCIAL

202.– El último de los retos de futuro al que me quiero referir es el relativo a la digitalización de la justicia, en particular, en el orden social. Y es que, el paso del siglo XX al XXI vino acompañado de una pluralidad de modificaciones tecnológicas que han tenido una enorme repercusión en el modo de administrar justicia[753]. Ello explica que uno de los grandes debates abiertos en la actualidad sobre los modelos procesales gire alrededor de la modernización de la justicia y de los procedimientos judiciales a efectos de incorporar tales avances. España no constituye una excepción a esta tendencia. En este sentido, ya en el año 2008 el Consejo General del Poder Judicial (en adelante, CGPJ) aprobó un Plan de Modernización de la Justicia entre cuyos ejes se encontraba, precisamente, el relacionado con la «e-justicia», esto es, la introducción de las nuevas tecnologías de la información y la comunicación en la administración de justicia para así prestar un servicio de mayor calidad y eficacia[754]. Por otra parte, en el marco del Plan de Recuperación, Transformación y Resiliencia y el instrumento de la Unión Europa *Next Generation EU*, presentado a la Comisión el 30 de abril de 2021, el Gobierno adoptó el Plan Justicia 2030[755], donde se sigue prestando una especial atención a la modernización de la justicia; de hecho, hasta la

M. (Dirs.), *El proceso laboral. Ley 36/2011, de 10 de octubre, reguladora de la Jurisdicción Social*, Tomo I, 2ª edición, Valencia, Tirant lo Blanch, pp. 657 y ss.

753 CORTÉS ABAD, O. (2019), "Justicia digital, abierta e innovadora: hechos y retos", en GÓMEZ MANRESA, M.ª F.; FERNÁNDEZ SALMERÓN, M. (Coords.), *Modernización digital e innovación de la administración de justicia*, Cizur Menor, Thomson-Reuters Aranzadi, p. 292.

754 El plan se aprobó por Acuerdo del Pleno del CGPJ de 12 de noviembre de 2018 y puede consultarse en https://www.poderjudicial.es/portal/site/cgpj/menuitem.65d2c4456b6ddb628e635fc1dc432ea0/?vgnextoid=e1772cea4817f210VgnVCM1000006f48ac0aRCRD&vgnextfmt=default&vgnextlocale=es_ES, último acceso el 8 de septiembre de 2023.

755 El contenido del plan es muy ambicioso. La información en https://www.justicia2030.es/, última consulta el 8 de septiembre de 2023.

disolución de las Cortes en mayo de 2023, se estaban desarrollado en su seno tres proyectos de ley, todos vinculados al hito CID 152, medida C11 R2 (reforma para el impulso del Estado de Derecho y eficiencia del servicio público de justicia), como el de eficiencia organizativa, el de eficiencia procesal y, especialmente por lo que ahora interesa, el de eficiencia digital[756]. Estos trabajos parlamentarios se han retomado con la legislatura recién comenzada e integran una buena parte del contenido del RDL 6/2023, de 19 de diciembre, *por el que se aprueban medidas urgentes para la ejecución del Plan de Recuperación, Transformación y Resiliencia en materia de servicio público de justicia, función pública y mecenazgo*, en concreto, interesa destacar las previsiones contenidas en el libro primero, ya que es el que incide en la modernización de la justicia a través de su digitalización.

1. Tutela judicial efectiva, proceso sin dilaciones indebidas y digitalización

203.– Esta modernización de la justicia conecta con la aspiración a lograr el cumplimiento del derecho a un proceso público sin dilaciones indebidas y con todas las garantías, donde la digitalización se configuraría como un instrumento hábil, en principio, para alcanzar de tales objetivos.

203.1.– En efecto, la consecución de un proceso público sin dilaciones indebidas y con todas las garantías, como una de las piezas clave del derecho fundamental a la tutela judicial efectiva, encuentra un firme aliado en la modernización de la justicia y de los cauces procedimentales. Y en esa modernización, la «inexorable» digita-

---

[756] Un acercamiento global a su contenido puede realizarse por medio de GARCÍA MURCIA, J. (2023), *op. cit.*, pp. 55 y ss. Por otra parte, la contextualización en NUEZ RIVERA, S. (2021), *op. cit.*, 20 pp. En fin, más centrados en la eficiencia procesal, *vid.* MOYA AMADOR, R. (2023), *op. cit.*, 30 pp.; SALINAS MOLINA, F. (2023), *op. cit.*, pp. 25 y ss.

lización de la justicia[757] se muestra como una vía aparentemente adecuada para alcanzar el objetivo en cuestión[758].

Así, de entrada, la digitalización judicial aportaría una mayor rapidez y agilidad a los cauces procedimentales, esto es, al desarrollo del proceso[759]. Ello resulta particularmente evidente, según se tendrá ocasión de comprobar, si pensamos en la presentación

---

757 La expresión en MARTÍN DIZ, F. (2020), *op. cit.*, p. 42.

758 Entre otros muchos, GONZÁLEZ MALABIA, S. (2016), "Las TIC en el nuevo modelo de justicia", en BARONA VILAR, S. (Coord.), *Mediación, arbitraje y jurisdicción en el actual paradigma de justicia*, Cizur Menor, Thomson Reuters Civitas, pp. 57-58; ARENAS RAMIRO, M. (2019), "La modernización de la tutela judicial efectiva y el expediente judicial electrónico", en GÓMEZ MANRESA, M.ª F.; FERNÁNDEZ SALMERÓN, M. (Coords.), *Modernización digital e innovación de la administración de justicia*, Cizur Menos, Thomson-Reuters Aranzadi, p. 244; CERDÁ MESEGUER, J. I. (2019), "Hacia una administración de justicia plenamente electrónica: disfunciones normativas y jurisprudenciales", en GÓMEZ MANRESA, M.ª F.; FERNÁNDEZ SALMERÓN, M. (Coords.), *Modernización digital e innovación de la administración de justicia*, Cizur Menor, Thomson-Reuters Aranzadi, pp. 373-374; CORTÉS ABAD, O. (2019), *op. cit.*, p. 294; PÉREZ-LUÑO ROBLEDO, E. C. (2019), "La informatización de la administración de justicia en España", en CONDE FUENTES, J.; SERRANO HOYO, G. (Dirs.), *La justicia digital en España y en la Unión Europea*, Barcelona, Atelier, pp. 52 y 56; LOZANO GAGO, M.ª L. (2020), "La aportación de pruebas en los juicios civiles telemáticos", *Práctica de los Tribunales*, nº 147, p. 2/10; BARONA VILAR, S. (2021), *Algoritmización del derecho y de la justicia. De la Inteligencia Artificial a la Smart Justice*, Valencia, Tirant lo Blanch, pp. 349-350; DELGADO MARTIN, J. (2021), "Tecnología para afrontar los efectos de la pandemia sobre la justicia", *Diario La Ley*, nº 9781, pp. 2 y ss./12; BUENO BENEDÍ, M. (2022), "Retos pendientes en el uso de la videoconferencia y otras tecnologías en nuestra administración de justicia", *Práctica de los Tribunales*, nº 147, p. 2/22; MOLINA NAVARRETE, C. (2023), *op. cit.*, p. 6.

759 GONZÁLEZ MALABIA, S. (2016), *op. cit.*, p. 57; ARENAS RAMIRO, M. (2019), *op. cit.*, p. 244; CERDÁ MESEGUER, J. I. (2019), *op. cit.*, p. 374; CORTÉS ABAD, O. (2019), *op. cit.*, p. 294; TIERNO BARRIOS, S. (2019), "E-justicia y videoconferencia: especial referencia a la cooperación en materia civil", en CONDE FUENTES, J.; SERRANO HOYO, G. (Dirs.), *La justicia digital en España y en la Unión Europea*, Barcelona, Atelier, p. 122; VALERO CANALES, A. L. (2019), "Consideraciones procesales del expediente judicial electrónico", en GÓMEZ MANRESA, M.ª F.; FERNÁNDEZ SALMERÓN, M. (Coords.), *Modernización digital e innovación de la administración de justi-*

de escritos y, sobre todo, en la realización de los variados actos de comunicación que tienen lugar durante el desarrollo de cualquier proceso judicial.

Asimismo, también supondría un importante ahorro económico[760], especialmente en términos de desplazamientos de las partes a la sede del órgano jurisdiccional, así como en cuanto a consumo de papel o el gasto en locales. Y es que, en el primer sentido, téngase en cuenta que la digitalización facilita la realización de determinadas actuaciones a distancia, suprimiendo las barreras territoriales y potenciando la igualdad, a fin de cuentas, como han destacado algunos expertos en la materia, en la actualidad «hay más personas en el mundo con acceso a internet que personas con acceso a la justicia»[761]; en el segundo, las nuevas tecnologías abren el paso a la sustitución de la documentación en soporte analógico por otra en soporte distinto cuyo almacenamiento presenta unas exigencias diversas.

Igualmente, también se ha destacado que la digitalización podría favorecer la transparencia judicial, ya que debería simplificar el acceso de la ciudadanía a la justicia y posibilitar el conocimiento del estado en que se encuentra la tramitación de sus asuntos[762].

En fin, como consecuencia de todo ello, se ganaría en eficacia y eficiencia[763]; y no solo en los pleitos «tradicionales» de cariz meramente interno, sino también, de una forma muy marcada, en aque-

---

cia, Cizur Menos, Thomson-Reuters Aranzadi, p. 344; BARONA VILAR, S. (2021), *op. cit.*, p. 350.

760 Entre otros, CERDÁ MESEGUER, J. I. (2019), *op. cit.*, p. 374; TIERNO BARRIOS, S. (2019), *op. cit.*, p. 122; VALERO CANALES, A. L. (2019), *op. cit.*, p. 344.

761 SUSSKIND, R. (2020), *Tribunales on line y la justicia del futuro*, Madrid, La Ley-Wolters Kluwer (Traducción por GEA Textos S.L. del original en inglés *Online Courts and the future of Justice* publicado en 2019), p. 47.

762 PÉREZ-LUÑO ROBLEDO, E. C. (2019), *op. cit.*, p. 52; CORTÉS ABAD, O. (2019), *op. cit.*, p. 294.

763 CORTÉS ABAD, O. (2019), *op. cit.*, p. 294.

llos otros procesos de alcance transfronterizo[764], los cuales tienen una presencia cada vez mayor en el panorama judicial.

203.2.– Con todo, normalmente no existen verdades absolutas y el ahorro temporal puede ponerse en entredicho, al igual que el ahorro económico, pues una digitalización adecuada requiere de importantes inversiones en tecnología y en formación y la «transición digital» inicialmente va acompañada de dificultades que ralentizan los procesos[765]. Asimismo, a ello hay que unir la inexistencia de un marco jurídico apropiado[766] y, en el caso de un estado autonómico como el nuestro, la dispersión de competencias en la materia[767], algo que provoca la existencia en nuestro país de diferentes sistemas de gestión procesal que carecen de la adecuada interoperabilidad[768]. Las anteriores no son las únicas reticencias que suscita la digitalización judicial. Así, según veremos en líneas próximas, algunos detractores de la misma han puesto sobre la mesa de debate cómo ciertas manifestaciones de esta digitalización cuestionan el respeto a determinados derechos y principios fundamentales del proceso[769].

---

764 En este sentido, por ejemplo, ARENAS RAMIRO, M. (2019), *op. cit.*, p. 246; TIERNO BARRIOS, S. (2019), *op. cit.*, p. 122.

765 Así, entre otros, CERNADA BADÍA, R. (2019), "«LexNET» o la selección natural en el foro del siglo XXI", en GÓMEZ MANRESA, M.ª F.; FERNÁNDEZ SALMERÓN, M. (Coords.), *Modernización digital e innovación de la administración de justicia*, Cizur Menor, Thomson-Reuters Aranzadi, p. 420; PÉREZ-LUÑO ROBLEDO, E. C. (2019), *op. cit.*, p. 57; VALERO CANALES, A. L. (2019), *op. cit.*, p. 345; DE LA CASA QUESADA, S. (2023), "Retos del régimen de la prueba en el proceso social y sus recursos, en especial ante la transformación digital", *Revista de Trabajo y Seguridad Social. CEF*, nº 474, p. 124.

766 Al margen de la cita específica en sede de justicia telemática, con carácter general, *vid.*, BUENO BENEDÍ, M. (2022), *op. cit.*, pp. 2 y ss./22.

767 GONZÁLEZ MALABIA, S. (2016), *op. cit.*, pp. 57 y ss.

768 CERDÁ MESEGUER, J. I. (2019), *op. cit.*, p. 378.

769 Así lo han reseñado, sobre todo al hilo de la realización de juicios telemáticos, distintos autores como RICHARD GONZÁLEZ, M. (2020), "Elogio del juicio oral (presencial) escrito por un profesor partidario del uso de la tecnología en el sistema judicial", *Diario La Ley*, nº 9654, pp. 2/19 y 8-12/19; TUSET VARE-

2. *Las actuaciones normativas en materia de digitalización de la justicia*

204.– En todo caso, con independencia de cuál sea nuestra opinión al respecto, lo que resulta innegable es que nos encontramos inmersos en un proceso de digitalización seguramente imparable que la pandemia derivada del COVID-19 no ha hecho sino acelerar[770].

2.1. Un lento y continuo avance…

205.– En efecto, con anterioridad a la misma, ya se habían ido efectuado importantes avances en la materia, de manera muy paulatina. En este sentido, cabe destacar una serie de hitos normativos relevantes, tanto de corte general, como específicamente en las

---

LA, D. (2020), "Proceso 2.0: video-identificación, identidad digital soberana y brecha digital", *Diario La Ley*, n° 9761, p. 2/9; VÉLEZ TORO, A. J. (2021), "La normalización de una justicia de excepción", *Diario La Ley*, 2021, n° 9779, p. 8/15.

770 Esta aceleración del proceso a resultas de la pandemia es destacada por distintos autores. Al respecto, *vid.* ABELLÁN ALBERTOS, A. (2020), "Actuaciones procesales mediante videoconferencia: cuestiones a tener en cuenta en un juicio telemático civil por un abogado", *Práctica de los Tribunales*, n° 147, pp. 2-3/23; GÓMEZ ESTEBAN, J. (2020), *op. cit.*, p. 2/12; MAGRO SERVET, V. (2020-a), "Hacia el uso habitual de las videoconferencias en las vistas judiciales. Aprovechando las enseñanzas del Coronavirus. De la Excepción a la regla general del art. 19 RD 16/2020, de 28 de abril", *Diario La Ley.*, n° 9646, p. 2/12; TUSET VARELA, D. (2020), *op. cit.*, p. 1/9; DELGADO MARTÍN, J. (2021), *op. cit.*, pp. 1-2/13; GASCÓN INCHAUSTI, F. (2021), "¿Han venido para quedarse las vistas telemáticas?", *Anuario de la Facultad de Derecho de la Universidad Autónoma de Madrid*, n° extraordinario, p. 384; GARCÍA-VARELA IGLESIAS, R. (2021), "Camino a la inmediación digital en justicia: juicios y actos procesales remotos", *Diario La Ley*, n° 9873, p. 1/13; RAYÓN BALLESTEROS, M.ª C. (2022), "Tecnología al servicio del proceso: especial referencia a la celebración de juicios telemáticos", *Ius et Scientia*, vol 8, n° 1, p. 189.

normas de procedimiento cuya visión «condensada» permite apreciar los avances conseguidos[771].

206.– Por lo que respecta a las normas generales, el punto de partida debe ser la LOPJ de 1985, pues ya había abierto tímidamente la puerta a la tecnología con la referencia incluida en su art. 230 al posible empleo de cualquier «*medio técnico de documentación y reproducción*», siempre que ofreciera garantías de autenticidad. A partir de ahí, el precepto experimentó una serie de reformas sucesivas que fueron ahondando en la materia.

206.1.– De entrada, la Ley Orgánica 16/1994, de 8 de noviembre, amplió la previsión, aludiendo al empleo no solo de medios «técnicos», sino «*electrónicos, informáticos y telemáticos para el ejercicio de su actividad y el desarrollo de sus funciones*», otorgando validez a los documentos emitidos por tales medios. Asimismo, se preveía la posibilidad de que el ciudadano se relacionase con la Administración de Justicia por estas vías. Todo ello ya iba acompañado de la preocupación por garantizar la autenticidad, la interoperatividad y el respeto por las normas de procedimiento. Al margen del «salto al ordenador», la modernización implicaba unos sistemas adecuados de archivo para administrar, guardar y gestionar los actos

771 La reconstrucción del proceso evolutivo puede efectuarse por medio de GONZÁLEZ MALABIA, S. (2016), *op. cit.*, pp. 57 y ss.; ARENAS RAMIRO, M. (2019), *op. cit.*, pp. 251-260; CORTÉS ABAD, O. (2019), *op. cit.*, pp. 294 y ss.; FERNÁNDEZ NIETO, L. A. (2019), "Los actos de comunicación procesal y el sistema informático de telecomunicaciones Lex Net en la jurisdicción social", *Diario La ley*, nº 9424, pp. 3 y ss./21; GARCÍA COSTA, F. M. (2019), "Perfiles constitucionales de la justicia electrónica", en GÓMEZ MANRESA, M.ª F.; FERNÁNDEZ SALMERÓN, M. (Coords.), *Modernización digital e innovación de la administración de justicia*, Cizur Menor, Thomson-Reuters Aranzadi, pp. 23 y ss.; PÉREZ GAIPO, J. (2019), "El proceso laboral ante la era digital", en CONDE FUENTES, J.; SERRANO HOYO, G. (Dirs.), *La justicia digital en España y en la Unión Europea*, Barcelona, Atelier, pp. 71 y ss.; TIERNO BARRIOS, S. (2019), *op. cit.*, pp. 115 y ss.; BARONA VILAR, S. (2021), *op. cit.*, pp. 350 y ss.

procesales escritos, a los que seguirían las bases de datos, públicas y privadas[772]. En este contexto, nacería el CENDOJ, cuyo Reglamento de funcionamiento se aprobó por Acuerdo del CGPJ el 7 de mayo de 1997 y cuya referencia se incorporaría en el art. 619 LOPJ con la reforma operada por la LO 4/2013, de 18 de junio. El CENDOJ se define por la norma precitada como «*un órgano técnico de CGPJ, cuyas funciones son la selección, la ordenación el tratamiento, la difusión y la publicación de información jurídica legislativa, jurisprudencial y doctrinal*». Además, colabora en la implantación de las decisiones adoptadas por el CGPJ en materia de armonización de los sistemas informáticos que redunden en una mayor eficiencia de la actividad de los Juzgados y Tribunales.

206.2.– En segundo lugar, la Ley Orgánica 13/2003, de 24 de octubre, de reforma de la Ley de Enjuiciamiento Criminal en materia de prisión provisional, introdujo un apartado tercero en el art. 229 LOPJ en el que aparecía un reconocimiento expreso sobre la posibilidad de recurrir a la videoconferencia para realizar declaraciones, interrogatorios, testimonios, careos, exploraciones, informes, ratificación de las periciales y vistas, siempre que se garantice la comunicación bidireccional y simultánea de la imagen y el sonido y la interacción visual, auditiva y verbal entre dos personas o grupos de personas geográficamente distantes, asegurando en todo caso la posibilidad de contradicción de las partes y la salvaguarda del derecho de defensa. Por otra parte, la reforma añadió un nuevo apartado al art. 306 LECrim, dotó de contenido al 325 LECrim y añadió el art. 731 bis LECrim, en orden a reconocer la posibilidad de recurrir a la videoconferencia para la realización de tales actuaciones tanto en la fase de investigación como en el juicio oral.

---

772 GONZÁLEZ MALABIA, S. (2016), *op. cit.*, p. 58. Por otra parte, en cuanto a la relevancia de la informática jurídica documental y de gestión, *vid.*, PÉREZ-LUÑO ROBLEDO, E. C. (2019), *op. cit.*, p. 52.

206.3.– En tercer lugar, la Ley Orgánica 7/2015, de 21 de julio, incorporó un cambio significativo, ya que la utilización de los medios técnicos, electrónicos, informáticos y telemáticos para el desarrollo de la actividad dejó de ser una facultad para los tribunales y se convirtió en una verdadera obligación en la nueva redacción que introdujo en el art. 230.1 LOPJ, tal vez por aquello de tener que superar la «resistencia» al cambio o «el miedo» a lo nuevo[773], pues notoria es la tendencia entre los profesionales del Derecho a «perpetuar las actitudes y modos de operar tradicionales» según indica la doctrina[774]. Además, esta disposición ya recoge entre los límites a que queda sujeta la utilización de estos medios en el ámbito judicial el relativo al necesario respeto a la normativa sobre protección de datos.

206.4.– Por último, la Ley Orgánica 4/2018, de 28 de diciembre, volvió a incidir en este precepto. Así, en esta ocasión, se añadió también el deber de los ciudadanos a emplear los medios técnicos cuando así lo establecieran las normas de procedimiento, siempre que fuesen compatibles con los del órgano y respetasen las garantías del procedimiento.

207.– Sin abandonar las previsiones de corte general, una especial mención merece la Ley 18/2011, de 5 de julio, sobre el uso de las tecnologías de la información y la comunicación en la Administración de Justicia (en adelante, LUTICAJ). Esta norma, equivalente de la Ley 11/2007, de 22 de junio, sobre acceso electrónico de los ciudadanos a los Servicios Públicos, se planteaba tres objetivos

---

773 Las expresiones en SUSSKIND, R. (2020), *op. cit.*, p. 67; FERNÁNDEZ NIETO, L. A. (2019), *op. cit.*, p. 2/21; LOZANO GAGO, M.ª L. (2020), *op. cit.*, p. 2/10; MAGRO SERVET, V. (2020-a), *op. cit.*, p. 2/12; GARCÍA SANZ, J.; GONZÁLEZ GUIMARAES DA SILVA, J. (2020), "Las vistas telemáticas en el proceso civil español: visión comparada, regulación y cuestiones prácticas que suscita su celebración", *Diario La Ley*, nº 9659, p. 8/50; DE LA CASA QUESADA, S. (2023), *op. cit.*, p. 140.

774 PÉREZ-LUÑO ROBLEDO, E. C. (2019), *op. cit.*, p. 57.

fundamentales: de entrada, actualizar el contenido del derecho a la tutela judicial efectiva, gracias a la agilización que permite el uso de las tecnologías en las comunicaciones; en segundo lugar, generalizar el uso de éstas para los profesionales de la justicia; finalmente, definir un conjunto de requisitos mínimos exigibles de interconexión, interoperabilidad y seguridad necesarios para el desarrollo de los diferentes aplicativos utilizados por los actores del mundo judicial, a fin de garantizar la seguridad en la transmisión de los datos y cuantas otras exigencias estén contenidas en las leyes procesales.

207.1.– La LUTICAJ incluía una serie de contenidos muy relevantes en el proceso de digitalización. Por un lado, la reglamentación del uso de los medios electrónicos en la Administración de Justicia, configurándolo como un derecho de los ciudadanos y un derecho/deber de los profesionales. Por otro, el régimen jurídico de la administración electrónica, en donde destaca la regulación de la sede judicial electrónica (dirección electrónica disponible para los ciudadanos a través de redes de telecomunicaciones) y las formas de identificación y verificación. En fin, también deben ponerse de relieve las previsiones relacionadas con la tramitación electrónica como el Expediente Judicial Electrónico (en adelante, EJE, entendido como el conjunto de datos, documentos, trámites y actuaciones electrónicas, así como las grabaciones audiovisuales correspondientes a un procedimiento judicial, cualquiera que sea el tipo de información que contenga y el formato), el registro electrónico de escritos, las comunicaciones y notificaciones electrónicas, así como la tramitación electrónica.

207.2.– Por otra parte, esta Ley encuentra su desarrollo en el RD 1065/2015, de 27 de noviembre, sobre comunicaciones electrónicas por el que se regula el sistema LexNET, que sustituyó al RD 84/2007, de 26 de enero, sobre implantación de ese sistema informático de telecomunicaciones para la presentación de escritos, traslados de copias y realización de los actos de comunicación procesal, al cual me referiré más adelante (*supra*, 212 y ss.)

208.– Por último, si descendemos al terreno de las específicas normas de procedimiento, también las distintas leyes rituarias se han ido adaptando paulatinamente y a un ritmo distinto al progreso tecnológico. Asimismo, han ido desplegando influencias unas en otras. Por lo que respecta al proceso laboral, ya en la Ley de Procedimiento Laboral (en adelante, LPL) de 1990 se encontraban referencias a lo que hoy entendemos como «prueba tecnológica», admitiendo su art. 90 las de reproducción de la palabra, la imagen y el sonido, algo que se mantendría en el texto de la LPL de 1995 y en la vigente Ley Reguladora de la Jurisdicción Social de 2011 (en adelante, LRJS), siempre en el mismo precepto. Las distintas reformas habidas en el tiempo sobre estos cuerpos normativos han ido repercutiendo en diversos aspectos que inciden en la digitalización de la justicia.

208.1.– Así, la Ley 13/2009, de 3 de noviembre, con la que se implantó la nueva oficina judicial, afectó de una forma muy notoria a la documentación de las actuaciones. Al respecto, en línea con lo sucedido en el proceso civil, se procedió a modificar el art. 89 LPL (hoy, art. 89 LRJS) para sustituir el acta tradicional que confeccionaba el secretario, hoy Letrado de la Administración de Justicia (en adelante, LAJ), por la grabación de la vista, siempre que se contase con una serie de medidas y fuese acompañado de determinadas garantías.

208.2.– Por su parte, la Ley 18/2011, de 5 de julio, ya comentada, y sus normas derivadas repercutieron de manera importante en el régimen de presentación de escritos, así como en la realización de comunicaciones y notificaciones, según se tendrá ocasión de comprobar (*supra*, 212 y ss.).

208.3.– En fin, de manera indirecta, la Ley 42/2015, de 5 de octubre, al modificar la Ley de Enjuiciamiento Civil (en adelante, LEC) con el objetivo de dar una mayor relevancia a la presentación de escritos y realización de comunicaciones por medios telemáticos o electrónicos, afectó también al proceso laboral, pues no se olvide el carácter supletorio que esta norma tiene en dicho proceso de conformidad con lo establecido en la DF 4ª LRJS.

208.4.– Precisamente, la LEC del año 2000 y sus reformas posteriores constituyen una pieza clave en el proceso de digitalización del proceso laboral. Y es que, siendo esta ley una norma relativamente moderna frente a su antecesora de 1881, ya pudo integrar muchos contenidos relacionados con las nuevas tecnologías, particularmente, en el terreno probatorio, donde se destinan tres preceptos al tratamiento de la «reproducción de la palabra, el sonido y la imagen y de los instrumentos que permiten archivar y conocer datos relevantes para el proceso» (arts. 382-384 LEC). Y, según se acaba de recordar, tales previsiones son de aplicación supletoria en el orden social.

2.2. ... impulsado con la crisis sanitaria

209.– En este contexto normativo, la pandemia derivada del COVID-19 y la suspensión de actividades a ella ligada nos sorprendió sin la culminación de ese procedimiento digitalizador hasta sus últimas consecuencias[775]. Tal vez, de haberlo culminado, no hubiese sido necesaria la paralización de los plazos procesales, así como de las actuaciones judiciales —con algunas excepciones— que acompañaron a la declaración del estado de alarma[776]. La normativa de urgencia dictada en esos momentos trató de sortearlo mediante las previsiones contenidas primero en el RDL 16/2020, de

775 SAN CRISTÓBAL VILLANUEVA, J. M. (2020), "La tramitación del proceso social por medios telemáticos y sus problemas", *Trabajo y Derecho*, nº 12, p. 2/31.

776 MAGRO SERVET, V. (2020-a), *op. cit.*, p. 3/12; también en MAGRO SERVET, V. (2020-b), "¿Pueden los testigos y peritos comparecer on line en una vista civil?", *Práctica de los Tribunales*, 2020, nº 147, p. 2/8; SALOM LUCAS, A. (2021), "Los juicios telemáticos: ¿ficción o realidad?", *Revista El Derecho-Lefevbre*, 7 de enero de 2021, p. 3/6

28 de abril, de medidas procesales y organizativas para hacer frente al COVID-19 en el ámbito de la Administración de Justicia, y, después, la Ley 3/2020, de 18 de septiembre, de idéntico nombre, en donde se aludía, entre otras cosas, a la realización preferente de vistas telemáticas en todos los órdenes jurisdiccionales[777].

209.1.– Ese impulso a las vistas telemáticas, no obstante, se condicionaba a que los órganos judiciales contasen con los medios necesarios para ello, algo valorado como un lastre del pasado[778], pues seguramente la solución más efectiva a estos problemas no sea la de condicionar las medidas, sino la de solventar las carencias. A pesar de ello, la necesidad de dar una respuesta inmediata y la limitación de recursos permiten entender hasta cierto punto el condicionante[779]. Por otra parte, también fue criticada la falta de una mayor coerción sobre el personal de la Administración de Justicia, de forma que la negativa injustificada a su utilización hiciese aparecer el mecanismo de la nulidad del art. 238 LOPJ y la responsabilidad disciplinaria, a efectos de lograr una mayor implantación. A mi juicio, sin embargo, no parece que la vía coercitiva sea la más apropiada para lograr la implementación de los avances tecnológicos, pues lo que exigen es un cambio de mentalidad y un convencimiento de su trascendencia y utilidad. Por el contrario, y un poco en esa línea, una mejor valoración creo que merecen las propuestas consistentes en el establecimiento de refuerzos positivos, en términos de compensaciones vía complementos de productividad y del auxilio

[777] Un acercamiento al contenido del RDL en NORESTORRES, L. E. (2020), *op. cit.*, pp. 18-37; en cuanto a la Ley, NORESTORRES, L. E. (2021), *op. cit.*, pp. 179-194.

[778] PÉREA GONZÁLEZ, A. (2020), "Transparencia judicial: una mirada sobre la justicia post-COVID-19", *Diario La Ley*, nº 9631, p. 2/6.

[779] En este sentido, SAN CRISTÓBAL VILLANUEVA, J. M. (2020), *op. cit.*, p. 4-5/31.

de personal especializado[780], así como, sobre todo, el empuje formativo[781].

209.2.– Por lo demás, la última norma mencionada esto es, la Ley 3/2020, de 18 de septiembre, en su Disposición Final 12ª, preveía que en un plazo de nueve meses se remitiría al gobierno un proyecto de ley sobre la realización de actuaciones procesales telemáticas. El compromiso se pudo entender satisfecho, eso sí, tardíamente, con las previsiones contenidas en los proyectos de Ley de Eficiencia Procesal y Eficiencia Digital a los que se hará referencia de inmediato, pues afrontaban tales cuestiones.

2.3. ¿Y ahora qué?

210.– Así las cosas, en este contexto, el importante avance producido en 2020, tras años de parón, no se ha cerrado con la mejora de la situación sanitaria. En este sentido, según he indicado en otros lugares de este trabajo, antes de la disolución de las Cortes en mayo de 2023, estaban en marcha tres importantes proyectos normativos llamados a proporcionar un nuevo impulso a esta materia: el Proyecto de Ley de Eficiencia Organizativa, el Proyecto de Ley de Eficiencia Procesal y el Proyecto de Ley de Eficiencia Digital. Estos proyectos, enmarcados en el plan de recuperación, transformación y resiliencia, constituyendo el hito CID 152, medida C11 R2, se insertaban en el plan Justicia 2030 y su aprobación debería haber supuesto un espaldarazo definitivo en la consecución de la justicia digital con lo que ello implica. Y es que el aprovechamiento tecnológico habría de redundar en una sustancial mejora de la justicia en términos de celeridad, eficacia y eficiencia[782].Sin embargo, la disolución de las Cortes en mayo de 2023 y la convocatoria antici-

---

780 ABELLÁN ALBERTOS, A (2020), *op. cit.*, p. 5/23.

781 Así, por ejemplo, PÉREZ-LUÑO ROBLEDO, E. C. (2019), *op. cit.*, p. 57; ABELLÁN ALBERTOS, A. (2020), *op. cit.*, p. 2-3/23; DELGADO MARTÍN, J. (2021), *op. cit.*, pp. 2-3/13.

782 GÓMEZ ESTEBAN, J. (2020), *op. cit.*, p. 2/12.

pada de elecciones dejaron estos proyectos sin culminar y abrieron un período de incertidumbre al respecto. La constitución del nuevo gobierno y la reanudación de la actividad normativa han traído consigo la aprobación del ya mencionado RDL 6/2023, de 19 de diciembre, el cual está llamado a asumir ese papel impulsor de la digitalización. En todo caso, en realidad, el contenido del RDL es «variado» y no se detienen en la materia procesal. En efecto, téngase en cuenta que el RDL se estructura en cuatro libros, de los cuales tan solo el primero se destina a regular las «Medidas de Eficiencia Digital y Procesal del Servicio Público de Justicia», pero los tres restantes nada tienen que ver con la misma. Así, el libro segundo contempla medidas legislativas urgentes en materia de empleo público; el libro tercero afronta la reforma de la Ley Reguladora de las Bases del Régimen Local; por último, el libro cuarto aborda la modificación de la ley sobre régimen fiscal de las entidades sin fines lucrativos y de los incentivos fiscales al mecenazgo. Así pues, tan solo el libro primero repercute de forma clara en el terreno procesal y supone una suerte de «fusión» de los proyectos de ley de Eficiencia Procesal y de Eficiencia Digital que antes he mencionado, si bien aspectos notables de los mismos se han quedado por el camino, especialmente, en el caso de los presentes en el primero de los proyectos indicados. Otros contenidos, como la reforma de la casación, ya vieron la luz con la reforma operada por el RDL 5/2023, de 28 de junio, la reforma operada. Por el contrario, cuestiones tan relevantes relacionadas con la agilización y descongestión de la justicia, como la reforma de la acumulación, la del proceso monitorio, la introducción del pleito testigo, la extensión de efectos de sentencias firmes o, por lo que ahora interesa, el impulso a la digitalización, han visto ahora la luz.

210.1.- Si nos centramos en este último aspecto, el RDL 6/2023, de 19 de diciembre, aborda cuestiones tales como los derechos y deberes digitales en el ámbito de la Administración de Justicia, el acceso digital a la misma, la tramitación electrónica de los procedimientos, los actos y servicios no presenciales, los registros de la

Administración de Justicia y los archivos electrónicos o la cooperación entre las administraciones con competencias en materia de Administración de Justicia. Todo este conjunto de previsiones presenta un carácter transversal, común a todos los órdenes jurisdiccionales, incluido el social. Al margen de lo anterior, el título VIII introduce previsiones «específicas» por órdenes jurisdiccionales, modificando las respectivas leyes de procedimiento, entre ellas, la LRJS y la LEC.

210.2.- La reforma introducida con esta norma debería favorecer, de entrada, la «itineración» de los expedientes electrónicos y la transmisión de documentos electrónicos entre cualesquiera órganos judiciales o fiscales. Asimismo, uno de sus efectos debería ser la interoperabilidad de datos entre cualesquiera órganos judiciales o fiscales. Igualmente, la norma persigue el acceso a los servicios, procedimientos e informaciones de la Administración de Justicia que afecten a la ciudadanía. En fin, la identificación y firma de los intervinientes en las actuaciones y servicios no presenciales, se encuentra también entre sus objetivos. Todo ello debería facilitar que se solventase una parte relevante de los problemas que han venido aquejando el proceso de digitalización de nuestra administración de justicia.

3. *Algunas manifestaciones clave de la digitalización de la justicia*

211.– La evolución normativa apenas apuntada permite identificar un conjunto de aspectos relevantes del proceso en los que ha incidido la digitalización de la justicia de una manera singular.

211.1.– Al respecto, la doctrina científica ha destacado cuatro grandes sectores de interés: de entrada, la informática jurídica procesal documental, que se centraría en la informatización de archivos judiciales e interconexión de bases de datos y sistemas operativos; en segundo lugar, la informática jurídica procesal de gestión, relativa a la informatización de los trámites y procedimientos, así como a la adaptación de la oficina judicial; en tercer lugar, la informática jurídico decisional, relacionada con la elaboración de sistemas expertos que actúen como herramientas de apoyo a la decisión judicial; por último, el desarrollo de la ciberciudadanía, vinculada a la comunicación de los ciudadanos y los operadores jurídicos[783].

211.2.– A efectos expositivos, a mi juicio, estos núcleos de interés se pueden concretar en la presentación de escritos y la realización de comunicaciones vía electrónica, la implantación del EJE, la documentación de las actuaciones en soporte videográfico, la realización de ciertos actos procesales de manera telemática, incluidas las vistas, las deliberaciones de los órganos colegiados o las subastas judiciales, así como la incorporación de las actuaciones automatizadas, proactivas y asistidas, lo que enlaza con la cuestión relativa a la incorporación de la inteligencia artificial a la actividad judicial[784]. La mayor parte de estas cuestiones cuenta con una regulación de corte general, común para todos los órdenes jurisdiccionales y, en ocasiones, con una regulación específica en el terreno del proceso laboral. Ello conduce a que, en aquellos aspectos en los que no existe un tratamiento laboral específico, se apliquen las previsiones contenidas en la normativa común o de alcance general en el ámbito del proceso social, lo que provoca, con frecuencia, una serie de distorsiones o desajustes, pues tales previsiones no suelen tener en cuenta las singularidades de este procedimiento[785].

---

783 PÉREZ-LUÑO ROBLEDO, E. C. (2019), *op. cit.*, p. 55; en una línea parecida, PÉREZ GAIPO, J. (2019), *op. cit.*, p. 73.

784 He tenido la ocasión de efectuar un primer acercamiento a la materia en NORES TORRES, L. E. (2023), "El proceso de digitalización en la jurisdicción social: algunos avances y perspectivas", *Lex Social. Revista de los derechos sociales*, vol. 13, nº 2, pp. 1-30.

785 Así, por ejemplo, DE LAMO RUBIO, J. (2018-a), "El proceso social digital y el principio de subsanación", *Diario La Ley*, nº 9112, p. 2/8; PÉREZ GAIPO, J. (2019), *op. cit.*, p. 72.

3.1. La presentación de escritos y la realización de comunicaciones vía electrónica

212.– Una primera pieza a resaltar es la relativa a la presentación de escritos y la realización de actos de comunicación por vía telemática, dado que la incorporación de sistemas que permiten llevar a cabo tales actuaciones en dicha forma, en principio, debería coadyuvar a la agilización de los trámites procesales y al abaratamiento de los costes que su realización supone para la Administración de Justicia, aunque no siempre sea así por el esfuerzo que, en ocasiones, la utilización del propio sistema genera[786] y la inversión que su instauración requiere. Y es que, como ha destacado la doctrina, la implantación de estos sistemas exige la dotación de medios materiales y personales, incluyendo la debida capacitación de los funcionarios actuantes y de los usuarios[787]. Una «herramienta decisiva» en el desarrollo de este proceso ha sido la instauración del sistema LexNET[788].

213.– El origen de LexNET está vinculado a la previsión contenida en el art. 230 LOPJ. Éste, desde la reforma introducida por la Ley 16/1994, de 8 de noviembre, recogía la posibilidad de que los ciudadanos se pudiesen relacionar con la Administración de Justicia por medios electrónicos, informáticos y telemáticos. Pues bien, con apoyo en la DA 1ª LOPJ, se dictó el RD 84/2007, de 26 de enero sobre implantación en la Administración de Justicia del sistema informático de telecomunicaciones LexNET para la presentación de escritos y documentos, el traslado de copias y la realización de actos de comunicación procesal por medios telemáticos[789]. Esta

---

786 VÉLEZ TORO, A. J. (2021), *op. cit.*, p. 4/15.

787 CERNADA BADÍA, R. (2019), *op. cit.*, p. 420.

788 La expresión en FERNÁNDEZ NIETO, L. A. (2019), *op. cit.*, p. 8/21.

789 El análisis sobre estos primeros momentos de la instauración del sistema, así como de las dificultades interpretativas que suscitaba esta primera regulación pueden analizarse por medio de DE HOYOS, M. (2008), "Hacia un proceso civil más eficiente: Comunicaciones telemáticas. El sistema LEXNET", en CARPI, F.; ORTELLS RAMOS, M. (Eds.), *Oralidad y escritura en un proceso civil*

regulación sería posteriormente derogada y sustituida por el RD 1065/2015, de 27 de noviembre, actualmente en vigor, sobre comunicaciones electrónicas en la Administración de Justicia en el ámbito territorial del Ministerio de Justicia y por el que se regula el sistema LexNET[790].

213.1.– El art. 12.1 RD 1065/2015 define este sistema como un medio de transmisión seguro de información que mediante el uso de técnicas criptográficas garantiza la presentación de escritos y documentos y la recepción de actos de comunicación, sus fechas de emisión, puesta a disposición y recepción o acceso al contenido de los mismos. Por otra parte, el sistema asegura el contenido íntegro de las comunicaciones y la identificación del remitente y destinatario de las mismas mediante técnicas de autentificación adecuadas, de conformidad con la normativa rectora de tales cuestiones[791].

213.2.– Al respecto, conviene tener presente que la utilización de los canales electrónicos de comunicación con la Administración de Justicia resulta potestativa para los ciudadanos que no estén asistidos o representados por profesionales de la justicia, pudiendo elegir tales personas en todo momento la manera de comunicarse o la forma de recibir comunicaciones y notificaciones. Por el contrario, hay una serie de sujetos para quienes la utilización activa y pasiva de estos medios se presenta como obligada: personas jurídicas, entidades sin personalidad jurídica, quienes ejerzan una actividad

---

eficiente, *Vol. II. Comunicaciones*, Valencia, Universitat de València, pp. 93 y ss.; MARTÍN PASTOR, J. (2008-a), "Un paso importante hacia el proceso telemático en España: el sistema informático de telecomunicaciones LexNET para la presentación de escritos y documentos, el traslado de copias y la realización de actos de comunicación procesal por medios telemáticos", en CARPI, F.; ORTELLS RAMOS, M. (Eds.), *Oralidad y escritura en un proceso civil eficiente*, *Vol. II. Comunicaciones*, Valencia, Universitat de València, pp. 129 y ss.

790 La historia de su implantación puede reconstruirse por medio de CERNADA BADÍA, R. (2019), *op. cit.*, pp. 402-404.

791 Ley 59/2003, de 19 de diciembre, de firma electrónica y Reglamento (UE) 910/2014, de 23 de julio de 2014.

profesional para la que se requiera colegiación obligatoria para los trámites que realicen con la Administración de Justicia en ejercicio de dicha actividad profesional, Notarios y Registradores, quienes representen a un interesado que esté obligado a relacionarse electrónicamente con la Administración de Justicia o funcionarios de las AA.PP. para los trámites y actuaciones que realicen por razón de su cargo. Así se deducía de las previsiones contenidas en los arts. 4 a 8 LUTICAJ, hoy recogidas en los arts. 5 y ss. del RDL 6/2023, de 19 de diciembre, así como del art. 4 RD 1065/2015, de 27 de noviembre. Por otra parte, el art. 5 del último RD mencionado impone sobre Abogados, Procuradores, Graduados Sociales, Abogados del Estado, Letrados de las Cortes Generales, de las Asambleas Legislativas y del Servicio Jurídico de la Administración de la Seguridad Social, de las demás Administraciones Públicas, de las Comunidades Autónomas o de los Entes locales, así como los Colegios de Procuradores y administradores concursales, la obligación de utilizar los sistemas electrónicos existentes en la Administración de Justicia para la presentación de escritos y documentos y para la recepción de actos de comunicación, una obligación que también pesa sobre todos los integrantes de los órganos y oficinas judiciales y fiscales[792].

213.3.– Los sujetos mencionados pueden o deben, según los casos, recurrir al sistema de comunicación electrónica para la realización de una pluralidad de actuaciones, pues las funcionalidades de aquél son variadas. En este sentido, según se desprende del art. 14 RD 1065/2015, de entrada, estaría la presentación y transporte de escritos procesales y de los documentos que con los mismos se acompañen; en segundo lugar, la gestión del traslado de copias; en tercer lugar, la realización de actos de comunicación; en cuarto lugar, la expedición de resguardos electrónicos

---

792 Con mayor detalle, *vid.* CERNADA BADÍA, R. (2019), *op. cit.*, pp. 406 y ss.; asimismo, centrado en el terreno laboral, PÉREZ GAIPO, J. (2019), *op. cit.*, pp. 74 y ss.

acreditativos de la correcta realización de la presentación de escritos y documentos y recepción de actos de comunicación; por último, la constancia en asiento de cada una de las transacciones electrónicas anteriores[793].

213.4.– La aplicación de este conjunto de previsiones en el proceso laboral resulta evidente, pues presentan un marcado alcance general para todos los órdenes jurisdiccionales. Ahora bien, el hecho de que en este específico ámbito de las relaciones jurídicas las principales dificultades aplicativas hayan surgido al hilo de dos cuestiones como son, por un lado, la presentación de escritos y, por otro, la realización de comunicaciones y notificaciones, aconseja centrar la atención en el tratamiento de tales aspectos.

En todo caso, antes de descender a su análisis, me parece oportuno precisar que el sistema LexNET es el sistema de comunicaciones electrónico que opera en el ámbito territorial correspondiente al Ministerio de la Presidencia, Justicia y Relaciones con las Cortes[794] y en gran parte de las CC.AA. con competencias transferidas[795], pero no en todas, pues algunas cuentan con un sistema de comunicaciones diverso. Así sucede en el caso de las CC.AA. de Aragón (Avantius), Cantabria (Vereda), País Vasco (JustiziaSip), Cataluña (JustíciaCat) y Navarra (Avantius)[796].

La variedad en los «sistemas de gestión procesal», es decir, las aplicaciones que se emplean para la tramitación y gestión de

---

793 Sobre estas cuestiones generales, *vid.* CERNADA BADÍA, R. (2019), *op. cit.*, pp. 404-405.; FERNÁNDEZ NIETO, L. A. (2019), *op. cit.*, pp. 4 y ss./21.

794 Estas CC.AA. que «pertenecen» al territorio ministerial son las de Castilla-León, Castilla La Mancha, Extremadura, Murcia e Islas Baleares, así como las ciudades autónomas de Ceuta y Melilla.

795 Las CC.AA. con competencias transferidas en las que opera LexNET son las de Andalucía, Asturias, Canarias, Comunidad Valenciana, Galicia, Madrid y La Rioja.

796 El mapa de comunicaciones está disponible en https://lexnetjusticia.gob.es/mapacomunicaciones, última consulta 8 de septiembre de 2023.

los procedimientos judiciales y como bases de datos para la consulta[797], es algo superior aún, pues conviven hasta diez sistemas distintos: Adriano (Andalucía), Atalante (Canarias), Cicerone (Comunidad Valenciana), Justizia.eus (País Vasco), Libra (Madrid), Themis II/e.justicia.cat (Cataluña), Avantius (Navarra), Vereda (Cantabria), Minerva (resto de CC.AA.) y Fortuny (Ministerio Fiscal)[798]. En todo caso, esta dispersión no afecta a las cuestiones jurídicas que se van a abordar, pues la problemática jurídica de fondo es común en todos los casos.

3.1.1. La presentación de escritos y documentos

214.– Por lo que respecta a la presentación de escritos y documentos, el punto de partida en el ámbito laboral debe ser el art. 44 LRJS, ya que regula el lugar de presentación de los mismos. Este precepto originariamente indicaba que las partes debían presentar todos los escritos y documentos en el registro de la oficina judicial adscrita a los juzgados y salas. No obstante, el apartado segundo permitía la utilización de medios técnicos, con plenos efectos procesales, si las oficinas y las partes contasen con tales medios para el envío y recepción de aquellos, siempre que, por un lado, estuviese garantizada la autenticidad de la comunicación y, por otro, quedase constancia de la remisión y la recepción íntegras, así como de la fecha en que se presenten.

215.– La aprobación de las normas a las que anteriormente me he referido, sobre el uso de las tecnologías de la información y comunicación por la Administración de Justicia y la instauración del sistema LexNET, llevó a modificar el modo en que se llevaban a

---

797 Las diferencias entre los sistemas de comunicación procesal y los de gestión procesal, así como su articulación, en FERNÁNDEZ NIETO, L. A. (2019), *op. cit.*, p. 6/21.

798 Los datos aparecen en https://www.poderjudicial.es/cgpj/es/Temas/e-Justicia/Servicios-informaticos/Ministerio-de-Justicia-y-CCAA/, última consulta 8 de septiembre de 2023.

cabo estas actuaciones. Y es que, como ya he señalado, el uso de la plataforma resultaba obligatoria para la administración y para los profesionales, no así para los ciudadanos particulares quienes tenían el derecho de emplearlos, pero no la obligación, según se derivaba del art. 4 LUTICAJ y del RD 1065/2015, de 27 de noviembre. Así pues, la interposición de la demanda, al igual que la presentación de cualquier otro escrito ulterior y la documentación anexa, debía efectuarse a través de este medio cuando lo efectuase un profesional como puede ser un abogado, un procurador o, en el caso del proceso laboral, un graduado social colegiado[799].

215.1.– Ahora bien, precisamente, sucede que en dicha jurisdicción (esto es, la social) las partes pueden litigar en la instancia por sí mismas, sin necesidad de representación, ni asistencia técnica, según se deriva de los arts. 18 y 21 LRJS. En tales casos, tratándose de personas físicas que no hayan conferido a nadie su representación ni defensa, la presentación de escritos y documentos podría efectuarse por la vía tradicional y en soporte papel. Estos documentos así presentados luego se incorporarían al expediente judicial también en formato digital por el personal al servicio del órgano actuante, previa realización de las operaciones conversoras oportunas, lo que provocaría una cierta duplicidad, al margen de ser ineficiente, caro y contrario a los objetivos perseguidos por la norma[800]. Esa posibilidad de presentación directa por las personas físicas ha llevado a que, en la práctica, con frecuencia sea la propia persona trabajadora quien presenta en nombre propio el escrito redactado por los sujetos encargados de su defensa, así como la documentación adjunta, con lo cual el objetivo inicial de que en los casos en que intervengan los «profesionales» la utilización de los medios tecnológicos resulte

---

799 Algunos de los problemas que suscitó su implantación pueden reconstruirse por medio de SAN CRISTÓBAL VILLANUEVA, J. M. (2020), *op. cit.*, pp. 7 y ss./31.

800 PÉREZ GAIPO, J. (2019), *op. cit.*, p. 81; MOLINS GARCÍA-ATANCE, J. (2021), *op. cit.*, p. 5. En esta línea, con alusión al EJE, DE LA CASA QUESADA, S. (2023), *op. cit.*, p. 124.

obligatoria se ve frustrado. La pandemia provocó que «aflorasen» muchas de estas prácticas[801].

215.2.– Por otro lado, cuando resultaba obligada la utilización del sistema, los escritos y documentos se presentaban digitalizados, es decir, en versión electrónica, salvo aquellos que no fuese posible[802]. Pues bien, con independencia de lo anterior, hay quien entendió que esa necesidad de presentación digitalizada podía retrasar el procedimiento y alertó sobre el riesgo de que se generase indefensión si no se concedía el tiempo necesario para su consulta, así como los medios necesarios[803]. Ello afectaría, fundamentalmente, a la práctica probatoria.

Al respecto, téngase en cuenta que en el proceso laboral las pruebas se proponen y practican el día de la vista oral, sin que resulte necesario aportarlas con antelación, salvo en el caso excepcional previsto en el art. 82.4 LRJS, de conformidad con el cual, de oficio o a instancia de parte, podrá requerirse el previo traslado entre las partes o la aportación anticipada, en soporte preferiblemente informático, con cinco días de antelación al acto de juicio, de la prueba documental o pericial que, por su volumen o complejidad, sea conveniente posibilitar su examen previo al momento de la práctica de la prueba. Pues bien, si nos olvidamos por ahora de este supuesto excepcional y nos situamos en la práctica «ordinaria», la presentación de los documentos el día del juicio, en el caso de ser en papel, exigirá su digitalización ulterior; y si vienen digitalizados,

---

801 La expresión entrecomillada en SAN CRISTÓBAL VILLANUEVA, J. M. (2020), *op. cit.*, p. 6/31.

802 Al respecto, vid. CERDÁ MESEGUER, J. I. (2019), *op. cit.*, pp. 380-381.

803 DE LAMO RUBIO, J. (2018-b), "La prueba documental en el proceso digital y la necesidad de un nuevo modelo de procedimiento social", *Diario La Ley*, nº 9131, p. 5/11; PÉREZ GAIPO, J. (2019), *op. cit.*, p. 81; GÓMEZ ESTEBAN, J. (2020), *op. cit.*, p. 7/12; SAN CRISTÓBAL VILLANUEVA, J. M. (2020), *op. cit.*, p. 18/31; DE LAMO RUBIO, J. (2021), "La conciliación intraprocesal social en el Anteproyecto de Ley de Eficiencia Procesal", *Diario La Ley*, nº 9767, p. 12/15; MOLINS GARCÍA-ATANCE, J. (2021), *op. cit.*, pp. 5 y ss.

requerirá que se facilite el modo para que la otra parte pueda tener acceso a los mismos, analizarlos y, en su caso, impugnarlos, algo para lo que no están preparadas todas las salas. Y, al margen de ello, qué duda cabe que esta actuación presenta unos aspectos negativos en términos de respeto a la celeridad, la contradicción y la igualdad. Por ello, no es de extrañar que se hayan propugnado diferentes alternativas al sistema vigente[804].

En efecto, de entrada, cabría pensar en que la presentación de la demanda ya debiese ir acompañada de los documentos e informes periciales que quieran hacerse valer el día del juicio, algo que, en aras de la igualdad, debería acompañarse de la instauración de una contestación escrita a la demanda con idénticos requerimientos[805]. Y, en ambos casos, haciendo uso de la presentación telemática y digitalización de los documentos. La propuesta ha sido muy contestada sobre la base de una eventual quiebra de los principios que alumbran el procedimiento laboral[806], especialmente en el caso de acciones sujetas a plazos de caducidad breves, donde exigir al demandante la aportación de toda la documentación al tiempo de presentar la demanda le situaría en un escenario complejo de cumplir y de resultado incierto ante la premura con la que debería «preparar» el juicio[807]. Ello explica que se hayan formulado otro tipo de soluciones menos incisivas. Así, en segundo lugar, se ha apuntado como alternativa la conveniencia de que tras la presentación electrónica de los documentos el propio día del juicio, se decrete la suspensión del mismo para proceder a su consulta y a un nuevo señalamiento,

---

804 DE LAMO RUBIO, J. (2018-b), *op. cit.*, pp. 5-8/11; TORRÓ ENGUIX, J. (2018), "Aspectos críticos del proceso laboral y el expediente judicial electrónico", *Revista Derecho Social y Empresa*, nº 9, pp. 22 y ss.; PÉREZ GAIPO, J. (2019), *op. cit.*, pp. 81 y ss.; MOLINS GARCÍA-ATANCE, J. (2021), *op. cit.*, pp. 5 y ss.; DE LA CASA QUESADA, S. (2023), *op. cit.*, p. 138.

805 DE LAMO RUBIO, J. (2018-b), *op. cit.*, p. 8/11; TORRÓ ENGUIX, J. (2018), *op. cit.*, p. 24/25

806 PÉREZ GAIPO, J. (2019), *op. cit.*, p. 81; MOLINS GARCÍA-ATANCE, J. (2021), *op. cit.*, p. 6.

807 MOLINS GARCÍA-ATANCE, J. (2021), *op. cit.*, p. 6.

algo que, a mi juicio, genera un mayor choque con los principios de concentración y celeridad que la propuesta anterior[808]. En fin, en tercer lugar, no faltan soluciones que se mueven en una línea más conservadora y propugnan bien dotar a las salas de vista de los equipos informáticos necesarios, bien generalizar las previsiones del art. 82.4 LRJS a cualquier tipo de prueba documental o pericial[809].

Así las cosas, pese a las dudas que genera, yo me alinearía con quienes defienden el establecimiento de una contestación escrita a la demanda[810], pues considero que su introducción por vía normativa sería conveniente porque los beneficios que reporta son superiores a las contrapartidas que eventualmente pudiera generar en términos de una hipotética vulneración de los principios de oralidad y concentración. En este sentido, no puede olvidarse que la vigencia de los principios señalados no exige que todas las actuaciones respondan en forma pura a ellos, sino un predominio; y ese predominio seguiría estando presente en la celebración de la vista, la cual mantendría su carácter concentrado y oral. Igualmente, también se podría defender la contestación escrita sobre la base de que el proceso laboral tiene sus orígenes en el proceso verbal civil y éste ya ha evolucionado por estos derroteros[811]. Asimismo, si recurrimos a los orígenes del proceso laboral, no cabe duda de que la oralidad en la contestación a la demanda tenía pleno sentido en los inicios del siglo XX, pues dotaba al proceso de mayor rapidez y simplicidad, algo muy importante en dicho momento, no solo por el tipo de conflictos a resolver, sino también por el elevado índice de analfa-

---

808 PÉREZ GAIPO, J. (2019), *op. cit.*, p. 81.

809 PÉREZ GAIPO, J. (2019), *op. cit.*, p. 82; MOLINS GARCÍA-ATANCE, J. (2021), *op. cit.*, pp. 7-8.

810 Entre otros, GARCÍA BECEDAS, G. (2001), *op. cit.*, p. 207; AGUILERA IZQUIERDO, R. (2004), *op. cit.*, p. 262; ALEMAÑ CANO, J. (2008), *Estructura del proceso laboral*, Valencia, Tirant lo Blanch, pp. 123 y 124; DE LAMO RUBIO, J. (2018-b) y (2021), *op. cit.*, pp. 6/11 y 12/15, respectivamente; GÓMEZ ESTEBAN, J. (2020), *op. cit.*, p. 7/12; SERRANO ESPINOSA, G. M.ª (2023), *op. cit.*, *Diario La Ley*, nº 10277, p. 3/9.

811 DE LAMO RUBIO, J. (2018-b), *op. cit.*, pp. 7-8/11

betismo entonces existente y los deficientes instrumentos técnicos y de comunicación de la época. El contexto social, económico y cultural hoy en día es muy distinto, pues ha habido grandes avances educativos y tecnológicos y, precisamente, para afrontar los retos que abre la digitalización de la justicia, la aportación escrita de la demanda, de la contestación y de toda la documentación necesaria con una antelación suficiente aparece como una exigencia inexcusable[812], según se comprobará más adelante. Por otra parte, la LRJS ya ha abierto brechas en esta línea. En este sentido, piénsese en el contenido del art. 87.6 LRJS que permite presentar conclusiones complementarias por escrito en aquellos casos en los que el volumen de la prueba documental o pericial así lo aconseje.

216.– En fin, en todo caso, la aprobación del RDL 6/2023, de 19 de diciembre, no altera las líneas esenciales de este sistema, ni en lo relativo a los sujetos obligados, ni en cuanto a la aportación de escritos y documentos.

216.1.– En efecto, por lo que respecta a la primera cuestión, ciertamente, modifica el art. 44 LRJS en el sentido de simplificarlo. En este sentido, efectúa una remisión al art. 135 LEC con un pequeño matiz por el que se añade la referencia «*pudiendo los trabajadores elegir en todo momento si actúan ante la Administración de Justicia a través de medios electrónicos o no*». Así pues, no se han asumido las propuestas realizadas desde ciertos sectores que defienden la necesidad de dar el salto hacia una digitalización «integral», con independencia de quien intervenga[813], algo que no parece descabellado

---

812 En este sentido, DE LAMO RUBIO, J. (2018-b) y (2021), *op. cit.*, pp. 6/11 y 12/15; GÓMEZ ESTEBAN, J. (2020), *op. cit.*, p. 7/12; SAN CRISTÓBAL VILLANUEVA, J. M. (2020), *op. cit.*, p. 18/31; SERRANO ESPINOSA, G. M.ª (2023), *op. cit*, p. 3/9.

813 CALAZA LÓPEZ, S. (2020), "Ejes esenciales de la justicia post-COVID", *Diario La Ley*, nº 9737, p. 8/20.

si se acompaña de los medios oportunos y de la correspondiente asistencia técnica que permita sortear la eventual brecha digital[814].

Esta preocupación por evitar la brecha digital no era ajena a la LUTICAJ, como corroboraban las previsiones de su art. 5 en el que se instaba a las Administraciones competentes a que habilitasen los canales o medios necesarios para la prestación de los servicios electrónicos, asegurando en todo caso el acceso a los mismos de todos los ciudadanos, con independencia de sus circunstancias personales, medios o conocimientos, en la forma que estimasen adecuadas. A pesar de la amplitud de reconocimiento otorgada, lo cual podía desdibujar el compromiso, el párrafo segundo fijaba unos mínimos a cubrir entre los que destacaban la asistencia y orientación al ciudadano que comparecía y actuaba sin representación y asistencia técnica, los puntos de acceso electrónicos, los servicios de atención telefónica o los puntos de información electrónica.

El RDL 6/2023, de 19 de diciembre da un pequeño paso más en este sentido. Así, por lo pronto, su art. 4 fortalece el compromiso impuesto sobre las administraciones públicas al asignarles el papel de «garantes» en la prestación del servicio. Un servicio que, adicionalmente, el precepto exige ahora que sea prestado a través de unos medios digitales que sean «equivalentes, interoperables y con niveles de calidad equiparables». Por otra parte, aun manteniendo en el apartado tercero el deber de las administraciones públicas relativo a habilitar los diferentes canales o medios necesarios para la prestación del servicio en unos términos similares a los que aparecían en art. 5.2 LUTICAJ, el apartado primero incorpora un listado mínimo de servicios a dispensar. En fin, en términos de medida para superar la eventual brecha digital, una mención especial merece, a mi juicio, la previsión contenida en el art. 33 RDL 6/2023, de 19 de diciembre, de conformidad con el cual el inicio por los ciudadanos de un procedimiento judicial por medios electrónicos en aquellos

---

814 Las posibles vías para superarla en DELGADO MARTÍN, J. (2021), *op. cit.*, pp. 9-10/12.

casos en los que no se precise representación procesal ni asistencia letrada requerirá la puesta a disposición de los interesados, en la sede judicial electrónica, de los correspondientes modelos o impresos normalizados, que deberán ser accesibles sin otras restricciones tecnológicas que las estrictamente derivadas de la utilización de estándares y criterios de comunicación y seguridad aplicables de acuerdo con las normas y protocolos nacionales e internacionales. La medida presenta, obviamente, una especial trascendencia en el terreno del proceso laboral, donde, como es sabido y he recordado en líneas anteriores, tanto la representación procesal como la asistencia técnica presentan un carácter potestativo en la instancia, según se deriva de los arts. 18 y 21 LRJS.

216.2.– En cuanto a la segunda, ninguna de las vías de reforma señaladas anteriormente, como la contestación escrita o la aportación previa de la documentación, tenía acogida en el proyecto de Ley de Eficiencia Procesal que estaba en tramitación antes de la disolución de las Cortes en mayo de 2023, ni tampoco, lógicamente, se vislumbran en el texto del RDL 6/2023, de 19 de diciembre. No obstante, alguna de sus derivaciones se dejaba entrever en una de las modificaciones propuestas en este terreno que finalmente no ha visto la luz. En este sentido, haciéndose eco de una medida recomendada en el plan de choque elaborado por el CGPJ en 2020[815], el proyecto de Ley de Eficiencia Procesal planteaba la separación de los actos de conciliación y juicio a efectos de racionalizar la agenda del juzgado, si bien tenía ciertas implicaciones en la materia tratada, pues el LAJ debería dejar constancia de las razones por las que las partes intervinientes no alcanzaban un acuerdo en su presencia, algo que finalmente no ha prosperado en la reforma aprobada en 2023.

[815] En concreto, se trata de la medida 6.22, desarrollada en las pp. 506 y ss. del Plan de Choque presentado por el CGPJ.

3.1.2. La realización de comunicaciones y notificaciones

217.– La adecuada realización de las comunicaciones tiene una gran relevancia en el proceso en términos de garantía del derecho a la tutela judicial efectiva y a un proceso público con todas las garantías que no genere indefensión[816]. La LRJS destina distintos preceptos a esta cuestión. En efecto, a ello se refieren los arts. 52 y ss. LRJS, en particular, el art. 55 —lugar de las comunicaciones— y el art. 56 —comunicaciones fuera de la oficina judicial—. Estos artículos también han sido objeto de reforma por obra del RDL 6/2023, de 19 de diciembre. Por otra parte, hay que tener presente que los mismos no agotan la materia y que deben ser completados con las previsiones generales y comunes. Así pues, en realidad, a pesar de la referencia en tales preceptos a la realización en el domicilio y a la posibilidad de practicarlas vía telégrafo, fax, correo electrónico, etc., nuevamente hay que tomar en consideración las previsiones presentes en la normativa sobre el uso de la tecnología por la Administración de Justicia y en la LEC, las cuales se han visto afectadas por las modificaciones introducidas por el RDL 6/2023, de 19 de diciembre.

217.1.– El recurso a tales previsiones ha implicado que cuando los sujetos actuantes están obligados al empleo de sistemas telemáticos o electrónicos —LexNET o el que hayan instaurado las CCAA con competencias transferidas— o, sin estarlo, hayan optado por

---

816 Entre otros muchos, DE LAMO RUBIO, J. (2018-c), "Citación telemática a juicios, nulidad de actuaciones judiciales en el orden social", *Diario La Ley*, nº 9181, p. 2/12; FERNÁNDEZ NIETO, L. A. (2019), *op. cit.*, p. 1/21; PÉREZ DAUDÍ, V. (2019), "La justicia ante el reto de las TIC", en CONDE FUENTES, J.; SERRANO HOYO, G. (Dirs.), *La justicia digital en España y en la Unión Europea*, Barcelona, Atelier, p. 89; LÓPEZ BALAGUER, M. (2020), "La incidencia del sistema LEXNET en los actos de comunicación de la jurisdicción social en la doctrina de los tribunales", en SALA FRANCO, T. (Dir.), *Problemas actuales del Proceso Laboral. Homenaje al profesor José M.ª Goerlich Peset con ocasión de sus 25 años como Catedrático de Derecho del Trabajo y la Seguridad Social*, Valencia, Tirant lo Blanch, pp. 189-190.

su utilización, las comunicaciones se debían efectuar por esta vía[817]. Pues bien, en este punto, debe insistirse en que las personas físicas no están obligadas a ello, algo especialmente relevante en el proceso laboral al no requerirse defensa técnica ni representación en la instancia de acuerdo con los arts. 18 y 21 LRJS. Por otra parte, esta obligación ha contado tradicionalmente con otra importante excepción: el primer escrito de emplazamiento o citación que se dirige a la parte demandada, el cual, debe efectuarse a su domicilio de conformidad con el art. 155 LEC. En efecto, a pesar de la problemática que esta cuestión suscitó originariamente en el ámbito doctrinal y judicial con la puesta en marcha del sistema, la cuestión resultó pacífica tras la STC 47/2019, de 8 de abril[818]. No obstante, en el plano propositivo, había quien defendía la conveniencia de instaurar lo contrario, extendiendo la obligatoriedad de LexNET a este escrito, utilizando para ello la Dirección Electrónica Habilitada[819]. A mi juicio, la propuesta es compartible, pues, en la actualidad, las ventajas que en términos de celeridad podría permitir el sistema se diluyen debido a las excepciones con las que cuenta. Asimismo, en este sentido, comparto igualmente las posturas doctrinales que destacan también en este terreno la necesidad de que

817 Al respecto, *vid.* LÓPEZ BALAGUER, M. (2020), *op. cit.*, pp. 189 y ss.

818 La problemática suscitada alrededor de esta cuestión se puede reconstruir por medio de, entre otros, DE LAMO RUBIO, J. (2018-c), *op. cit.*, pp. 4-5/12; TORRÓ ENGUIX, J. (2018), *op. cit.*, pp. 13 y ss; MORENO GARCÍA, L. (2019), “Las notificaciones procesales por medios electrónicos a la luz de la reciente doctrina constitucional”, en CONDE FUENTES, J.; SERRANO HOYO, G. (Dirs.), *La justicia digital en España y en la Unión Europea*, Barcelona, Atelier, pp. 64 y ss.; PÉREZ DAUDÍ, V. (2019), *op. cit.*, pp. 92 y ss.; LÓPEZ BALAGUER, M. (2020), *op. cit.*, pp. 202 y ss.

819 DE LAMO RUBIO, J. (2018-c), *op. cit.*, p. 9/12 y (2019), “Nulidad de actuaciones judiciales y expediente judicial electrónico: la primera citación de los demandados aun no personados”, *Diario La Ley*, nº 9437, p. 10/14. En esta línea también, VALERO CANALES, A. (2020), “Notificaciones telemáticas. Presente y futuro. Novedades ante las modificaciones del estado de alarma”, *Práctica de los Tribunales*, nº 147, pp. 4 y ss./12 o SAN CRISTÓBAL VILLANUEVA, J. M. (2020), *op. cit.*, 8-9/31. En contra, PÉREZ GAIPO, J. (2019), *op. cit.*, pp. 78-79.

todas las comunicaciones se realicen de forma electrónica, incluso con el sector de población sin internet, debiendo la Administración de Justicia paliar el desequilibrio digital, no solo con medios, sino también con la asistencia profesional del personal oportuno[820]. En efecto, la modernización de la justicia debe ir acompañada de medidas que aseguren la universalidad del acceso al proceso digital, garantizando la superación de la eventual brecha digital, la alfabetización digital, la eliminación de desigualdades o la exclusión de cualquier colectivo[821]. En fin, otro aspecto que debería resolverse es el relativo a los problemas de compatibilidad entre los distintos sistemas instaurados en las diversas CC.AA. con competencias en materia de justicia, ya que, en ocasiones, incrementan las trabas[822], por lo que la labor unificadora o, cuando menos, la de garantizar la interoperabilidad se presenta como un objetivo ineludible[823].

217.2.– Al margen de lo anterior, la puesta en marcha del sistema generó ciertos problemas concretos, hoy en día ya superados, relacionados especialmente con dos cuestiones concretas vinculadas entre sí como son, por un lado, el momento de recepción del acto de comunicación y, por otro, la determinación del *dies a quo* para llevar a cabo el cómputo de los plazos a dicha circunstancia ligados.

Y es que el modo de cohonestar el contenido del art. 60.3.II LRJS, por un lado, y los arts. 151.2 y 162 LEC, por otro, resultaba un tanto complejo, pues conducía a resultados dispares al tiempo de determinar en qué momento se entendía realizada la comunicación electrónica cuando el destinatario, estando obligado al uso de los

---

820 CALAZA LÓPEZ, S. (2020), *op. cit.*, p. 8/20

821 TUSET VARELA, D. (2020), *op. cit.*, p. 7/9; en esta línea, CERNADA BADÍA, R. (2019), *op. cit.*, p. 421; DELGADO MARTÍN, J. (2021), *op. cit.*, pp. 9-10/12; GASCÓN INCHAUSTI, F. (2021), *op. cit.*, p. 389.

822 Entre otros, GONZÁLEZ MALABIA, S. (2016), *op. cit.*, 60 y ss.; CERDÁ MESEGUER, J. I. (2019), *op. cit.*, pp. 378-381; SALOM LUCAS, A. (2021), *op. cit.*, p. 2/6.

823 CORTÉS ABAD, O. (2019), *op. cit.*, p. 311.

medios telemáticos, no abría la mencionada comunicación, lo que repercutía en la fijación del *dies a quo* de los plazos que empezasen a correr con la realización de la comunicación de que se tratase[824]. En este sentido, téngase en cuenta que la literalidad del primer precepto señalado —el art. 60.3.II LRJS— apunta a que el acto se tiene por realizado «*al día siguiente a la fecha de recepción que conste en la diligencia o en el resguardo acreditativo de su recepción cuando el acto de comunicación se haya efectuado por los medios y con los requisitos que establece el apartado 1 del art. 162 de la Ley de Enjuiciamiento Civil*», con independencia de que se haya abierto o no la comunicación electrónica, contando a partir de ahí los plazos correspondientes, mientras los segundos —arts. 151.2 y 162 LEC— abrían la puerta a considerar que la comunicación se entendiese realizada en el momento en que se procediese a la apertura, fuese el día de la recepción u otro posterior, y, en todo caso, a los tres días de la misma, cuando el destinatario, estando obligado a ello, no hubiese accedido a su contenido, empezando a partir de tal momento el cómputo de los eventuales plazos que pudieran existir para la realización de otra actuación.

Esta última línea interpretativa fue la que, finalmente, se impuso, con la excepción prevista en el propio precepto relativa a las notificaciones efectuadas por los Colegios de Procuradores, las cuales se consideraban siempre realizadas el día de la recepción y el cómputo de los plazos principiaba siempre al día siguiente de la misma[825]. A ello, ya apuntaba el Acuerdo no jurisdiccional de la

---

824 A este problema ya aludían, entre otros, MARTÍN CONTRERAS, L. (2016), "El «dies a quo» para el inicio del cómputo de los plazos en los actos de comunicación realizados a través del sistema LexNET", *Diario La Ley*, nº 8844, pp. 1 y ss./10; MARTÍNEZ, J. (2016), "Lexnet: análisis de los artículos 56.5 y 60.3.2 LRJS y del cómputo de los plazos procesales en el orden jurisdiccional social en relación con el artículo 162 LEC", *Diario La Ley*, nº 8844, pp. 1 y ss./13.

825 La cuestión puede verse en MARTÍNEZ, J. (2016), *op. cit.*, pp. 1 y ss./13; BAUZA MARTORELL, F. J. (2019), "Cómputo de plazos en el proceso judicial digital", en GÓMEZ MANRESA, M.ª F.; FERNÁNDEZ SALMERÓN,

sala de lo social del TS de 6 de julio de 2016 y se constataba en diversos autos posteriores emanados del mismo tribunal[826], aun con voces críticas al respecto que consideraban que la solución situaba en posición de desventaja a quienes no actuaban representados en el proceso, añadiendo que resultaría contraria a la celeridad esperable del procedimiento[827], un aspecto, ese último, negado por el propio TS de manera expresa en las resoluciones citadas.

218.– La aprobación del RDL 6/2023, de 19 de diciembre, no altera en demasía este esquema en ninguna de las perspectivas apuntadas, esto es, la generalización del sistema y la garantía de universalidad, ni tampoco en lo relativo al primer emplazamiento del demandado, donde se sigue la línea supuestamente marcada por el TC en distintos pronunciamientos[828]. Al respecto, a mi juicio, merece la pena destacar los siguientes aspectos concretos.

218.1.– Así, en relación con la generalización del sistema, por un lado, cabe recordar que la obligación de relacionarse con la Administración de Justicia por vía electrónica puede tener un origen legal o contractual. Pues bien, la reforma de la LRJS se encarga de precisar que esa obligación no se puede imponer contractualmente al trabajador. Así se recoge ahora de forma expresa en el art. 56 LRJS. Por otro lado, por lo que respecta al primer escrito de citación o emplazamiento dirigido a la persona demandada, ya he apuntado que algunas voces doctrinales habían sostenido la conveniencia

---

M. (Coords.), *Modernización digital e innovación de la administración de justicia*, Cizur Menor, Thomson-Reuters Aranzadi, pp. 440 y ss.; CERNADA BADÍA, R. (2019), *op. cit.*, pp. 409-412; FERNÁNDEZ NIETO, L. A. (2019), *op. cit.*, pp. 11-12/21; MORENO GARCÍA, L. (2019), *op. cit.*, pp. 68-69; LÓPEZ BALAGUER, M. (2020), *op. cit.*, pp. 212 y ss.

826 ATS de 29 de noviembre de 2016, rec. 28/2016 o de 6 de febrero de 2019, rec. 49/2018.

827 Así, por ejemplo, PÉREZ GAIPO, J. (2019), *op. cit.*, pp. 75-77. Unos razonamientos que, por otra parte, ya estaba presentes en el trabajo de MARTÍN CONTRERAS, L. (2016), *op, cit.*, p. 9/10, cuando defendía dicha postura.

828 En este sentido, ESCOURIDO PÉREZ-SINDÍN, J. M. (2021), *op. cit.*, p. 7.

de modificarlo e insertarlo en el régimen común[829]. La reforma del art. 155 LEC se mueve en ese sentido con un régimen diverso en función de que se trate de sujetos obligados a relacionarse electrónicamente con la Administración —en cuyo caso, el apartado primero del precepto mencionado prevé que se efectúe electrónicamente y, si en tres días no accede al contenido, se publica en el Tablón Edictal Judicial Único— o no —en cuyo caso, el apartado segundo dispone que se puede emplear el método electrónico o la comunicación al domicilio: el primero surte efectos si se acepta voluntariamente; si en tres días no consta la recepción, se efectúa al domicilio—. No obstante, la aplicación de tales cambios al proceso laboral no resulta clara, a juzgar por el contenido del art. 55 LRJS en la reforma, con unas remisiones un tanto complejas: para los sujetos obligados a las comunicaciones electrónicas o que hayan optado voluntariamente por su utilización se remite al art. 162 LEC en bloque; ahora bien, si tiene por objeto la personación en juicio o la intervención personal de las partes en determinadas actuaciones, el precepto remite al art. 155.2 LEC, donde, según se ha visto, se regulan los casos en que no existe tal obligación y se dispone que para los casos en que la comunicación se haya efectuado dos o más veces se estará a lo dispuesto en el art. 152.6 LEC —efectos de la primera que se verifique—. Así pues, parece dar prioridad en todo caso a la comunicación electrónica seguida del domicilio, sin recurrir al Tablón Edictal Judicial Único.

218.2.– Por lo que respecta a las garantías de universalidad de acceso, el RDL 6/2023, de 19 de diciembre, sigue la senda marcada por la LUTICAJ de 2011, y amplía los derechos en la misma reconocidos. En este sentido, de gran relevancia son las previsiones de sus artículos 4, 5 y 6: el primero en cuanto contempla los servicios electrónicos que deben ser garantizados por las Administraciones

---

829 Así, por ejemplo, VALERO CANALES, A. (2020), *op. cit.*, pp. 4 y ss. / 12 o BARONA VILAR, S. (2020), "Justicia civil post-coronavirus, de la crisis a algunas de las reformas que se avizoran", *Actualidad Jurídica Iberoamericana*, nº 12 bis.

Públicas con competencias en medios materiales y personales de la Administración de Justicia por medios digitales equivalentes, interoperables y con niveles de calidad equiparables; el segundo porque en el mismo figuran los derechos de la ciudadanía a relacionarse con la Administración de Justicia utilizando medios electrónicos y los conexos a la utilización de los mismos; en fin, el último de los preceptos mencionados resulta importante dado que recoge los derechos y obligaciones de los sujetos profesionales, también en este caso tanto el propio derecho a relacionarse con la Administración de Justicia por esta vía, como los derivados de su utilización.

219.– Al margen de lo anterior, más allá de las fronteras estrictamente nacionales, la relevancia de la utilización de las nuevas tecnologías en la realización de los actos de comunicación presenta una especial trascendencia en el ámbito transfronterizo y en los pleitos que surgen, cada vez con mayor frecuencia, en el terreno de las llamadas relaciones laborales internacionales.

219.1.– El interés de la materia resulta muy evidente en el ámbito comunitario donde, de hecho, la normativa actualmente en vigor aparece como resultado, entre otras cosas, de la necesidad de impulsar la digitalización en aras de alcanzar una mayor eficacia y rapidez, así como de garantizar una comunicación e intercambio de documentos seguro entre los usuarios de los sistemas informáticos[830]. En efecto, la sustitución del Reglamento (CE) 1393/2007, de 13 de noviembre, relativo a la notificación y al traslado en los Estados miembros de documentos judiciales y extrajudiciales en materia civil o mercantil —que derogó al Reglamento 1348/2000— por el Reglamento (UE) 2020/1784, de 25 de noviembre, con idéntico nombre, viene en gran parte motivado por tales objetivos. En este

---

[830] Al respecto, *vid.* SÁNCHEZ RUBIO, A. (2019), "Un paso más hacia la E-justicia en la tramitación de asuntos civiles y mercantiles: las notificaciones electrónicas transnacionales", en CONDE FUENTES, J.; SERRANO HOYO, G. (Dirs.), *La justicia digital en España y en la Unión Europea*, Barcelona, Atelier, pp. 110 y ss.

sentido, su considerando noveno es muy significativo al señalar que se deben utilizar todos los medios adecuados de las tecnologías de comunicación modernas a efectos de notificación y traslado de documentos «*con el fin de garantizar la transmisión rápida de documentos entre Estados miembros, siempre que reúnan determinadas condiciones que garanticen la integridad y fiabilidad del documento recibido*», a lo que añade que, con carácter general, toda comunicación e intercambio de documentos debe efectuarse a través de un sistema informático descentralizado seguro y fiable que comprenda sistemas informáticos nacionales que estén interconectados y sean técnicamente interoperables.

219.2.– Ese interés también ha calado en la normativa estrictamente interna, donde el RDL 6/2023, de 19 de diciembre, ha destinado diferentes preceptos al tratamiento de esta trascendente cuestión. En este sentido, merece la pena llamar la atención sobre el contenido de los arts. 55 y 92 del mismo. El primero de los preceptos mencionados, en el marco de las comunicaciones electrónicas, se destina a las que presentan un carácter transfronterizo, exigiendo del Ministerio de Presidencia, Justicia y Relaciones con las Cortes el establecimiento de un servicio o aplicación común como nodo para las comunicaciones electrónicas de tal tipo que cumpla con los requisitos de interoperabilidad que se hayan convenido en el marco de la Unión Europea o, en su caso, de la normativa convencional de aplicación; asimismo, exige que las Comunidades Autónomas con competencias en medios personales y materiales de la Administración de Justicia aseguren la interoperabilidad del sistema que establezcan con el servicio o aplicación común ideado por el Ministerio. Por su parte, el art. 92, incluido en el capítulo relativo al esquema judicial de interoperabilidad y seguridad, lleva por rúbrica la de *Cooperación jurídica internacional y comunicaciones electrónicas transfronterizas* y persigue que las comunicaciones relacionadas con los actos de cooperación de tal naturaleza puedan llevarse a cabo por medios electrónicos que aseguren el cumplimiento de los correspondientes requisitos técnicos y procesales, con una especial preocupación por la interoperabilidad así como por posibilitar la extracción automatizada de los datos relativos al sistema judicial.

3.2. El expediente judicial electrónico

220.– Otro paso relevante en la digitalización de la justicia vino representado por la introducción del EJE mediante la LUTICAJ de 2011. El EJE se presentaba en la Exposición de Motivos de la Ley como el «heredero de los autos» e, inicialmente, se definía por el art. 26 como «*el conjunto de documentos electrónicos correspondientes a un proceso judicial cualquiera que sea el tipo de información que contenga*». La reforma operada en dicho precepto por la DF 7 de la Ley 42/2015, de 5 de octubre, proporcionó una noción más amplia y precisa que ha pasado literalmente al art. 47 RDL 6/2023, de 19 de diciembre. En efecto, el EJE paso a definirse con la reforma operada en 2015 como «*el conjunto de datos, documentos, trámites y actuaciones electrónicas, así como grabaciones audiovisuales correspondientes a un procedimiento judicial, cualquiera que sea el tipo de información que contenga y el formato en el que se hayan generado*», una definición que, como ya he indicado, se mantiene en el RDL 6/2023, de 19 de diciembre. En definitiva, implica la sustitución del papel tradicional por un conjunto de documentos judiciales electrónicos, en concreto, todas las resoluciones y actuaciones que generan los sistemas de gestión procesal y toda la información que tenga acceso al mismo remitida por los profesionales que intervienen en el proceso[831].

220.1.– El EJE aparecía como una pieza clave o motor en el proceso de modernización de la justicia por las ventajas que se derivarían del mismo en términos de celeridad en la adopción de las resoluciones, al ahorrar en recursos y simplificar la gestión procesal. Y

---

[831] Un análisis más profundo en GONZÁLEZ MALABIA, S. (2017), "Claroscuros del expediente judicial electrónico", en BARONA VILAR, S. (Coord.), *Justicia civil y penal en la era global*, Valencia, Tirant lo Blanch, pp. 123-147; ARENAS RAMIRO, M. (2019), *op. cit.*, pp. 243 y ss.; VALERO CANALES, A. L. (2019), *op. cit.*, pp. 343 y ss.

es que, entre otras cosas, el EJE debería poderse consultar de una forma sencilla por vía electrónica por las partes y quienes acrediten interés legítimo, así como permitir la obtención de copia de su contenido, siempre con una serie de medidas de seguridad que garantizasen la integridad, autenticidad, confidencialidad, calidad, protección y conservación de los documentos[832].

220.2.– El resultado, sin embargo, no ha sido tan positivo[833]. Al margen del necesario cambio de mentalidad en los operadores jurídicos, deben destacarse dos cuestiones a las que ya he aludido previamente[834]: por un lado, la imposibilidad de eliminar determinadas actuaciones procesales que requieren de documentos escritos, lo que conduce a su eventual digitalización ulterior y, con ello, a la duplicidad y sobrecarga de trabajo[835]; por otro, la escasez de medios y los déficits en interoperabilidad de los distintos sistemas de gestión procesal existentes (Atlante, Adriano, Avantius, Cicerone, Fortuny Justizia.eus, Libra, Minerva, Themis II o Vereda)[836]. Y es que, la introducción del EJE, además de no haberse completa-

---

832 GONZÁLEZ MALABIA, S. (2017), *op. cit.*, pp. 123 y ss.; ARENAS RAMIRO, M. (2019), *op. cit.*, pp. 272 y ss.; VALERO CANALES, A. L. (2019), *op. cit.*, pp. 345 y ss.

833 GONZÁLEZ MALABIA, S. (2017), *op. cit.*, pp. 127 y ss.; MARTÍN DIZ, F. (2020), *op. cit.*, p. 43.

834 El EJE suscita otros interrogantes específicos como los relacionados con los sujetos que pueden acceder, el modo en que se produce el intercambio de información judicial o su propia conservación. Un acercamiento a las mismas puede efectuarse por medio de ARENAS RAMIRO, M. (2019), *op. cit.*, pp. 268 y ss.

835 GONZÁLEZ MALABIA, S. (2017), *op. cit.*, p. 128; ARENAS RAMIRO, M. (2019), *op. cit.*, p. 258; MOLINS GARCÍA-ATANCE, J. (2021), *op. cit.*, p. 4; DE LA CASA QUESADA, S. (2023), *op. cit.*, p. 124.

836 GONZÁLEZ MALABIA, S. (2017), *op. cit.*, p. 128; CERDÁ MESEGUER, J. I. (2019), *op. cit.*, pp. 378-379; CORTÉS ABAD, O. (2019), *op. cit.*, pp. 311-312; VALERO CANALES, A. L. (2019), *op. cit.*, p. 345.

do[837], presenta demasiados «claroscuros»[838]. De entrada, la teórica mayor accesibilidad no resulta siempre ser tal, pues el EJE no puede abrirse desde cualquier punto —así, por ejemplo, desde conexiones remotas; en ocasiones, ni siquiera en la propia sala de vistas por la falta de wifi—. Por otro lado, la reducción de costes en papel y liberación de espacios en sedes y archivos, se difumina por la posible ulterior aportación de documentos en papel y su posterior digitalización, lo que genera una duplicidad y consume tiempo. Asimismo, a veces, la labor judicial se ve dificultada por la sustitución del papel, como sucede con ciertas fotos, planos, informes, etc., enviados con reducciones o en blanco y negro para que no pesen y cuya visualización en pantalla puede resultar compleja. En definitiva, las nuevas tecnologías deberían procurar una mayor celeridad, pero, en realidad, dado que ello depende de los instrumentos técnicos, en ocasiones, retrasan la labor, como ocurre cuando se produce la imposibilidad de abrir un archivo, localizarlo o firmarlo. Y es que, una «exigencia indeclinable» es dotar a la Administración de Justicia de sistemas tecnológicos viables, operativos y avanzados[839].

221.– El RDL 6/2023, de 19 de diciembre, no incide demasiado en las cuestiones vinculadas al EJE cuya noción, como ya he indicado, se mantiene. Ciertamente, de manera muy loable, el citado RDL incluye entre sus líneas de actuación las cuestiones relacionadas con la interconexión y la interoperabilidad a través de una pluralidad de intenciones y medidas cuya actuación, en todo caso, requerirán de decisiones inversoras concretas. Al margen de las cuestiones de carácter más técnico, en aras de evitar la duplicidad —presentación en soporte papel de documentos y ulterior digitalización— tan solo se incide en el envío del expediente admi-

---

837 SALOM LUCAS, A. (2021), *op. cit.*, p. 3/6.

838 GONZÁLEZ MALABIA, S. (2017), *op. cit.*, pp. 127 y ss.; en esta línea, CERDÁ MESEGUER, J. I. (2019), *op. cit.*, pp. 377-384; SALOM LUCAS, A. (2021), *op. cit.*, p. 3/6.

839 VALERO CANALES, A. L. (2019), *op. cit.*, p. 345.

nistrativo «digitalizado»[840], configurando la remisión en dicho formato como obligatoria, pero se hace, exclusivamente, en el terreno del proceso contencioso-administrativo, al modificar los arts. 116 y 127 de la Ley de la Jurisdicción Contencioso Administrativa (LJCA), sin que se introduzca modificación alguna al respecto en el proceso laboral, donde los arts. 77.2, 82.4, 124.9 y 10 y 143.1 configuran la remisión digital como facultativa[841].

3.3. La documentación de las actuaciones y de las decisiones

222.– Un tercer bloque de materias donde se aprecia la influencia de la digitalización es el relacionado con la documentación de las actuaciones procesales y de las decisiones judiciales.

3.3.1. La documentación de las actuaciones...

223.– Por lo que respecta a la primera cuestión, el desarrollo del juicio quedaba en el pasado reflejado en el acta que se iba extendiendo por el secretario judicial (hoy, LAJ) y que reflejaba todo lo que había sucedido a lo largo de la tramitación. La Ley 13/2009, de 3 de noviembre, de reforma de la legislación procesal para la implantación de la oficina judicial, alteró sustancialmente esta concepción del acta e incorporó las nuevas tecnologías también en lo relativo a la documentación de las actuaciones orales en vistas, audiencias y comparecencias. Así, siguiendo la senda de lo que ya había sucedido en el ámbito del proceso civil con la LEC, el desarrollo del proceso laboral tras la reforma operada en 2009 pasó a registrarse con carácter general en soporte apto para la grabación y reproducción de

---

840 Los problemas específicos que esta remisión suscita pueden analizarse en DELGADO BÁIDEZ, J. M.ª (2019), "Incorporación del expediente administrativo al proceso judicial", en GÓMEZ MANRESA, M.ª F.; FERNÁNDEZ SALMERÓN, M. (Coords.), *Modernización digital e innovación de la administración de justicia*, Cizur Menor, Thomson-Reuters Aranzadi, pp. 449 y ss.

841 DE LA CASA QUESADA, R. (2023), *op. cit.*, p. 124.

la imagen y del sonido, según indicaba el art. 89.1 LPL reformado y recoge hoy el art. 89 LRJS. Unas previsiones que, como decía, beben directamente de lo experimentado en el terreno civil y que vienen a reproducir lo establecido en los arts. 146 y 147 LEC[842]. En todo caso, ello no ha implicado que las actas «tradicionales» hayan desaparecido totalmente.

223.1.– En efecto, en principio, el acta ya no resulta necesaria cuando se hayan empleado estos medios y además se pueda garantizar la autenticidad e integridad de lo grabado o reproducido mediante sistemas que conforme a la ley ofrezcan tales garantías, como la firma electrónica. En tal caso, ni siquiera se requiere la presencia en sala del LAJ durante el juicio, salvo que se den las circunstancias excepcionales del art. 89.2 LRJS (por ejemplo, que medie solicitud de las partes o se trate de un asunto muy complejo), algo que conduciría además a la necesidad de levantar un acta «sucinta».

223.2.– Ahora bien, cuando los mecanismos que garantizan la autenticidad e integridad de lo grabado o reproducido no pudieran ser utilizados, será necesaria la presencia del LAJ y éste deberá extender un acta «sucinta» en los términos recogidos por el art. 89.3 LRJS donde se alude a que recoja los siguientes extremos: lugar y fecha de celebración, juez o tribunal que preside el acto, peticiones y propuestas de las partes, medios de prueba propuestos por ellas, declaración de su pertinencia o impertinencia, resoluciones que adopte el juez o tribunal, así como las circunstancias e incidencias que no pudieran constar en aquel soporte.

223.3.– En fin, por último, seguirá siendo necesaria un acta, ahora más detallada, en los casos en que los medios de registro de

---

842 El análisis de su introducción y desarrollo en el proceso civil puede efectuarse por medio de ADÁN DOMÉNECH, F. (2008), "Problemática judicial de la documentación de las actuaciones judiciales", en CARPI, F.; ORTELLS RAMOS, M. (Eds.), *Oralidad y escritura en un proceso civil eficiente, Vol. II. Comunicaciones*, Valencia, Universitat de València, pp. 41 y ss.

la imagen y sonido no pudieran ser utilizados, concretando el art. 89.4 LRJS los aspectos que en tales casos debe reflejar que, en este caso, son mayores. Así, de entrada, el lugar, fecha, juez o tribunal que preside el acto, las partes comparecientes, representantes y defensores que les asisten. En segundo lugar, un breve resumen de las alegaciones de las partes, medios de prueba propuestos por ellas, declaración expresa de su pertinencia o impertinencia, así como, en su caso, razones de la negación y protesta. En tercer lugar, respecto las pruebas admitidas y practicadas, un resumen suficiente de las de interrogatorio de parte y de testigos, una relación circunstanciada de los documentos presentados, o datos suficientes que permitan identificarlos, cuando su elevado número así lo aconseje, una relación de las incidencias planteadas en juicio respecto la prueba documental, un resumen suficiente de los informes periciales, así como también de la resolución del juez o tribunal en torno a las recusaciones propuestas de los peritos y un resumen de las declaraciones de los asesores, si su dictamen no se elaboró por escrito e incorporó a los autos. En cuarto lugar, las conclusiones y peticiones concretas formuladas por las partes. Por último, la declaración hecha por el juez o tribunal de conclusión de los autos mandando traerlos a la vista para sentencia.

223.4.– La extensión del acta, cuando la misma se haya realizado, sea la sucinta del art. 89.3 LRJS o la más detallada del art. 89.4 LRJS, se hará por procedimientos informáticos, sin que pueda ser manuscrita más que en las ocasiones en que la sala en que se esté celebrando el juicio careciera de medios informáticos. A pesar de la claridad del mandato contenido en el art. 89.5 LRJS, donde tan solo se exceptúan de la prohibición los supuestos en los que la sala o el lugar de celebración de las actuaciones careciesen de medios informáticos, no son de extrañar las solicitudes de extensión por escrito.

224.– La medida comentada, vista originariamente con recelo, se ha revelado muy efectiva y eficiente como mecanismo para documentar el proceso. En este sentido, cabe destacar dos aspectos: por un lado, ha liberado a los LAJ de la necesaria presencia en la vista, así como de la redacción del acta, pudiendo destinar el tiempo liberado a la realización de otros cometidos de mayor calado; por otro, ha facilitado la labor de los profesionales quienes ya no se ven en la necesidad de leer minuciosamente el acta y comprobar que refleja fielmente lo acontecido en el juicio, una labor de gran relevancia por cuanto aquello que no consta en el acta es como si no hubiese tenido lugar[843]. Por ello, no es de extrañar que desde los sectores profesionales se propugne su implantación definitiva y la mejora del sistema[844]. Y es que, a pesar de las bondades del sistema, ello no significa que sea infalible; de hecho, en ocasiones, puede tener algún tipo de fallo o incidencia, surgiendo la duda sobre sus consecuencias[845].

224.1.– A esta cuestión ha tenido que enfrentarse recientemente la sala cuarta del TS. Así, al hilo de un supuesto en que la grabación no había quedado registrada, algo que se constata al intentar recurrir la sentencia de instancia en suplicación por la vía de la revisión fáctica, el Alto Tribunal ha indicado que el fallo no implica por sí mismo una nulidad de las actuaciones, sino que para que ello se produzca debe haber provocado indefensión en la parte[846]. Así pues, en el supuesto en cuestión, en la medida en que lo perseguido en el recurso se relacionaba con el testimonio depuesto por un testigo y la revisión fáctica basada en dicha prueba no tiene acceso a suplicación ni a casación, la pretensión se desestima.

---

843 GONZÁLEZ MALABIA, S. (2016), *op. cit.*, p. 64.

844 BUENO BENEDÍ, M. (2022), *op. cit.*, p. 3/22.

845 Al respecto, *vid.* ADÁN DOMÉNECH, F. (2008), *op. cit.*, pp. 43 y ss.; GARCÍA-LUBÉN BARTHE, L. (2008), "Problemas que plantean los defectos de grabación de la vista en los juicios orales", en CARPI, F.; ORTELLS RAMOS, M. (Eds.), *Oralidad y escritura en un proceso civil eficiente*, *Vol. II. Comunicaciones*, Valencia, Universitat de València, pp. 61 y ss.

846 STS de 10 de enero de 2023, rec. 4071/2019.

224.2.– Por lo que respecta a la mejora del sistema, tal y como he avanzado, la aprobación del RDL 6/2023, de 19 de diciembre, ha tenido una incidencia mínima en este terreno, si bien resulta posible detectar algunas innovaciones, más allá de las previsiones encargadas de regular la fe pública judicial y la documentación de las actuaciones, que presentan un interés relativo.

En efecto, en el primer sentido, se ha limitado, por un lado, a simplificar parcialmente el precepto mediante una sencilla remisión a los arts. 146 y 147 LEC cuyo contenido, por lo demás, es coincidente con el anteriormente reseñado (innecesariedad del acta convencional cuando hay grabación; supuestos y contenido del acta «sucinta»; supuestos y contenido del acta «detallada»); por otro lado, ha introducido unos cambios menores en el art. 89 LRJS, como son, la actualización de la referencia al secretario judicial, sustituyéndola por la mención del LAJ y, además, satisfaciendo la perspectiva de género; en fin, aun siendo también de carácter menor, desaparece la referencia «general» a la custodia del documento electrónico que sirve de soporte a la grabación por parte del LAJ, de manera que ese cometido ahora se limita a los casos en que los sistemas no provean de EJE, respecto del cual, por cierto, se introduce la previsión relativa a que la oficina judicial asegure la correcta incorporación al mismo de la grabación.

En cuanto a las innovaciones «extrasistemáticas», hay que llamar la atención sobre la incidencia del RDL 6/2023, de 19 de diciembre, en los arts. 312, 354, 369 y 374 LEC, concretamente, en materia de interrogatorio domiciliario de las partes y testigos (arts. 312 y 374 LEC), así como en sede del reconocimiento judicial (arts. 354 y 359). Y es que no todas las actuaciones que integran el proceso se celebran en la sede del órgano jurisdiccional. Así, tanto en el caso del interrogatorio domiciliario de las partes como de los testigos, los arts. 312 y 374 LEC ahora abren la puerta a que, si se cuenta con los medios tecnológicos necesarios y el órgano jurisdiccional actuante considera que resulta posible la grabación del interrogatorio sin afectar la protección de la intimidad o dignidad de la persona, así lo ordene, pudiendo ser la grabación únicamente de audio. Pues bien, si así se hiciere, el LAJ garantizará la autenticidad e integridad de lo grabado o reproducido mediante la utilización de la firma electrónica u otro sistema de seguridad que conforme a la ley ofrezca tales garantías. En definitiva, se extiende la sustitución del acta tradicional por la grabación a estas situaciones. Y algo similar sucede en el caso del reconocimiento judicial, según se aprecia en la nueva redacción dada a los arts. 358 y 359 LEC por el art. 103, números sesenta dos y sesenta y tres, del RDL 6/2023, de 19 de diciembre.

3.3.2. … y de las decisiones

225.– Los avances tecnológicos también han tenido una enorme repercusión positiva en las labores de documentar las resoluciones que se adoptan a lo largo del proceso, haciéndolas accesibles a los ciudadanos en general y, de manera particular, a los operadores jurídicos. Al respecto, debe tenerse en cuenta que una parte muy importante de la actividad judicial se basa en el conocimiento, el cual se encuentra íntimamente ligado a la posibilidad de acceder a toda esa información, así como a la capacidad para gestionarla y utilizarla. Esa gestión del conocimiento judicial contribuye a la modernización de la Justicia, pues permite establecer una metodología de trabajo más eficiente en el ejercicio de la función jurisdiccional[847]. Y es que la modernización implica unos sistemas adecuados de archivo que permitan administrar, guardar y gestionar las distintas resoluciones emanadas de los órganos judiciales, así como otro tipo de documentos como estudios e informes. Pues bien, en esto contexto, nació el CENDOJ, cuyo Reglamento de funcionamiento se aprobó por Acuerdo del CGPJ el 7 de mayo de 1997 y cuya referencia se incorporaría en el art. 619 LOPJ con la reforma de la LO 4/2013.

---

847 En relación con la relevancia de la informática jurídica documental y de gestión, *vid.*, PÉREZ-LUÑO ROBLEDO, E. C. (2019), *op. cit.*, pp. 52 y ss.

226.– El CENDOJ se define por la norma precitada como «*un órgano técnico del CGPJ, cuyas funciones son la selección, la ordenación el tratamiento, la difusión y la publicación de información jurídica legislativa, jurisprudencial y doctrinal*». Además, colabora en la implantación de las decisiones adoptadas por el CGPJ en materia de armonización de los sistemas informáticos que redunden en una mayor eficiencia de la actividad de los Juzgados y Tribunales. Y es que una de las funciones más relevantes del CENDOJ es la publicación oficial de la jurisprudencia, si bien no es la única, pues ofrece importantes servicios de apoyo, formación e información a los miembros de la Carrera Judicial facilitándoles el acceso a todo tipo de fuentes documentales empleadas en el desarrollo de la actividad judicial[848].

226.1.– Por lo que respecta a la publicación de la jurisprudencia, el CENDOJ se encarga de publicar oficialmente los autos y sentencias procedentes de los Tribunales colegiados españoles y de difundirla a toda la ciudadanía de forma universal y gratuita a través de la web del poder judicial, tras los correspondientes procesos técnicos. Por otra parte, por lo que respecta a las resoluciones de los órganos unipersonales recopila aquellas que han sido seleccionadas por sus titulares como de interés jurídico relevante. Las resoluciones que llegan al CENDOJ se someten a un tratamiento informático que completa un ciclo hasta su transformación en un formato homogéneo y que conlleva una serie de procesos sucesivos de digitalización, estructuración del cuerpo de la sentencia, marcado de los formatos de texto, extracción de campos de la resolución, disociación de datos de carácter personal, marcado de referencias a legislación y jurisprudencia y elaboración del archivo informático. Una vez efectuado el control de calidad del proceso de tratamiento, se procede a la difusión de las resoluciones en la web, tanto en la base de datos de acceso público, bajo la denominación de «Jurisprudencia», como en

[848] La información en https://www.poderjudicial.es/cgpj/es/Temas/Centro-de-Documentacion-Judicial--CENDOJ-/20-Anos-CENDOJ/, último acceso 8 de septiembre de 2023.

el Fondo Documental CENDOJ. La base de datos pública, a la que puede acceder de forma gratuita cualquier ciudadano interesado en conocer los criterios de decisión de los tribunales, contiene a día de hoy más de 6 millones de resoluciones; por su parte, el Fondo Documental CENDOJ, que se ofrece en el entorno restringido para la Carrera Judicial, incluye en torno a 300.000 resoluciones que cuentan con un importante valor añadido consistente en el análisis jurídico realizado por letrados del Gabinete Técnico del Tribunal Supremo o magistrados de la Audiencia Nacional, los Tribunales Superiores de Justicia y las Audiencias Provinciales.

226.2.– Por otra parte, el CENDOJ también tiene encomendada la labor de concepción, diseño, producción, securización, gestión técnica y de contenido documental, administración, desarrollo y mantenimiento del portal web público y privado www.poderjudicial.es, vía a través de la cual se accede a la mayor parte de los servicios que presta el Centro. Ese entorno privado ofrece a los integrantes de la carrera judicial no solo los ya señalados valores añadidos en jurisprudencia, sino también el acceso a publicaciones y a los dosieres que elabora o la atención de consultas documentales y de jurisprudencia. Asimismo, posibilita y administra foros de debate, proporciona y gestiona el correo corporativo, facilita formularios *on line* y otras muchas aplicaciones, impartiendo además formación sobre todas ellas, con el objetivo de constituir una herramienta útil y eficiente para la realización del trabajo diario de sus miembros. En fin, no menos relevantes son sus funciones de establecer y mantener alianzas y relaciones estratégicas mediante convenios, realizar asesorías en cooperación jurídica internacional, prestar apoyo técnico y jurídico para la creación de Centros de Documentación judicial en otros países o participar en diversos grupos de trabajo y comisiones, interviniendo en cursos y congresos.

226.3.– Por lo demás, más allá de su finalidad primaria en relación con los procedimientos en los que son dictadas, las resoluciones judiciales resultan de interés general. Así se entiende que sean objeto de utilización por los distintos operadores jurídicos y por el conjunto de ciudadanos. Pues bien, en la cadena de transmisión de esa información a los destinatarios de la misma aparecen agentes intermediarios que, aportando a dicha información un valor añadido de mayor o menor alcance, hacen una reutilización de aquélla, sea o no con fines comerciales. Ello enlaza con otra función relevante que corresponde al CENDOJ como es la de gestionar el suministro de las resoluciones a los diversos «reutilizadores», con las condiciones establecidas en la Ley 18/2015, de 9 de julio, sobre Reutilización de la Información del Sector Público, y la de atender solicitudes que no son constitutivas de reutilización[849].

3.4. La realización telemática de actuaciones procesales, incluidas las vistas

227.– El cuarto aspecto en el que se constata el influjo de la digitalización y al que me quiero referir es el relativo a la realización telemática de las actuaciones procesales y preprocesales, como la conciliación o mediación previa, la conciliación judicial, las deliberaciones de los órganos colegiados y, singularmente, las vistas. Esta posibilidad experimentó un fuerte empuje con la pandemia[850]

---

849 La rica problemática que suscita la cuestión de la «reutilización» supera los objetivos de este trabajo, pero puede efectuarse un acercamiento a la misma a través de FERNÁNDEZ SALMERÓN, M. (2019), "De la reutilización de sentencias al «Big Data» judicial. Aproximación a la metamorfosis experimentada por los modelos de uso de la información en el marco de la actividad jurisdiccional", en GÓMEZ MANRESA, M.ª F.; FERNÁNDEZ SALMERÓN, M. (Coords.), *Modernización digital e innovación de la administración de justicia*, Cizur Menor, Thomson-Reuters Aranzadi, pp. 64 y ss., y bibliografía por él mencionada.

850 La afirmación es casi un lugar común en la doctrina: CABEZUDO BAJO, M.ª J. (2020), "Avance hacia un juicio penal íntegramente telemático mediante un uso generalizado de la videoconferencia: eficiencia y derechos fundamentales", *Revista General de Derecho Procesal*, nº 52, p. 8/39; GARCÍA SANZ, J.; GONZÁLEZ GUIMARAES DA SILVA, J. (2020), *op. cit.*, p. 1/50; LOREDO COLUNGA, M. (2020), "Actuaciones procesales con presencia telemática (o cómo hacer de la necesidad virtud)", *Práctica de los Tribunales*, 2020, nº 146, p.

y debería sobrevivir a ella, eso sí, superando una serie de retos[851]. De entrada, la doctrina venía exigiendo la aprobación de un marco normativo más preciso que el actual[852], algo que la promulgación del RDL 6/2023, de 19 de diciembre, ha paliado parcialmente. Por otra parte, la puesta a disposición de una mayor dotación económica para afrontar las inversiones necesarias[853]. Asimismo, también resulta indispensable el desarrollo de unos medios tecnológicos modernos y eficaces[854], entre ellos, una plataforma judicial digital adecuada[855]. En fin, tampoco puede faltar la adopción de las medidas formativas oportunas[856], una formación que debe ir dirigida no

---

3/16; MAGRO SERVET, V. (2020-a) y (2020-b), *op. cit.*, pp. 2/12 y p. 2/8, respectivamente; SAN CRISTÓBAL VILLANUEVA, J. M. (2020), *op. cit.*, p. 12/31; CARDONA FERNÁNDEZ, A. M. (2021), "La celebración de juicios telemáticos: ¿es la solución a la pandemia y al colapso judicial?", *Diario La Ley*, nº 9786, p. 1/4; GARCÍA-VARELA IGLESIAS, R. (2021), *op. cit.*, p. 1/23; GASCÓN INCHAUSTI, F. (2021), *op. cit.*, pp. 387-388; GUERRA GONZÁLEZ, R. (2021), "Generalización de los juicios celebrados por videoconferencia, *Diario La Ley*, 2021, nº 9854, p. 2/18; RAYÓN BALLESTEROS, M.ª C. (2022), *op. cit.*, p. 190; SANCHIS CRESPO, C. (2022), "Vistas telemáticas y plataformas digitales: algunas cuestiones", *Revista Boliviana de Derecho*, nº 33, p. 366.

851 MARTÍN PASTOR, J. (2008-b), "Bases para el desarrollo del proceso telemático en el proceso civil español", en CARPI, F.; ORTELLS RAMOS, M. (Eds.), *Oralidad y escritura en un proceso civil eficiente*, *Vol. II. Comunicaciones*, Valencia, Universitat de València, p. 116. En esta línea, CALAZA LÓPEZ, S. (2020), *op. cit.*, pp. 6-7/20.

852 CALAZA LÓPEZ, S. (2020), *op. cit.*, pp. 6-7/20; GÓMEZ ESTEBAN, J. (2020), *op. cit.*, p. 11/12; BUENO BENEDÍ, M. (2022), *op. cit.*, p. 2/22.

853 ABELLÁN ALBERTOS, A. (2020), *op. cit.*, pp. 2-3/23; CALAZA LÓPEZ, S. (2020), *op. cit.*, pp. 6-7/20; BUENO BENEDÍ, M. (2022), *op. cit.*, pp. 2 y ss./22; RAYÓN BALLESTEROS, M.ª C. (2022), *op. cit.*, p. 196.

854 GÓMEZ ESTEBAN, J. (2020), *op. cit.*, p. 11/12; LOREDO COLUNGA, M. (2020), p. 4/16; BUENO BENEDÍ, M. (2022), *op. cit.*, pp. 2 y ss./22.

855 CALAZA LÓPEZ, S. (2020), *op. cit.*, pp. 6-7/20.

856 PÉREZ-LUÑO ROBLEDO, E. C. (2019), *op. cit.*, p. 57; ABELLÁN ALBERTOS, A. (2020), *op. cit.*, pp. 2-3/23; LOZANO GAGO, M.ª L. (2020), *op. cit.*, p. 7/20; DELGADO MARTÍN, J. (2021), *op. cit.*, pp. 2-3/23; BUENO BENEDÍ, M. (2022), *op. cit.*, p. 4/22; RAYÓN BALLESTEROS, M.ª C. (2022), *op. cit.*, p. 196.

solo a los miembros de la Administración de Justicia, sino también a los usuarios[857] a quienes se debe implicar[858]; es más, incluso se ha señalado que el déficit formativo se debería paliar integrando la materia en los temarios de la oposición y máster[859].

3.4.1. El apoyo o fundamento normativo a su admisibilidad

228.– La conveniencia de contar con un marco legal preciso no implicaba que los órganos jurisdiccionales no dispusieran desde hace algún tiempo con un claro apoyo normativo para desarrollar actuaciones procesales por medio de videoconferencia, incluidas las vistas. Al respecto, de hecho, existían distintas previsiones que permitían fundamentar dicha posibilidad, a las que ahora hay que unir las que ha introducido la reforma operada por el RDL 6/2023, de 19 de diciembre.

229.– En este sentido, de entrada, en el plano internacional y supranacional existe una pluralidad de instrumentos normativos, tanto convenios ratificados por España, como normas UE, que recogen esta posibilidad y cada vez de un modo más incisivo, algo que no es de extrañar, pues presenta una gran utilidad, especialmente, en los asuntos transfronterizos o los derivados de las llamadas «relaciones laborales internacionales», ya que mejora y simplifica la cooperación jurisdiccional y presenta enormes ventajas tanto para los intervinientes como para la propia tramitación[860].

229.1.– Así, por un lado, hay que destacar un amplio conjunto de normas en el ámbito del proceso penal, relacionadas con la colaboración judicial entre Estados, que prevén el recurso a este

857 TUSET VARELA, D. (2020), *op. cit.*, p. 7/9.
858 LOREDO COLUNGA, M. (2020), *op. cit.*, p. 4/16.
859 LOZANO GAGO, M.ª L. (2020), *op. cit.*, p. 7/20.
860 En este sentido, por ejemplo, TIERNO BARRIOS, S. (2019), *op. cit.*, p. 122.

medio[861]. Así, cabe citar el Estatuto de Roma de la Corte Penal Internacional de 17 de julio de 1998 (arts. 63 y 68), las Convenciones de Naciones Unidas contra la delincuencia organizada internacional (arts. 18 y 24) y contra la corrupción (art. 32), realizadas en Nueva York el 15 de noviembre de 2000 y el 31 de octubre de 2003, respectivamente; el Convenio de Bruselas sobre asistencia judicial en materia penal entre los Estados miembros de la Unión Europea de 29 de mayo de 2000 (art. 10 sobre audición por videoconferencia y art. 11 relativo a la audición telefónica para testigos y peritos); la Directiva 2012/29/UE, de 25 de octubre, por la que se establecen normas mínimas sobre los derechos, el apoyo y la protección de víctimas de delitos (art. 17); la Directiva 2013/48/UE de 22 de octubre de 2013 sobre el derecho de asistencia de letrado en los procesos penales y en los procedimientos relativos a la orden de detención europea (considerandos 23 y 30); la Directiva 2014/41/CE, de 3 de abril de 2014, relativa a la orden europea de investigación en materia penal (art. 24).

229.2.– Esta fuerte presencia en el terreno penal no implica, por otro lado, que sean ajenas a la tramitación de los asuntos civiles. Así, nuevamente en el ámbito de la colaboración entre Estados, cabe aludir al Reglamento UE 2020/1783 de 25 de noviembre, que sustituye al Reglamento (CE) 1206/2001, de 28 de mayo, sobre cooperación entre los órganos jurisdiccionales de los Estados miembros en el ámbito de la obtención de pruebas en materia civil o mercantil (entendidas éstas en sentido amplio, esto es, incluyendo la laboral), pues se trata de un espacio en el que el respaldo a este instrumento ha sido especialmente nítido[862]. Y es que dicho Reglamento prevé el recurso a las videoconferencias para la práctica de

---

861 Al respecto, *vid.* TIERNO BARRIOS, S. (2019), *op. cit.*, pp. 118-119; FERNÁNDEZ-FIGARES MORALES, M.ª J. (2021), *Audiencias telemáticas e la justicia. Presente y futuro*, Valencia, Tirant lo Blanch, pp. 29 y ss.; CABEZUDO BAJO, M. (2020), *op. cit.*, pp. 3 y ss.; VÉLEZ TORO, A. J. (2021), *op. cit.*, p. 8/25.

862 TIERNO BARRIOS, S. (2019), *op. cit.*, p. 120.

determinadas actuaciones, siendo, precisamente, el impulso dado a las mismas —ya posibles en el texto de 2001— uno de los elementos claves del texto aprobado en 2020, donde se destina todo un precepto a su regulación (art. 20).

229.3.– En fin, omnicomprensivo de ambas materias, no puede dejar de mencionarse el *Convenio Iberoamericano sobre el uso de la videoconferencia en la Cooperación Internacional entre Sistemas de Justicia, hecho en Mar del Plata el 3 de diciembre de 2020* y que resulta aplicable a la materia civil, mercantil y penal.

230.– Al margen de estas previsiones procedentes de las altas instancias internacionales o comunitarias, el ordenamiento estrictamente interno proporciona base suficiente para poder recurrir a la videoconferencia tal y como evidencia la evolución normativa habida durante las últimas décadas.

230.1.– Así, la reforma operada en la LOPJ y en la LECrim por la LO 13/2003 constituyen el motor del recurso a las videoconferencias en nuestra práctica forense por las ventajas que suponen. Y es que tales normas incorporan de forma clara este instrumento en nuestro ordenamiento procesal[863]: en el marco del primer texto citado, al añadirse un apartado 3 al art. 229 LOPJ en el que se contiene una alusión expresa relativa a la posibilidad de que ciertas actuaciones —en concreto, declaraciones, interrogatorios, testimonios, careos, exploraciones, informes, ratificación de periciales y vistas— puedan llevarse a cabo por medio de videoconferencia;

---

863 MARTÍN PASTOR, J. (2008-b), *op. cit.*, p. 121; TIERNO BARRIOS, S. (2019), *op. cit.*, p. 118; CABEZUDO BAJO, M. (2020), *op. cit.*, pp. 9 y ss.; GARCÍA SANZ, J.; GONZALEZ GUIMARAES DA SILVA, J. (2020), *op. cit.*, p. 13/50; MAGRO SERVET, V. (2020-a) y (2020-b), *op. cit.*, pp. 7-8/12 y. 4 y ss./8, respectivamente; GÓMEZ ESTEBAN, J. (2020), *op. cit.*, p. 2/12; SAN CRISTÓBAL VILLANUEVA, J. M. (2020), *op. cit.*, p. 12/31; BARONA VILAR, S. (2021), *op. cit.*, p. 399; GASCÓN INCHAUSTI, F. (2021), *op. cit.*, pp. 388-389.

por lo que respecta al segundo, la posibilidad de recurrir a la videoconferencia aparece expresamente reconocida tanto en la fase de investigación como en el juicio oral en los arts. 306, 325 y 731 bis.

230.2.– En realidad, ya la reforma del art. 230 LOPJ realizada por la Ley 16/1994 y, sobre todo, la operada por la Ley 7/2015 podrían haber servido de fundamento para ello. La primera en cuanto transformó la alusión a los «medios técnicos» presente en el precepto en la referencia a medios «electrónicos, informáticos y telemáticos»; y aunque a dichas alturas seguramente no se estaría pensando en el uso de la videoconferencia para la celebración de vistas por el desarrollo de la tecnología existente, la interpretación de la norma ajustada a la realidad social lo hubiesen permitido tan pronto empezaron a ser un recurso disponible. La segunda supuso transformar la originaria «posibilidad» que tenían los órganos jurisdiccionales de utilizar cualesquiera de tales medios, puestos a su disposición para el desarrollo de su actividad y ejercicio de sus funciones, en una «obligación», dentro del respeto a ciertos límites previstos en la propia Ley o en otras normas, como las reguladoras de la protección de datos[864]. Asimismo, debe tenerse en cuenta que en el precepto se establece la obligatoriedad de las instrucciones emanadas del CGPJ y de la Fiscalía en la materia. Con todo, tal y como se aprecia en los textos normativos reformados en 2003, así como en las instrucciones emanadas de la Fiscalía General al respecto, la tendencia ha sido la voluntariedad.

230.3.– En ese contexto, la legislación de urgencia dictada durante la pandemia (RDL 16/2020 y ulterior Ley 3/2020) volvió sobre el recurso a las videoconferencias para la realización de actos procesales, incluidas las vistas, tildándolas de «preferentes», eso sí, condicionadas a la existencia de medios en el órgano jurisdiccional que permitieran llevarlas a cabo con garantías. Los términos em-

---

864 GARCÍA SANZ, J.; GONZALEZ GUIMARAES DA SILVA, J., (2020), *op. cit.*, p. 13/50; GÓMEZ ESTEBAN, J. (2020), *op. cit.*, p. 3/12.

pleados en esta normativa fueron criticados por amplios sectores doctrinales[865], pues, al margen de que la realización de la videoconferencia venía prácticamente huérfana de una regulación legal —la cual, por cierto, se había anunciado en la DF 3ª de la Ley 18/2011, sin que fuese cumplido el compromiso—, no configuraba unos presupuestos precisos para la adopción de la medida, concretamente, en cuanto al alcance de la «preferencia»[866]. Igualmente, algún autor destacó que el condicionante —la existencia de medios en el órgano— no quedaba sujeto a una auditoría que permitiese controlar lo adecuado de la decisión[867]. Una decisión que, adicionalmente, no resultaba claro quién debía adoptar, siendo defendible que correspondiera al juez por medio de auto el cual debería ser posible recurrir[868], siguiendo la recurribilidad general de tales resoluciones según el art. 186 LRJS. También se criticó el hecho de que la norma no se preocupase por la concurrencia de medios en los profesionales[869], si bien parece que quedaría implícito en las garantías que debían darse a todos los justiciables en defensa de sus derechos de conformidad con lo establecido en el art. 14.5 Ley 3/2020[870].

231.– Las previsiones contenidas en el art. 19 RDL 16/2020 y en el art. 14 de la Ley 3/2020 en cuanto a la celebración telemática de las vistas tenían un alcance temporal limitado: el primero aludía a un período de tres meses tras la finalización del estado de alarma; la segunda hasta el 20 de junio de 2021. Ello no significaba que,

865 Entre otros, ABELLÁN ALBERTOS, A. (2020), *op. cit.*, pp. 10 y ss./23; RICHARD GONZÁLEZ, M. (2020), *op. cit.*, p. 4/19; SALOM LUCAS, A. (2021), *op. cit.*, p. 6/6; FERNÁNDEZ-FIGARES MORALES, M.ª J. (2021), *op. cit.*, pp. 76 y ss.

866 Por todos, FERNÁNDEZ-FIGARES MORALES, M.ª J. (2021), *op. cit.*, p. 77.

867 ABELLÁN ALBERTOS, A. (2020), *op. cit.*, p. 11/23.

868 Así, ABELLÁN ALBERTOS, A. (2020), *op. cit.*, p. 10/23, SALOM LUCAS, A. (2021), *op. cit.*, p. 6/6 o RAYÓN BALLESTEROS, M.ª C. (2022), *op. cit.*, p. 192. En sentido distinto, GASCÓN INCHAUSTI, F. (2021), *op. cit.*, p. 393, quien atribuye la competencia al juez, pero sin necesidad de motivación.

869 ABELLÁN ALBERTOS, A. (2020), *op. cit.*, p. 11/23.

870 GASCÓN INCHAUSTI, F. (2021), *op. cit.*, pp. 389-390.

pasado dicho período de tiempo, no siguiese siendo posible su celebración [871]: claramente lo era en el ámbito penal, de acuerdo con las previsiones de la LECrim antes referidas (arts. 306, 325 y 731 bis); pero también en los restantes órdenes jurisdiccionales, incluido el orden social, pues el art. 229 LOPJ ofrecía cobertura suficiente para ello[872]. Así se defendió por la doctrina científica respecto al orden civil, con una argumentación plenamente extrapolable al proceso laboral, diferenciando dos situaciones diversas[873]: por un lado, el art. 299 LEC permitiría la celebración presencial «física» de la vista con uso de la videoconferencia para la práctica de las pruebas y ello por el reconocimiento amplísimo que el precepto efectúa de los medios de prueba (cualesquiera); por otro lado, aunque la LEC no lo contemplase, una interpretación integradora de los arts. 229, 230 y 268 LOPJ, en conexión con el 129 LEC, ofrecería una sólida argumentación para sostener la celebración íntegra de la vista, si bien hay quien considera que debería reservarse para los casos más sencillos en los que se ventilen asuntos meramente jurídicos que no requieran de actividad probatoria compleja[874] o que exijan escasa prueba documental y pocos intervinientes[875].

232.– Así pues, la normativa vigente proporciona sólidos argumentos para sostener la posibilidad de llevar a cabo las actuaciones procesales por medio de videoconferencia. En todo caso, la aprobación del RDL 6/2023, de 19 de diciembre, debería suponer un impulso definitivo a su utilización[876]. En efecto, dicho RDL destina el título IV del libro primero, arts. 59 y ss., a la regulación de los

---

871 En este sentido, MOLINS GARCÍA-ATANCE, J. (2021), *op. cit.*, p. 2.

872 NORESTORRES, L. E. (2022), *op. cit.*, p.127.

873 GARCÍA SANZ, J.; GONZALEZ GUIMARAES DA SILVA, J. (2020), *op. cit.*, pp. 15 y ss./50; FERNÁNDEZ-FIGARES MORALES, M.ª J. (2021), *op. cit.*, p. 57.

874 SALOM LUCAS, A. (2021), *op. cit.*, p. 6/6.

875 LOREDO COLUNGA, M. (2020), *op. cit.*, p. 4/16; en esa línea, ABELLÁN ALBERTOS, A. (2020), *op. cit.*, p. 11/23.

876 GARCÍA-VARELA IGLESIAS, R. (2021), *op. cit.*, p. 2/13.

«actos y servicios no presenciales», consolidando las actuaciones telemáticas a través de dos líneas de actuación.

232.1.– La primera consiste en proceder a la reforma del marco normativo, en concreto, de la LECrim y la LEC, siendo a los efectos de este trabajo las modificaciones introducidas en esta última las que interesan.

Así, por lo que respecta a la misma, el art. 103, en su número diecisiete, introduce un nuevo art. 129 bis en la LEC en el que se apuesta por la realización telemática de los actos de juicio, vistas, audiencias, comparecencias, declaraciones y, en general, todos los actos procesales siempre que las oficinas judiciales cuenten con los medios técnicos necesarios para ello. No obstante, podría considerarse que se trata de una apuesta descafeinada dadas las excepciones que se recogen en el propio precepto, exigiendo la presencia física de la persona que haya de intervenir y, si se tratase de una de las partes, la de su defensa letrada para aquellos «*actos que tengan por objeto la audiencia, declaración o interrogatorio de partes, testigos o peritos, la exploración de la persona menor de edad, el reconocimiento judicial personal o la entrevista a persona con discapacidad*». Con todo, el propio precepto va acompañado de una suerte de «contraexcepciones» que permiten al juzgado o tribunal realizar tales actuaciones por videoconferencia: en primer lugar, cuando atendiendo las circunstancias lo consideren oportuno; en segundo lugar, cuando medie solicitud de la persona que haya de intervenir por residir en municipio distinto al de la sede, realizándose en estos casos el acto de que se trate en los denominados «lugares seguros» de su municipio, los cuales se concretan en el nuevo art. 137 bis LEC, según la redacción derivada del art. 103, número diecinueve del RDL 6/2023, de 19 de diciembre. Por último, cuando se trate de autoridades o funcionarios que intervengan en consideración a su cargo podrán realizar sus actuaciones desde los puntos de acceso seguros.

Al margen de lo anterior, distintos preceptos legales recogen ahora de manera expresa la referencia a la videoconferencia, procurando impulsar su uso en la realización de distintos actos procesales de manera que hagan innecesario recurrir al auxilio judicial o, simplemente, eviten desplazamientos innecesarios, ganando las actuaciones en celeridad y en ahorro económico. En esta línea se inscriben las modificaciones que el art. 103 RDL 6/2023, de 19 de diciembre, introduce en diferentes preceptos de la LEC. En este sentido, cabe citar los arts. 129 (lugar de las actuaciones judiciales), 169, 170 y 171 (auxilio judicial), 196 (deliberación y votación en órganos colegiados), 270.3 (presentación de documentos en momento no inicial), 311.1 y 313 (interrogatorio de parte), 346 (emisión y ratificación del dictamen pericial), 364 (declaración domiciliaria del testigo), 414.2 (comparecencia de las partes a la audiencia previa) y 432.1 LEC (comparecencia de las partes al juicio). Y es que en todos ellos subyace la idea de emplear este mecanismo en la medida en que ello resulte posible.

232.2.– La segunda línea de actuación discurre por el camino de la regulación de los aspectos técnico-organizativos y las garantías, residenciándose su regulación en los arts. 59 y ss. RDL 6/2023, de 19 de diciembre.

Al respecto, en relación con los primeros —esto es, los aspectos de carácter técnico-organizativos—, el RDL 6/2023 se preocupa por definir en su artículo 62 los puntos de acceso seguros (dispositivos y sistemas de acceso que reúnan una serie de requisitos) y los lugares seguros, siendo estos últimos desde donde se realizarán las actuaciones a distancia. Entre tales lugares, a la espera de la reconversión de los juzgados de paz en oficinas de justicia para contar con una mayor cobertura, como se preveía en el Proyecto de Ley de Eficiencia Organizativa, de momento se consideran como tales, en todo caso, la oficina judicial correspondiente al tribunal competente, o cualquier otra oficina judicial o fiscal, y las oficinas de justicia del municipio; los Registros Civiles, para actuaciones relacionadas con su ámbito; el Instituto Nacional de Toxicología y Ciencias Forenses y los Institutos de Medicina Legal, para la intervención de los Médicos Forenses, Facultativos, Técnicos y Ayudantes de laboratorio; las sedes de las Fuerzas y Cuerpos de Seguridad del Estado, para la intervención de sus miembros; las sedes oficiales de la Abogacía del Estado, del Servicio Jurídico de la Administración de la Seguridad Social y de los Servicios Jurídicos de las Comunidades Autónomas, para la intervención de los miembros de tales servicios; los Centros penitenciarios, órganos dependientes de Instituciones Penitenciarias, centros de internamiento de extranjeros y centros de internamiento de menores, para las personas internas y funcionarios públicos. Asimismo, tendrán tal consideración cualesquiera otros lugares que se establezcan por el reglamento de aplicación en todo el territorio del Estado, previo informe favorable del Comité técnico estatal de la Administración judicial electrónica.

Por lo que respecta a las segundas, al margen de las condiciones que deben reunir los puntos y lugares seguros, destacan las previsiones contenidas en el art. 67 bajo la rúbrica *Control sobre la difusión de actuaciones telemáticas*. Al respecto, de entrada, destaca el recordatorio general de respeto a la normativa sobre protección de datos. Asimismo, en segundo lugar, el precepto se preocupa por negar que las partes, intervinientes o cualesquiera personas que tengan acceso a las actuaciones telemáticas y servicios no presenciales puedan grabar, tomar imágenes o utilizar cualesquiera medios que permitan una posterior reproducción del sonido y/o de la imagen. Igualmente, en tercer lugar, el art. 67.3 RDL 6/2023, de 19 de diciembre, impide que puedan utilizarse, sin autorización judicial, las grabaciones a las que cualquier persona haya podido acceder con motivo de un procedimiento judicial para fines distintos a los jurisdiccionales sobre la prohibición de grabar, difundir, etc. En fin, el incumplimiento estas obligaciones tiene una serie de repercusiones económicas trascendentes, pues puede determinar la imposición de una multa en los términos previstos en el art. 67.4 RDL 6/2023, de 19 de diciembre, la cual alcanza una cuantía considerable (de 180 a 60.000 euros) y que, además, no elimina la imposición de las eventuales sanciones que pudieran derivarse de la normativa sobre protección de datos, ni otro tipo de responsabilidades administrativas, civiles o penales.

3.4.2. El apoyo y el rechazo doctrinal

233.– El interés evidenciado por la videoconferencia en el RDL 6/2023, de 19 de diciembre, resulta enteramente lógico, a juzgar por las múltiples ventajas que el sistema puede producir en la tramitación procesal. No obstante, la videoconferencia no es la solución a todo mal, ni «el bálsamo de fierabrás»[877], como en general no lo es la digitalización, pues no está exenta de problemas.

233.1.– En efecto, de una manera genérica, en defensa del sistema se han invocado razones vinculadas a la economía procesal, entendida como la consecución de los objetivos con las menores cargas posibles en medios empleados, tiempo consumido y dinero invertido[878]. En la misma línea, adicionalmente, también se ha insistido en otras virtudes como serían la agilización de la actividad, un interrogatorio más vivo, un menor índice de suspensiones, una mayor comodidad de los intervinientes, la optimización de recursos o una superior tranquilidad y serenidad[879]. Igualmente, también se ha señalado una previsible reducción de las pruebas a practicar, así como una mayor exigencia de los tribunales en su admisión o una

---

[877] La expresión en RICHARD GONZÁLEZ, M. (2020), *op. cit.*, p. 5/19.

[878] FONS RODRÍGUEZ, C. (2008), "La videoconferencia en el proceso civil (la telepresencia judicial)", en CARPI, F.; ORTELLS RAMOS, M. (Eds.), *Oralidad y escritura en un proceso civil eficiente*", *Vol. II. Comunicaciones*, Valencia, Universitat de València, p. 54. En esa misma línea de ahorro en tiempo y dinero, FERNÁNDEZ-FIGARES MORALES, M.ª J. (2021), *op. cit.*, p. 40; CABEZUDO BAJO, M.ª J. (2020), *op. cit.*, p. 20; CALAZA LÓPEZ, J. (2020), *op. cit.*, p. 9/20; LOREDO COLUNGA, M. (2020), *op. cit.*, p. 9/16; LOZANO GAGO, M.ª L. (2020), *op. cit.*, p. 2/10; MAGRO SERVET, V. (2020-a), *op. cit.*, p. 11/12; SALOM LUCAS, A. (2021), *op. cit.*, p. 4/6; GUERRA GONZÁLEZ, R. (2021), *op. cit.*, p. 3/18; RAYÓN BALLESTEROS, M.ª C. (2022), *op. cit.*, p. 194.

[879] VELASCO NÚÑEZ, E. (2002), "La videoconferencia llega a los juzgados", *Diario La Ley*, nº 5481, pp. 1786-1788.

cierta síntesis de los alegatos, lo que conduciría a una menor duración de las vistas, o el impulso a la publicidad del procedimiento[880].

233.2.– Aun así, como decía, la videoconferencia también había sido objeto de críticas y posicionamientos en contra[881]. En esta línea, sus detractores venían imputando a la misma un conjunto de problemas relacionados, especialmente, con la disponibilidad de los equipos, la compatibilidad de los sistemas, la interrupción de las conexiones, la baja calidad de la imagen y el sonido, su ausencia de sincronía o la eventual falta de integridad en la grabación, llegando, incluso a cuestionar el ahorro de tiempo dadas las distintas vicisitudes anómalas que pueden sucederse[882]. Unos déficits que también han puesto de relieve los propios defensores, añadiendo a los anteriores la carencia de aptitudes digitales de muchas personas, el riesgo de ciberataques o las pocas garantías respecto la intangibilidad de la prueba[883].

233.3.– En todo caso, si bien se mira, en su mayoría se trata de críticas de corte técnico, en gran medida vinculadas a las circunstancias concurrentes durante la pandemia, a las que luego aludiré y que suelen tener solución. En otras palabras, a mi juicio, no creo que el sistema sea rechazable «jurídicamente». Y es que, en el fondo, lo que se aprecia es lo que se ha dado en llamar el «prejuicio

---

880 GARCÍA SANZ, J.; GONZÁLEZ GUIMARAES DA SILVA, J. (2020), *op. cit.*, pp. 4-6/50.

881 TUSET VARELA, D. (2020), *op. cit.*, p. 2/9; RICHARD GONZÁLEZ, M. (2020), *op. cit.*, pp. 5 y ss.; VÉLEZ TORO, A. J. (2021), *op. cit.*, 8/15; CARDONA FERNÁNDEZ, A. M. (2021), *op. cit.*, p. 2/4; LÓPEZ HORMEÑO, M.ª C. (2021), *op. cit.*, p. 28.

882 TORRES ROSELL, N. (2020), "Medidas ¿organizativas y tecnológicas? aprobadas en el RDL 16/2020", *Diario La Ley*, 2020, nº 9647, p. 4/12.

883 TIERNO BARRIOS, S. (2019), *op. cit.*, p. 122; GARCÍA SANZ, J.; GONZÁLEZ GUIMARAES DA SILVA, J. (2020), *op. cit.*, pp. 6-8/50; CARDONA FERNÁNDEZ, A. M. (2021), *op. cit.*, p. 2/3; RAYÓN BALLESTEROS, M.ª C. (2022), *op. cit.*, p. 194.

del *statu quo*»[884], esto es, un rechazo o «resistencia» al cambio, un «miedo» al mismo[885], pues, como ya he destacado en líneas anteriores, resulta notoria la tendencia entre los profesionales del Derecho a «perpetuar actitudes y modos de operar tradicionales»[886], cuando lo que se requiere es una «mentalidad abierta», no solo entre los operadores jurídicos, sino también en todo el tejido social[887]. En este sentido, la doctrina especializada alude a la concurrencia de tres grandes prejuicios que resulta necesario superar: de entrada, el ya indicado del *statu quo*; por otro, el «negacionismo irracional», es decir, el rechazo al sistema con el que se es crítico a pesar de no haber tenido ninguna experiencia con el mismo; por último, la «miopía tecnológica», esto es, la incapacidad de anticipar que los sistemas del mañana serán enormemente más capaces que los actuales[888]. No obstante, desde algunos sectores tanto profesionales como doctrinales, sí se ha cuestionado el respeto a ciertos principios procesales hasta el punto de que se ha llegado a hablar de una «aniquilación de los principios del proceso»[889], que, por lo demás, siempre deberían quedar garantizados[890].

---

884 SUSSKIND, R. (2020), *op. cit.*, p. 67.

885 La expresión en SUSSKIND, R. (2020), *op. cit.*, p. 67; LOZANO GAGO, M.ª L. (2020), *op. cit.*, p. 2/10; asimismo, *vid.* GARCÍA SANZ, J.; GONZÁLEZ GUIMARAES DA SILVA, J. (2020), *op. cit.*, p. 8/50; MAGRO SERVET, V. (2020-a), *op. cit.*, p. 2/12.

886 PÉREZ-LUÑO ROBLEDO, E. C. (2019), *op. cit.*, p. 57.

887 PÉREZ-LUÑO ROBLEDO, E. C. (2019), *op. cit.*, p. 57.

888 SUSSKIND, R. (2020), *op. cit.*, pp. 67 y ss.

889 TUSET VARELA, D. (2020), *op. cit.*, p. 2/9. Tampoco cree que se respeten VÉLEZ TORO, A. J. (2021), *op. cit.* pp. 8-11/15. Por su parte, de una forma más matizada, LÓPEZ HORMEÑO, M.ª C. (2021), *op. cit.*, p. 28 o SALOM LUCAS, A. (2021), *op. cit.*, p. 5/6, quien considera que se ven reducidos, pero no vulnerados.

890 Entre otros, TIERNO BARRIOS, S. (2019), *op. cit.*, p. 123; GÓMEZ ESTEBAN, J. (2020), *op. cit.*, p. 4/12; MARTIN DIZ, F. (2020), *op. cit.*, p. 53; SALOM LUCAS, A. (2021), *op. cit.*, p. 6/6; VÉLEZ TORO, A. J. (2021), *op. cit.*, p. 9/15.

3.4.3. El debate sobre el respeto a los principios del proceso y del procedimiento

234.– Ello conduce a la necesidad de detenerse en el análisis de tales principios y comprobar hasta qué punto se ven comprometidos por el desarrollo de las actuaciones procesales, total o parcialmente, por medio de videoconferencia. La doctrina ha tratado con profusión este tema, bien prestando atención a algún principio en específico, bien a todos ellos de forma sistemática[891], siendo este segundo tipo de acercamiento, seguramente, el más adecuado. Así pues, desde dicho enfoque, resulta necesario diferenciar entre los principios inherentes al proceso o jurídico naturales y los principios del procedimiento. En todo caso, lo anuncio ya, yo no creo que se vean comprometidos ni unos, ni otros; o al menos, no necesariamente[892]. Una cosa distinta es que, en el caso concreto, pueda producirse tal vulneración, pero se trata de una eventualidad que también puede acontecer en un proceso presencial. Por lo demás, la opinión viene avalada tanto por la jurisprudencia del TEDH como por la del TS[893].

235.– Por lo que respecta a los primeros, esto es, los principios inherentes al proceso o jurídico-naturales, el debate se ha centrado especialmente en el principio de contradicción y en el principio de igualdad.

---

891 Un exponente de análisis sistemático y pormenorizado en BARONA VILAR, S. (2021), *op, cit.*, pp. 391 y ss.; FERNÁNDEZ FIGARES MORALES, A. (2021), *op. cit.*, pp. 32 y ss.; SANCHIS CRESPO, C. (2022), *op. cit.*, pp. 375 y ss.

892 En este sentido, entre otros, CABEZUDO BAJO, M.ª J. (2020), *op. cit.*, pp. 24 y ss.; ABELLÁN ALBERTOS, A. (2020), *op. cit.*, p. 3/23; MAGRO SERVET, V. (2020-a) y (2020-b), *op, cit.*, pp. 11/12 y 5-6/8, respectivamente; LOZANO GAGO, M.ª L. (2020), *op. cit.*, p. 5/10; BARONA VILAR, S. (2021), *op. cit.*, pp. 390 y ss.

893 STEDH de 5 de octubre de 2006, causa Marcello Viola contra Italia y STS (sala segunda) de 27 de junio de 2019, n° 331.

235.1.– El significado del primero se condensa en el aforismo «nadie puede ser condenado sin haber sido previamente oído y vencido en juicio» (*supra*, 51). Este simple enunciado, según ha recordado la doctrina, alberga dos aspectos diversos: por un lado, que las partes puedan conocer los materiales de hecho y derecho que puedan incidir en la decisión; por otro, la posibilidad real de ser oído en juicio y poder formular alegaciones, prueba y conclusiones[894].

Por lo que respecta al primer aspecto, la introducción de las vistas telemáticas en el proceso social de forma que se garanticen los eventuales principios implicados debería ir acompañado de un conjunto de modificaciones adicionales. Y no me refiero solo a ciertos cambios accesorios, relacionados con los «comportamientos» o «prácticas» en sala[895], como pueden ser la extensión de las alegaciones, las pruebas propuestas, la práctica de la misma, etc., sino, sobre todo, a la conveniencia de que se aporte con la antelación suficiente toda la documentación oportuna que sirva de soporte a la demanda, así como una contestación escrita a la misma acompañada también de toda la documentación que se quiera hacer valer o, en su caso, introducir una suerte de audiencia previa en la que se realice la proposición de prueba y se proporcionen todos los documentos[896]. Este tipo de medidas, a las que ya me he referido con anterioridad (*supra*, 215.2), suelen encontrar una gran oposición desde la perspectiva de los principios de celeridad y concentración que deben alumbrar el proceso laboral[897]. No obstante, en términos de consecución de la justicia y evitar que se pueda producir la

---

894 BARONA VILAR, S. (2021), *op. cit.*, p. 407; SANCHIS CRESPO, C. (2022), *op. cit.*, pp. 376-377.

895 Entre otros, MARTÍNEZ DE SANTOS, A. (2021), "La videoconferencia en el juicio civil ¿un avance o un impulso precipitado?", *Diario La Ley*, nº 9805, p. 4/12.

896 Al respecto, *vid.*, DE LAMO RUBIO, J. (2018-b) y (2021), *op. cit.*, pp. 6/11 y 12/15, respectivamente; GÓMEZ ESTEBAN, J. (2020), *op. cit.*, p. 7/12; SAN CRISTÓBAL VILLANUEVA, J. M. (2020), *op. cit.*, p. 18/31; SERRANO ESPINOSA, G. M. (2023), *op. cit.*, p. 3/9.

897 LÓPEZ HORMEÑO, M.ª C. (2021), *op. cit.*, p. 28.

indefensión de alguna de las partes, resultan acertadas. Y, en cualquier caso, la concentración y la celeridad, al margen de valorarse en conjunto, no dependen solo de las «fases», sino de los plazos y, sobre todo, de los medios personales de los que se disponga[898].

Por lo que respecta a la segunda faceta, la STS (penal) de 27 de junio de 2019 ha defendido que el cumplimiento de este principio está plenamente asegurado, por cuanto «...*las posibilidades de interrogatorio y contrainterrogatorio son exactamente iguales para las partes con la presencia física del acusado o del testigo que con la virtual. Es cierto que colocar al testigo inmerso en la parafernalia formal de la justicia, en cuanto aumenta la tensión o presión ambiental, es un método para asegurar que se aproxima más a la verdad en su declaración, mientras que en un lugar remoto podría hacerle disminuir la importancia de la situación, o hacerle sentir más seguro. Pero también puede argumentarse justamente lo contrario: muchas veces los medios electrónicos pueden revelar más acerca de la credibilidad y honestidad de un testigo que lo que puede descifrarse físicamente y en directo (puede visualizarse varias veces el testimonio, desde diferentes ángulos, puede aumentarse la imagen, etc.)*». A pesar de que esta sentencia, como gran parte de la doctrina que empleo en este trabajo, proceda del ámbito penal, en la medida en que el significado de los principios en juego es coincidente en los distintos órdenes jurisdiccionales y, supuestamente, se espera que las garantías procesales penales sean más rigurosas que en los órdenes restantes, considero que se pueden tomar como referente en el proceso laboral. Por lo demás, una vez aclarada esta cuestión, el riesgo de contravención se podría materializar, por ejemplo, si fallan las conexiones, pero eso es un problema técnico que no presenta un carácter irresoluble. En todo caso, la eventual alegación al respecto persiguiendo la nulidad de las

---

898 VÁZQUEZ SOTELO, J. L. (2008), "La oralidad y la escritura en el moderno proceso civil español y su influencia sobre la prueba", en CARPI, F.; ORTELLS RAMOS, M. (Eds.), *Oralidad y escritura en un proceso civil eficiente, Vol. II. Comunicaciones*, Valencia, Universitat de València, p. 263.

actuaciones, para que prospere deberá haber generado indefensión y haberse protestado, como recuerdan los tribunales[899].

235.2.– Tampoco creo que el principio de igualdad se vea comprometido. Y es que, éste tiene como principal implicación la necesidad de reconocer a ambas partes los mismos derechos, cargas y posibilidades, por lo que no parece que vaya a generar grandes problemas satisfacer su cumplimiento (*supra*, 52). No obstante, debe recordarse que el ordenamiento laboral es un ordenamiento compensador; y ese papel tuitivo, propio de las normas laborales sustantivas, se deja sentir también en el proceso. Así, se debe ser especialmente cuidadoso a la hora de garantizar los medios y conocimientos oportunos a ambas partes para hacer efectivo el derecho de defensa[900]. Algo de ello había en la normativa de urgencia dictada durante la pandemia con alcance general, como se ha recordado anteriormente (art. 14.5 Ley 3/2020); y mucho antes, en la propia LUTICAJ de 2011 (arts. 4 y ss.), también con alcance no circunscrito al proceso social.

EL RDL 6/2023, de 19 de diciembre, discurre por dicha senda y, según ya se ha indicado, amplía los derechos reconocidos en la LUTICAJ que pueden permitir luchar contra la brecha digital, concretamente, las previsiones contenidas en los arts. 4 y 5 constituyen una actualización de los mencionados derechos en sentido expansivo.

Asimismo, en esta línea de adoptar medidas que procuren evitar la brecha digital en la ciudadanía, debe destacarse el art. 103, número diecisiete del RDL 6/2023, de 19 de diciembre, ya que en el marco del novedoso art. 129 bis LEC (*Celebración de actos procesales mediante presencia telemática*), incorporado por la reforma, se incluye un apartado quinto de conformidad con el cual la adopción de las distintas medidas necesarias para asegurar que en el uso de

---

899 SAP Valladolid de 31 de marzo de 2021.

900 En esta línea, con carácter general, BARONA VILAR, S. (2021), *op. cit.*, p. 409.

métodos electrónicos queden garantizados los derechos de todas las partes, de manera especial, el derecho a la asistencia letrada efectiva, a la interpretación y traducción y a la información y acceso a los expedientes judiciales.

Y en esa misma dirección encaminada a luchar contra una posible brecha digital se mueve la previsión contenida en el 137.bis.6 LEC introducida por el art. 103, número diecinueve, RDL 6/2023, de 19 de diciembre, donde se alude a que las actuaciones mediante videoconferencia garanticen la accesibilidad universal.

236.– Una vez superado este primer bloque, en el caso de los principios del procedimiento la conclusión podría ser la misma, si bien ha suscitado un mayor debate doctrinal, especialmente en el caso de la inmediación, la publicidad y la oralidad, pero no solo.

236.1.– En primer lugar, si nos detenemos en el principio de inmediación, éste se asocia con la inexistencia de cuerpos intermedios entre el objeto litigioso y la actividad judicial, singularmente, que el sujeto que practique la prueba sea el mismo que haya de resolver (*supra*, 64). La mayor parte de la doctrina consultada considera que se respeta[901], si bien propugnan una recalificación del principio, pasando de la inmediación presencial física a la inmediación presencial virtual[902].

901 MARTIN DIZ, F. (2020), *op. cit.*, p. 44; CALAZA LÓPEZ, S. (2020), *op. cit.*, p. 9/20; BARONA VILAR, S. (2021), *op. cit.*, p. 402. Por su parte, de forma matizada, GUERRA GONZÁLEZ, R. (2021), *op. cit.*, pp. 5-7/8, sostiene que no se vulnera la inmediación «procesal», pero sí la «sentimental».

902 MARTIN DIZ, F. (2020), *op. cit.*, pp. 51 y 53; FERNÁNDEZ-FIGARES MORALES, M.ª J. (2021), *op. cit.*, p. 37; GARCÍA-VARELA IGLESIAS, R. (2021), *op. cit.*, p. 4/13; SANCHIS CRESPO, C. (2022), *op. cit.*, p. 384. En sentido diverso, SALOM LUCAS, A. (2021), *op. cit.*, p. 5/6, considera que se ve «reducida».

Los posicionamientos críticos o contrarios suelen invocar la STC 120/2009, de 18 de mayo, en defensa de su postura[903]. Sin embargo, a mi juicio, tal sentencia no sirve de fundamento a estos fines, pues lo que resuelve es algo bien distinto: la revisión de los hechos a través de la videograbación de la vista, donde, efectivamente, la inmediación no quedaría garantizada.

Por el contrario, sí que resulta útil la STS (penal) de 27 de junio de 2019, pues alude expresamente a esta cuestión y lo hace rechazando que se produzca vulneración alguna del principio, ya que «*la utilización de la videoconferencia, lejos de suponer un obstáculo para la inmediación, permite un mejor cumplimiento de este principio, en cuanto posibilita que el Juez o Tribunal que conoce del asunto presencie directamente la práctica de la prueba, en los casos de auxilio judicial, tanto nacional como internacional*». El hecho de que haya sido dictada en un orden jurisdiccional distinto al aquí estudiado no le resta valor, pues el significado de los principios no difiere en una sede penal o social. Otra cosa sería su eventual concreción, donde sí cabría apreciar diferencias; pero, en el terreno del significado atribuible en general, las afirmaciones son «exportables».

236.2.– El segundo principio cuyo respeto se ha cuestionado fuertemente es el principio de publicidad[904]. Y, sin embargo, más parece lo contrario[905]; de hecho, algún autor ha destacado que la videoconferencia tiene una gran potencialidad para satisfacer este principio de forma más incisiva que las vistas con presencia física[906]. Esta misma orientación se aprecia en el TS. Así, la STS (penal) de 27 de junio de 2019 ha negado que se vea afectada, afirmando que

---

903 GASCÓN INCHAUSTI, F. (2021), *op. cit.*, p. 395; VÉLEZ TORO, A. J. (2021), *op. cit.*, p. 9/15; PRENDES VALLE, M.ª C. (2022), "Algunas reflexiones sobre los juicios telemáticos", *Revista El Derecho-Lefebvre*, 13 de enero de 2022. Asimismo, en esta línea crítica, RICHARD GONZÁLEZ, M. (2020), *op. cit.*, p. 9/19.

904 Así, por ejemplo, RICHARD GONZÁLEZ, M. (2020), *op. cit.*, p. 8/19.

905 MARTIN DIZ, F. (2020), *op. cit.*, p. 44.

906 GUERRA GONZÁLEZ, R. (2021), *op. cit.*, p. 10/18.

«más bien pueden mejorar las condiciones de publicidad de las actuaciones judiciales, en cuanto las nuevas tecnologías garantizan la "asistencia" a las actuaciones judiciales de un número mayor de personas y permite seguimiento especializado (prensa) en mejores condiciones».

Las soluciones que arbitra el RDL 6/2023, de 19 de diciembre, aparecen fundamentalmente condensadas en el art. 66, donde se diferencian dos posibilidades: la primera consiste en que todos participen telemáticamente, siempre que el órgano cuente con los medios precisos y se cumplan una serie de medidas de seguridad, en cuyo caso el principio queda garantizado por la retransmisión pública de la vista de acuerdo con las indicaciones del Comité Técnico Estatal; la segunda consiste en que no todos participan por vía telemática, en cuyo caso la publicidad se garantiza por el acceso a la sala de vistas, siendo admisible en tales casos que se decida la no retransmisión. Al margen de lo anterior, la preocupación por garantizar la publicidad de las actuaciones se lleva también a la LEC. En este sentido, el nuevo art. 137 bis LEC, que introduce el número diecinueve del art. 103 RDL 6/2023, de 19 de diciembre, impone expresamente el deber del tribunal de velar por el cumplimiento del principio de publicidad, acordando las medidas que sean necesarias para que las actuaciones procesales que sean públicas y se celebren por este medio sean accesibles a los ciudadanos.

En todo caso, aun compartiendo en línea de principio la idea de que las vistas telemáticas no suponen una vulneración de la publicidad, no es menos cierto que las videoconferencias acarrean desde esta perspectiva dos grandes peligros que no han pasado inadvertidos para la doctrina: por un lado, el alto riesgo de que no se preserve la intangibilidad de la prueba; por otro, la posible vulneración de la intimidad, dignidad y protección de datos[907].

---

907 FERNÁNDEZ-FIGARES MORALES, M.ª J. (2021), *op. cit.*, pp. 50 y ss. Asimismo, el primero en ABELLÁN ALBERTOS, A. (2020), *op. cit.*, pp. 8-11/23; el segundo en GARCÍA SANZ, J.; GONZÁLEZ GUIMARAES DA SILVA, J. (2020), *op. cit.*, p. 21/50.

Por lo que respecta al primero de los riesgos reseñados, a mi juicio, todo dependerá del modo en que se articule la vista. En efecto, la interacción publicidad-intangibilidad repercute especialmente en la práctica de la prueba de interrogatorio de parte y de testigos, así como en la pericial[908]. Pues, bien, al margen de lo «sobrevaloradas» que están dichas pruebas, vista su utilidad real[909] y los elevados «sesgos» a que queda expuesta[910], las críticas que se vierten suelen ser de tipo técnico, vinculadas a la tecnología que se emplea y al lugar en que se desarrollan los interrogatorios[911], siendo, además, en gran medida tributarias de la pandemia. Y todo ello tiene solución, tanto técnica, como jurídica, pues dependerá de los medios que se arbitren y de los lugares que se habiliten. Ambas cuestiones encuentran respuesta, como se ha visto, en el RDL 6/2023, de 19 de diciembre. Así, por un lado, destaca el art. 62 sobre los puntos de acceso seguros y los lugares seguros a los que ya me he referido (*supra*, 232.2). Por otro lado, hay que resaltar el art. 103, número diecinueve por el que se procede a la introducción de un nuevo art. 137 bis en la LEC, relativo al lugar en el que se desarrollarán las actuaciones judiciales mediante videoconferencia[912], de conformidad con el cual profesionales, partes, peritos y testigos que deban intervenir en la misma lo harán desde la oficina judicial del partido

---

908 El análisis detallado de estas cuestiones en SAN CRISTÓBAL VILLANUEVA, J. M. (2020), *op. cit.*, pp. 17 y ss.; LÓPEZ HORMEÑO, M.ª C. (2021), *op. cit.*, p. 29; MOLINS GARCÍA-ATANCE, J. (2021), *op. cit.*, pp. 5 y ss.; DE LA CASA QUESADA, S. (2023), *op. cit.*, pp. 138 y ss.

909 Al respecto, *vid.* el sugerente estudio de NIEVA FENOLL, J. (2020), "La discutible utilidad de los interrogatorios de testigos y peritos. Algunas reflexiones sobre la oralidad en tiempos de pandemia", *Diario La Ley*, nº 9672, 17 pp. Asimismo, en esa línea, *vid.*, SAN CRISTÓBAL VILLANUEVA, J. M. (2020), *op. cit.*, pp. 17 y ss./31.

910 Así, por ejemplo, TARUFFO, M. (2008), *op. cit.*, p. 213; MARTIN DIZ, F. (2020), *op. cit.*, p. 50, quien alude al influjo inconsciente de la vestimenta, presencia, forma de hablar, procedencia, sexo, etc.

911 Así, por ejemplo, LÓPEZ HORMEÑO, M.ª C. (2021), *op. cit.*, p. 28.

912 MAGRO SERVET, V. (2022), "Optimización del uso de la videoconferencia en la Ley de medidas de eficiencia procesal del servicio público de justicia", *Práctica de los Tribunales*, nº 159.

judicial de su domicilio o lugar de trabajo, admitiéndose que se pueda llevar a cabo también desde el juzgado de paz de su domicilio o lugar de trabajo en el caso de que dicho órgano disponga de los medios adecuados; es más, incluso, el nuevo art. 137.bis.3 LEC abre la posibilidad a que las intervenciones puedan efectuarse desde cualquier lugar en aquellos supuestos en que, atendiendo a las circunstancias concurrentes, el juez o la jueza lo consideren oportuno.

En cuanto al riesgo de que se vean vulnerados los derechos a la intimidad y a la protección de datos, la doctrina había destacado la necesidad de adoptar un conjunto de medidas que permitiesen evitar la posibilidad de grabar y difundir las vistas fuera de los cauces legales, tanto por medio de las oportunas advertencias, como de las eventuales sanciones correspondientes[913]. Y esta misma línea es la que se ha adoptado por el RDL 6/2023, de 19 de diciembre. En efecto, el art. 67 del citado RDL recoge la prohibición de grabar o registrar la vista a profesionales y particulares, así como la de usar las grabaciones para fines distintos a los que se permitió acceder; por otra parte, fija unas sanciones relevantes (entre 180 y 60.000 euros), sujetas a las previsiones de la LOPJ y para cuya imposición el órgano jurisdiccional tomará en consideración la intencionalidad, el perjuicio ocasionado y, en su caso, la reiteración de la conducta. Estas multas son compatibles con las responsabilidades civiles y penales, así como con las derivadas de la Ley de Protección de Datos.

236.3.– En fin, un tercer bloque de principios del procedimiento cuyo respeto se ha cuestionado son los principios de oralidad, concentración y unidad de acto. Pues bien, no parece que ninguno de estos principios se vea comprometido por la celebración telemática de las vistas[914]. Una cuestión distinta sería que concurrie-

---

913 Así, por ejemplo, LOREDO COLUNGA, M. (2020), *op. cit.*, p. 8/16; BUENO BENEDÍ, M. (2022), *op. cit.*, pp.10-11/22.

914 CALAZA LÓPEZ, S. (2020), *op. cit.*, p. 9/20; BARONA VILAR, S. (2021), *op. cit.*, pp. 392 y ss.

sen problemas técnicos que la impidiesen[915]. No obstante, ni siquiera en tales casos entiendo que pueda afirmarse que el sistema en sí mismo considerado sea contrario a los indicados principios, pudiéndose sortear tales inconvenientes simplemente por la vía de la suspensión de la vista, como puede suceder con aquellas que se celebran con presencialidad física. Por lo demás, la STS (penal) de 27 de junio de 2019, tantas veces citada a lo largo de este trabajo, alude al principio de concentración y unidad de acto que lo da por satisfecho pues la videoconferencia «*...permite la total conexión en los puntos de origen y destino como si estuvieran presentes en el mismo lugar*»; de hecho, los propios términos empleados en el art. 229.3 LOPJ constituyen una garantía de ese cumplimiento.

3.5. La repercusión en materia ejecutiva

237.– Los avances tecnológicos y la digitalización no solo se han dejado sentir en la fase declarativa, sino también en la fase ejecutiva. Ahora bien, seguramente por sus características, las dificultades que surgen en este terreno sean sensiblemente inferiores. Así, desde el ámbito judicial se ha destacado que el elevado carácter técnico que acompaña al proceso ejecutivo, así como el hecho de que ya se encuentre digitalizado en muchas de sus fases, facilita la realización de las actuaciones telemáticas, en particular, en las ejecuciones dinerarias, pues otras generan las mismas dudas que surgen en el declarativo —así, por ejemplo, un incidente de no readmisión—[916]. Al margen de ello, las ejecuciones ordinarias no suscitan una especial problemática jurídica en este terreno y cuentan, desde hace tiempo, con una serie de mecanismos o instrumentos que favorecen enormemente su desarrollo. Al respecto, la doctrina ha destacado cómo el proceso ejecutivo brinda numerosos campos de actuación a la automatización de decisiones y a las nuevas tecnologías, en espe-

---

[915] Al respecto, MARTIN DIZ, F. (2020), *op. cit.*, p. 44; FERNÁNDEZ-FIGARES MORALES, M.ª J. (2021), *op. cit.*, p. 39.

[916] SAN CRISTÓBAL VILLANUEVA, J. M. (2020), *op. cit.*, p. 24/31.

cial, en lo relativo a la investigación y averiguación del patrimonio del deudor, pues facilitan no solo la localización del mismo, sino también su sistematización, separando los elementos del mismo que pertenecen al terreno de los embargable de aquéllos que se reputan inembargables[917].

237.1.– En este sentido, de entrada, merece ser destacada la Cuenta General de Depósitos y Consignaciones (CDCJ). Estas cuentas son aquéllas que están a nombre de los órganos judiciales y cuya función es facilitar el proceso económico de los asuntos judiciales, poniendo a disposición de los ciudadanos los mecanismos necesarios para el cumplimiento de los compromisos dinerarios que puedan derivarse del proceso judicial. Asimismo, también sirven para la gestión de los mandamientos de pago y transferencias de pago a los ciudadanos. En fin, en la actualidad, han visto ampliadas sus posibilidades hasta el punto de que los embargos de las cuentas bancarias y las devoluciones de Hacienda se traban y realizan telemáticamente en dicha aplicación.

237.2.– Por otra parte, también debe aludirse al hecho de que las subastas, tanto judiciales como extrajudiciales, se realizan de forma electrónica, dándolas de alta en la misma aplicación de la CDCJ, que conecta con el Portal de Subastas y permite el envío de cualquier tipo de documentación, además del edicto que indica las condiciones generales y particulares de la subasta, como fotografías, informes periciales, etc. Esta medida, introducida por la Ley 19/2015, de 13 de julio, debería facilitar una mayor participación de postores, el incremento de las pujas recibidas, así como dificultar los conciertos en orden a hacer quebrar la subasta.

---

917 NIEVA FENOLL, J. (2018), *Inteligencia artificial y proceso judicial*, Madrid, Marcial Pons, pp. 39 y ss.; BARONA VILAR, S. (2021), *op. cit.*, pp. 667 y ss.; GÓMEZ COLOMER, J. L. (2023), *El juez robot. La independencia judicial en peligro*, Valencia, Tirant lo Blanch, p. 137.

237.3.– En fin, por último, merece ser destacado el Punto Neutro Judicial, una red de servicios que proporciona a los órganos judiciales los datos necesarios en la tramitación judicial mediante accesos directos a aplicaciones y bases de datos del CGPJ, de organismos de la Administración General del Estado (Hacienda, TGSS, INSS, DGT...). Ello permite, entre otras cosas, acceder a los datos patrimoniales o domiciliarios de toda índole existentes en las distintas bases de datos de las AA.PP., lo que tiene una gran trascendencia para el desarrollo de la ejecución. Y es que, en general, la finalidad del Punto Neutro Judicial es facilitar y reducir los tiempos de tramitación, aumentar la seguridad y mejorar la satisfacción de los usuarios. Pues bien, así las cosas, el siguiente paso que augura la doctrina procesalista estudiosa de la materia será que los instrumentos basados en la inteligencia artificial puedan llevar a cabo la selección de los bienes, proceder a la afección de aquellos que se hubieran seleccionado, llevar a cabo la liquidación y realización de los mismos y, finalmente, ordenar el pago de la deuda al ejecutante[918].

238.– Las novedades que pretendía introducir la reforma procesal que estaban en marcha antes de la disolución de las Cortes en mayo de 2023 no presentaban una gran incidencia en este terreno. Y es que, aunque el proyecto de Ley de Eficiencia Procesal preveía la inserción de ciertas modificaciones en el sistema de subastas regulado en la LEC que venía funcionando desde la Ley 19/2015, de 13 de julio, con el objetivo de agilizarlo, en términos de incorporación de las tecnologías no incluía unos cambios de carácter significativo, ni siquiera algunas medidas contempladas en el Anteproyecto de Ley lo tenían. En todo caso, ninguna de estas orientaciones, ni las del proyecto ni las de anteproyecto, aparecen recogidas en el RDL 6/2023, de 19 de diciembre, pues, como tantas otras que se

---

918 NIEVA FENOLL, J. (2018), *op. cit.*, pp. 40-41; BARONA VILAR, S. (2021), *op. cit.*, p. 670.

han quedado por el camino[919]; no obstante, ello no es óbice a mencionarlas, pues pudieran retomarse en el futuro[920].

238.1.– Así, de entrada, una primera medida que podría haber tenido una repercusión agilizadora del procedimiento era la relativa a que el inicio del cómputo de los plazos para el pago del resto del precio y el traslado para la mejora de postura tuviese lugar de manera automática desde la fecha de cierre de la subasta cuando no cubriese los porcentajes mínimos, sin necesidad de dictar resolución alguna por parte del órgano.

238.2.– Una segunda medida de corte agilizador del procedimiento en el proyecto de Ley de Eficiencia Procesal que se estaba tramitando era la encaminada a imponer la obligación de realizar un intento de notificación personal al demandado que no se hubiese personado del decreto convocando a subasta, lo que reforzaría sus garantías en el proceso ejecutivo.

238.3.– Una tercera medida con la que se procuraba acelerar el procedimiento ejecutivo se relacionaba con la reducción de los plazos concedidos para proceder al pago del resto del precio ofrecido en la subasta, reduciéndose los cuarenta días actuales a la mitad, esto es, a veinte.

238.4.– En fin, por último, en aras a la consecución del mayor precio posible en la subasta, el proyecto de ley introducía en la LEC la previsión relativa a que el ejecutante que quisiera adquirir el bien objeto de subasta debería participar en la misma. Ahora bien, en la medida en que el art. 264 LRJS no se modificaba, en el ámbito la-

---

919 Así ha sucedido con diferentes preceptos de la LEC en materia ejecutiva cuya reforma se pretendía como, por ejemplo, los arts. 636, 640, 641, 642, 644, 645.1, 646, 647, 648, 649, 650, 651, 652, 653, 654, 655, 656, 657, 667, 668, 679 o 680, entre los que destacaban, por lo que aquí interesa, las previsiones afectantes a la subasta electrónica.

920 ESCOURIDO PÉREZ-SINDÍN, J. M. (2021), *op. cit.*, pp. 10 y ss.

boral permanecía intacta la posibilidad de que el ejecutante pudiese adjudicarse el bien por el 30% de su avalúo cuando la subasta se declarase desierta, si bien, desde ciertos sectores, se había indicado la conveniencia de ajustar la LRJS a la LEC en este punto[921].

3.6. Un reto adicional: actuaciones automatizadas, proactivas y asistidas

239.– Las distintas manifestaciones de la digitalización de la justicia a las que se ha ido haciendo referencia hasta el momento, como la presentación telemática de escritos y documentos, la realización de las comunicaciones vía LexNET, la implantación del EJE, el desarrollo de las bases de datos jurídicas, la realización de algunas actuaciones procesales e, incluso, la propia vista o acto de juicio de manera enteramente telemática, así como la implantación del Punto Neutro Judicial y otras utilidades en materia ejecutiva, se han visto coadyuvadas en su expansión por el desarrollo de la inteligencia artificial.

3.6.1. La incorporación de la Inteligencia Artificial en la Administración de Justicia

240.– Y es que las utilidades, reales y/o potenciales, que ésta presenta en el ámbito jurídico son muy numerosas y variadas, tanto, que hasta su presencia con frecuencia nos pasa «desapercibida»[922].

240.1.– En efecto, de entrada, piénsese en el propio corrector de textos que empleamos cotidianamente o los diferentes buscadores de jurisprudencia, de trabajos doctrinales o de modelos de resolución y los avances que han experimentado en los últimos años,

---

921 ESCOURIDO PÉREZ-SINDÍN, J. M. (2021), *op. cit.*, pp. 10 y ss.

922 La expresión en NIEVA FENOLL, J. (2018), *op. cit.*, p. 165.

permitiendo un mejor almacenamiento y procesamiento de los datos obtenidos[923].

240.2.– Asimismo, en este mismo sentido, cabe mencionar las distintas experiencias implantadas en la automatización de operaciones de gestión y tramitación que son puramente mecánicas[924].

240.3.– Igualmente, cabe imaginar en su incorporación a la actividad probatoria, pues, aunque su virtualidad sería muy superior en un sistema en el que imperase la valoración legal de la prueba[925], no hay que desdeñar su utilidad en aquellos donde reina la libre valoración para distintas acciones[926], ya que la inteligencia artificial puede encontrar un relevante campo de actuación que va desde la propia admisión de pruebas hasta su práctica, pues algunas aplicaciones permiten calibrar las circunstancias de las declaraciones de las partes o testigos[927] o analizar los documentos presentados por las partes[928], siendo especialmente útiles en el terreno de los peritajes, donde presentan un gran potencial a la hora de determinar la valía tanto del sujeto emisor, como del informe que presenta, al facilitar la comprobación de sus méritos curriculares y la aprecia-

---

923 NIEVA FENOLL, J. (2018), *op. cit.*, p. 14; BORRÁS ANDRÉS, N. (2019), "La verdad y la ficción de la inteligencia artificial en el proceso penal", en CONDE FUENTES, J.; SERRANO HOYO, G. (Dirs.), *La justicia digital en España y en la Unión Europea*, Barcelona, Atelier, p. 37; BARONA VILAR, S. (2021), *op. cit.*, pp. 381 y ss.; GÓMEZ COLOMER, J. L. (2023), *op. cit.*, pp. 130 y ss.

924 NIEVA FENOLL, J. (2018), *op. cit.*, pp. 24 y ss.; BORRÁS ANDRÉS, N. (2019), *op. cit.*, p. 37; BARONA VILAR, S. (2021), *op. cit.*, pp. 381 y ss.; GÓMEZ COLOMER, J. L. (2023), *op. cit.*, p. 134.

925 La reflexión aparece en distintos autores, entre otros, NIEVA FENOLL, J. (2018), *op. cit.*, p. 79; BORRÁS ANDRÉS, N. (2019), *op. cit.*, p. 35.

926 NIEVA FENOLL, J. (2018), *op. cit.*, p. 36 y pp. 79 y ss.; BARONA VILAR, S. (2021), *op. cit.*, pp. 587 y ss.; GÓMEZ COLOMER, J. L. (2023), *op. cit.*, p. 135.

927 NIEVA FENOLL, J. (2018), *op. cit.*, pp. 80 y ss.; BARONA VILAR, S. (2021), *op. cit.*, pp. 591-593; GÓMEZ COLOMER, J. L. (2023), *op. cit.*, pp. 262-264.

928 NIEVA FENOLL, J. (2018), *op. cit.*, pp. 90 y ss.; BARONA VILAR, S. (2021), *op. cit.*, pp. 593-594; GÓMEZ COLOMER, J. L. (2023), *op. cit.*, p. 263.

ción de la concurrencia de los criterios Daubert empleados para «medir» la calidad/fiabilidad de este tipo de pruebas[929].

240.4.– En fin, más lejos aún de lo hasta ahora señalado, se abre un panorama en el que la tecnología supera la «automatización» de las decisiones y actividades y determina su propia «transformación»[930], de manera que los sistemas llegan a predecir los resultados de la actividad desarrollada por los órganos jurisdiccionales, tras el análisis de supuestos anteriores similares, el historial acumulado, los sujetos actuantes, etc., y proponer soluciones al conflicto planteado, en su totalidad o a alguna de las cuestiones derivadas, como puede ser, por ejemplo, la adopción de medidas cautelares, valorando la concurrencia del *periculum in mora*[931] o la apreciación de litispendencia, cosa juzgada, así como las decisiones sobre acumulación[932]; incluso, según algunos, cabe imaginar que en el futuro puedan llegar a adoptar las decisiones, aunque seguramente ésta debiera ser la «última frontera»[933].

241.– En definitiva, las utilidades esperables de la inteligencia artificial en el terreno de la Administración de Justicia se mueven por tres senderos funcionales un tanto diversos[934]. Así, en primer lugar, estarían toda una serie de funciones de corte instrumental, donde aquélla puede facilitar la tramitación procesal mediante la automatización de distintas actuaciones. Un segundo nivel vendría

---

929 NIEVA FENOLL, J. (2018), *op. cit.*, pp. 93 y ss.; BARONA VILAR, S. (2021), *op. cit.*, p. 593; GÓMEZ COLOMER, J. L. (2023), *op. cit.*, pp. 264 y ss.

930 SUSSKIND, R. (2020), *op. cit.*, pp. 55 y ss.

931 El tema ha sido tratado en profundidad por NIEVA FENOLL, J. (2018), *op. cit.*, pp. 61 y ss.; asimismo, vid BARONA VILAR, S. (2021), *op. cit.*, pp. 635 y ss.

932 NIEVA FENOLL, J. (2018), *op. cit.*, pp. 119-121.

933 La expresión en NIEVA FENOLL, J. (2018), *op. cit.*, p. 31.

934 Entre otros, GUZMÁN FLUJA, V. C. (2017), “Sobre la aplicación de la Inteligencia artificial a la solución de conflictos”, en BARONA VILAR, S. (Coord.), *Justicia Civil y Penal en la era global*, Valencia, Tirant lo Blanch, pp. 106 y ss.; MARTIN DIZ, F. (2020), *op. cit.*, pp. 63; BARONA VILAR, S. (2021), *op. cit.*, pp. 547 y ss.

constituido por todos aquellos usos que, gracias al tratamiento de datos, brindan una «asistencia» en términos predictivos o propositivos a los operadores jurídicos, singularmente, a los abogados, a los graduados sociales y, por lo que aquí interesa, a los titulares de los órganos jurisdiccionales. El tercer estadio vendría conformado por el recurso a la inteligencia artificial con un papel mucho más incisivo, atribuyéndole un rol decisional y, en cierto modo, sustitutivo del órgano jurisdiccional. En conclusión, junto a la integración de estas manifestaciones tecnológicas en las actuaciones judiciales y en la gestión procesal, también avanzaremos en la robotización de las distintas labores judiciales[935]. En efecto, se trata de una tendencia ya constatable en otros países que conocen de algunas experiencias con distintos grados de implantación[936] y que abre unas cuestiones problemáticas de gran interés a las que habrá que dar respuesta en los años venideros[937].

242.– Todo ello explica el grado de atención creciente dispensado a la materia por parte de la doctrina procesal, donde el incremento de los estudios sobre la incorporación y utilización de aplica-

---

935 BARONA VILAR, S. (2021), *op. cit.*, p. 780.

936 El análisis de estas experiencias en, por ejemplo, ALLENDE PÉREZ DE ARCE, J. A. (2019), "Tribunales civiles en línea: una propuesta para introducirlos sin afectar al derecho a acceder a la justicia de quienes no están conectados a internet", *Revista Chilena de Derecho y Tecnología*, vol. 8, nº 1, pp. 185-206; ERCILLA GARCÍA, J. (2020), "Tribunales virtuales y procedimiento on line: solución de contingencia ante pandemias o evolución necesaria", *Revista de Trabajo y Seguridad Social. CEF*, nº 446, pp. 109-141; SUSSKIND, R. (2020), *op. cit.*, pp. 197 y ss.; BARONA VILAR, S. (2021), *op. cit*, pp. 646 y ss. Asimismo, de interés también el análisis sobre la plataforma europea en materia de consumo efectuado por HERNÁNDEZ MOURA, B. (2019), "La gestión digital de conflictos a través de la plataforma europea de resolución de litigios en línea", en CONDE FUENTES, J.; SERRANO HOYO, G. (Dirs.), *La justicia digital en España y en la Unión Europea*, Barcelona, Atelier, pp. 393-401.

937 GUZMÁN FLUJA, V. C. (2017), *op. cit.*, pp. 67-122; SUSSKIND, R. (2020), *Tribunales on line y la justicia del futuro*, Madrid, La Ley; BARONA VILAR, S. (2021), *op. cit.*, en especial, pp. 550 y ss.; GÓMEZ COLOMER, J. L. (2023), *op. cit.*, en especial, pp. 225 y ss.

ciones y sistemas de inteligencia artificial en el proceso ha sido muy notable en los últimos tiempos, seguramente potenciado también por las diferentes propuestas normativas existentes con repercusión en este terreno[938]. En este sentido, piénsese en la Propuesta de Reglamento del Parlamento Europeo y del Consejo, por el que se establecen normas armonizadoras en materia de inteligencia artificial (Ley de Inteligencia Artificial) y se modifican determinados actos legislativos de la Unión[939]. Asimismo, ya exclusivamente entre nosotros, el Proyecto de Ley de Eficiencia Digital, presentado en septiembre de 2022[940] contenía unas tímidas previsiones al respecto que han cristalizado en el libro primero del RDL 6/2023, de 19 de diciembre, en concreto, en los arts. 56 y ss.

3.6.2. Los grandes temas de debate: las funciones «sustitutivas»

243.– Estos estudios permiten identificar los grandes temas de debate que suscita el empleo de los sistemas de inteligencia artificial por parte de la Administración de Justicia, donde los aspectos más polémicos surgen al hilo de los mecanismos computacionales que asumen funciones sustitutivas de las encomendadas a los titulares de los órganos jurisdiccionales o, en otras palabras, la aceptación del llamado «juez robot». Al respecto, por supuesto, se encuentra la cuestión relativa a la aptitud decisoria de la inteligencia artificial como si de un juez se tratase al cuestionarse su aptitud para razonar o motivar las decisiones[941]. Y es que, el proceso de adopción de decisiones judiciales es verdaderamente «complejo»[942], pues la actividad de juzgar consiste en una «combinación de conocimien-

---

938 Así lo explica BORRÁS ANDRÉS, N. (2019), *op. cit.*, p. 31.

939 SEC (2021) 167 final.

940 BOCG 12 de septiembre de 2022.

941 Así, entre otros, NIEVA FENOLL, J. (2018), *op. cit.*, pp. 99 y ss.; BORRÁS ANDRÉS, N. (2019), *op. cit.*, p. 34; SUSSKIND, R. (2020), *op. cit.*, pp. 320 y ss.; BARONA VILAR, S. (2021), *op. cit.*, p. 585; GÓMEZ COLOMER, J. L. (2023), *op. cit.*, p. 145.

942 BARONA VILAR, S. (2021), *op. cit.*, p. 587.

tos, formulación de hipótesis, uso de heurísticos y aplicación de las emociones para redondear la justicia del caso concreto»[943], apareciendo la decisión judicial como el resultado de una pluralidad de elementos en donde confluye la valoración de la prueba practicada, la argumentación que servirá de motivación al resultado alcanzado y una ponderación de los derechos concurrentes de las partes procesales y los principios procesales[944], siendo dudoso que la tecnología haya alcanzado tal grado de «emulación» del comportamiento humano[945]. En todo caso, al margen de esta cuestión, la cual presenta un notable cariz técnico y evidentes connotaciones a tratar desde el campo de la filosofía del derecho, a mi juicio, desde la perspectiva jurídico-procesal, las dudas más acuciantes son otras. Y no me refiero a los riesgos de «fosilización» de las decisiones judiciales derivados de la intervención de la inteligencia artificial con este propósito[946], sino a la propia admisibilidad de la utilización de estos mecanismos computacionales en la toma de decisiones que resuelvan conflictos jurídicos, pues resulta cuestionable que ello respete la conformación constitucional del poder judicial, así como los principios del proceso y del procedimiento.

243.1.– En efecto, por lo que respecta a la primera perspectiva apuntada, no puede perderse de vista que el art. 117 CE atribuye la función jurisdiccional exclusivamente a los Juzgados y Tribunales determinados por las leyes; y que un atributo que acompaña de forma necesaria a los jueces y magistrados que integran tales órganos es, de conformidad con el mismo precepto, el de su independen-

---

943 NIEVA FENOLL, J. (2018), *op. cit.*, p. 58.

944 BARONA VILAR, S. (2021), *op. cit.*, pp. 625-626.

945 En un sentido más matizado, SUSSKIND, R. (2020), *op. cit.*, pp. 322-323, quien niega que la Inteligencia Artificial pueda pensar o emocionarse como un juez, duda sobre la posibilidad de que pueda motivar una decisión, pero cree en la posibilidad de que dé respuestas como las que esperamos de un juez.

946 A ello aluden, por ejemplo, NIEVA FENOLL, J. (2018), *op. cit.*, p. 99; SAN MIGUEL CASO, C. (2019), "Las técnicas de predicción judicial y su repercusión en el proceso", en CONDE FUENTES, J.; SERRANO HOYO, G. (Dirs.), *La justicia digital en España y en la Unión Europea*, Barcelona, Atelier, p. 43.

cia, así como su imparcialidad y responsabilidad. Pues bien, así las cosas, el art. 117 CE actúa como un impedimento insalvable a la posibilidad de admitir que una inteligencia artificial pueda desarrollar labores de enjuiciamiento en sustitución de los jueces y magistrados, pues carece de la imprescindible legitimidad democrática que concurre en jueces y magistrados[947]. Asimismo, la asunción de funciones decisorias en la solución de los litigios por parte de sistemas computacionales resulta difícilmente compatible con los requerimientos de independencia, imparcialidad y responsabilidad que impone dicho precepto sobre los integrantes del poder judicial, aunque pudiese parecer lo contrario.

En este sentido, el punto de partida que hemos de adoptar es el relativo al significado de la independencia, el cual entronca con el sometimiento de jueces y magistrados exclusivamente al imperio de la ley democráticamente aprobada, sin que sean admisibles eventuales injerencias externas de otros poderes u organismos que persigan someter a los primeros o influir en su actividad que los mismos desarrollan[948]. Así las cosas, en principio, cabría dudar sobre la posibilidad de que la inteligencia artificial pudiera verse «doblegada», pues su programación podría seguramente haber previsto y sorteado tales riesgos de injerencia[949]. Ahora bien, como ha señalado la doctrina, que la máquina sea ajena a dichos riesgos no quiere decir que la persona encargada de su programación lo sea[950]; en otras palabras, el programador se encuentra expuesto al concurso de tales injerencias. Así pues, resulta imprescindible una correcta selección de los sujetos encargados de conformar las herramientas informáticas, así como un organismo de garantía[951]; en esta línea, se ha propugnado la necesidad de adoptar unas normas protocolo

947 GÓMEZ COLOMER, J. L. (2023), *op. cit.*, pp. 189 y 221.
948 GÓMEZ COLOMER, J. L. (2023), *op. cit.*, p. 209.
949 GÓMEZ COLOMER, J. L. (2023), *op. cit.*, p. 217.
950 SAN MIGUEL CASO, C. (2019), *op. cit.*, p. 44; BARONA VILAR, S. (2021), *op. cit.*, p. 658; GÓMEZ COLOMER, J. L. (2023), *op. cit.*, p. 217.
951 NIEVA FENOLL, J. (2018), *op. cit.*, pp. 121 y ss.

que cubriesen la función que desarrolla la normativa que regula el acceso a la función jurisdiccional, garantizando el tipo de máquina, quién la diseñó, el contenido de la misma y quién puede llegar a controlarla, así como mecanismos de fiscalización[952].

Por su parte, la imparcialidad aparece como una especie de dama de compañía de la independencia, actuando ésta como presupuesto de aquélla, si bien ambos cubren intereses y objetivos distintos[953]. Y es que, así como la independencia se predica en términos generales y opera *ad extra*, la imparcialidad se relaciona con el caso concreto y actúa *ad intra*, pues lo que persigue es garantizar que la persona encargada de enjuiciar no tenga un interés específico en el objeto del litigio y en su resultado. A tal fin, existen las causas de abstención y recusación, las cuales, si se analizan, se articulan sobre la base de influencias volitivas, positivas o negativas, concurrentes en el órgano jurisdiccional que pudiesen enturbiar su objetividad. A partir de tal entendimiento, lo cierto es que resulta complejo aceptar que pueda afectar a la máquina, por su falta de emociones, al menos hoy por hoy[954]. Ahora bien, de manera similar a lo señalado respecto la independencia, que la máquina sea ajena a esas querencias y desapegos, no quiere decir que también lo sea su programador[955]; es más, incluso hay quien entiende que los riesgos son superiores, pues sobre el programador no pesa el férreo estatuto que disciplina la actividad de jueces y magistrados, ni tales individuos están sujetos a las causas de abstención y recusación que operan respecto jueces y magistrados[956]. En todo caso, a mi juicio, aun aceptando tales planteamientos, resulta difícil imaginar que en la práctica ese tipo de causas determinantes de la abstención o recusación puedan

[952] BARONA VILAR, S. (2021), *op. cit.*, p. 657.
[953] GÓMEZ COLOMER, J. L. (2023), *op. cit.*, p. 210.
[954] NIEVA FENOLL, J. (2018), *op. cit.*, p. 131.
[955] SAN MIGUEL CASO, C. (2019), *op. cit.*, p. 44; BARONA VILAR, S. (2021), *op. cit.*, p. 658; GÓMEZ COLOMER, J. L. (2023), *op. cit.*, p. 217.
[956] GÓMEZ COLOMER, J. L. (2023), *op. cit.*, p. 212.

afectar al programador, precisamente por su vinculación al caso concreto[957].

En fin, la última exigencia constitucional a la que quiero aludir es la relativa a la responsabilidad de jueces y magistrados, algo que proclama el art. 117.1 CE y encuentra su desarrollo en los arts. 405 y ss. LOPJ, apareciendo como corolario de la independencia judicial. Y es que los miembros del poder judicial son independientes y actúan sujetos solamente al imperio de la ley, pero también son responsables de sus actuaciones y decisiones. Así las cosas, surge la duda de quién se responsabilizará de las decisiones proporcionadas por la inteligencia artificial, especialmente en los casos en que adopta un rol sustitutivo del juez humano[958]. Una cuestión que enlaza con otra que habrá que resolver también en el futuro como es la de su naturaleza jurídica y el eventual reconocimiento de una personalidad electrónica al robot[959].

243.2.– La utilización de mecanismos computacionales que asumen funciones sustitutivas de las encomendadas a jueces y magistrados no solo resulta problemática desde la perspectiva de la conformación constitucional del poder judicial, sino también desde el punto de vista del respeto a los principios del proceso y del procedimiento. Aunque la doctrina ha ofrecido un detenido estudio sobre la cuestión[960], las principales dudas han surgido en relación con unos aspectos muy concretos, como son los eventuales ataques al principio de contradicción o audiencia, en su vertiente de derecho de defensa, y el mantenimiento o abandono de la oralidad y sus principios consecuencia.

---

957 NIEVA FENOLL, J. (2018), *op. cit.*, p. 131.

958 Al respecto, *vid.* BARONA VILAR, S. (2021), *op. cit.*, pp. 388 y ss.; GÓMEZ COLOMER, J. L. (2023), *op. cit.*, pp. 283 y ss.

959 El tema aparece ampliamente tratado por GÓMEZ COLOMER, J. L. (2023), *op. cit.*, pp. 228 y ss., a quien me remito, pues recoge las diferentes posturas, así como las oportunas referencias doctrinales que las apoyan.

960 Por todos, BARONA VILAR, S. (2021), *op. cit.*, pp. 390 y ss.

En relación con el primero, sabido es que el principio de contradicción o audiencia tiene como significado primigenio que nadie pueda ser condenado sin haber sido previamente oído y vencido en juicio, lo que implica el reconocimiento del derecho de acceso a los materiales de hecho y de derecho que puedan influir en la decisión judicial, con el claro objetivo de poder ejercitar su derecho de defensa. Pues bien, el hermetismo existente alrededor de los algoritmos empleados en la puesta en marcha de este tipo de sistemas computacionales genera la difícil aceptación de su uso sin comprometer el derecho señalado[961].

En cuanto al segundo, la doctrina ha destacado que el entorno virtual se desarrolla mejor con la escritura, pues facilita la labor de la máquina[962]. Ello podría hacer evolucionar el proceso hasta ahora conocido en el que impera la oralidad —y, con ella, la inmediación, concentración, celeridad y publicidad— hacia un universo completamente distinto en el que reinase la escritura, así como sus principios consecuencia —mediación, dispersión, preclusión y secreto—. Sin embargo, yo no creo que este panorama constituya una consecuencia inevitable de la incorporación de la inteligencia artificial, pues cabe imaginar aplicaciones en las que la oralidad siga teniendo un rol prevalente, con independencia de que para ciertos aspectos puedan apoyarse en la escritura. En este sentido, no se olvide que los principios del procedimiento nunca se presentan de un modo absoluto, sino que se plantean como un predominio, pudiendo quedar preservada la oralidad si las principales actuaciones procesales se mantienen fieles al principio en cuestión. Por lo demás, un cambio que fuese más lejos, también exigiría una modificación constitucional, dada la relevancia que el art. 120 CE asigna a la oralidad.

---

961 Al respecto, NIEVA FENOLL, J. (2018), *op. cit.*, p. 139; SAN MIGUEL CASO, C. (2019), *op. cit.*, p. 44; BARONA VILAR, S. (2021), *op. cit.*, p. 408; GÓMEZ COLOMER, J. L. (2023), *op. cit.*, p. 170.

962 NIEVA FENOLL, J. (2018), *op. cit.*, p. 31.

244.– El tratamiento cada vez más detallado ofrecido por la doctrina procesalista a esta temática contrasta con la atención dispensada a la cuestión desde la perspectiva del proceso laboral.

244.1.– Así, aunque los laboralistas han abordado el tema de la inteligencia artificial en el ámbito de las relaciones laborales[963], no se han detenido en analizar las aristas que presenta la incorporación de estos sistemas en el proceso. Ciertamente, en este espacio específico, una gran parte de las cuestiones problemáticas pertenecen a la órbita de estudio de la teoría general del proceso y otras presentan caracteres comunes con las que se suscitan en otros ámbitos de la disciplina, como, por ejemplo, las decisiones automatizadas emanadas de la Inspección de Trabajo y que sí han sido objeto de estudio.

244.2.– Aun así, no deja de resultar curioso, pues, precisamente, el primer programa piloto que existe un nuestro país se desarrolla en el terreno laboral. En efecto, ya entre las medidas incluidas en el plan de choque de 16 de junio de 2020 elaborado por el CGPJ se encontraba una, la 6.35, relativa a la «automatización y estereotipación de resoluciones habituales»; y, además, aparecía en el bloque de medidas organizativas y procesales, afectantes específicamente al orden social[964]. Así las cosas, el Acuerdo 7-8 de la Comisión Per-

---

963 Al respecto, *vid.* MERCADER UGUINA, J. (2017), *El futuro del trabajo en la era de la digitalización y de la robótica*, Valencia, Tirant lo Blanch; MERCADER UGUINA, J. (2022), *Algoritmos e inteligencia artificial en el derecho digital del trabajo*, Valencia, Tirant lo Blanch.

964 En efecto, se trata de la medida 6.35, que aparece en el Bloque 1 —medidas organizativas y procesales—, apartado B —medidas gubernativas/organizativas a impulsar por el CGPJ—, bloque 6 —bloque social—, y puede verse en la p. 8 del documento facilitado por el CGPJ, disponible en https://www.poderjudicial.es/cgpj/es/Poder-Judicial/Consejo-General-del-Poder-Judicial/Oficina-de-Comunicacion/Archivo-de-notas-de-prensa/El-Pleno-del-organo-de-gobierno-de-los-jueces-aprueba-el-plan-de-choque-del-CGPJ-para-la-reactivacion-tras-el-estado-de-alarma, última consulta 18 de septiembre de 2023.

manente del CGPJ de 10 de septiembre de 2020 aprobó la constitución de un grupo de trabajo encargado de elaborar la herramienta informática de modelos estereotipados de resoluciones jurisdiccionales en el orden social que permitiría satisfacer el objetivo propuesto en la medida 6.35 del Plan de choque[965]. El resultado son 94 modelos puestos a disposición del alumnado de la escuela judicial, los jueces en prácticas y los miembros de la carrera judicial a quienes se proporciona una herramienta informática de marcado carácter asistencial en la que encuentran una ayuda de gran valor para el desarrollo de sus cometidos. Así, si un miembro de la carrera judicial debe dictar una sentencia de despido por primera vez, tras seleccionar el tipo y subtipo de despido de que se trate, la aplicación le proporciona un modelo de sentencia, una estructura de la misma con el contenido que debe figurar como los hechos necesarios, las normas aplicables, la jurisprudencia relacionada con el caso, y los aspectos que deben aparecer en el fallo, que luego el usuario personaliza, rellenando, a partir del modelo proporcionado, los datos de hecho concretos y pudiendo añadir su propia fundamentación y, por supuesto, el fallo, ya que el modelo, obviamente, no es obligado ni vinculante[966].

245.– En este contexto, las previsiones presentes en el RDL 6/2023, de 19 de diciembre, sobre estas cuestiones son mucho más comedidas y contenidas de lo que inicialmente pudiera imaginarse. Y es que, no se trata —o, al menos, no en este momento— de la sustitución del juez por una inteligencia artificial, pero sí de su incorporación con distintos grados posibles de incidencia. Así, la reforma piensa en una inteligencia artificial que pueda proporcio-

---

965 El contenido del acuerdo está disponible en https://www.poderjudicial.es/cgpj/es/Servicios/Acuerdos-del-CGPJ/Acuerdos-de-la-Comision-Permanente/Acuerdos-de-la-Comision-Permanente-del-CGPJ-de-10-de-septiembre-de-2020, última consulta 18 de septiembre de 2023.

966 MARTÍNEZ MOYA, J. (2021), "La posición del Consejo General del Poder Judicial ante las reformas normativas que afectan al orden jurisdiccional social", *Cuadernos Digitales de Formación*, nº 38, 71 p. 66.

nar al juez una evaluación previa, facilitar la toma de decisiones o, incluso, llegar a ayudar en la adopción de las mismas. En efecto, el RDL 6/2023, de 19 de diciembre, destina el título III de su Libro primero (arts. 31 y ss.) a la «tramitación electrónica de los procedimientos judiciales»; una tramitación que, además, está «orientada al dato», según detallan los arts. 35 y ss. del RDL, siendo uno de los aspectos destacados en la exposición de motivos el relativo a las «actuaciones automatizadas, proactivas y asistidas», que se regulan en los arts. 56 a 58 del RDL[967].

245.1.– De entrada, por lo que respecta a las actuaciones automatizadas, éstas se definen por la norma como actuaciones procesales que ha producido un sistema de información adecuadamente programado sin necesidad de que intervenga una persona en cada caso singular. La norma prevé su uso en relación con las tareas repetitivas y automatizables que no requieren de interpretación jurídica como puede ser el numerado de expedientes, la remisión asuntos al archivo, la generación de copias, la comprobación de la representación o de la firmeza. Así, ciertas tareas que antaño exigían leer el dato, procesarlo y, finalmente, ejecutar la tarea, la orientación al dato permite hacerlas de forma automática. En este sentido, piénsese, por ejemplo, en el cálculo de un plazo o en el de las indemnizaciones tasadas. En todo caso, la norma se preocupa por el hecho de que estas actuaciones se puedan identificar como tales, trazar y justificar, así como por posibilitar que se puedan realizar de modo

---

967 Al respecto, con mayor detalle, MONTORO SÁNCHEZ, J. A. (2023), "Actuaciones judiciales automatizadas en el Proyecto de Ley de Eficiencia Digital del servicio público de justicia, en JIMÉNEZ CONDE, F.; BANACLOCHE PALAO, J.; GASCÓN INCHAUSTI, F. (Dirs.), *Logros y retos de la justicia civil en España*, Valencia, Tirant lo Blanch, pp. 687-704; RICHARD GONZÁLEZ, M. (2023), "Las actuaciones judiciales automatizadas, proactivas y asistidas previstas en el Anteproyecto de Ley de Medidas de Eficiencia Digital de 2011 en el marco de la estrategia europea de desarrollo de la inteligencia artificial", en JIMÉNEZ CONDE, F.; BANACLOCHE PALAO, J.; GASCÓN INCHAUSTI, F. (Dirs.), *Logros y retos de la justicia civil en España*, Valencia, Tirant lo Blanch, pp. 705-718.

no automático e, incluso, deshabilitar, revertir o dejar sin efecto las realizadas.

245.2.– Las actuaciones proactivas, por su parte, constituyen también actuaciones automatizadas, pero que permiten aprovechar la información incorporada en un expediente o procedimiento de una administración pública con un fin determinado para generar avisos o efectos directos a otros fines distintos, en el mismo o en otros expedientes, de la misma u otra administración. Así sucede, por ejemplo, con las notificaciones o avisos automáticos. Por lo demás, las posibilidades antes mencionadas relativas a que estas actuaciones se puedan identificar como tales, trazar y justificar, así como permitir su realización de modo no automático e, incluso, deshabilitar, revertir o dejar sin efecto las realizadas, también se prevén respecto las actuaciones proactivas.

245.3.– En fin, las actuaciones asistidas generan un borrador total o parcial del texto que sirve de apoyo a las tareas del personal jurisdiccional, fiscalía o de los LAJ. Ese documento «complejo», basado en datos, puede ser producido por algoritmos y servir de apoyo o fundamento a una resolución judicial o procesal, pero en ningún caso constituye la resolución mientras no se valide por la autoridad competente, en el ámbito de sus competencias y bajo su responsabilidad. Así pues, aquí tales sujetos mantienen el pleno control sobre la decisión, debiendo los sistemas asegurar que el borrador documental solo se genere a voluntad del usuario y pueda ser libre y enteramente modificado. En este sentido, el art. 57.3 insiste en dicha idea al exigir que la constitución de la resolución no solo sea validada por la autoridad competente, sino que además requiere la identificación, autenticación o firma electrónica que en cada caso prevea la ley.

246.– Por lo demás, en todas estas actuaciones (sean automatizadas, proactivas o asistidas), el art. 58 del RDL 6/2023, de 19 de diciembre, impone, como garantía clave, la necesidad de que los criterios de decisión empleados sean públicos y objetivos; en cambio, un aspecto que no se aborda es el relativo a la actuación que debe desarrollar el titular del órgano jurisdiccional cuando se aparta de la propuesta proporcionada por la inteligencia artificial, lo que abre un interesante espacio para la reflexión futura: ¿se le exigirá un plus argumental que justifique esa separación?; ¿constituirá un motivo para formular un eventual recurso?; ¿o simplemente favorecerá un mayor esfuerzo por parte de los responsables de impartir justicia sabedores de que su solución es diferente de la propuesta por el programa? El tiempo nos sacará de dudas; o nos las incrementará.

BIBLIOGRAFÍA CITADA

> «…resulta evidente quiénes deberían ser los principales amantes de los libros… príncipes y prelados, jueces y doctores, y cualquier otro dirigente de la república, pues necesitan de la sabiduría más que nadie… ».
>
> DE BURY, R. (2006), *Filobiblion, Muy hermoso tratado sobre el amor a los libros*, Madrid, Huertas Industrias Gráficas, 3ª edición revisada (Traducción por Emilio Pascual del original en latín *Philobiblion. Tractatus pulcherrimus de amore librorum*, publicado en 1344).

ABELLÁN ALBERTOS, A. (2020), "Actuaciones procesales mediante videoconferencia: cuestiones a tener en cuenta en un juicio telemático civil por un abogado", *Práctica de Tribunales*, nº 147, noviembre de 2020, 23 pp.

ADÁN DOMÉNECH, F. (2008), "Problemática judicial de la documentación de las actuaciones judiciales", en CARPI, F.; ORTELLS RAMOS, M. (Eds.), *Oralidad y escritura en un proceso civil eficiente, Vol. II. Comunicaciones*, Valencia, Universitat de València, pp. 41-52.

AGUILERA IZQUIERDO, R. (2004), *Proceso Laboral y proceso civil: convergencias y divergencias*, Madrid, Civitas.

AGUSTÍ JULIÁ, J. (2021), "La impugnación de los actos administrativos en el proceso social: problemática y propuestas de reforma", *Cuadernos Digitales de Formación*, nº 38, 15 pp.

AGUSTÍ MARAGALL, J. (2011), "El proceso declarativo en la instancia en el Anteproyecto de Ley Reguladora de la Jurisdicción Social: estudio crítico y sugerencias", *Jurisdicción Social*, nº 105, pp. 90-150.

ALARCÓN Y HORCAS, S. (1927), *Código del Trabajo*, Madrid, Ed. Reus.

ALBIOL ORTUÑO, M.; ALFONSO MELLADO, C. L.; BLASCO PELLICER, A.; GOERLICH PESET, J. M.ª (2015), *Derecho Procesal Laboral*, 11ª edición, Valencia, Tirant lo Blanch.

ALEMAÑ CANO, J. (2008), *Estructura del proceso laboral*, Valencia, Tirant lo Blanch.

ALEMAÑ CANO, J. (2014), *Actos preparatorios, prueba anticipada y medidas cautelares*, Albacete, Bomarzo.

ALFONSO MELLADO, C. L. (1993), *Proceso de conflicto colectivo. Sistemas alternativos de solución y autonomía colectiva*, Valencia, Tirant lo Blanch.

ALFONSO MELLADO, C. L. (2011), *Prevención de riesgos laborales y accidentes de trabajo en la Ley Reguladora de la Jurisdicción Social*, Albacete, Bomarzo.

ALLENDE PÉREZ DE ARCE, J. A. (2019), "Tribunales civiles en línea: una propuesta para introducirlos sin afectar el derecho a acceder a la justicia de quienes no están conectados a internet", *Revista Chilena de Derecho y Tecnología*, vol. 8, nº 1, pp. 185-206.

ALONSO OLEA, M. (1962), "Derechos irrenunciables y principio de congruencia", *Anuario de Derecho Civil*, pp. 293-329.

ALONSO OLEA, M. (1966), "Sobre la historia de los procesos de trabajo", *Revista de Trabajo*, nº 15, 9-35.

ALONSO OLEA, M. (1981), *Introducción al Derecho del Trabajo*, 4ª edición, Madrid, EDERSA.

ALONSO OLEA, M. (1989), "Notas sobre el orden jurisdiccional social en la transición entre plantas", *Revista Española de Derecho del Trabajo*, nº 37, pp. 37-41.

ALONSO OLEA, M.; MIÑAMBRES PUIG, C.; ALONSO GARCÍA, R. M.ª (2001), *Derecho Procesal del Trabajo*, Madrid, Civitas.

ALRUIZ VALENZUELA, M.; CRUCES NEIRA, J.; LORCA POBLETE, N.; VILLALÓN CABEZAS, J. (2022), *Tribunales laborales: nociones básicas de organización y funcionamiento*, Santiago de Chile, DER Ediciones-CJAJ.

ALTÉS TÁRREGA, J.; FITA ORTEGA, F. (2022), "La prueba ilícita sobre el proceso laboral. Sus efectos sobre el despido", *Revista Labos*, vol. 3, nº 2, pp. 76-101.

APILLUELO MARTÍN, M. (1996), "Nuevo modelo de conflictos de trabajo: medios de solución y el ASEC", en AA.VV., *La aplicación de la reforma del ET en la negociación colectiva. IX Jornadas de Estudio sobre la Negociación Colectiva*, Madrid, MTSS, pp. 129-170.

ARENAS RAMIRO, M. (2019), "La modernización de la tutela judicial efectiva y el expediente judicial electrónico", en GÓMEZ MANRESA, M.ª F.; FERNÁNDEZ SALMERÓN, M. (Coords.), *Modernización digital e innovación de la administración de justicia*, Cizur Menor, Thomson-Reuters Aranzadi, pp. 243-289.

BAJO GARCÍA, I. (2021), "La evitación del proceso", en BLASCO PELLICER, A. (Dir.), *El proceso laboral. Ley 36/2011, de 20 de octubre, reguladora de la Jurisdicción Social*, Tomo I, 2ª edición, 2021, pp. 397-468.

BALLESTER PASTOR, M.ª A. (1993), "Los pactos autonómicos de solución de conflictos colectivos de trabajo", *Tribuna Social*, nº 26, pp. 7-25.

BARONA VILAR, S. (2020), "Justicia civil post-coronavirus, de la crisis a algunas de las reformas que se avizoran", *Actualidad Jurídica Iberoamericana*, nº 12 bis, mayo 2020, 12 pp.

BARONA VILAR, S. (2021), *Algoritmización del derecho y de la justicia. De la Inteligencia Artificial a la Smart Justice*, Valencia, Tirant lo Blanch.

BARONA VILAR, S. (2022), "La mediación y su espacio en el hábitat de la justicia integral, global, algorítmica: ¿más o menos protagonismo?", en BARONA VILAR, S. (Ed.), *Meditaciones sobre mediación (MED+)*, Valencia, Tirant lo Blanch, pp. 31-61.

BARREIRO CARRIL, B. (2008), "La cooperación judicial civil en el ámbito iberoamericano y las aportaciones de Iber-red. El caso de la cooperación hispano-argentina", *Revista Electrónica Iberoamericana*, vol. 2, nº 2, pp. 57-77.

BAUZA MARTORELL, F. J. (2019), "Cómputo de plazos en el proceso judicial digital", en GÓMEZ MANRESA, M.ª F.; FERNÁNDEZ SALMERÓN, M. (Coords.), *Modernización digital e innovación de la administración de justicia*, Cizur Menor, Thomson-Reuters Aranzadi, pp. 431-447.

BAYLOS GRAU, A.; CRUZ VILLALÓN, J.; FERNÁNDEZ LÓPEZ, M.ª F. (1995), *Instituciones de Derecho Procesal Laboral*, 2ª edición, Madrid, Trotta.

BAYÓN CHACÓN, G., PÉREZ BOTIJA, E. (1963-a), *Manual de Derecho del Trabajo*, volumen I, 4ª edición, Madrid, Marcial Pons.

BAYÓN CHACÓN, G., PÉREZ BOTIJA, E. (1963-b), *Manual de Derecho del Trabajo*, volumen II, 4ª edición, Madrid, Marcial Pons.

BELLIDO PENADÉS, R. (2022), "Nuevos impulsos a la mediación y a otros MASC para la resolución de controversias en Derecho privado en Derecho español (A propósito del Anteproyecto de Ley de medidas de eficiencia procesal)", en BARONA VILAR, S. (Ed.), *Meditaciones sobre mediación (MED+)*, Valencia, Tirant lo Blanch, pp. 97-125.

BENEYTO, K. (2019), "Prueba e información del derecho extranjero", en JIMÉNEZ FORTEA, F. J. (Coord.), *La cooperación jurídica internacional civil y mercantil española más allá de la Unión Europea*, Valencia, Tirant lo Blanch, pp. 157-185.

BLASCO PELLICER, A. (1995), *La individualización de las relaciones laborales*, Madrid, CES.

BLASCO PELLICER, A. (1996), *Las medidas cautelares en el proceso laboral*, Madrid, Civitas.

BLASCO PELLICER, A. (1999), "El procedimiento especial en materia de Seguridad Social: puntos críticos", en DUEÑAS HERRERO, L. J. (Dir.), *I Congreso de Castilla y León sobre relaciones laborales*, Valladolid, Lex Nova, pp. 513-590.

BLASCO PELLICER, A. (2021), "Las medidas cautelares en el proceso laboral", en BLASCO PELLICER, A.; ALEGRE BUENO, M. (Dirs.), *El proceso laboral. Ley 36/2011, de 10 de octubre, reguladora de la Jurisdicción Social*, Tomo II, 2ª edición, Valencia, Tirant lo Blanch, pp. 2731-2766.

BORRAJO DACRUZ, E. (1957), "Presupuestos críticos para el estudio del Derecho del Trabajo (Procedimientos para definir el Derecho del Trabajo)", *Cuadernos de Política Social*, nº 33, pp. 7-27.

BORRAJO DACRUZ, E. (1988), *Introducción al Derecho del Trabajo*, 5ª edición, Madrid, Tecnos.

BORRAJO INIESTA, I.; DÍEZ-PICAZO GIMÉNEZ, I.; FERNÁNDEZ FARRERES, G. (1995), *El derecho a la tutela judicial efectiva y el recurso de amparo. Una reflexión sobre la jurisprudencia constitucional*, Madrid, Civitas.

BORRÁS ANDRÉS, N. (2019), "La verdad y la ficción de la inteligencia artificial en el proceso penal", en CONDE FUENTES, J.; SERRANO HOYO, G. (Dirs.), *La justicia digital en España y en la Unión Europea*, Barcelona, Atelier, pp. 31-39.

BUENO BENEDÍ, M. (2022), "Retos pendientes en el uso de la videoconferencia y otras tecnologías en nuestra administración de justicia", *Práctica de Tribunales*, nº 159, noviembre de 2022, 22 pp.

CABEZUDO BAJO, M. J. (2020), "Avance hacia un juicio penal íntegramente telemático mediante un uso más generalizado de la videoconferencia: eficiencia y derechos fundamentales", *Revista General de Derecho Procesal*, nº 52, 39 pp.

CABEZUDO RODRÍGUEZ, N. (2008), "Aproximación a la teoría general sobre el principio de inmediación procesal. De la comprensión de su trascendencia a la expansión del concepto", en CARPI, F.; ORTELLS RAMOS, M. (Eds.), *Oralidad y escritura en un proceso civil eficiente, Vol. II. Comunicaciones*, Valencia, Universitat de València, pp. 317-327.

CABRERA BAZÁN, J. (1969), "La prueba en el proceso de trabajo", *Revista de Política Social*, nº 82, pp. 43-80.

CALAZA LÓPEZ, S. (2020), "Ejes esenciales de la justicia post-COVID", *Diario La Ley*, nº 9737, 17 de noviembre de 2020, 20 pp.

CAMÓS VICTORIA, I. (1999), "La polémica delimitación del orden jurisdiccional competente (social, contencioso-administrativo o civil) en los supuestos de indemnización de daños y perjuicios causados por o con ocasión de la prestación de asistencia sanitaria", *Aranzadi Social-V*, pp. 647-668.

CARDONA FERNÁNDEZ, A. M. (2021), "La celebración de juicios telemáticos: ¿es la solución a la pandemia y al colapso judicial", *Diario La Ley*, nº 9786, 4 pp.

CARNELUTTI, F. (1926), *Lezioni di Diritto Processuale Civile. Volume Terzo. La funzione del processo di cognizione. Parte seconda*, ristampa, Padua, La Litotipo Casa Editrice.

CASAS BAAMONDE, M.ª E. (1992), "La solución extrajudicial de los conflictos laborales", *Relaciones Laborales-II*, pp. 27-39.

CASAS BAAMONDE, M.ª E. (1994), "El arbitraje en la reforma de la legislación laboral", *Relaciones Laborales-II*, pp. 3-9.

CATALÁ PELLÓN, A. (2021), "Recursos y proceso social: puntos críticos y posibles fórmulas para lograr una rápida respuesta judicial unificadora", *Cuadernos Digitales de Formación*, nº 38, 28 pp.

CERDÁ MESEGUER, J. I. (2019), "Hacia una administración de justicia plenamente electrónica: disfunciones normativas y juriprudenciales", en GÓMEZ MANRESA, M.ª F.; FERNÁNDEZ SALMERÓN, M. (Coords.), *Modernización digital e innovación de la administración de justicia*, Cizur Menor, Thomson-Reuters Aranzadi, pp. 369-399.

CEREZO ABAD, M. (1966), "La jurisdicción laboral. Su competencia y sus órganos. El Ministerio Fiscal, *Revista de Política Social*, nº 69, pp. 61-67.

CERNADA BADÍA, R. (2019), "«LexNET» o la selección natural en el foro del siglo XXI", en GÓMEZ MANRESA, M.ª F.; FERNÁNDEZ SALMERÓN, M. (Coords.), *Modernización digital e innovación de la administración de justicia*, Cizur Menor, Thomson-Reuters Aranzadi, pp. 401-429.

CHIOVENDA, G. (1923), *Principii di Diritto Processuale Civile. Il proceso di cognizione*, 3ª edición, Napoles, N. Jovene N. C. (1ª edición: 1906).

CONDE MARTÍN DE HIJAS, V. (1989), "Comentario urgente sobre la LPDJ en relación con los órganos jurisdiccionales del orden social, *Actualidad Laboral*, nº 10 y 11, pp. 109-140.

CONDE MARTÍN DE HIJAS, V. (1990), "Ámbito del orden social de la jurisdicción", en BORRAJO DACRUZ, E. (Dir.), *Comentarios a las leyes laborales. Tomo XIII. Volumen 1º. La nueva Ley de Procedimiento Laboral*, Madrid, EDERSA, pp. 1-185.

CONDE MARTÍN DE HIJAS, V. (1995) "Responsabilidad patrimonial de las Administraciones Públicas y asistencia sanitaria", *Actualidad Laboral-I*, pp. 475-484.

CORTÉS ABAD, O. (2019), "Justicia digital, abierta e innovadora: hechos y retos", en GÓMEZ MANRESA, M.ª F.; FERNÁNDEZ SALMERÓN, M. (Coords.), *Modernización digital e innovación de la administración de justicia*, Cizur Menor, Thomson-Reuters Aranzadi, pp. 291-313.

CORTEZ MATCOVITCH, G. (2021), "Cuestiones preliminares", en CORTEZ MATCOVICH, G.; DELGADO CASTRO, J.; PALOMO VÉLEZ, D. (2021), *Proceso laboral*, Santiago de Chile, Thomson-Reuters, pp. 1-83.

CRUZ VILLALÓN, J. (1989), "Constitución y proceso de trabajo", *Revista Española Derecho del Trabajo*, nº 38, pp. 209-261.

CRUZ VILLALÓN, J. (1993), "El reparto de conocimiento jurisdiccional en materia de Seguridad Social", *Cuadernos de Derecho Judicial-XXIV: Problemas de delimitación entre el orden contencioso administrativo y el orden social de relaciones laborales en el sector público*, Madrid, CGPJ, pp. 293-336.

CRUZ VILLALÓN, J. (1995), *El arbitraje laboral en la reforma legislativa*, Valencia, Tirant lo Blanch.

DE HOYOS, M. (2008), "Hacia un proceso civil más eficiente: Comunicaciones telemáticas. El sistema LEXNET", en CARPI, F.; ORTELLS RAMOS, M. (Eds.), *Oralidad y escritura en un proceso civil eficiente, Vol. II. Comunicaciones*, Valencia, Universitat de València, pp. 93-103.

DE LA CASA QUESADA, S. (2023), "Retos del régimen de la prueba en el proceso social y sus recursos, en especial ante la transformación digital", *Revista de Trabajo y Seguridad Social, CEF*, nº 474, 119-150.

DE LA OLIVA SANTOS, A. (2004-a), "La función jurisdiccional", en DE LA OLIVA SANTOS, A.; DÍEZ-PICAZO GIMÉNEZ, I.; VEGAS TORRES, J., *Derecho Procesal. Introducción*, Madrid, Editorial Universitaria Ramón Areces, pp. 21-42.

DE LA OLIVA SANTOS, A. (2004-b), "Los principios del proceso", en DE LA OLIVA SANTOS, A.; DÍEZ-PICAZO GIMÉNEZ, I.; VEGAS TORRES, J., *Derecho Procesal. Introducción*, Madrid, Editorial Universitaria Ramón Areces, pp. 55-71.

DE LA OLIVA SANTOS, A. (2004-c), "Estructura y formas básicas del proceso", en DE LA OLIVA SANTOS, A.; DÍEZ-PICAZO GIMÉNEZ, I.; VEGAS TORRES, J., *Derecho Procesal. Introducción*, Madrid, Editorial Universitaria Ramón Areces, pp. 73-87.

DE LA OLIVA SANTOS, A. (2004-d), "El proceso como instrumento de la jurisdicción", en DE LA OLIVA SANTOS, A.; DÍEZ-PICAZO GIMÉNEZ, I.; VEGAS TORRES, J., *Derecho Procesal. Introducción*, Madrid, Editorial Universitaria Ramón Areces, pp. 43-54.

DE LA RÚA, J. L. (1992), "La competencia funcional en el orden jurisdiccional social", *Tribuna Social*, nº 14, pp. 23-27.

DE LAMO RUBIO, J. (2018-a), "El proceso social digital y el principio de subsanación", *Diario La Ley*, nº 9112, 8 pp.

DE LAMO RUBIO, J. (2018-b), "La prueba documental en el proceso digital y la necesidad de un nuevo modelo de procedimiento social", *Diario La Ley*, nº 9131, 2 de febrero de 2018, 11 pp.

DE LAMO RUBIO, J. (2018-c), "Citación telemática a juicios, nulidad de actuaciones judiciales en el orden social", *Diario La Ley*, nº 9181, 12 pp.

DE LAMO RUBIO, J. (2019), "Nulidad de actuaciones judiciales y expediente judicial electrónico: la primera citación de los demandados aun no personados", *Diario La Ley*, nº 9437, 14 pp.

DE LAMO RUBIO, J. (2021), "La conciliación intraprocesal social en el Anteproyecto de Ley de Eficiencia Procesal", *Diario La Ley*, nº 9767, 15 pp.

DEL PESO Y CALVO, C. (1966), "La jurisdicción laboral. Su competencia y sus órganos, *Revista de Política Social*, nº 69, pp. 195-209.

DEL REY GUANTER, S. (1992), "Los medios de solución de los conflictos colectivos de intereses y jurídicos", *Relaciones Laborales-II*, pp. 190-264.

DEL REY GUANTER, S. (1996), "El acuerdo sobre solución extrajudicial de conflictos laborales: un análisis inicial", en AAVV, *La aplicación de la reforma del Estatuto de los Trabajadores en la negociación colectiva. IX Jornadas de Estudio sobre la Negociación Colectiva*, Madrid, MTSS, pp. 98-128.

DELGADO BÁIDEZ, J. M.ª (2019), "Incorporación del expediente administrativo al proceso judicial", en GÓMEZ MANRESA, M.ª F.; FERNÁNDEZ SALMERÓN, M. (Coords.), *Modernización digital e innovación de la administración de justicia*, Cizur Menor, Thomson-Reuters Aranzadi, pp. 449-483.

DELGADO DEL RINCÓN, L. E. (2018), "EL TEDH y las condenas a España por la vulneración del derecho a ser juzgado en un plazo razonable: las dificultades para alcanzar una duración óptima de los procesos judiciales", *Teoría y realidad constitucional*, nº 42, pp. 569-590.

DELGADO MARTÍN, J. (2021), "Tecnología para afrontar los efectos de la pandemia sobre la justicia", *Diario La Ley*, nº 9781, 1 de febrero de 2021, 12 pp.

DESDENTADO BONETE, A. (2001), "Artículo 74", en MONEREO PÉREZ, J. L.; MORENO VIDA, M.ª N.; GALLEGO MORALES, A. J. (Dirs.), *Comentario a la Ley de Procedimiento Laboral*, tomo I, Granada, Comares, pp. 484-499.

DIAGO DIAGO, M.ª P. (2003), *La obtención de pruebas en la Unión Europea*, Cizur Menor, Aranzadi.

DIAGO DIAGO, M.ª P. (2013), "Reglamento 1206/2001 relativo a la cooperación entre los órganos jurisdiccionales de los Estados miembros en el ámbito de obtención de pruebas en materia civil y mercantil: estudio sobre su obligatoriedad, imperatividad y exclusividad", *Revista Electrónica de Estudios Internacionales*, nº 25, pp. 1-25.

DÍAZ SÁEZ, R.; ESCUDERO MORATALLA, J. M. (2020), "La convocatoria a los actos de conciliación y/o juicio en la Ley Reguladora de la Jurisdicción Social: ¿fin de la única pero sucesiva citación?, *Diario La Ley*, nº 9753, 8 pp.

DÍEZ-PICAZO GIMÉNEZ, I. (2004), "Principios constitucionales relativos a la potestad jurisdiccional", en DE LA OLIVA, A.; DÍEZ-PICAZO, I.; VEGAS TORRES, J., *Derecho Procesal. Introducción*, tercera edición, Madrid, Editorial Universitaria Ramón Areces, pp. 163-174.

DURÁN LÓPEZ, F. (1996), "El futuro del Derecho del Trabajo", *Revista Española de Derecho del Trabajo*, nº 78, pp. 601-617.

ELORZA, A. (1969), "El proyecto de ley Alonso Martínez sobre el trabajo en la industria (1855): derecho de asociación y conflicto social en el Bienio Progresista", *Revista de Trabajo*, nº 27/28, pp. 253-284.

ELVIRA BENAYAS, M.ª J. (1997), *La obtención de pruebas en el extranjero. Estudio sobre la el Convenio de la Haya de 1970 y su aplicación en el ordenamiento español*, (Tesis doctoral), Universidad Autónoma, Madrid.

ERCILLA GARCÍA, J. (2020), "Tribunales virtuales y procedimiento on line: solución de contingencia ante pandemias o evolución necesaria," *Revista de Trabajo y seguridad Social. CEF*, nº 446, pp. 109-141

ESCOURIDO PÉREZ-SINDÍN, J. M. (2021), "El Anteproyecto de Ley de Medidas de Eficiencia Procesal del Servicio Público de Justicia: reforma de la Ley de Enjuiciamiento Civil y su impacto en la Ley Reguladora de la Jurisdicción Social", *Cuadernos Digitales de Formación*, nº 38, 15 pp.

ESTEVE SEGARRA, A. (2012-a), "El proceso ordinario", en BLASCO PELLICER, A.; GOERLICH PESET, J. M.ª (Dirs.), *La reforma del proceso laboral. La nueva Ley Reguladora de la Jurisdicción Social*, Valencia, Tirant lo Blanch, pp. 213-287.

ESTEVE SEGARRA, A. (2012-b), "El proceso monitorio laboral", en BLASCO PELLICER, A.; ALEGRE NUENO, M. (Dirs.), *El proceso laboral. Ley 36/2011, de 10 de octubre, reguladora de la Jurisdicción Social*, Tomo I, Valencia, Tirant lo Blanch, pp. 647-700.

ESTEVE SEGARRA, A. (2020-a), "¿Por qué ha fracasado el procedimiento monitorio en la jurisdicción laboral?", *Revista General de Derecho del Trabajo y Seguridad Social*, nº 55, pp. 134-156.

ESTEVE SEGARRA, A. (2020-b), "El plan de choque del Consejo General del Poder Judicial: ¿una solución al desuso del procedimiento monitorio laboral?", en SALA FRANCO, T. (Dir.), *Problemas actuales del proceso laboral. Homenaje al profesor José M.ª Goerlich Peset con ocasión de sus 25 años como Catedrático de Derecho del Trabajo y la Seguridad Social*, Valencia, Tirant lo Blanch, pp. 403-421.

ESTEVE SEGARRA, A. (2021), "El procedimiento monitorio laboral", en BLASCO PELLICER, A.; ALEGRE BUENO, M. (Dirs.), *El proceso laboral. Ley 36/2011, de 10 de octubre, reguladora de la Jurisdicción Social*, Tomo I, 2ª edición, Valencia, Tirant lo Blanch, pp. 673-727.

FERLUGA, L. (2016), "Controversie individuali di lavoro", en ROMEO, C. (a cura di), *Processo del Lavoro. Commento sulle norme del codice di rito, delle leggi speciali e analisi tematiche delle tutelle giurisdizionali*, Turín, G. Giappichelli Editore, pp. 3-19.

FERNÁNDEZ DOMÍNGUEZ, J. J. (1991), "Competencia judicial internacional y ley aplicable al contrato de trabajo en las relaciones internacionales (I y II)", *Actualidad Laboral-III*, pp. 517-547.

FERNÁNDEZ GONZÁLEZ, V. (1942), "La jurisdicción laboral y el Ministerio Público", *Revista Universidad de Oviedo. Facultad de Derecho, III (11-12)*, pp. 79-93

FERNÁNDEZ GONZÁLEZ, V. (1945), "Principios fundamentales del proceso del trabajo", *Revista de la Universidad de Oviedo. Facultad de Derecho, VI (27-28)*, pp. 149-163.

FERNÁNDEZ GONZÁLEZ, V. (1946-a), "Principios fundamentales del proceso del trabajo (continuación)", *Revista de la Universidad de Oviedo. Facultad de Derecho, VII (33-34)*, pp. 121-142.

FERNÁNDEZ GONZÁLEZ, V. (1946-b), "Principios fundamentales del proceso del trabajo (continuación)", *Revista de la Universidad de Oviedo. Facultad de Derecho, VII (41-42)*, pp. 25-114.

FERNÁNDEZ NIETO, L. A. (2019), "Los actos de comunicación procesal y el sistema informático de telecomunicaciones Lex Net en la jurisdicción social", *Diario La ley*, nº 9424, 21 pp.

FERNÁNDEZ SALMERÓN, M. (2019), "De la reutilización de sentencias al «Big Data» judicial. Aproximación a la metamorfosis experimentada por los modelos de uso de la información en el marco de la actividad jurisdiccional", en GÓMEZ MANRESA, M.ª F.; FERNÁNDEZ SALMERÓN, M. (Coords.), *Modernización digital e innovación de la administración de justicia*, Cizur Menor, Thomson-Reuters Aranzadi, pp. 64-102.

FERNÁNDEZ-FIGARES MORALES, M. J. (2021), *Audiencias telemáticas en la justicia. Presente y futuro*, Valencia, Tirant lo Blanch.

FOLGUERA CRESPO, J. A. (2021), "El personal al servicio de las Administraciones Públicas: descoordinación en su protección jurisdiccional. Propuestas de reforma", *Cuadernos Digitales de Formación*, nº 38, 22 pp.

FONS RODRÍGUEZ, C. (2008), "La videoconferencia en el proceso civil (la telepresencia judicial)", en CARPI, F.; ORTELLS RAMOS, M. (Eds.), *Oralidad y escritura en un proceso civil eficiente*", *Vol. II. Comunicaciones*, Valencia, Universitat de València, pp. 53-60.

FONT I SEGURA, A. (2017), "Título Preliminar. Disposiciones Generales", en MÉNDEZ GONZÁLEZ, F.; PALAO MORENO, G. (Dirs.), *Comentarios a la Ley de Cooperación Jurídica Internacional en materia civil*, Valencia, Tirant lo Blanch, pp. 39-92.

FOTINOPOULOU BASURKO, O. (2008), *El proceso laboral internacional en el Derecho Comunitario*, Sevilla, CES Andalucía.

FOTINOPOULOU BASURKO, O. (2023), "El trabajo «transnacional». Retos presentes y futuros de la ejecución de servicios extraterritoriales", *Labos*, Vol. 4, nº 1, pp. 21-58.

GÁRATE CASTRO, J. (1998), "Composición y solución privada de conflictos de trabajo", *Revista Española de Derecho del Trabajo*, nº 87, pp. 39-71.

GARCÍA ALARCÓN, M.ª V. (2021), "La jurisdicción social como jurisdicción especializada en materia de riesgos laborales: ámbitos objetivo y subjetivo, reglas para combatir la disgregación competencial e instrumentos procesales idóneos para conocer de estos litigios. Propuestas de reforma", *Cuadernos Digitales de Formación*, nº 38, 14 pp.

GARCÍA BECEDAS, G. (1993), *Introducción al Derecho español del Trabajo. Caracteres y fundamento*, Madrid, Civitas.

GARCÍA BECEDAS, G. (2001), "Los principios informadores del proceso laboral", en ALONSO OLEA, M. *et altri*, *El proceso laboral. Estudios en homenaje al profesor Luis Enrique de la Villa Gil*, Valladolid, Lex Nova, pp. 203-210.

GARCÍA BECEDAS, G. (2001), "Los principios informadores del proceso laboral", en ALONSO OLEA, M. *et altri*, *El proceso laboral. Estudios en homenaje al profesor Luis Enrique de la Villa Gil*, Valladolid, Lex Nova, pp. 203-210.

GARCÍA CELAÁ, B. (2021), "Conciliación, mediación, arbitraje... ¿Instrumentos de solución sociolaboral?", *Cuadernos Digitales de Formación*, nº 38, 22 pp.

GARCÍA COSTA, F. M. (2019), "Perfiles constitucionales de la justicia electrónica", en GÓMEZ MANRESA, M.ª F.; FERNÁNDEZ SALMERÓN, M. (Coords.), *Modernización digital e innovación de la administración de justicia*, Cizur Menor, Thomson-Reuters Aranzadi, pp. 23-35.

GARCÍA MURCIA, J. (2023), "Las leyes de eficiencia del servicio público de justicia: visión general y posible incidencia en la jurisdicción social", *Revista de Trabajo y Seguridad Social. CEF*, nº 474, pp. 55-83.

GARCÍA MURCIA, J.; CASTRO ARGÜELLES, M.ª A. (2004), "El Estatuto Marco del personal estatutario de los servicios de salud: una presentación", *Aranzadi Social*, nº 4, pp. 695-703.

GARCÍA MURCIA, J.; MENÉNDEZ SEBASTIÁN, P. (2002), "La nueva regulación de la competencia judicial en materia contractual en el ámbito comunitario", *Aranzadi Social-V*, pp. 695-703.

GARCÍA ORTEGA, J. (2003), "Competencia jurisdiccional para dirimir las controversias relativas a la liquidación del capital-coste a ingresar por los sacerdotes y religioso de la Iglesia Católica secularizados a efectos de acceder a la pensión de jubilación o incremento de su cuantía", *Aranzadi Social*, nº 2, pp. 45-49.

GARCÍA SANZ, J.; GONZÁLEZ GUIMARAES DA SILVA, J. (2020), "Las vistas telemáticas en el proceso civil español: visión comparada, regulación y cuestiones prácticas que suscita su celebración", *Diario La Ley*, nº 9659, 23 de junio de 2020, 50 pp.

GARCÍA-LUBÉN BARTHE, L. (2008), "Problemas que plantean los defectos de grabación de la vista en los juicios orales", en CARPI, F.; ORTELLS RAMOS, M. (Eds.), *Oralidad y escritura en un proceso civil eficiente, Vol. II. Comunicaciones*, Valencia, Universitat de València, pp. 61-71.

GARCÍA-PERROTE ESCARTÍN, I. (1994), *La prueba en el proceso de trabajo*, Madrid, Civitas.

GARCÍA-PERROTE ESCARTÍN, I.; TUDELA CAMBRONERO, G. (1988), "El Derecho del trabajo, entre la crisis y la crítica", *Revista de Trabajo*, nº 92, pp. 9-42.

GARCÍA-VARELA IGLESIAS, R. (2021), "Camino a la inmediación digital en justicia: juicios y actos procesales remotos", *Diario La Ley*, nº 9873, 13 pp.

GASCÓN INCHAUSTI, F. (2021), "¿Han venido para quedarse las vistas telemáticas?", *Anuario Facultad de Derecho de la Universidad Autónoma de Madrid*, nº extraordinario, pp. 383-401.

GIL PLANA, J. (2005), *La autonomía del proceso laboral y la prueba*, Madrid, Fundación Sagardoy.

GIL PLANA, J. (2017), *La prueba en el proceso laboral. Naturaleza y evolución*, Cizur Menor, Thomson-Reuters Aranzadi.

GIMENO SENDRA, V. (2013), *Introducción al Derecho Procesal*, 8ª edición, Madrid, Colex.

GIUGNI, G. (1987), "Derecho del Trabajo (voz para una enciclopedia)", *Temas Laborales*, nº 13, pp. 49-82.

GOERLICH LEÓN, A.; GOERLICH LEÓN, M.ª (2020), "La afectación general como criterio de recurribilidad en suplicación", en SALA FRANCO, T. (Dir.), *Problemas actuales del proceso laboral. Homenaje al profesor José M.ª Goerlich Peset con ocasión de sus 25 años como Catedrático de Derecho del Trabajo y la Seguridad Social*, Valencia, Tirant lo Blanch, pp. 755-770.

GOERLICH PESET, J. M.ª (2001), "El personal estatutario al servicio de las instituciones sanitarias", en AEDTSS, *Las relaciones laborales en las Administraciones Públicas*, Madrid, MTAS, pp. 303-370.

GOERLICH PESET, J. M.ª (2009), "Incumplimiento de normas de prevención de riesgos laborales y compensación por los daños causados: el problema de la competencia jurisdiccional", en GARCÍA ORTEGA, J. (Coord.), *Jurisprudencia e instituciones jurídico-laborales. Estudios en homenaje al profesor Ramírez Martínez con motivo de su jubilación*, Valencia, Tirant lo Blanch, pp. 725-746.

GOERLICH PESET, J. M.ª (2012), "La nueva ley reguladora de la jurisdicción social. Visión general. Entrada en vigor y normas transitorias. Disposiciones adicionales y finales", en BLASCO PELLICER, A.; GOERLICH PESET, J. M.ª (Dirs.), *La reforma del proceso laboral. La nueva Ley reguladora de la Jurisdicción Social*, Valencia, Tirant lo Blanch, pp. 17-48.

GOERLICH PESET, J. M.ª (2021-a), "Los medios de impugnación", en BLASCO PELLICER, A.; ALEGRE BUENO, M. (Dirs.), *El proceso laboral. Ley 36/2011, de 10 de octubre, reguladora de la Jurisdicción Social*, Tomo I, 2ª edición, Valencia, Tirant lo Blanch, pp. 1813-1841.

GOERLICH PESET, J. M.ª (2021-b), "Los recursos de casación: casación ordinaria y casación para la unificación de la doctrina", en BLASCO PELLICER, A.; ALEGRE BUENO, M. (Dirs.), *El proceso laboral. Ley 36/2011, de 10 de octubre, reguladora de la Jurisdicción Social*, Tomo I, 2ª edición, Valencia, Tirant lo Blanch, pp. 1961-2035.

GOERLICH PESET, J. M.ª; NORES TORRES, L. E.; ESTEVE SEGARRA, A. (2022), *Curso de Derecho Procesal Laboral*, 2ª edición, Valencia, Tirant lo Blanch.

GOICOECHEA, I. (2016), "Nuevos desarrollos en la cooperación jurídica internacional en materia civil y comercial", *Revista de la Secretaría del Tribunal Permanente de Revisión*, nº 7, pp. 127-151.

GÓMEZ COLOMER, J. L. (2023), *El juez robot. La independencia judicial en peligro*, Valencia, Tirant lo Blanch.

GÓMEZ ESTEBAN, J. (2020), "Juicios telemáticos en el orden jurisdiccional social ¿utopía transformada en realidad apresurada?, *Diario La Ley*, nº 9662, 26 de junio de 2020, 12 pp.

GONZÁLEZ BIEDMA, E. (1994), "Los procedimientos extrajudiciales de solución de conflictos colectivos de trabajo en las Comunidades Autónomas", *Revista Española de Derecho del Trabajo*, nº 65, pp. 403-466.

GONZÁLEZ DEL REY RODRÍGUEZ, I. (1993), "Los acuerdos autonómicos sobre procedimientos voluntarios de solución de conflictos", *Revista de Trabajo y Seguridad Social*, nº 12, pp. 83-130.

GONZÁLEZ ENCABO, J. (1966), "Independencia de la jurisdicción laboral", *Revista de Política Social*, nº 69, pp. 75-89.

GONZÁLEZ MALABIA, S. (2016), "Las TIC en el nuevo modelo de Justicia", en BARONA VILAR, S. (Coord.), *Mediación, Arbitraje y Jurisdicción en el actual paradigma de Justicia*, Thomson-Reuters Civitas, pp. 57-76.

GONZÁLEZ MALABIA, S. (2017), "Claroscuros del expediente judicial electrónico", en BARONA VILAR, S. (Coord.), *Justicia Civil y Penal en la era global*, Valencia, Tirant lo Blanch, pp. 123-147

GONZÁLEZ ORTEGA, S. (1990), "La extensión de la jurisdicción social en materia de Seguridad Social y otras afines", *Relaciones Laborales-II*, pp. 351-377.

GONZÁLEZ ORTEGA, S. (1993), "Delimitación de competencias entre los órdenes jurisdiccionales contencioso-administrativo y social en materia de Seguridad Social: responsabilidad en la gestión de la Seguridad Social, Seguridad Social de los funcionarios públicos y materias afines a la Seguridad Social, en *Cuadernos de Derecho Judicial-XXIV: Problemas de delimitación entre el orden contencioso administrativo y el orden social de relaciones laborales en el sector público*, Madrid, CGPJ, pp. 255-292.

GONZÁLEZ PÉREZ, J. (1954), "El derecho laboral y la jurisdicción contencioso-administrativa", *Cuadernos de Política Social*, nº 23, pp. 83-107.

GUASP DELGADO, J. (1949), "Significación del proceso de trabajo en la teoría general del derecho procesal", *Revista de la Universidad de Oviedo. Facultad de Derecho, X (55-56)*, pp. 137-159.

GUERRA GONZÁLEZ, R. (2021), "Generalización de los juicios celebrados por videoconferencia", *Diario La Ley*, nº 9854, 18 pp.

GUZMÁN FLUJA, V. C. (2017),"Sobre la aplicación de la Inteligencia artificial a la solución de conflictos", en BARONA VILAR, S. (Coord.), *Justicia Civil y Penal en la era global*, Valencia, Tirant lo Blanch, pp. 67-122.

HERNAINZ MÁRQUEZ, M. (1964), "Los Tribunales de Trabajo", *Revista Política Social*, nº 62, pp. 17-34.

HERNÁNDEZ DÍAZ, J. M (1997), "La Universidad en España, del Antiguo Régimen a la LRU (1983): Hitos y cuestiones destacadas", *Aula. Revista de enseñanza e investigación educativa*, nº 9, pp. 19-44.

HERNÁNDEZ MOURA, B. (2019), "La gestión digital de conflictos a través de la plataforma europea de resolución de litigios en línea", en CONDE FUENTES, J.; SERRANO HOYO, G. (Dirs.), *La justicia digital en España y en la Unión Europea*, Barcelona, Atelier, pp. 393-401.

HERRERA PETRUS, C. (2005), *La obtención internacional de prueba. Asistencia jurisdiccional en Europa*, Bologna, RCE.

HINOJOSA FERRER, J. (1933), *El enjuiciamiento en el Derecho del Trabajo*, Madrid, EDERSA.

JAEGER, N. (1932), "Autonomia del diritto processuale del lavoro", en Ministero delle Corporazioni, *Atti del secondo convegno di studi sindacali e corporativi. Ferrara 5-8 maggio*, Volume I, pp. 45-66.

JIMÉNEZ FORTEA, F. J. (2019), "La cooperación internacional española en materia civil y mercantil: aspectos generales", en JIMÉNEZ FORTEA, F. J. (Coord.), *La cooperación jurídica internacional civil y mercantil española más allá de la Unión Europea*, Valencia, Tirant lo Blanch, pp. 21-75.

LAFUENTE SEVILLA, R. (2021), "El papel del letrado de la Administración de Justicia en el proceso social: puntos críticos y propuestas de reforma", *Cuadernos Digitales de Formación*, nº 38, 13 pp.

LAPIEDRA ALCAMÍ, R. (2017), "Problemas que plantea la determinación de la ley aplicable al contrato individual de trabajo", en LÓPEZ TERRADA, E. (Dir.), *La internacionalización de las relaciones laborales*, Valencia, Tirant lo Blanch, pp. 99-132.

LASAOSA IRIGOYEN, E. (1990), *Delimitación competencial entre los órdenes social y civil de la jurisdicción. Un estudio jurisprudencial*, Pamplona, Aranzadi.

LLUCH CORELL, J. (2021), "El recurso de suplicación", en BLASCO PELLICER, A.; ALEGRE BUENO, M. (Dirs.), *El proceso laboral. Ley 36/2011, de 10 de octubre, reguladora de la Jurisdicción Social*, Tomo I, 2ª edición, Valencia, Tirant lo Blanch, pp. 1843-1949.

LÓPEZ BALAGUER, M. (2020), "La incidencia del sistema LEXNET en los actos de comunicación de la jurisdicción social en la doctrina de los tribunales", en SALA FRANCO, T. (Dir.), *Problemas actuales del Proceso Laboral. Homenaje al profesor José M.ª Goerlich Peset con ocasión de sus 25 años como Catedrático de Derecho del Trabajo y la Seguridad Social*, Valencia, Tirant lo Blanch, pp. 189-217.

LÓPEZ BALAGUER, M. (2021), "Actos procesales y principios inspiradores del proceso laboral", en BLASCO PELLICER, A.; ALEGRE BUENO, M. (Dirs.), *El proceso laboral. Ley 36/2011, de 10 de octubre, reguladora de la Jurisdicción Social*, 2ª edición, Valencia, Tirant lo Blanch, pp. 145-231.

LÓPEZ HORMEÑO, M.ª C. (2021), "Principio de igualdad y tutela judicial efectiva sin indefensión en el proceso social, en especial, en el acto del juicio: puntos críticos y propuestas de reforma", *Cuadernos Digitales de Formación*, nº 38, 37 pp.

LÓPEZ TERRADA, E. (2020), *El régimen jurídico del personal laboral al servicio de la administración española en el exterior: especial referencia a las cuestiones relativas a la competencia judicial y determinación de la ley aplicable*, Cizur Menor, Thomson Reuters Aranzadi.

LÓPEZ TERRADA, E. (2021), "La sentencia y otras formas de terminación del proceso", en BLASCO PELLICER, A.; ALEGRE BUENO, M. (Dirs.), *El proceso laboral. Ley 36/2011, de 10 de octubre, reguladora de la Jurisdicción Social*, Tomo I, 2ª edición, Valencia, Tirant lo Blanch, pp. 627-671.

LÓPEZ YAGÜES, V. (2022), "Mediación y otros MASC. ¿Hacia la ampliación y mejora del acceso a la justicia o la sola consecución de la eficiencia procesal?", en BARONA VILAR, S. (Ed.), *Meditaciones sobre mediación (MED+)*, Valencia, Tirant lo Blanch, pp. 127-157.

LOREDO COLUNGA, M. (2020), "Actuaciones procesales con presencia telemática (o sobre cómo hacer de la necesidad virtud)", *Práctica de Tribunales*, nº 146, septiembre de 2020, 16 pp.

LOZANO GAGO, M.ª L. (2020), "La aportación de pruebas en los juicios civiles telemáticos", *Práctica de los Tribunales*, nº 147, noviembre, 10 pp.

LUELMO MILLÁN, M. A.; RABANAL CARBAJO, P. (1999), *Los principios inspiradores del proceso laboral*, Madrid, Mac Graw-Hill.

MAGRO SERVET, V. (2020-a), "Hacia el uso de habitual de las videoconferencias en las vistas judiciales. Aprovechando las enseñanzas del Coronavirus. De la excepción a la regla general del art. 19 RD 16/2020, de 28 de abril", *Diario La Ley*, nº 9646, 4 de junio de 2020, 12 pp.

MAGRO SERVET, V. (2020-b), "¿Pueden los testigos y peritos comparecer on line en una vista civil?", *Práctica de los Tribunales*, nº 147, noviembre, 8 pp.

MAGRO SERVET, V. (2022), "Optimización del uso de la videoconferencia en la Ley de medidas de eficiencia procesal del servicio público de justicia", *Práctica de los Tribunales*, nº 159, noviembre de 2022, 13 pp.

MAIRAL JIMÉNEZ, M. (1995), "La igualdad de las partes en el proceso laboral", *Temas Laborales*, nº 34, pp. 49-86.

MANEIRO VÁZQUEZ, Y. (2018), "La competencia del orden jurisdiccional social en materia de seguridad y salud en el trabajo, *Revista del Ministerio de Empleo y Seguridad Social*, nº 138, pp. 517-546.

MARCOS FRANCISCO, D. (2022), "Reflexiones en torno a los MASC en el Anteproyecto de Ley de medidas de eficiencia procesal", en BARONA VILAR, S. (Ed.), *Meditaciones sobre mediación (MED+)*, Valencia, Tirant lo Blanch, pp. 63-96.

MARCOS FRANCISCO, D. (2023), "Smart ODR y su puesta en práctica: el salto a la inteligencia artificial", *Revista General de Derecho Procesal*, 59, 1-41.

MARÍA E IZQUIERDO, M.ª J. (2006), "El doctorado y la génesis del Derecho del Trabajo en la universidad española", *Cuadernos del Instituto Antonio de Nebrija*, nº 9, pp. 57 y ss.

MARTÍN ÁLVAREZ, S. (2005), "El ámbito de aplicación del Reglamento comunitario sobre obtención de pruebas: algunas cuestiones controvertidas", *UNED. Boletín de la Facultad de Derecho.*, nº 27, pp. 267-300.

MARTÍN CONTRERAS, L. (2016), "El «dies a quo» para el inicio del cómputo de los plazos en los actos de comunicación realizados a través del sistema LexNET", *Diario La Ley*, nº 8844, 10 pp.

MARTÍN DIZ, F. (2008), "Oralidad y eficiencia del proceso civil: Ayer, hoy y mañana", en CARPI, F.; ORTELLS RAMOS, M. (Eds.), *Oralidad y escritura en un proceso civil eficiente, Vol. II. Comunicaciones*, Valencia, Universitat de València, pp. 25-40.

MARTÍN DIZ, F. (2020), "Justicia digital post-covid19: el desafío de las soluciones extrajudiciales electrónicas de litigios y la inteligencia artificial", *Revista de Estudios Jurídicos y Criminológicos*, nº 2, pp. 41-74.

MARTÍN JIMÉNEZ, R. (2001), *Los actos administrativos laborales y su control jurisdiccional*, Madrid, CES.

MARTÍN PASTOR, J. (2008-a), "Un paso importante hacia el proceso telemático en España: el sistema informático de telecomunicaciones LexNET para la presentación de escritos y documentos, el traslado de copias y la realización de actos de comunicación procesal por medios telemáticos", en CARPI, F.; ORTELLS RAMOS, M. (Eds.), *Oralidad y escritura en un proceso civil eficiente, Vol. II. Comunicaciones*, Valencia, Universitat de València, pp. 129-140.

MARTÍN PASTOR, J. (2008-b), "Bases para el desarrollo del proceso telemático en el proceso civil español", en CARPI, F.; ORTELLS RAMOS, M. (Eds.), *Oralidad y escritura en un proceso civil eficiente, Vol. II. Comunicaciones*, Valencia, Universitat de València, pp. 115-128.

MARTÍN VALVERDE, A. (1987), "Estudio preliminar. La formación del Derecho del Trabajo en España", en MARTÍN VALVERDE, A. *et altri, La legislación social en la Historia de España. De la revolución liberal a 1936*, Madrid, Congreso de los Diputados, pp. XI-CXIV.

MARTÍN VALVERDE, A. (2001), "Sistema judicial y jurisdicción laboral (Un ensayo de derecho comparado)", en ALONSO OLEA, M. *et altri*, *El proceso laboral. Estudios en homenaje al profesor Luis Enrique de la Villa Gil*, Valladolid, Lex Nova.

MARTÍN-POZUELO LÓPEZ, A. (2022), *El teletrabajo transnacional en la Unión Europea: competencia internacional y ley aplicable*, Valencia, Tirant lo Blanch.

MARTÍNEZ DE SANTOS, A. (2021), "La videoconferencia en el juicio civil: ¿un avance o un impulso precipitado?, *Diario La Ley*, nº 9805, 8 de marzo de 2021.

MARTÍNEZ EMPERADOR, R. (1979), "Los órganos jurisdiccionales y la Constitución", *Revista de Política Social*, nº 121, pp. 255-313.

MARTÍNEZ EMPERADOR, R. (1985), "El orden social de la jurisdicción en el proyecto de LOPJ", *Actualidad Laboral*, nº 26, pp. 1313-1327.

MARTÍNEZ EMPERADOR, R. (1989), "Los nuevos órganos jurisdiccionales del orden social", *Actualidad Laboral*, nº 15, pp. 183-198.

MARTÍNEZ GIRÓN, J.; ARUFE VARELA, A. (2023), *Fundamentos de Derecho comparado del Trabajo y de la Seguridad Social*, 3ª edición, Barcelona, Atelier.

MARTÍNEZ MOYA, J. (2021), "La posición del Consejo General del Poder Judicial ante las reformas normativas que afectan al orden jurisdiccional social", *Cuadernos Digitales de Formación*, nº 38, 71 pp.

MARTÍNEZ, J. (2016), "Lexnet: análisis de los artículos 56.5 y 60.3.2 LRJS y del cómputo de los plazos procesales en el orden jurisdiccional social en relación con el artículo 162 LEC", *Diario La Ley*, nº 8844, 13 pp.

MASSIMIANI, C. (2016), "Costituzione del convenuto", en ROMEO, C. (a cura di), *Processo del Lavoro. Commento sulle norme del codice di rito, delle leggi speciali e analisi tematiche delle tutelle giurisdizionali*, Turín, G. Giappichelli Editore, pp. 99-113.

MELLA MÉNDEZ, L. (2007), *La reconvención en el proceso laboral*, Albacete, Bomarzo.

MENÉNDEZ PIDAL Y DE MONTÉS, J. (1966), "La jurisdicción laboral. Su competencia y sus órganos", *Revista de Política Social*, nº 69, pp. 159-164.

MENGER, A. (1998), *El derecho civil y los pobres* (Trad. A. Posada), Granada, Comares (Trabajo original publicado en 1890).

MERCADER UGUINA, J. (1996), *Delimitación de competencias entre el orden social y el orden contencioso administrativo*, Valencia, Tirant lo Blanch.

MERCADER UGUINA, J. (2007), "Relaciones laborales y solución extrajudicial de controversias", *Anuario de la Facultad de Derecho de la Universidad Autónoma de Madrid*, nº 11, pp. 89-110.

MERCADER UGUINA, J. (2017), *El futuro del trabajo en la era de la digitalización y de la robótica*, Valencia, Tirant lo Blanch.

MERCADER UGUINA, J. (2022), *Algoritmos e inteligencia artificial en el derecho digital del trabajo*, Valencia, Tirant lo Blanch.

MERCADER UGUINA, J.; PIÑEYROA DE LA FUENTE, A. J. (1996), "El Acuerdo sobre solución extrajudicial de conflictos laborales: un paso importante en la solución de una problemática pendiente. El Reglamento general sobre inscripción de empresas, afiliación, altas y bajas", *Relaciones Laborales-II*, pp. 1089-1110.

MOLINA NAVARRETE, C. (2023), "¿«Nueva modernidad» para una jurisdicción estancada?: retos en los entornos de una «sociedad digital del trabajo» y justicia «multinivel»", *Revista de Trabajo y Seguridad Social. CEF*, nº 474, pp. 5-22.

MOLINA NAVARRETE, C.; ESTEBAN DE LA ROSA, G. (2003), "La regulación del proceso laboral internacional: una asignatura pendiente de los tribunales", *Revista de Trabajo y Seguridad Social. CEF*, nº 239, pp. 91-132.

MOLINS GARCÍA-ATANCE, J. (2021), "La prueba en el proceso social y en los recursos: propuestas de reforma", *Cuadernos Digitales de Formación*, nº 38, 26 pp.

MONEREO PÉREZ, J. L. (2001), "Evolución y futuro del Derecho del Trabajo: el proceso de racionalización jurídica de la «cuestión social»", *Relaciones Laborales-II*, pp. 197-254.

MONTERO AROCA, J. (1973), "Notas sobre la historia de la jurisdicción de trabajo. Parte primera: los Tribunales industriales", *Revista de Derecho del Trabajo*, nº 43, pp. 69-137.

MONTERO AROCA, J. (1974), "Notas sobre la historia de la jurisdicción de trabajo. Parte segunda", *Revista de Derecho del Trabajo*, nº 44-45, pp. 7-141.

MONTERO AROCA, J. (1976), *Los tribunales de trabajo (1908-1938). Jurisdicciones especiales y movimiento obrero*, Valencia, Universitat de València.

MONTERO AROCA, J. (1977), "El proceso laboral. Conceptos generales", *Revista de Política Social*, nº 113, pp. 5-92.

MONTERO AROCA, J. (1984), "La unidad jurisdiccional. Su consideración como garantía de la independencia judicial", en AGUIRRE GODOY, M. *et altri*, *Libro homenaje a Jaime Guasp*, Granada, Comares, pp. 427-449.

MONTERO AROCA, J. (1991), *Derecho Jurisdiccional I. Parte General*, 2ª edición, Barcelona, José M.ª Bosch.

MONTERO AROCA, J. (1992), *Derecho Jurisdiccional II. Proceso Civil 2°*, 2ª edición, Barcelona, José M.ª Bosch.

MONTERO AROCA, J. (2000), *Introducción al proceso laboral*, 5ª edición, Madrid, Marcial Pons.

MONTERO AROCA, J.; IGLESIAS CABERO, M.; MARÍN CORREA, J. M.ª; SAMPEDRO CORRAL, M. (1993), *Comentarios a la Ley de Procedimiento Laboral*, Tomo I, Madrid, Civitas.

MONTOYA MEDINA, D. (2021), "El proceso ordinario: la demanda", en BLASCO PELLICER, A.; ALEGRE BUENO, M. (Dirs.), *El proceso laboral. Ley 36/2011, de 10 de octubre, reguladora de la Jurisdicción Social*, Tomo I, 2ª edición, Valencia, Tirant lo Blanch, pp. 469-503.

MONTOYA MELGAR, A. (1992), *Ideología y lenguaje en las leyes laborales de España (1873-1978)*, Madrid, Civitas.

MONTOYA MELGAR, A. (2014), *Derecho del Trabajo*, trigésima quinta edición, Madrid, Tecnos.

MONTOYA MELGAR, A. *et altri* (2012), *Curso de Procedimiento Laboral*, 9ª edición, Madrid, Tecnos.

MOREIRO GONZÁLEZ, C. J. (2019), "Un marco jurídico más eficiente para la cooperación judicial en la UE", *Revista Española de Relaciones Internacionales*, nº 10, pp. 11-18.

MORENO GARCÍA, L. (2019), "Las notificaciones procesales por medios electrónicos a la luz de la reciente doctrina constitucional", en CONDE FUENTES, J.; SERRANO HOYO, G. (Dirs.), *La justicia digital en España y en la Unión Europea*, Barcelona, Atelier, pp. 61-70.

MORENO PÉREZ, J. M.ª (2013), "Las tasas judiciales en el ámbito social y su reinterpretación a la luz de la Ley de Asistencia Jurídica Gratuita: las distorsiones de la aplicación práctica de la Ley de Tasas", *Temas Laborales*, nº 119, pp. 235-244.

MOYA AMADOR, R. (2023), "El proyecto de ley de eficiencia procesal y las reformas previstas en el proceso laboral", *Trabajo y Derecho*, nº 102, 30 pp.

MUÑOZ Y NÚÑEZ DE PRADO, J. (1966), "Justicia Laboral", *Revista de Política Social*, nº 69, pp. 165-170.

NIEVA FENOLL, J. (2018), *Inteligencia artificial y proceso judicial*, Madrid, Marcial Pons.

NIEVA FENOLL, J. (2020), "La discutible utilidad de los interrogatorios de testigos y peritos. Algunas reflexiones sobre la oralidad en tiempos de pandemia", *Diario La Ley*, nº 9672, 13 de julio de 2020, 17 pp.

NORES TORRES, L. E. (2007-a), "El «genoma laboral»: orígenes, componentes y evolución del derecho del trabajo", *Quaderns de ciències socials*, nº 7, 45 pp.

NORES TORRES, L. E. (2007-b), "I contratti di lavoro a tempo determinato in Spagna", *Italian Labour Law e-journal*, vol. IX, nº 1, 22 pp.

NORES TORRES, L. E. (2012), *Las competencias de la Jurisdicción Social en la Ley 36/2011*, en BLASCO PELLICER, A.; GOERLICH PESET, J. M.ª (Dirs.), *La reforma del proceso laboral. La nueva Ley reguladora de la Jurisdicción Social*, Valencia, Tirant lo Blanch, pp. 49- 80.

NORES TORRES, L. E. (2013) "Los actos previos, los actos preparatorios y el proceso cautelar", en GOERLICH PESET, J. M.ª; NORES TORRES, L. E. (2013), *Derecho Procesal del Trabajo*, Las Palmas de Gran Canarias, ULPGC, pp. 97-131.

NORES TORRES, L. E. (2014-a), "La competencia para resolver los conflictos del personal al servicio de las AAPP, en particular, los relacionados con las Bolsas de Trabajo", *Revista de Jurisprudencia, Lefebvre. El Derecho*, nº 1, junio 2014.

NORES TORRES, L. E. (2014-b), "Algunas cuestiones sobre la utilización de las redes sociales como medio de prueba en el proceso laboral", *Actualidad Laboral*, nº 3, pp. 314-320.

NORES TORRES, L. E. (2015), "La tensión entre lo individual y lo colectivo en las fuentes del Derecho del Trabajo", *Il diritto dei lavori*, IX, nº 1, pp. 19-35.

NORES TORRES, L. E. (2016),"La simulación de conflictos en la enseñanza del Derecho Procesal Laboral", *Actualidad Jurídica Iberoamericana*, nº 4, vol. 2, pp. 325-344.

NORES TORRES, L. E. (2020), "Pandemia y reformas procesales: la incidencia del COVID-19 en el proceso laboral, *Quaderns de Ciències Socials*, nº44, pp. 18-37.

NORES TORRES, L. E. (2021-a), "La justicia laboral ante la COVID-19: reformas procesales en tiempos de pandemia", *Revista de Dereito do Trabalho e Seguridade Social*, nº 218, pp. 179-194.

NORES TORRES, L. E. (2021-b),"La actividad probatoria en los conflictos derivados de relaciones laborales transnacionales", *Trabajo y Derecho*, nº 84, 32 pp.

NORES TORRES, L. E. (2021-c),"Los órganos del orden social y sus competencias", en BLASCO PELLICER, A.; ALEGRE BUENO, M. (Dirs.), *El proceso laboral. Ley 36/2011, de 10 de octubre, reguladora de la Jurisdicción Social*, 2ª edición, Valencia, Tirant lo Blanch, pp. 11-144.

NORES TORRES, L. E. (2022-a), *La prueba «internacional» en el proceso laboral*, Valencia, Tirant lo Blanch.

NORES TORRES, L. E. (2022-b), "El Reglamento (UE) 202/1783 sobre obtención de pruebas en el extranjero y su traslación al proceso laboral", *Revista Internacional y Comparada de Relaciones Laborales y Derecho del Empleo*, vol. 10, nº 2, pp. 66-100.

NORES TORRES, L. E. (2022-c), "La conciliación o mediación previa en el proceso laboral: régimen jurídico y perspectivas de reforma", en BARONA VILAR, S. (Ed.), *Meditaciones sobre mediación (MED+)*, Valencia, Tirant lo Blanch, pp. 419-436.

NORES TORRES, L. E. (2023), "Modificación sustancial de condiciones de trabajo, tutela de los derechos fundamentales y acceso a los recursos", *Revista de Trabajo y Seguridad Social. CEF*, nº 475, pp. 176-185.

NORES TORRES, L. E.; ESTEVE SEGARRA, A., (2018) "El agotamiento de la vía administrativa previa en el orden social", *Trabajo y Derecho*, nº 42, 2018, pp. 126-142.

NUEZ RIVERA, S. (2021), "Reformas legislativas e incidencia en las leyes orgánicas y en las leyes procesales sociales. Propuestas de reforma", *Cuadernos Digitales de Formación*, nº 38, 20 pp.

ODRIOZOLA LANDERAS, A. (1996), "El acuerdo sobre solución extrajudicial de conflictos laborales", *Actualidad Laboral*, nº 35, pp. 663-676.

OLMEDA FREIRE, G. B. (2000-a), *La problemática delimitación de competencias entre el orden social y el orden contencioso administrativo*, Valencia, Tirant lo Blanch.

OLMEDA FREIRE, G. B. (2000-b), "La competencia en materia de reclamaciones sobre responsabilidad derivada de la incorrecta prestación de servicios sanitarios por las entidades gestoras de la Seguridad Social. El artículo 2.e) de la Ley 29/1998 y la disposición adicional 12ª de la Ley 4/1999: ¿el final del conflicto?", *Aranzadi Social-V*, pp. 411-426.

ORTIZ LALLANA, M.ª C. (1999), "La supervivencia del Derecho del Trabajo", *Actualidad Laboral*, nº 42, pp. 811-838.

PALAO MORENO, G. (2000), "Luces y sombras en la aplicación práctica de los convenios de Bruselas de 1968 y de Roma de 1980 al contrato individual de trabajo (A propósito del personal laboral al servicio de organismos públicos españoles que prestan sus servicios en el extranjero)", *Relaciones Laborales-I*, pp. 219-251.

PALAO MORENO, G. (2017-a), "Artículo 33. De la prueba del derecho extranjero", en MÉNDEZ GONZÁLEZ, F. P.; PALAO MORENO, G. (Dirs.), *Comentarios a la Ley de Cooperación Jurídica Internacional en materia civil*, Valencia, Tirant lo Blanch, pp. 90-401.

PALAO MORENO, G. (2017-b), "Artículo 34. De la información jurídica", en MÉNDEZ GONZÁLEZ, F. P.; PALAO MORENO, G. (Dirs.), *Comentarios a la Ley de Cooperación Jurídica Internacional en materia civil*, Valencia, Tirant lo Blanch, pp. 402-406.

PALAO MORENO, G. (2019), "La competencia judicial internacional en materia de contratos individuales de trabajo en el Convenio de Lugano", *Revista de Trabajo y Seguridad Social. CEF*, nº 439, pp. 115-140.

PALOMEQUE LÓPEZ, M. C. (1984), "Un compañero de viaje histórico del Derecho del Trabajo: la crisis económica", *Revista de Política Social*, nº 143, pp. 15-21.

PALOMO VÉLEZ, D. (2021), "Procedimiento de aplicación general", en CORTEZ MATCOVICH, G.; DELGADO CASTRO, J.; PALOMO VÉLEZ, D. (2021), *Proceso laboral*, Santiago de Chile, Thomson-Reuters, pp. 85-289.

PARDO IRANZO, V. (2019), "Cooperación jurídica internacional en material civil: problemática general tres años y medio después de la entrada en vigor de la Ley 29/2015", *Revista General de Derecho Procesal*, nº 48, pp. 1-42.

PASCUAL SERRATS, R. (2019), "De la práctica y obtención de pruebas", en JIMÉNEZ FORTEA, J. (Coord.), *La cooperación jurídica internacional civil y mercantil española más allá de la UE*, Valencia, Tirant lo Blanch, pp. 121-155.

PEREA GONZÁLEZ, A. (2020), "Transparencia judicial: una mirada sobre la justicia post-COVID-19", *Diario La Ley*, nº 9631, 13 de mayo de 2020, 6 pp.

PÉREZ BEVIÁ, J. A. (1995), "Competencia judicial y ley aplicable al contrato individual de trabajo en los convenios comunitarios europeos de Derecho Internacional Privado", *Relaciones Laborales-II*, pp. 1394-1418.

PÉREZ DAUDÍ, V. (2019), "La justicia ante el reto de las TIC", en CONDE FUENTES, J.; SERRANO HOYO, G. (Dirs.), *La justicia digital en España y en la Unión Europea*, Barcelona, Atelier, pp. 87-101.

PÉREZ GAIPO, J. (2019), "El proceso laboral ante la era digital", en CONDE FUENTES, J.; SERRANO HOYO, G. (Dirs.), *La justicia digital en España y en la Unión Europea*, Barcelona, Atelier, pp. 71-83.

PÉREZ SERRANO, J. (1936), *La organización y el funcionamiento de los tribunales de trabajo en la legislación comparada y su posible aplicación a España*, Madrid, Imp. y enc. Sobrinos de la Sucesora de M. Vinuesa de los Ríos.

PÉREZ-LUÑO ROBLEDO, E. C. (2019), "La informatización de la administración de justicia en España", en CONDE FUENTES, J.; SERRANO HOYO, G. (Dirs.), *La justicia digital en España y en la Unión Europea*, Barcelona, Atelier, pp. 51-60.

PICÓ I JUNOY, J. (2008), "El principio de oralidad en el proceso civil español", en CARPI, F.; ORTELLS RAMOS, M. (Eds.), *Oralidad y escritura en un proceso civil eficiente, Vol. I. Ponencias generales e informes nacionales*, Valencia, Universitat de València, pp. 361-370.

PRENDES VALLE, M.ª (2022), "Algunas reflexiones sobre los juicios telemáticos", *El derecho-Lefebvre*, 13 de enero de 2022.

QUIRÓS SORO, M. F. (2008), *Los jurados mixtos del trabajo. El jurado mixto de industrias de la construcción de Valencia*, Valencia, Universitat de València.

RAMÍREZ MARTÍNEZ, J. M. (1999), "Libre circulación de trabajadores y conflicto de competencia ante el Tribunal de Justicia de las Comunidades Europeas", *Actualidad Laboral*, nº 40, pp. 785-795.

RAYÓN BALLESTEROS, M.ª C. (2022), "Tecnología al servicio del proceso: especial referencia a la celebración de juicios telemáticos", *Ius et Scientia*, vol 8, nº 1, pp. 189-199.

REIG FABADO, I. (2017), "La competencia judicial internacional en materia de contrato de trabajo en el Reglamento Bruselas I Bis", en LÓPEZ TERRADA, E. (Dir.), *La internacionalización de las relaciones laborales*, Valencia, Tirant lo Blanch, pp. 15-51.

RENTERO JOVER, J. (1994), "Dudas jurisdiccionales en relación con el personal estatutario", *Actualidad Laboral*, 19, pp. 273-280.

RESNIK, J. (1995), "Many doors? Closing doors? Alternative Dispute Resolution and Adjudication", *The Ohio State Journal on Dispute Resolution*, vol. 10, nº 2, pp. 211-265.

RICHARD GONZÁLEZ, M. (2020), "Elogio del juicio oral (presencial) escrito por un profesor partidario del uso de la tecnología en el sistema judicial", *Diario La Ley*, nº 9654, 19 pp.

RIVAS VALLEJO, M.ª P. (1995-a), "La competencia judicial internacional en materia de contratos de trabajo (I)", *Revista Española de Derecho del Trabajo*, nº 71, pp. 427-453.

RIVAS VALLEJO, M.ª P. (1995-b), "La competencia judicial internacional en materia de contratos de trabajo (II)", *Revista Española de Derecho del Trabajo*, nº 72, pp. 535-569.

ROCA MARTÍNEZ, J. M. (2016), *El proceso monitorio laboral*, Valladolid, Lex Nova.

RODRÍGUEZ BENOT, A. (2016), "La ley de cooperación jurídica internacional en materia civil", *Cuadernos de Derecho Transnacional*, marzo, vol. 8, nº 1, pp. 234-259.

RODRÍGUEZ CRESPO, M.ª J. (2001), "La conciliación extrajudicial y la no obstaculización del derecho a la tutela judicial efectiva en la doctrina del Tribunal Constitucional", *Temas Laborales*, nº 62, pp. 127-154.

RODRÍGUEZ ESCANCIANO, S. (1999), "Sobre la jurisdicción competente para conocer de las reclamaciones de responsabilidad por defectuosa asistencia sanitaria", *Revista Española de Derecho del Trabajo*, nº 96, pp. 587-600.

RODRÍGUEZ ESCANCIANO, S. (2001), *Deficiencias del proceso social y claves para su reforma*, Madrid, Marcial Pons.

RODRÍGUEZ-PIÑERO Y BRAVO-FERRER, M. (1967), "El régimen jurídico del despido y el Real Decreto de 22 de julio de 1928", *Revista de Política Social*, nº 74, pp. 23-77.

RODRÍGUEZ-PIÑERO Y BRAVO-FERRER, M. (1969), "Sobre los principios informadores del proceso de trabajo", *Revista de Política Social*, nº 81, pp. 21-82.

RODRÍGUEZ-PIÑERO Y BRAVO-FERRER, M. (1985), "Una nueva fase en la jurisdicción de trabajo", *Relaciones Laborales*, Tomo II, pp. 16-22

RODRÍGUEZ-PIÑERO Y BRAVO-FERRER, M. (2001), "Proceso civil y proceso de trabajo", *Relaciones Laborales-I*, pp. 135-152.

RODRÍGUEZ-PIÑERO Y BRAVO-FERRER, M. (2002), "La nueva dimensión del Derecho del Trabajo", *Relaciones Laborales*, nº 7, pp. 1-13.

ROJO TORRECILLA, E. (1997), "Pasado, presente y futuro del Derecho del Trabajo", *Relaciones Laborales-II*, pp. 232-256.

SÁEZ LARA, C. (2005), *La tutela judicial efectiva y el proceso laboral*, Madrid, Thomson-Civitas.

SALA FRANCO, T.; ALFONSO MELLADO, C. L. (1996), *Los procedimientos extrajudiciales de solución de los conflictos laborales establecidos en la negociación colectiva*, Valencia, Tirant lo Blanch.

SALINAS MOLINA, F. (2021), "Reflexión general sobre los extremos esenciales de la Ley Reguladora de la Jurisdicción Social susceptibles de reforma. Especial referencia a los contenidos del Anteproyecto de Ley de Medidas de

Eficiencia Procesal del Servicio Público de Justicia", *Cuadernos Digitales de Formación*, nº 38, 84 pp.

SALINAS MOLINA, F. (2023), "Una visión general de los desafíos de la jurisdicción social: propuestas de reforma legislativa a partir de una experiencia práctica crítica", *Revista de Trabajo y Seguridad Social. CEF*, nº 474, pp. 23-53.

SALOM LUCAS, A. (2021), "Los juicios telemáticos ¿Ficción o realidad?, *Revista El Derecho-Lefevbre*, 7 de enero de 2021, 6 pp.

SAN CRISTÓBAL VILLANUEVA, J. M. (2020), "La tramitación del proceso social por medios telemáticos y sus problemas", *Trabajo y Derecho*, nº 12, 31 pp.

SAN CRISTÓBAL VILLANUEVA, J. M. (2023), "El «interés casacional» como criterio de admisión de los recursos de casación: algunas reflexiones para el caso de su futura aplicación en la jurisdicción laboral", *Trabajo y Derecho*, nº 97, pp. 39.

SAN MIGUEL CASO, C. (2019), "Las técnicas de predicción judicial y su repercusión en el proceso", en CONDE FUENTES, J.; SERRANO HOYO, G. (Dirs.), *La justicia digital en España y en la Unión Europea*, Barcelona, Atelier, pp. 41-49.

SÁNCHEZ FIERRO, J. (1995), "Potenciación de procedimientos extrajudiciales para la solución de conflictos laborales", en SAMPEDRO CORRAL, M. (Dir.), *Problemas procesales de la reforma laboral*, Madrid, CGPJ, pp. 9-28.

SÁNCHEZ PEGO, F. J. (1990), "Los principios del proceso enunciados en el art. 74 de la Ley de Procedimiento Laboral", *Actualidad Laboral*, nº 45, pp. 561-570.

SÁNCHEZ PEGO, F. J. (1994), "Administratividad y tratamiento jurisprudencial de las denominadas relaciones estatutarias", *Relaciones Laborales-II*, pp. 93-103.

SÁNCHEZ RUBIO, A. (2019), "Un paso más hacia la E-justicia en la tramitación de asuntos civiles y mercantiles: las notificaciones electrónicas transnacionales", en CONDE FUENTES, J.; SERRANO HOYO, G. (Dirs.), *La justicia digital en España y en la Unión Europea*, Barcelona, Atelier, pp. 103-113.

SANCHIS CRESPO, C. (2022), "Vistas telemáticas y plataformas digitales: algunas cuestiones", *Revista Boliviana de Derecho*, nº 33, pp. 364-401

SERRANO CARVAJAL, J. (1978), "Notas para una aproximación histórica del Derecho del Trabajo", *Revista de Política social*, nº 119, pp. 87-103.

SERRANO ESPINOSA, G. M. (2023), "Sobre la eficiencia procesal en la reforma del proceso laboral", *Diario La Ley*, nº 10.277, 9 pp.

SOLETO MUÑOZ, H. (2019), "Avances, tecnología y ADR en el sistema de justicia. La necesaria revolución de los sistemas de resolución de conflictos", en CONDE FUENTES, J.; SERRANO HOYO, G. (Dirs.), *La justicia digital en España y en la Unión Europea*, Barcelona, Atelier, pp. 341-353.

STORME, M. (2008), "Más voz y menos letra: en defensa de la oralidad en los procesos judiciales", en CARPI, F.; ORTELLS RAMOS, M. (Eds.), *Oralidad y escritura en un proceso civil eficiente, Vol. I. Ponencias generales e informes nacionales*, Valencia, Universitat de València, pp. 47-52.

SUSSKIND, R. (2020), *Tribunales on line y la justicia del futuro*, Madrid, La Ley-Wolters Kluwer (Traducción por GEA Textos S.L. del original en inglés *Online Courts and the future of Justice* publicado en 2019).

TARUFFO, M. (2008), "Oralidad y escritura como factores de eficiencia en el proceso civil", en CARPI, F.; ORTELLS RAMOS, M. (Eds.), *Oralidad y escritura en un proceso civil eficiente, Vol. I. Ponencias generales e informes nacionales*, Valencia, Universitat de València, pp. 205-219.

TASCÓN LÓPEZ, R. (2023), *Hacia la eficiencia procesal en el orden social de la jurisdicción*, Cizur Menor, Aranzadi.

TIERNO BARRIOS, S. (2019), "E-justicia y videoconferencia: especial referencia a la cooperación en materia civil", en CONDE FUENTES, J.; SERRANO HOYO, G. (Dirs.), *La justicia digital en España y en la Unión Europea*, Barcelona, Atelier, pp. 115-123.

TOMÁS ORTIZ DE LA TORRE, J. A. (1993), *Conferencia de la Haya de Derecho Internacional Privado. Evolución histórica y convenciones adoptadas*, Madrid, EDERSA.

TORRES ROSELL, N. (2020), "Medidas ¿organizativas y tecnológicas) aprobadas en el RDL 16(/2020", *Diario La Ley*, nº 9647, 5 de junio de 2020, 12 pp.

TORRÓ ENGUIX, J. (2018), "Aspectos críticos del proceso laboral y el expediente judicial electrónico", *Revista Derecho Social y Empresa*, nº 9, 26 pp.

TOURIÑÁN MORANDEIRA, M.ª T. (2017), "Art. 35. De las solicitudes de información de derecho extranjero", en MÉNDEZ GONZÁLEZ, F. P.; PALAO MORENO, G. (Dirs.), *Comentarios a la Ley de Cooperación Jurídica Internacional en materia civil*, Valencia, Tirant lo Blanch, pp. 407-425.

TUSET VARELA, D. (2020), "Proceso 2.0: video-identificación identidad digital autosoberana y brecha digital", *Diario La Ley*, nº 9671, 10 de julio de 2020, 9 pp.

VALDEOLIVAS GARCÍA, Y. (1997), "El acuerdo sobre solución extrajudicial de conflictos laborales: la superación de una asignatura pendiente", en VALDÉS DAL-RÉ, F. (Dir.), *La reforma pactada de las legislaciones laboral y de Seguridad Social*, Valladolid, Lex Nova, pp. 519-567.

VALDÉS DAL-RÉ, F. (1988), "Competencia funcional de los órganos de la nueva planta del orden jurisdiccional social", *Actualidad Laboral*, nº 29, pp. 1649-1658.

VALDÉS DAL-RÉ, F. (1989), "La Ley de Bases de Procedimiento Laboral. Aspectos más sobresalientes de una reforma procesal anunciada", *Temas Laborales*, nº 15, pp. 19-42.

VALDÉS DAL-RÉ, F. (2000), "Las jurisdicciones sociales en los países de la Unión Europea: convergencias y divergencias", *Actualidad Laboral*, nº 8, pp. 103-117.

VALERO CANALES, A. (2020), "Notificaciones telemáticas. Presente y futuro. Novedades ante las modificaciones del estado de alarma", *Práctica de los Tribunales*, nº 147, noviembre, 12 pp.

VALERO CANALES, A. L. (2019), "Consideraciones procesales del expediente judicial electrónico", en GÓMEZ MANRESA, M.ª F.; FERNÁNDEZ SALMERÓN, M. (Coords.), *Modernización digital e innovación de la administración de justicia*, Cizur Menos, Thomson-Reuters Aranzadi, pp. 343-367.

VALERO CANALES, A. L. (2020), "Notificaciones telemáticas. Presente y futuro. Novedades ante las modificaciones del estado de alarma", *Práctica de los Tribunales*, nº 147, noviembre, 12 pp.

VALLE MUÑOZ, F. A. (1999), "Los principios rectores del proceso laboral: manifestaciones de la LPL y tratamiento jurisprudencial", *Aranzadi Social*, tomo V, pp. 499-520.

VALLE MUÑOZ, F. A. (2007), *La prejudicialidad penal en el proceso de trabajo*, Valencia, Tirant lo Blanch.

VÁZQUEZ SOTELO, J. L. (2008), "La oralidad y la escritura en el moderno proceso civil español y su influencia sobre la prueba", en CARPI, F.; ORTELLS RAMOS, M. (Eds.), *Oralidad y escritura en un proceso civil eficiente, Vol. II. Comunicaciones*, Valencia, Universitat de València, pp. 257-276.

VELASCO NÚÑEZ, E. (2002), "La videoconferencia llega a los juzgados", *Diario La Ley*, nº 5481, pp. 1786-1788.

VÉLEZ TORO, A. J. (2021), "La normalización de una justicia de excepción", *Diario La Ley*, nº 9779, pp. 15.

VILLAMARÍN LÓPEZ, M.ª L. (2005), *La obtención de pruebas en el proceso civil en Europa. Estudio del Reglamento 1206/2001, de 28 de mayo*, Madrid, Colex.

VILLEBRUNT, J.; QUÉTANT, G. P. (1998), *Traité de la jurisdiction prud'homale*, 3ª edición, París, LGDJ.

VIQUEIRA PÉREZ, C. (2012), "Novedades en materia de medidas tendentes a la evitación del proceso (conciliación administrativa y reclamación previa) y en materia de medidas cautelares)", en BLASCO PELLICER, A.; GOERLICH PESET, J. M.ª (Dirs.), *La reforma del proceso laboral. La nueva Ley Reguladora de la Jurisdicción Social*, Valencia, Tirant lo Blanch, pp. 191-212.

YBARRA BORES, A. (2012), "La práctica de la prueba en materia civil y mercantil en la UE en el marco del Reglamento 1206/2001 y su articulación con el derecho español", *Cuadernos de Derecho Transnacional*, vol. 4, nº 2, pp. 248-265.

Inteligencia jurídica
en expansión

Trabajamos para
mejorar el día a día
del **operador jurídico**

Adéntrese en el universo
de **soluciones jurídicas**

atencionalcliente@tirantonline.com

prime.tirant.com/es/